U0032657

Intellectual History

專號：近代政治思想與行動

賀本刊通過科技部 2020 年
「台灣人文及社會科學期刊評比暨核心期刊收錄」評比為核心期刊 (THCI) 第二級

10

2021 年 10 月

目錄

【論文】

宋明理學與近代中國的政治行動

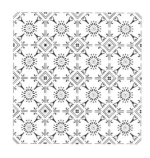

王汎森

臺灣大學歷史學系學士、碩士，美國普林斯頓大學博士。
2004年當選中研院院士，現為中央研究院歷史語言研究所特聘研究員。

王汎森教授研究的範圍以十五世紀以降到近代中國的思想、文化史為主。著有《章太炎的思想》、《古史辨運動的興起》、*Fu Ssu-nien: A Life in Chinese History and Politics*（《傅斯年：中國近代歷史與政治中的個體生命》）、《中國近代思想與學術的系譜》、《晚明清初思想十論》、《近代中國的史家與史學》、《權力的毛細管作用：清代的思想、學術與心態》、《執拗的低音：一些歷史思考方式的反思》、《思想是生活的一種方式》等學術專書。

宋明理學與近代中國的政治行動[*]

王汎森

摘要

　　宋明理學是南宋以下數百年來政治思想的一個重要底色，可是當人們把思想史與政治生活史化爲兩橛時，往往因認爲理學「零碎陳腐」（蕭公權），而忽略了它在政治施爲時的隱微作用。本文以近代的政治人物：曾國藩、蔣介石、閻錫山爲主要的例子，探討宋明理學的一些觀念、心態，與實際政治施爲交織在一起的現象。

　　本文認爲這一影響的特色之一是，將外在的政治事務化約爲內在心性修養的傾向。此一「內面化」的政治思維，在曾國藩帶領湘軍的過程中，可以從他的日記等文字記載，看到他將內在修養心性的道理應用到軍事及政治事務上的思考。而蔣介石的日記內容，同樣充滿了將政治事務相當程度等同於個人心性修養的自省文字，他的日記明顯地呈現出將政治化約爲個人內在心性化的現象。此外，閻錫山則以「洗心社」進行對幹部及其統治人民的精神訓練，其講學的內容以「良知」、「心性」爲主。

　　在本文所舉的近代人物的政治行動中，可以看到一種「小」包含「大」、「內」包含「外」的思維，即以「小」、「內」（心）包含「大」、「外」（政治）的想像，形成一種以心性修養作爲「根柢」的「內面化」思維，來對應外在的政治、組織這類複雜問題，以及他們所面臨的困境。

關鍵字：宋明理學、政治行動、曾國藩、蔣介石、閻錫山

---

* 本文在修改的過程中，獲得呂妙芬、黃克武教授許多有益的建議，特此致謝。

　　政治的特質是隨時反應瞬息萬變的現實，所以過度把它與某種傳統思想或意識形態連結在一起，並不恰當，但是完全忽略了思想或意識形態對政治行動的影響，更是一種缺憾。在考慮近代政治思維時，不能只注意現代思潮的影響。事實上在許多案例中，我們往往可以看到傳統思想對現代政治行動不容忽視的影響。

　　在這裡我要探討的不是近代政治思想中某些傳統的成分，而是以實際的例子說明傳統的某些思想如何與現代政治人物的政治行動交織在一起。本文的重點便是觀察宋明理學中的若干質素，如何成爲十九世紀中葉到民國時期若干政治人物修身與政治行動的重要資糧。而且常常形成一種「小」包含「大」、「內」包含「外」的思維，甚至出現以內心的修養化約外在的現實政治事務的傾向。

一

　　「宋明理學」是一個包含很廣的思想流派，其中有不少派系，譬如程朱、陸王的思想便大有不同，即使是在一般所說的宋五子（周、二程、張、朱）這個傳統中，各家的思想內容也頗有出入。[1]

　　本文主要是以周程張朱這一系的理學中所孕涵的若干政治理念、心態，探討它們與現實政治交織在一起的情形。在這裡我要先強調兩

1　至於宋代儒家思想，更包括許多的流派，如劉子健在《中國轉向內在》中，將北宋和南宋士人依其對變革的態度差異進行分類，或如包弼德（Peter Bol）把宋代思想分成北宋的王安石、司馬光、蘇軾、程頤和道學新文化。請參見 James T. C. Liu（劉子健），*China Turning Inward: Intellectual-Political Changes in the Early Twelfth Century* (Cambridge, Mass. : Council on East Asian Studies, Harvard University Press, 1988). 或 Peter Bol, *The Culture of Ours: Intellectual Transitions in T'ang and Sung China* (Stanford: Stanford University Press, 1994).

點，第一，本文並不是要對上述理學家的政治思想作體系性的探討，
而是要以常見的文本，或是由一些基礎文本引申出的若干騰諸人口的
觀念，來觀察它們與實際政治交織的情形。第二，宋明理學政治思想
中，所關係到的議題非常之多，譬如南宋理學家強調復仇等。但因本
文所要闡發的並不是特定政治議題，而是一些基本的心態或理念，所
以，我是以南宋以下政治人物的政治行動所呈現的理學特質作爲討論
的核心。

　　我之所以不辭簡略之譏探討這個問題，主要是想對前人的成說有
所反省。以蕭公權先生的名著《中國政治思想史》爲例，他在書中將
宋代的政治思想區分爲功利主義派及「零碎陳腐」的理學兩種。功利
派究富強之實務，並反對理學家的許多政治主張，如葉適便反對我們
將要討論的理學家之「格君心」思想。[2]因爲理學爲「零碎陳腐」，所
以，看來在現實上是不可能有任何作用的。然而，我在本文中將試著
論證，理學所形成的某些理念或心態，在此後幾百年間，經常微妙地
成爲政治思想與政治行動的一層底色。[3]正如呂思勉在《中國政治思想
史》中所說的，不管宋代的功利派思想家或理學家，都要用心於許多
現實的事務，如開闢土地、治田野、植樹木、修溝洫、固城市、實倉
廩、興學校、禦盜賊等，以及有關風俗教化的工作，[4]事實上，上述實

---

2 蕭公權，《中國政治思想史》（台北：聯經出版公司，1982），頁533、
　479-480、498。
3 劉子健先生認爲：他們通常是保守主義者，他們的政治風格傾向於教條主
　義，有時議論不切實際而且略顯迂闊，他們往往對小事偏執，對君子、小
　人的分別非常敏感，認爲決策應該建立在禮義規範的基礎上。James T. C.
　Liu（劉子健），*China Turning Inward: Intellectual-Political Changes in the
　Early Twelfth Century.*
4 呂思勉，《中國政治思想史》（北京：中華書局，2012），頁91。

務也是歷史上所有有爲的政治人物所不能免的工作；而且隨著時代的不同，這張單子可以愈開愈長。但正如前述，由理學所形成的一些觀念、心態，在我們所熟悉的種種現實事務之外，帶來了一種對政治的新看法與新想像。

　　以周程張朱爲主的這一脈理學家強調若干重要的觀念，包括「性即理」，強調「存天理，去人欲」，要人們隨處隨事體認「理」的內容，並循著「理」去實踐。同時要盡量「懲忿制慾」、要「主靜」。他們特別重視人們的心地是否純淨，特別強調在每一件事情上分辨「公」、「私」、「義」、「利」、「君子」、「小人」之別，他們也特別強調堅持各式各樣的道德原則，有時甚至到了自以爲是的地步。這些基本概念除了對修養產生重大影響外，也帶來新的政治語言與政治想像。這些語言與想像是以使人人回復到「本然之性」，作爲理想政治的根本。如果把宋代以後的政治意理與唐代魏徵等編輯的《群書治要》這一部集大成的書中所收集的歷代爲政要旨相比，便可以看出《群書治要》主要是條列各種政治德目，而不像宋代以後，有一個「本體論式轉向」，以回復到人人的「本然之性」作爲好政治的出發點。[5] 依我泛覽宋代以下文獻所得到的印象，這一套結合心性之學與政治施爲的思想體系，對南宋以下數百年政治的實際影響，比我們想像的要大得多。它顯示了，我們所熟悉的政治思想史與歷史上實際政治行動的意理之間，往往有一個重大的斷裂。

　　南宋以下理學雖然是眾多政治思想流派中的一支，不能過度高估其涵蓋性，但其實際影響，不管是比較系統的接受其政治想像，或是對它的一些片段的擷取，都是絕對不可忽視的。它樹立了一套標準，

5　（唐）魏徵等撰，沈錫麟整理，《群書治要》（北京：中華書局，2015）。

確保它的信徒們認為「理想上」的政治應該是怎樣。這個「理想上」
如何,「根柢」上應如何,「大本大原」上應該如何的思考,常常在
政治施為的隱微之際發揮作用。6

　　譬如在評論現實政治時的「評價詞」,即使現實政治不一定是這
樣的,但他們認為「理想上」應是如此,經過不停的評論與反省,會
在某種程度上形塑政治的現實。而在過去七、八百年,有一種將政治
「內面化」且「化約化」的傾向,這種勢力有各種不同程度的表現,
其中比較極端的一種思路是企圖將外在的政治事務化約為內在心性的
修養,意即認為社會、政治、組織的問題,在「根柢」上應歸之於個
人內心修養。

　　這個以內在心性的修養才是「根柢」的「內面化」的政治思
維,7認為解決了「內面」、「根柢」後,外在的政治、社會問題才能
獲得理想的解決。人的心靈在一個清明的狀態下,所做的決定都是比
較正確的。同時,在某些含糊的地方,他們甚至認為心性修養的狀態
有擴散性、感通性,會自然而然地影響到其他人。而在西方,David
Hume的《人性論》等著作,反覆強調人不可能完全了解自己的內
心,也不可能完全了解別人心中的想法。這個想法顯然與上述「感
通」(《易經》:「君子感而遂通天下」)的思想是相矛盾的。不過我並
不是想以「內面化」化約一切,一方面是這個特色浮現於各種現象之
中,另一方面是人們儘管認為「根柢」應該如何,但卻並不表示他實
際上沒有各式各樣的現實措置。譬如以「知止」為宗旨的明代陽明學

6　南宋理學家對當時政治的影響是非常廣的,譬如當時理學家倡議復仇等,
　　此處不能備舉。
7　關於這個問題,應參考 James T. C. Liu(劉子健), *China Turning Inward:
　　Intellectual-Political Changes in the Early Twelfth Century.*

派軍人政治家李材，他的《兵政紀略》輯錄種種兵政上的措施，全書便有五十卷，現代出版者把它編印成了十大冊。[8]

這種「內面化」的政治思維有幾個關鍵元素：一、「人極意識」，[9]即宋明理學中的「立人極」，意思是立下作為「人」的標準。「人極」一詞，在宋代以前也偶有使用者。唐代人都以「天」、「人」對舉，如天文、人極、天工、人格、乾符、人極等，如「我唐受命以立人極，參天地之數」。[10]，但與宋代內容並不相容。宋明理學化的「立人極」乃周敦頤提出，而朱熹非常著重的「聖人定之以中正仁義，而主靜，立人極焉」。[11]這至少包含了兩層意義：一、人可以成為純善無惡之體；二、人必須去除「私欲」以達「天理」，簡言之，即「存天理，去人欲」。故宋代以下的「立人極」是兩面的，一方面是高舉「人」的標準，作為往上企及的目標，另一方是拒斥、拒絕俗世的牽纏，去「私」、除「欲」，同時以「主靜」為其特色。這些都不是宋代以前偶爾提到「人極」時所常見的特色，而與宋代以下政治思想與政治實踐密切相關。

作為一個人要「靜」，要去「私」、除「欲」，要能「集義」、「養氣」，這些都是「內面性」的功夫，他們認為這是政治作為的「根柢」。這種政治思維在此後的時代是非常常見的，尤其是以去除

8　李材，《兵政紀略》（台北：台灣學生書局，1986）。

9　「人極意識」一詞，請見張灝，〈五四與中共革命：中國現代思想史上的激化〉，《中央研究院近代史研究所集刊》，第77期（台北，2012），頁9。

10　宋申錫，〈義成軍節度鄭滑潁等州觀察處置等使金紫光祿大夫檢校司徒使持節滑州諸軍事兼滑州刺史御史大夫上柱國隴西縣開國公食邑一千八百戶李公德政碑銘〉，收於董誥等編，《全唐文》，冊7，卷623（北京：中華書局，1987），頁6285-2（1b）。

11　周敦頤，〈太極圖說〉，《周敦頤集》（北京：中華書局，2009），頁6。

「私慾」作爲好的政治判斷或好的政治行爲的前提。這裡隨舉一例：
清代雍正時期有名的河南巡撫田文鏡在其奏摺中便說：「人私心一
起，則見理不明；見理不明，則所行多謬，瞻顧避忌，與夫市惠邀
名，皆私心也。有一於此，雖聰明伶俐之人，更多錯誤」。[12]從田文鏡
個人的傳記資料中，完全看不出他有任何理學素養，但是他的想法中
竟然無意間流露出這樣的一個面相。

　　而且「內面化」的政治思維表現爲許多型式，其中有一種也是非
常常見的思維習慣，認爲外在現實事務與內面性的修養的原理，基本
上是一致的。造成這種思維的原因，是因爲整個宇宙不管是自然的或
人事的，都屬於同一個「理」。在本文的後半部所舉的若干事例中，
我們將反覆看到這一點。

　　二、與前面所討論密切相關的，南宋以下，政治思想有一種架構
性的變化，形成一個由核心往外擴散出去的漣漪般的架構，即《大
學》的「八步」：「格物→致知→誠意→正心→修身→齊家→治國→
平天下」。由一己的內心到治國平天下，形成一個逐層外擴的架構，
孟子的「推擴」思想對這一思路也有相當大的影響。在這一個架構中
有方法、有步驟、有目標，整個架構像一個路程圖般。南宋以下，許
多經世致用的理論性參考書，每每都以此爲架構，如眞德秀的《大學
衍義》。眞德秀的《大學衍義》序：「臣嘗妄謂《大學》一書，君天
下者之律、令、格、例也」。[13]

　　《大學衍義》所立下來的「八步」架構，在宋元明的實際影響，

12　（清）趙愼畛，〈田文鏡練達之見〉，《榆巢雜識》，下卷（北京：中華書
　　局，2001），頁145。
13　王雲五主編，眞德秀撰，《眞西山集一》（上海：商務印書館，1937），頁
　　46。

可以用下面幾個例子來說明。元仁宗認爲「治天下此一書足矣」；元英宗時，翰林學士忽都魯都兒進呈此書給皇帝時說：「修身治國無踰此書」。明太祖宣揚《大學衍義》，明代儒臣也大多講此書，如憲宗、孝宗的經筵。此外，仿行者不斷，如湛若水仿《大學衍義》作《格物通》；又如丘濬作《大學衍義補》，便是因爲眞德秀的書只有格致誠正修齊，丘氏想將治國平天下的部分補齊。萬曆三十三年，明神宗更重刊《大學衍義補》，俾使它能流傳海內。[14]《大學衍義》、《大學衍義補》及各式各樣的牧令書、官箴書等，與現實政務的關係，一如食譜與眞正做出的菜，兩者是有不同的。但是各種《大學衍義》的仿本或流行的官箴書，代表了人們認爲「理想上」什麼樣的政治才是「賢能政治」。

　　正因爲由個人內心修養到治國平天下這八步是環環相扣的，所以它們之間有密切的互通性。故陶希聖在綜覽了一些近世中國治理人民的手冊書後得到一個結論，他說：「近古的牧令書，大抵都從做官的人的心身修省說起」。[15]因爲「修身」是「本」，治國平天下是「末」，所以時常出現把治國平天下的實務化約成個人內在修養的心理傾向。而且這種政治「內心化」的傾向不只見諸於牧令書，在其他文類中也不難看到。譬如在明代崇禎年間徐奮鵬所編的一部奇書《古今治統》中，作者以多達二十卷的篇幅闡明古今歷史中「天下之治本於道，天下之道本於心」的情形，並依此原則評騭古今之治統。[16]

---

14 陶希聖，〈宋明道學家的政術〉（下），刊載於《社會科學季刊》，第6卷2
　　期（北平，1936），頁419。

15 陶希聖，〈宋明道學家的政術〉（上），刊載於《社會科學季刊》，第5卷4
　　期（北平，1935），頁405。

16 （明）徐奮鵬，《古今治統》（清雍正刻本），四庫禁燬書叢刊編纂委員

　　三、宋代理學開山祖師們反覆強調，宇宙是由同一質料構成的，故說「萬物一太極也」，又說「分而言之，一物各具一太極也」，所以宇宙萬物之間是可以聯通的。在同一質料構成之中，「惟人也，得其秀而最靈」，故人有特殊地位。在所有人之中，「聖人」具有更特殊的地位──故朱熹解說「蓋人稟陰陽五行之秀氣以生，而聖人之生，又得其秀之秀者……蓋一動一靜，莫不有以全夫太極之道，而無所虧焉」。[17]所以聖人具有整個天下國家的軸心、樞紐性的地位。這個軸心、樞紐，會向四方擴散，就像往池塘投一顆石頭後，漣漪會一圈一圈地往外擴散一般。

　　「誠」是《通書》的一個關鍵，故說：「『大哉乾元，萬物資始』，誠之源也。」「『乾道變化，各正性命』，誠斯立焉」。[18]「誠」在這個既道德又政治的體系中居重要地位。周敦頤說：「聖，誠而已矣」。為什麼呢？因為，天所賦予人之正理，人皆有之，而「聖人之所以聖，不過全此實理而已」，「即所謂『太極』者也」。[19]能「誠」也就是對於其所秉賦之性「至實而無欺」，所以能「誠」之「聖人」有「參天地化育」之能力。《中庸》中講「誠」時早就說：「唯天下至誠，為能盡其性，能盡其性，則能盡人之性，能盡人之性，則能盡物之性，能盡物之性，則可以贊天地之化育，可以贊天地之化育，則可以與天地參矣！」[20]這個思路經過宋儒新的詮釋、發揮，形成了一個

　　會，《四庫禁燬書叢刊》，子部第29冊（北京：北京出版社，2000），頁645（1a）。

17　（北宋）周敦頤，〈太極圖說〉，《周敦頤集》，頁6-7。

18　（北宋）周敦頤，《通書》，《周敦頤集》，頁13。

19　（北宋）周敦頤，《通書》，《周敦頤集》，頁15。

20　（南宋）朱熹，《四書章句集注》（北京：中華書局，2012），頁33。

很有影響力的系統。

　　四、在宋明理學傳統中，許多先秦儒家的政治詞彙／概念，在長久的忽視、甚至斷絕之後，得到新的肯認，甚至成為此下綿延、廣佈之理想，孟子的思想便是其中佼佼大者。「格君心」便出自《孟子》，當然孟子同時也講許多制度方面的問題，《孟子》〈離婁章句上〉：「人不足與適也，政不足閒也。惟大人能格君心之非，君仁莫不仁，君義莫不義，君正莫不正，一正君而國定矣！」[21]譯成白話：那些在位的小人，不值得去指點，他們的政學不值得去非議，只有大仁大德的人才能糾正君主思想上的錯誤。君主仁，沒有誰不仁；君主義，沒有誰不義；君主正，沒有誰不正，一旦使君主端正了，國家就安定了。

　　在孟子與宋代間也能看到「格君心」的觀念，尤其是在唐代。通常出現的脈絡是，責備歷史上某些宰相或名臣（如魏徵、陸贄），不能真正做到「格君心」。宋代出現的頻率更是增加，當時理學派、心學派（如陸九淵）都重視此說。而且在思想上更進一步地發揮，更加內心化、系統化、宇宙論化，而且宋代以下更加強調了「君」作為國家與天下的樞紐地位，更強調「君心」的內在隱微的重要性，及它們「感通」國家與天下的力量。宋代以下，如蒙元時代，因受理學思想的薰陶，大臣們在談論政事時，也常常用「格君心」這個套語。如至治二年，元英宗召見名臣張珪，張珪辭歸，後來丞相問張珪宰相的首務是什麼？張珪答說：「莫先於格君心」。[22]

　　「格君心」思想有兩面，第一面是如何「格君心」。《大學衍義》

21（南宋）朱熹，《四書章句集注》，頁291。

22（明）宋濂撰，《元史》，卷一百七十五，〈列傳第六十二・張珪〉（台北：台灣中華書局，1966），頁4707。

中引張栻解釋「格君心之非」，認爲「格君心」的「格」是「感通至
到」，認爲君心之非不可「硬以氣力勝」，應該「感通至到，而使之
自消靡焉」。另一面是君心如何影響天下人之心，因「君王」是天下
樞紐，「君王」往往等於「聖人」，它像一部「總發電機」，可以感
通、影響天下。[23]明代丘濬的《大學衍義補》中這樣說：「人人有之而
不能自立，必待帝王者出，下布五行，上協五紀，端五事於上，而威
儀言辭皆可以爲民之標表」、「天理人倫原於帝降之衷，具於秉彝之
性，人人所有也。而不能以皆中正。必待人君之立爲標準，俾天下之
人皆於是乎取則」、「君有是極，民亦有是極。君之所建者，民之所
有也」、「夫我有此本然之性，而人亦莫不有此本然之性。我盡我本
然之性，使之觀感興起而莫不盡其本然之性，皆如我性之本然者焉，
是則所謂化之也」。[24]也就是說人人皆有與君王一樣的「本然之性」，
如果人人皆能復此「本然之性」，則天下的政治便太平了。君王如能
復此「本然之性」，作爲天下人的楷模，天下人便知應復其個個人的
「本然之性」，所以君王是「復性」的楷模。

　　前面說到，君王也是一部總發電機，君王與人民間能相「感
通」，這與因理學「仁者與天地萬物同體」之說有關。宋代眞德秀的
《大學衍義》中有一段話：「蓋天能與人以至善之性，而不能使之全
其性能，使人全其性者，君師之任也」、「天地萬物本吾一體，吾之
心正，則天地之心亦正矣」。[25]明代的《大學衍義補》說：「由一身而

---

23 （明）眞德秀，《大學衍義》（台北：文友書店，1968），頁355。

24 丘濬，《大學衍義補》卷158，頁1517（6b）、1518（8a）；卷159，頁1531
　　（13a），收於《丘文莊公叢書》，上冊（台北：丘文莊公叢書輯印委員
　　會，1972）。

25 眞德秀，《大學衍義》，頁189。

一家，由一家而一國，由一國而之天下。凡有所修爲舉措，莫非易知易從之事，可久可大之業……如此則與天地同體，而天下之理皆得於我矣」。26事實上整部《大學衍義》的一大部分便是在講君王如能修身齊家，便會像通了電的網絡般照亮整個家國天下的原理。

朱子可以說是「格君心」思想的代表及最大的鼓吹者。宋孝宗十五年，他在一份極有名的奏疏中再三強調：「蓋天下之大本者，陛下之心也」、「臣之輒以陛下之心，爲天下之大本者，何也？天下之事，千變萬化，其端無窮，而無一不本於人主之心者，此自然之理也。故人主之心正，則天下之事，無一不出於正，人主之心不正，則天下之事，無一得由於正」。27朱子這一方面的言論俯拾即是，如他說：「此所以朝廷百官六軍萬民，無敢不出於正，而治道畢也。心一不正，則是數者，固無從而得其正」；28在論災異時，也反覆陳說皇上「克己自新，早夜思省」的必要。29宋寧宗對朱子侍講時一再在「君心」上作文章顯然相當不耐煩。皇帝要朱子即日出京，不必陛辭，即是反映了他的不耐煩。30

到了明代後期，當人們批評萬曆皇帝時，大臣反覆囉唆的也是「格君心」方面的話，弄得萬曆皇帝大爲不悅，對於許多奏章採取不予理睬的態度。有意思的是，即使是滿清以異族得到天下之後，天命元年正月，清太祖即位的諭旨中也是「格君心」這一路的老話：「惟

---

26 陶希聖，〈宋明道學家的政術〉（下），頁423。
27 王懋竑撰，《朱子年譜》（台北：世界書局，1984），頁146。
28 王懋竑撰，《朱子年譜》，頁147。
29 〈上論災異劄子〉：「伏願陛下視以爲法，克己自新，早夜思省，舉心動念，出言行事之際。當若皇天上帝，臨之在上，宗社生靈守之在旁，懍懍然不敢復使一毫私意萌於其間」。王懋竑撰，《朱子年譜》，頁209。
30 王懋竑撰，《朱子年譜》，頁212。

秉志公誠，能去其私，則天心必加眷佑，地靈亦爲協應……爲治之道，惟在一心」。[31] 異族入主中國，發佈的詔令可能是出自臣下之手，但他也要使用這一套語，可見「格君心」思想的影響之深遠。

　　以上的這幾種思路是我歸納南宋以下最常出現的理學的「內面化」的政治思維的架構。理學的政治思想包涵的範圍當然比這廣泛，但是以上所舉的幾點是南宋以降比較常被提到也比較穩定的成份，即使在陽明心學大行之後，也仍舊有力量。

　　宋明理學內部有許多不同的學說，宋明理學的歷史也有許多變化，尤其是王陽明的心學。王陽明的心學強調「心即理」，他認爲理想上，當一個人的內心純乎天理良知之時，則所有政治原理都應該是他的良知中所完滿俱足的。講學的活動是爲了幫助人們啓悟「良知」，故對陽明來說，講學本身即是一種獨特的政治活動。

　　有一次，陽明的學生南大吉去請教王陽明說，我的施政常有差錯的地方，何以先生都沒有一句糾正的話。王陽明問他，都是些什麼過錯呢？南大吉一五一十地說了。王陽明說，我都說過了！南大吉說，可是先生什麼都沒說，陽明說：「（你的）良知知之」、「良知莧是我言」——也就是說我教你「致良知」，只要「良知」作主，你自己施政時的對錯自己都知道，所以你施政差錯的地方我都已經說過了。[32]

　　王陽明的〈拔本塞源論〉可以說是一篇理想政治的宣言。他反覆說天下人之心原是與聖人之心一樣的，但是因爲有「私」、有「蔽」，而使得各人之心沒辦法「通」，以致於「人各有心」，只要能

31 稻葉君山（岩吉），《清朝全史》，上卷（台北：台灣中華書局，1985），頁140。
32 耿定向，〈瑞泉南伯子集敍〉，收在《南大吉集》（西安：西北大學出版社，2015），頁3。

去除每個人的「私」、「蔽」，「以復其心體之同然」，則烏托邦般的政治便可達到，所以政治的關鍵是「以復其心之所固有」。這與朱子的〈大學章句序〉中所說的君師教萬民「以復其性」的政治思想，其實是一致的。在這樣一個理想政治中，不同職業的人、不同才分的人都能各安其業，以相生相養。

　　前面提到過，在「內面化」政治這個思維之下，人們受到的影響有不同程度的，或光譜濃淡之別，有的受到了上述多種要素的啟發，有的只是受其一枝一節的影響。而其中比較強烈的，則有將政治、軍事化歸為內在心性修養的現象。以下要舉幾個例子來說明。

二

　　清代學術以考證學為主，但是理學傳統仍在，程朱是官學，不過清代對於理學的詮釋並不完全與宋代一致。在清代的政治意識形態中，理學始終有其勢力。尤其是從十九世紀初以降，清朝的士大夫世界興起了一股強大的宋學復興運動（即以前面所提到的天下之大本繫於君王之內心或「格君心」方面的思維為例，在魏源編的《皇朝經世文編》所收文章中便反覆出現），[33]啟發了清代後期乃至民國時期許許多多知名的、不知名的士人。在這裡我想舉兩位在十九世紀及二十世紀「旋轉乾坤」的人物──曾國藩、蔣介石，作為將軍事、政治化歸為內在心性修養，或以內在心性修養的觀念思考政治軍事的例子。

　　曾國藩及他所領導的湘軍將領們，每每把宋明理學的修身觀念用來擬仿、應用於現實的政治、軍事行為。尤其是宋明理學中克制慾

33 參見劉廣京、周啟榮，〈皇朝經世文編關於「經世之學」的理論〉，《中央研究院近代史研究所集刊》，第15期上（台北，1986），頁61-68。

望、改變習性。在「懲忿窒欲」過程中，個人與自己之間如戰爭中敵我互爭城池的關係形成了一種格局、一套語彙，作爲政治或軍事的憑藉——尤其是在軍事戰鬥中與敵人對陣的想像與實踐。平定太平天國的將領們，如曾國藩、羅澤南、胡林翼、左宗棠、李續賓、王鑫等在打仗時都表現類似的思維特色。而其結果，是把對政治與軍事的想像，心性修養化、內面化，從而取得了軍事的勝利，但也極大地侷限了對政務與軍務的想像與思考。

　　以湘軍的領袖曾國藩爲例，他認爲天地萬物都是一個「理」，「堯舜至途人皆一也」，內在修養心性的道理可以應用到外面的許多事物上。首先，他與理學家們一樣，認爲只要「澄心定慮」，則各種施爲無不得其正。他說：「軍事變幻無常，每當危疑震撼之際，愈當澄心定慮，不可發之太驟」。[34] 他對付太平天國的中心戰略爲「以主制動」，敵人慣用奇兵，官兵不能用奇兵，而應該用「正兵」，用兵全恃「誠拙忠義之氣」。另一方面，他認爲修養心性的道理與打仗是一樣的，故說用兵打仗之時應用了《禮記》、《大學》的兩言：「如保赤子，心誠求之，雖不中不遠矣」。[35] 由於萬物的「理」是互通的，修身的「理」與軍事的「理」也可以是一樣的。曾國藩說：「凡辦一事，必有許多艱難波折，吾輩總以誠心求之，虛心處之。心誠則志專而氣足，千磨百折而不改其常度，終有順理成章之日。心虛則不動客氣，不挾私見，終可爲人共亮」。[36]

---

34 錢基博，《近百年湖南學風》（北京：中國人民大學出版社，2004），頁37。

35 胡哲敷，《曾國藩治學方法》（北京：當代中國出版社，2015），頁133-140。

36 胡哲敷，《曾國藩治學方法》，頁84。

　　再如湘軍將領中，人皆謂羅澤南以宋儒之理學治兵。羅澤南克城二十，大小二百餘戰，或問制敵之道，曰：「無他，熟讀《大學》『知止而後有定，定而後能靜，靜而後能安，安而後能慮，慮而後能得』數語，盡之矣。《左氏》『再衰三竭』之言，其注腳也」。[37] 此外，羅澤南常用周敦頤「主靜察機」的道理來運兵接仗。我發現以「知止而後有定」作爲軍事的要訣，在近代中國是相當有名的。[38]

　　湘軍另一名將領王鑫也是如此，他說：「大抵治兵與治心，事雖異而理則同。少縱即逝，常操乃存。危微之機，所關甚巨。將之以敬，貞之以誠，一有未至，則罅瑕立見，而流弊遂不可勝言，自非常惺惺不可也。……幾須沉，乃能觀變；神必凝，方可應事」。另一位晚清有名的將領左宗棠也說：「以治心之學治兵，克己之學克敵。知兵事以氣爲主，而多方養之，俾發而不泄，泄而不竭，故其勞烈遂至於此」。[39]

　　道德與治事的道理是一致的，作人要「去僞而崇拙」，帶部隊也是要「去僞而崇拙」，能夠這樣則「躬履諸艱而不責人以同患，浩然捐生，如遠游之還鄉，而無所顧悸；由是眾人效其所爲，亦皆以苟活爲羞，以避事爲恥」。[40] 曾國藩主張，整個國家或一個軍營都是一所學校、是一個家庭，「營」與「家」是一體的。曾國藩把軍隊當成家庭、學校，後來蔣介石也主張整個國家便是一所學校，這與朱子、王陽明的思路有關。朱子、王陽明都認爲講學即是爲了幫助人人「復其

---

37 錢基博，《近百年湖南學風》，頁20。
38 〈致婁縣張聞遠同年錫恭〉，收於崔燕南整理，《曹元弼友朋書札》（上海：上海人民出版社，2018），頁393。
39 錢基博，《近百年湖南學風》，頁29。
40 胡哲敷，《曾國藩治學方法》，頁85。

本然之性」，一但人人都能「復其本然之性」，軍隊便強健，國家便
治理了。

三

　　此處以民國初年的軍政三大巨頭：蔣中正、閻錫山、馮玉祥為
例。要了解這三人，梁啓超的兩段話特別值得注意。梁啓超在《新民
叢報》中有一文區分「宗教家與哲學家」，認為要行動唯有依靠宗教
家。沒有精神力或信仰力，則一切只能是暫時的、零星的。[41]不只是
蔣介石、閻錫山、馮玉祥，如唐生智在軍隊中宣揚佛法作為精神教
育。[42]馮玉祥則皈依基督新教，用水龍頭為兵士受洗，後來有「基督
將軍」之號。[43]蔣介石則是宋明理學的信徒，後來加上基督教，而且
理學與基督教對他的影響有時也不大容易清楚區分。

　　蔣介石的歷史評價非常兩極，任何與他有關的研究都要冒極大的
風險。所以這裡首先要強調：以蔣介石的日記作為分析對象，完全是
因為研究上的考慮，沒有任何評價的意圖。蔣介石的日記是難得的材
料，讓我們得以觀察一種思想如何在政治人物的現實行動中發揮作

---

41 梁啓超，〈宗教家與哲學家之長短得失〉，《新民叢報》，第19號（東京，
　　1902），頁59-68。
42 唐生智倡「佛化革命」，其軍隊稱「大慈大悲軍隊」、「佛化省政府」、「佛
　　化省黨部」。吳佩孚則以關羽、岳飛號召全軍；孫傳芳以「三愛主義」；奉
　　魯軍系為「四民主義」，其他各種主義，不勝枚舉。
43 馮玉祥從1913年起，即參加教會查經班，每逢主日都到教會做禮拜，
　　1917年聖誕節受洗為教徒。他在回憶錄中提到，1918年3月下旬，當他駐
　　軍湖南常德時，在軍中設教堂，請牧師宣教，並為大批軍人受洗，且組織
　　過「車輪講演團」向士兵布道等。見馮玉祥，《我的生活》（北京：世界
　　知識出版社，2001），頁242-244。

用。所以在這裡我必須清楚地指出，我的工作是在盡量還原歷史，而不是在爲極具爭議的政治人物尋找藉口。[44]

　　蔣介石深受宋明理學薰陶，日記中讀宋明理學著作的紀錄達數百條之多。在對日抗戰艱難的日子中，他還排定日程，將卷帙浩繁的《宋元學案》、《明儒學案》讀完。他同時也深受曾國藩的影響，日記中每以曾國藩之信徒自況。而蔣介石成爲全中國領導人之後的日記，相當程度體現了我們在前面所講到的，將宋明理學的內心修養與現實政治之間聯繫在一起的傾向。蔣介石在日記上明白說：「政治學則以王陽明、曾文正二集爲根柢」（民國4年）[45]。雖然他也讀一些政治方面書，聽各種演講，[46]但這些是「枝葉」，不是「根柢」。他也曾經有類似「省過會」的想法，希望同志們能糾舉他的過錯，但好像沒有人敢這麼做。最重要的是蔣介石連篇累牘地在討論國家政治軍事時，每每將之聯繫到個人的「私」、「欲」，認爲不能全然去除「私」與「欲」，或不能「懲忿窒欲」是某些事辦不通，或國家政治不能上軌道的最根本原因。

　　此外，他的日記中與政治有關的反省，多以「自」爲開頭，每隔一段時間的日記中，都有一些反省條目，這些條目的內容不是與政治

---

44 另外也有一種疑問，認爲蔣介石日記是不是爲了給人看的故如此寫。不過，蔣介石受宋明理學修身日記傳統的影響，是有一方面書寫，一方面出版供人參證之習慣的。日記中所書，當然可能有故意要示人的地方，但即使是假的，也代表他希望人們如此相信，那麼也還是證明這些思想對他的影響。

45 黃自進、潘光哲編，《蔣中正總統五記·學記》（台北：國史館，2011），頁3。

46 如「聽馬寅初講學」（民國21年5月20日），聽王世杰講英國、美國、法國政治制度等（民國21年7月27、28日），見黃自進、潘光哲編，《蔣中正總統五記·學記》，頁31-32。

理念或政治組織有關，而是以心性修養的狀態爲主，蔣介石認爲理想
的狀態是言語要少、要適當，舉止要安詳，[47]「去除私慾」是他每天日
記最重要的內容，說「勿可做私慾與罪惡之奴隸，愼之！」（民國24
年6月29日）。[48]把政治問題當作道德動機的問題來處理，把「去
私」、「無欲」作爲解決社會、政治問題的根本方法，如「性慾不能
克制，何以自治治人」（民國25年5月1日）、「穢污妄念，不能掃除
淨盡，何以入聖？何以治人？」（民國28年4月26日）。[49]又譬如他
說：「立國之本，在於修身，故建國之方，在於由小而大，由近而
遠，勉之」（民國23年5月22日），未能「去人欲，存天理」，「何以
親親，何以治國」（民國24年1月6日）、「不能節慾，焉能救國？」
（民國29年4月13日）。[50]

　　在近代中國宋明理學「公」「私」之辨，國共兩邊都有許多實
例。在毛澤東與中共方面相當常見，[51]蔣介石在決定事情時，亦每每
問自己這個決定是出於「公」，或是出於「私」（至少在他自己看
來），這樣的審度確實對他的決定產生重要影響。政治上到處要分
公、私，如不准德國顧問自由離職，「是爲國也」，德國如果報復，
束縛他的兒子蔣緯國在德國的行動，「則私也，聽之而已」（民國27

---

47 如民國21年3月30日記：「近時氣浮心急，故言行皆不穩重，戒之！」又
　　曰：「寬緩二字，當爲余之藥石。」黃自進、潘光哲編，《蔣中正總統五
　　記・省克記》，頁63。
48 黃自進、潘光哲編，《蔣中正總統五記・省克記》，頁96。
49 黃自進、潘光哲編，《蔣中正總統五記・省克記》，頁109、153-154。
50 黃自進、潘光哲編，《蔣中正總統五記・省克記》，頁88、92、169。
51 詳參翟志成，〈宋明理學的公私之辨及其現代意涵〉，收入黃克武、張哲
　　嘉編，《公與私：近代中國個體與群體之重建》（台北：中央研究院近代
　　史研究所，2000），頁1-57。

年6月20日）。在民國28年1月31日的日記中又說：「祇問我心之公私是非，而不必兢兢於恩怨利害」。[52]但比較有意思的是蔣介石對政治事件的成敗歸因，也明顯具有將政治化約爲個人內在心性化的現象。譬如他說：「驕傲憂懼與躁急，爲近日之病態，卒致有此次賓陽、五原之失敗，若再不自修，竊恐政治上亦將有不測之患矣，戒之！慎之！」（民國29年2月3日）、「盛世才悔悟來歸，是亦克己復禮之效耶？應益勉之」（民國31年7月15日）[53]，這樣的例子是頗常見的。

　　蔣介石也深受「格君心」思維的影響，認爲自己是整個國家天下所繫。譬如他說：「道德爲事業之基，余爲一代領袖，言行舉動，皆爲一世之風化所關，人心所係，立品敦行，不可偶或忽也！」（民國17年9月13日）[54]又說：「今日黨國關係於余一身之言動」（民國16年1月3日）。[55]正因他以自己爲治國平天下之樞紐，所以只要自己的道德問題解決了，許多事情也會迎刃而解，故日記中也常見這一類的記載。如他見水災，便自省說：「此爲余一人不德之所致，竟使天災兵禍、浩劫至此！敬求上帝，殛誅余一人，以安蒼生！不使余日加罪孽，貽害兆民！不使余日受苦痛，以活受地獄之慘悲也！」（民國20年8月17日）[56]又如：「本日又斥責軍政部辦事不力，時動憤怒，此非建設之道，每自懺悔，而終不能澈改，所謂克己復禮與主敬立極之功夫，喪失殆盡，應痛自深責爲要！」（民國32年11月14日）[57]其實痛

52 黃自進、潘光哲編，《蔣中正總統五記・省克記》，頁140、151。
53 黃自進、潘光哲編，《蔣中正總統五記・省克記》，頁165-166、217。
54 黃自進、潘光哲編，《蔣中正總統五記・省克記》，頁28。
55 黃自進、潘光哲編，《蔣中正總統五記・省克記》，頁12。
56 黃自進、潘光哲編，《蔣中正總統五記・省克記》，頁54。
57 黃自進、潘光哲編，《蔣中正總統五記・省克記》，頁243。

責軍政部辦事不力以致動怒，是不是應以「克己復禮」、「主敬立極」
來解決，本身即是值得商榷的，但在理學思維影響下，他很自然地往
這個方向思考。

　　日記中還有一種很特別的自省思維，如日記中常出現「信人過
甚」（民國19年9月30日）、「余無學識，信人太過，防人不及，致
陷國家民族，至於此極」（民國22年9月22日）[58]。蔣介石自責「信人
太過」，其實是一種錯誤在對方而我正確無誤的想法，這個想法也表
現在對「誠」的反思上。從蔣介石日記中可以看出他有一種特殊心
態：如果對方不能對我悅服，可能是因為我不「誠」。但我如果
「誠」，而對方不主動悅服，則錯在對方。然而我是否「誠」，對方其
實是無從得知的。[59]這是種一切皆決定在我的心性狀態，是自己與自
己對話，是「主」、「他」兩者之間不必有任何溝通的政治關係。章
太炎認為宋明理學的「誠」，即佛教的「根本無明」，並說儒家認為
至誠之效可以「贊天地之化育」，可以「與天地參」，是「崇奉根本
無明」，而所謂「與天地參者，適成摩醯首羅梵天王耳」。[60]摩醯首羅
梵天王即大自在天，是色界的頂點，能自在變化。誠之極致即「我
執」，益欲求「誠」則「我執」強，所有的意志力皆凝結、封閉在一
個點上。

　　蔣介石常以自己心性是否「誠」，作為政治成敗之關鍵。日記中

---

58 黃自進、潘光哲編，《蔣中正總統五記・省克記》，頁46、80。
59 熊十力曾不客氣地批評這一類思維是孤制其心或「強制其心」、「專守其
　　孤明」、「守其孤明」等。熊十力，《十力語要》（台北：洪氏出版社，
　　1975），頁267、309、317。
60 章太炎，虞雲國點校，《菿漢微言》，收於《菿漢三言》（上海：上海書店
　　出版社，2011），頁103。

這方面的記載甚多：如「此皆中正誠不足以動眾，信不足以孚人」（民國15年4月14日）、「然余總有使人不能感動處也，應自反省，增益精誠」（民國22年4月4日）、「汪精衛之心志不堅，中央不能團結，是余之誠不孚乎？」（民國22年7月16日）、「與李宗仁談話，甚自慚精誠感人之不易也，當益勉之」（民國25年9月19日）、「本週心神，以失言致多不安，然精誠照人，道德感召之力，自覺非言可喻，應益戒之！勉之！」（民國29年8月24日）、「宋子文夜郎自大，長惡不悛，二十年來，屢戒屢怒，終不能使之覺悟改過，彼之野心難馴固矣，然余無感化之力，不能不自愧也！」（民國32年11月6日）[61] 以上事情都可以有其他各種考量的方式，而蔣介石則一律歸到自己是否「誠」、能否「感通他人」，而不管實際事情的內容。

　　蔣介石將政治、軍事「內面化」的傾向還可以從另一個例子看出。晚清蔡鍔所編的《曾胡治兵語錄》，民國十三年十月，蔣介石為之「增補」，而蔣所「增補」的，主要便是「治心」一章，使得全書由十二章擴增為十三章。他說：「治心即治兵之本」。[62]這便大改了蔡鍔原來的方向，變成是一本以「心」的「內面化」為主要功夫的兵書。

　　最後，我還要提到一點，即蔣介石常常用宋明理學式的概念來講三民主義，如說：「所謂明明德者，即昌明我三民主義，使之發揚於世界是也」（民國32年1月6日）[63]。而且，基督教在他內心生活中也

61 黃自進、潘光哲編，《蔣中正總統五記・省克記》，頁8、72、78、112、175、243。
62 蔡松坡編，〈第十三章治心〉，《增補曾胡治兵語錄》（桃園：陸軍第一士官學校，1976），頁339-389。
63 黃自進、潘光哲編，《蔣中正總統五記・學記》，頁275-276。

扮演愈來愈重的角色。對日抗戰後期，他甚至曾在日記中說將來要將
中國建立成一個「基督教國」（民國26年9月18日）。[64]

四

　　閻錫山與蔣介石不同，從他1930年代以後的日記，看不出他受
宋明理學何種特別的影響。閻錫山日記主要僅是一個領導者做事的方
法與道理。但在民國時期激進的政治文化潮流中，閻錫山深受傳統影
響，以尊孔為志，在山西治內提倡「六政三事」，從中可以看出《尚
書‧洪範》「八政」的影響。閻錫山似乎受到新文化運動的刺激甚
大，而新文化運動同時也帶入共產革命的消息。閻錫山在1917年開
始獨攬山西的軍政大權後，非常注意將傳統文化引入現代政治。尤其
是受到俄國大革命的刺激，為了防共，在思想上主張「以主義對主
義，以組織對組織」，故提倡「公道主義」；在組織上，則仿照日本
町村之制，實行「編村」，認為「村」是一切，實行「村本政治」。[65]
　　閻錫山基本的思想態度是「尊孔」，反對「批孔」，[66]主張「敬上
帝，愛國家，以天地人物為一體，此孔子之學也」，認為國家的根本
在道德。在他的許多措施中「育才館」與「洗心社」的設立，與本文
的討論密切相關。閻氏在育才館中講話都是很實際的，如「嗜好應除
也」、「虛偽應掃除也」、「懶惰應掃除也」、「敷衍應掃除也」、「僥倖
之心應掃除也」、「揣摩之風應掃除也」、「混事之見應掃除也」、「自
滿之念應掃除也」等。在他的種種講話中，以「吏治敗壞」與「劣紳

64 黃自進、潘光哲編，《蔣中正總統五記‧學記》，頁115。
65 景占魁，《閻錫山傳》（北京：中國社會出版社，2008），頁213。
66 景占魁，《閻錫山傳》，頁53、32。

爲害」爲主要檢討與打擊的對象。

　　至於閻錫山在太原的「洗心社」，則與宋明理學的政治想像密切相關。整體而言，閻錫山有一個隱約的主題，即認爲「慾」是一切政治問題的起源，譬如他說「安富尊榮」是晚清以來吏治腐敗的根源，而其關鍵即在「慾」，他說：「民國以來，內外官吏因此而敗者，不知凡幾，是皆慾之一字階之屬也。至其慾之標的爲何，則仍不外要安富尊榮四字而已」。67

　　「洗心社」設於1918年，但洗心社的「自省堂」始於1922年，根據郭榮生爲閻錫山所編的年譜所記：「自省堂位於太原市中心，文瀛湖之西岸……可容五千人」，並懸「悔過自新」匾於堂內，每週日文武官員集體自省。68閻錫山特頒開幕詞，說：「人類之悲慘，皆由人心污穢所造」，所以要洗心。「洗心」的觀念在宋明理學中非常盛行，至於自省堂，閻氏則明白要人們學習明末清初陝西李二曲所標舉的「悔過運動」。69

　　除了太原總社，洗心設在山西許多地方設有分社，70在太原總社聽過講之人：「歸鄉時，即負有提倡分社講演之責任」。71洗心社有

---

67 陽曲縣知事孫奐崙筆記，〈督軍兼省長第一次在育才館爲各知事人員等之講演詞〉，《來復》，第2號（太原，1918），頁24。

68 郭榮生編著，《閻錫山先生年譜》（出版地、出版者不詳，台榮印刷廠，1984），頁73。

69 可參考閻錫山著，傳記文學雜誌社編輯，《閻錫山早年回憶錄》（台北：傳記文學出版社，1968），頁84；閻伯川先生紀念會編，《民國閻伯川先生錫山年譜長編初稿》（台北：台灣商務印書館，1988），冊1，頁274。

70 〈戊午年洗心社第四十二次集會〉，《來復》，第41號（太原，1919），頁35。

71 〈戊午年洗心社第二十六次集會〉，《來復》，第14號（太原，1918），頁31。

《來復》作爲機關刊物，但通常只記錄講稿，對於推行實際效果既無法紀錄也無法評估。值得注意的是在蔣介石北伐成功後，洗心社被蔣介石的總理紀念週取代，這個更迭饒富深意。在洗心社熱烈推行時，已頗有人非常關注閻錫山的「洗心社」，民國教育家經亨頤在1919年11月所寫的〈山西究竟怎麼樣？〉一文中，說他在山西參加第五次全國教育聯合會時，順帶紀錄他對山西的觀察。他批評山西正在推行軍國主義，並講到其軍國主義中的一環「精神教育」是以「洗心社」爲辦法。閻錫山正在以做校長的辦法做督軍、省長，他說：「還有一種精神教養的事業，就是「自省堂」，山西的《來復報》上曾經載得詳詳細細，現在各機關均已實行。各處領省的人，由閻督軍派的。省城中特建了一座自省堂，需費也要十幾萬，現在還沒完工，我也進去看過，當中有水門汀製出的『悔過自新』四個大字，足足可容三千人。這建築物的外貌，有些像教會的格式，遠遠望去人字牆的正面金光閃閃。『自省堂』三個字是康南海寫的。還有一種叫做『洗心社』，就是講演的機關，各處都設了分社。我看山西的提倡精神教養，可算不遺餘力了」。[72]

　　「洗心社」的靈魂人物是趙戴文，他是山西的第二號人物。洗心社的創意與運行以趙戴文爲核心，閻錫山則居於社長的地位。趙氏出身舊式科舉教育，一般都相信他因爲閱讀清初程朱理學家陸隴其的《松陽講義》（陸隴其以排斥陽明心學，恢復程朱正學爲職志），而知有聖賢之學，並進而探求陸隴其之學。趙戴文後來又在晉陽書院，向推崇程朱理學的李菊園學習。陸隴其是較嚴格的程朱學者，但是後來

---

72 經亨頤著；張彬、經暉、林建平編，〈山西究竟怎樣〉（1919年11月），《經亨頤集》（杭州：浙江大學出版社，2011），頁115。

洗心社的發展卻傾向陽明的良知說，甚至對程朱採取批評的態度。我推測這可能是因為程朱學說與民國時期的現實環境較多扞格，不像「良知」說可以比較沒有障礙地運用到新的時代環境中。

　　在前述思路之下，趙氏提倡洗心社以佐助閻錫山治理山西是不難想像的。對於洗心社，趙戴文幾乎每會必與，閻錫山亦經常親臨。洗心社每週聚會，宛如教堂講道。從《來復》上刊登的活動紀事看來，太原總會的參與者動輒千人。[73]「洗心」典出「聖人以此洗心，退藏於密」（《周易‧繫辭上傳》）。太原洗心社反覆強調洗心即洗去自己的過惡，「鄙人以為大眾來社，為研究洗心之方法也，方法既得，歸而時時洗之、處處洗之」，「洗心無他法，以我之心洗我之心」、「可見除良心以外，又誰能得而洗心，故曰，以我之心，洗我之心者此也」。[74]

　　太原洗心社〈戊午年洗心社第十四次集會〉中，「講長」張貫三這樣解釋「洗心」之大意：「心者，明德是也。所謂洗心，明明德是也，各明其明德即洗心矣。明明德以外，無所謂心也。洗心之法為何？克伐私欲，恢復天君之本體，即明明德矣」。[75]然後極力敷衍，洗去心之污染等義。「所可新者命耳，非謂一代之興即為新邦也。移風易俗，去其舊染之污，民德蒸蒸，有一番振作之氣象，即新民之新命也」，並且痛批辛亥以來，名為新，其實舊習為害。言「新」者，要

---

73 如〈戊午年洗心社第三十三次集會〉中說：「今諸君在座者千餘人」，《來復》，第29號（太原，1918），頁34。

74 〈戊午年洗心社第二十六次集會〉，《來復》，第14號（太原，1918），頁31、36。

75 〈戊午年洗心社第十四次集會〉，《來復》，第2號（太原，1918），頁25。

做到眞的「新」，意下即新的心。76

　　洗心社的講長，顯然以當時山西舊學（尤其是理學）人物爲主，但是經常也有各界重要人物，如法學家冀貞泉等都曾客串講長。洗心社所宣揚的不止於理學，而是以宋明理學作爲母球撞出回應現實道理。洗心社的講題從一開始便集中於宋明理學，尤其是陽明心學的若干學說。但並不能深入學理的區別，往往只是提出幾個觀念作爲「宗旨」。趙戴文執著於「宗旨」式講授，據記載，每當趙戴文演講之時，往往大呼三次「大學之道在明明德」，77然後配合現實環境加以引伸，以《大學》的「明明德」爲核心概括閻、趙所提倡的宗旨，這與前面提到的，蔣介石認爲「明明德」即是將三民主義發揚於天下的作法相近。洗心社的宣講，往往一開頭像是比較純粹的理學宣講，接著以理學做基底去涵括救國的主張，並將落實這些救國主張當成是踐履「良知」或「性分」中所本有的東西。

　　以「良知」或「性份」爲出發點，不停地套接、融合各種現代國家或地方所面臨的緊急議題有：愛國、救國、保種、合群、尚武，乃至閻錫山所提倡的「公道主義」。幾乎所有近代救亡圖存的題目，皆可以用「良知」這個觀念平台，由內心最根本處加以闡發。其中有一個很突出的重點，即他們面向所有百姓，不管其爲軍、爲政、爲學、爲士農工商，強調以儒學或理學的觀念爲基礎，申述人人應守其「職份」的觀念──任何人能盡其職份，即是能明其「良知」，即是能「明明德」。

　　洗心社中少講「天理」，多講「良心」、「良知」，強調「陽明先

76〈戊午年洗心社第十四次集會〉，《來復》，第2號（太原，1918），頁26。
77 龐偉民，〈趙戴文〉，《滄桑》，2002：3（太原），頁16。

生以無私無欲，寂然不動爲良知，良知者，性之苗也……非種必鋤，性苗必植，願與同人共勉之」。[78] 在第十八次集會中，講長楊季龍以發明良心，闡發良心之本能爲主題，他用宣揚良知、良心來落實公共心、有益人群、社會進化等現代的目標。[79] 最重要的是，洗心之效用是現代的，也就是我在前面提到的，「良知」是母球，撞擊各式各樣的子球，如保國保種、保主權、新民之術。「愛國家」、「救亡」、「欲愛其國者，必先從良心上作起」、「雪恥以外無思想，救國以外無事業」、「殺敵」、[80]「尚武」、「勇」[81]、「孔子愛國」、[82]「世界的國家主義」。[83]

在洗心社的演講中，偶爾也可以看到對程朱思想的批評，如洗心社第十五次集會中，講長郭可階便指出朱陸之後別出新說不可廢者爲顏元與戴震。顏元、戴震本是最批判程朱的思想家，郭氏很清楚地指出程朱學說經過數傳之後，不免有執意見爲理，自信太深之弊。如果以成見橫在心中，舉措之間往往有扞隔難入之處，所以他主張學者之應物，必遇事而研究該事物的原理，而不是如程朱般先有自己的

<hr/>

78 〈戊午年洗心社第二十六次集會〉，《來復》，第14號（太原，1918），頁32。
79 〈戊午年洗心社第十八次集會〉中說洗心社之任務在能實行王陽明「知行合一之致良知，則甚合今日社會待人爲治之時際出其所學，以謀社會之進化，則不負公共之擔任矣。」《來復》，第六號（太原，1918），頁36。
80 〈戊午年洗心社第二十九次集會〉，《來復》，第25號（太原，1918），頁42、43。
81 〈戊午年洗心社第三十四次集會〉，《來復》，第29號（太原，1918），頁37、38。
82 〈戊午年洗心社第三十八次集會〉，《來復》，第34號（太原，1918），頁27。
83 〈戊午年洗心社第三十八次集會〉，《來復》，第38號（太原，1918），頁37。

「理」橫於心中。[84]

　　洗心社中對宋明理學的學說偶爾也有新的發展。譬如對「心火」的一次講論中，講者即認爲有「心火」是好事，在晚明心學中，有「心火」是不好的。好的原因值得注意。它是與當時中國的困頓危急有關，「且人自患此病，大愈以後，其人之道德學問及人格，其國之運命與勢力及地位，就要比從前增高一層」。[85]此外，講社還有一種癖好，喜用現代科學名詞解釋理學中的概念，如以「質量」講良知、良能等。

　　最後，從洗心社的講論中可以看出他們的主旨，一方面是對抗辛亥至五四以來的反孔之風。[86]同時也是對民國建立以來的政風而發，「民國肇造，二、三青年誤解自由平等競爭之義」、「遂至國家多難、南北紛爭，其害正不知伊於胡底，處此時世，挽回之方，舍昌明孔子之教其奚由」。[87]

　　蔣介石、閻錫山與理學的關係是不同的。蔣介石是自動要把自己納入理學的要求中，而從《閻錫山日記》或閻氏在「洗心社」中的發言看來，他主要是運用理學來作爲全體幹部、人民的精神訓練，是一種「國民訓練」，或是與西方人上教堂作禮拜類似的精神活動（這一點在洗心社中也被提起）。

---

84 〈戊午洗心社第十五次集會〉，《來復》，第3號（太原，1918），頁27-28。
85 〈永和縣洗心分社黃知事講演詞〉，《來復》，第65號（太原，1919），頁40。
86 如說：「改革以來」、「認孔教爲障蔽，而發外人所不忍發之言論，必欲劉除淨盡之」，〈戊午年洗心社第二十六次集會〉，《來復》，第14號（太原，1918），頁34。
87 〈己未年洗心社第十次集會〉，《來復》，第61號（太原，1919），頁32-33。

近代西北地區，理學似乎仍有影響力。譬如前面提到的，高懸於太原洗心堂的「悔過自新」匾，即源自清初陝西的理學家李二曲，而「悔過自新」也對像胡景翼這樣的陝西革命黨軍人發生過重要的影響。

1915年胡景翼被陳樹藩軟禁之後開始研讀理學書籍，包括《大學衍義》、《陽明先生集要三種》、《涇野子內篇》、《曾文正公日記》等。尤其受陽明心學遺緒李二曲的思想所影響，他受李二曲影響應該與地域有關。他以極大的熱情閱讀李二曲的《四書反身錄》，亦盛讚陽明的「良知」二字，「尤爲單傳直指……陽明先生以此明孚聖學，眞脈復大明於世」。[88]而且他也欣賞「良知」，講「合群動眾之道」。[89]他得到一種對政治的內面性的看法，及「一念之不察」可以鬥得天下大亂。[90]細讀《胡景翼日記》，胡氏同時也廣讀史學及考證學著作，不過似乎在對付現實問題時比較親近的是上述「一念之不察」的思維，可是正是因爲比起客觀的考證之學，理學更爲立即而有入手處。

宋明理學在晚清民國學者文人中甚有迴響，過去我曾以修身日記爲例討論過這個問題。[91]連早年的胡適都在推廣修身日記，胡適早年勸梅光迪寫省克記，希望藉此過著有目的、有規劃、有系統的人生，將自己鑄造成一支利劍。當時梅光迪便決心照著胡適的話進行，並提到《富蘭克林傳》，梅光迪給胡適的一封信中說：「以上十八條，於每夜作日記前考查一日之事，如有違犯某條者，即以×號書於日記

88 以上見中國社會科學院近代史研究所編，《胡景翼日記》（南京：江蘇古籍出版社，1993），頁85、93。
89 中國社會科學院近代史研究所編，《胡景翼日記》，頁103。
90 中國社會科學院近代史研究所編，《胡景翼日記》，頁91。
91 請參見王汎森，〈明末清初的人譜與省過會〉及〈日譜與明末清初思想家——以顏李學派爲主的討論〉二文，收於《權力的毛細管作用：清代的思想、學術與心態》（台北：聯經出版公司，2014）。

中，以期改悔」。92

結論

　　從上面的討論中，我們可以看到一種以「最小的」包含「最大的」政治想像。由於「心」是宇宙的總司令，所以「良知」或「良心」包含著治國平天下的所有道理，而且包括過去、未來、所有可能對現實立即有用的東西。因為「小」包含「大」，所以樞柄在人們自己手上。「良知」、「良心」可以是既倫理又政治的入手處。「良知」人人皆有，故人人皆可以用它來涵括、指導現實正在發展的一切。

　　以「小」包含「大」的思維，也一方面以「心」為宇宙的總司令，構想藉由突出「小」包含「大」，使得人心可以涵括具體的、立即的，新生的事物，同時形成一種類似宗教般的力量。93 從這裡可以看出，當手邊有許許多多古往今來的資源可供選擇時，政治人物很少以清代考證學作為政治施為的根據。愈到現代，某些政治人物即使本來親近宋代理學，但往往一方面講程朱，而在實際入手時，又借途於陽明的良知說。如果說要「存天理」、「體認天理」，現代世界已經變得常常與宋明儒者的「天理」有所出入，所以用舊的學術資源來「存天理」會將問題複雜化。而「良知」或「良心」則不然，它比較方便與變化快速的近代社會發生搭橋借路的關係。

　　舊派軍人張勳以復辟為「良知」，《獨秀文存》記張壽朋說：「如

---

92 〈梅光迪致胡適函〉，收於中華梅氏文化研究會編，梅鐵山主編，《梅光迪文存》（武漢：華中師範大學出版社，2011），頁522。

93 閻錫山的「洗心社」中宣揚：「有宗教之國家易治易強」。〈戊午年洗心社第三十七次集會〉，《來復》，第33號（太原，1918），頁21。

張勳之徒，其良知但知復辟爲好而即行，知行合一者也」。[94] 新派軍人
中也有以理學概念涵括現代的主義。譬如說理學傳統中特別注重《大
學》，而蔣介石便認爲發揚《大學》的「明明德」，即是發揚三民主
義於天下。也有人試著把「良知」、「良心」與主義化合、發酵。如
蔣介石的同志陳立夫在〈自述研究哲學經過的階段〉中說，總理孫中
山常講，你們一般黨員只要按照他的話實行就夠了，不必另求別的
「知」。他的意思是：良知是我們大家所固有的，故不必另外再去
「求知」。[95]

　　閻錫山、趙戴文所主持的「洗心社」一再宣揚實踐「良知」，即
是實踐閻錫山所提倡的「公道主義」，或是洗心社中一再提到的愛
國、保種、愛群、尚武、殺敵等一大串救時之道，而且這一張名單還
可以無限延長。劉少奇將劉宗周的「愼獨」作爲共產黨員的修養（雖
然他未提到劉宗周），他在〈論共產黨員的修養〉中說，符合馬列主
義之道即是「人皆可以爲堯舜」，堯舜指的是馬克思、恩格斯、列
寧、史達林。在革命鬥爭中進行「修養」，隨時「去檢查自己處事、
處人、處己，是否合於馬克思列寧主義的精神」，所有「愼獨」、反
省、檢討、批評與自我批評的「道德」標準都是馬列主義。[96] 又如謝
覺哉援引王陽明臨死前說的「此心光光地」，即是要求共產黨員遵照

---

94 〈答張壽朋（文學改良與孔教）〉，收於陳獨秀，《獨秀文存》，卷三（上
　　海：亞東圖書館，1934），頁179。
95 陳立夫，〈自述研究哲學經過的階段〉，轉引自艾思奇〈抗戰以來的幾種
　　重要哲學思想評述〉，收於艾思奇，《艾思奇全書》，第三卷（北京：人民
　　大學出版社，2006），頁266。
96 劉少奇，《論共產黨員的修養：1939年7月在延安馬列學院的講演》（北
　　京：人民出版社，1962），頁10、12、40。

毛澤東的教導，把內心的雜念連根除掉，[97]而一心信服馬列主義。

　　從上面的討論看來，對修身的要求不只施之於尋常百姓，在這一套政治理念中，透過「格君心」等要求，使得統治者也成為被嚴格要求或自我要求的對象。

　　在歷史上，通常認為在「理想上」，「政治即道德」、「道德即政治」，所以他們政治施為的道德性通常非常高，尤其強調政治施為的動機是否合乎道德標準？動機是否純正？能否不偏私、不為己？所以他們之中出了許多廉能之吏。這些官員大多痛恨貪污腐敗，每每積極振刷吏治，認為過度重視政府財政收入的官員是不可取的、是「聚斂之臣」。他們不是不講制度，通常是一面講道德動機，一面講制度，只是在「理想上」，前者比後者要優先。

　　通常，「存天理去人欲」既是他們個人修養的準則，也是政治的準則，所以對他們而言，是否能識天理並存天理是非常重要的。一但他們認為認識天理了，他們通常會強調牢守「天理」的原則，不屈不撓，有時候到了難以理喻的地步。這個特質既表現在日常事務中，也表現在與官僚之間，或對皇帝的抗衡之中。有時候他們也可能把個人的偏好或意見，當作「天理」來堅持。

　　在「仁者與天地萬物同體」的理想之下，出現了許多體民所苦、普遍愛民的好官。在這個原則之下，他們努力做各種對老百姓有益的實務，如丈量田地、清溝洫、興學校、重教化等，尤其熱心於社會救濟方面的工作。因為相信「道德即政治」，「講學即政治」，所以傾向於把社會或國家想像成一個學校，對講學、教化、啟發人的善性等方

---

97 高華，《紅太陽是怎樣升起的》（香港：香港中文大學出版社，2000），頁423；原出自煥南（謝覺哉），〈此心光光地〉，《解放日報》，1942年7月23日，版2。按：此處更動據《解放日報》，高華書日期有誤。

面的事務特別起勁。他們通常特別提倡維護現實的秩序、提倡忠義、節義、貞節等精神。因此對於維護社會的長期穩定有重要的貢獻。

曾國藩的名言：「不為聖賢，即為禽獸」，即成為許多士人或官員的格言，塑造了許多有修養、清廉、公正、重道德教化、重原則、重節操、重社會事業，時刻以「仁者與萬物為一體」的胸懷去愛護百姓的好官。尤其是十九世紀初之後，有部分深受這個思想傳統影響的官員，鼓舞人們過著嚴格的、有組織的內心生活，故產生了一批又一批對抗腐敗貪污的官員。甚至也不乏人認為，像王陽明、曾國藩、蔣介石這般人物的出現，證明了宋明理學可能塑造出旋乾轉坤的人物。

但是上述思維的限制也是明顯可見的。「天理」思想影響下的政治與軍事，包含了許多可能性，同時也隱含了一些限制。人們每每認為曾國藩、左宗棠、胡林翼、蔣介石之所以能夠成功，與理學的修養有密切的關係，這使他們的心性能夠承受巨大壓力、意志無比堅強，但是也有一些明顯的缺點，如善於應變而短於處理日常的事務。

從曾國藩、蔣介石的日記看，他們時時注意「根柢」上應如何，所以不管治國、用兵，往往以內面性的部分為優先，注意力也每每先放在個人心性或道德素質上，對軍隊的節義、忠義、忠償等過度的強調，其實也有將軍事化約為個人修養問題的傾向。在最「根柢」的層面，他們似乎很少跳出「心性」這個箱子，去構建一種以「外面性」為主的政治，所以，對「組織」這類複雜性的問題沒有投入足夠的注意。蔣介石在日記中反覆反省自己沒有組織力：「省察余本身之缺點：一、短於組織，疏於擇人」（民國25年5月18日）、「用人未及科學方法與綿密計畫」（民國25年5月31日），又反省自己對於人事「無掌握與統制能力，未能得健全有組織之幹部」，對於政治經濟之設施「皆無整個具體之方案，更無各部門配合與人事補充之計畫」

（民國32年9月28日）。[98]

　　蔣介石對自己缺點的反省，即此心性之學傳統下之人的缺點：一切皆凝在內心一個點上——「公」或「私」、「義」或「利」、「誠」或「不誠」，偏於內心的收束檢點，而較少將優先性放在廣大、複雜的事件上。蔣介石認為現實可以區分為「練心法」與「練事法」，他說：「學者遇事不能應，只有練心法，更無練事法」（民國23年1月30日）。[99]「心」與「事」居然可以分開，而且以「練心法」作為優先，作為出發點，則其政治思路中受宋明理學「內面化」的影響可知之矣。

　　此外，過度集中於「格君心」，簡化了國家政治的複雜性，好像只要能夠改變「君心」，則治國平天下之業即可達成，也減少了直面現實政治複雜性的用心。在這一思路中，既然「私」與「欲」不只影響個人，也影響到公共事務，它們應該盡量被去除。但在近世商業社會中，「私」與「欲」是人生及社會中不可能不面對的東西，一味去「私」、去「欲」，則有意無意間表現為對現實社會的忽視、輕視或抗拒。

　　在這一個政治思路中，認為人皆能成聖成賢，而且皆應成聖成賢，忽略了「道德主體的脆弱性」。[100]美好政治的想像多是從領導人「無私」、「無欲」、強健的「道德主體」出發，但又時時瞭然於完美

98　黃自進、潘光哲編，《蔣中正總統五記‧省克記》，頁109、238-239。

99　蔣介石在民國20年6月24、26日的日記中的記載顯示其極為重視《曾胡治兵語錄》。見黃自進、潘光哲編，《蔣中正總統五記‧學記》，頁29、60。

100這裡借用 Martha C. Nussbaum, *The Fragility of Goodness : Luck and Ethics in Greek Tragedy and Philosophy* (Cambridge; New York : Cambridge University Press, 1986) 一書中的概念。

的自我、強健的道德主體幾乎是不可能達到的。[101] 這也就使得他們對現實政治的設想往往流於脆弱，或是過度拘纏在想使這個實際上脆弱的主體強健起來的問題上。

這種理想培養出來的領導者，以為自己最重要的是「懲忿窒欲」、「去私」等功夫，只是這些功夫做到徹底，則政治便可以清明，萬事即可迎刃而解，同志之間便能密切合作，協力於國事。所以領導人只要「誠」，萬民便自動歸而順之。蔣介石日記中種種自我反思的紀錄，便是最好的例子。

上述這些領導人物傾向於將 political order 與 moral order 結合在一起，但是這與時代新青年的主流思潮有所出入，與新思潮之間呈現了一種緊張，是在被質疑與挑戰中進行的。他們與一般新青年構思的政治秩序與社會秩序顯然有所不同，對政治、物質文明、個人主義等議題想法亦不一樣。他們因為對「利」與「欲」極度的關注與緊張，也隱然發展成對商業的忽視（有時是敵視），或對「農國」的嚮往。[102]

卡西勒曾說再現亞里斯多德的主張：「所謂真正的整全性（Ganzheit）乃是指：一切部分（Teile）都必須由一單一的目的所駕御，而且這些部分都必須努力去實化此一目的」。[103] 反過來說，當這個整體的每一部分在發生作用時，也不是單一地作用，而是以作為結構的一部分發生作用，所以即使宋明理學對上述人物有重要的作用，

---

101 譬如蔣介石做了許多心性省察的工夫，卻發現自己最終是失敗的。

102 譬如認為農人的品格在讀書人之上等，當然可能是因為當時山西只能盡力發展農業的關係。〈已未年洗心社第十次集會〉：「彼農人雖列士後，其品格實居士前」，《來復》，第 61 號（太原，1919），頁 25。

103 卡西勒，關子尹譯，《人文科學的邏輯》（台北：聯經出版公司，1986），頁 151。

但是在近代中國的後傳統時代之後，它們是以作爲新的結構的一部分在發揮作用，這是我們在討論上述問題時，所不能不再三強調的。

最後，我想指出某個時代的政治思想與現實政治化爲兩橛的現象。譬如在清代乾嘉考證盛行時，在現實政治中宋代理學的色彩卻還相當濃厚。當一般政治思想史大談戴震的「欲當即理」時，在現實政治中卻很難看到影子。但從本文的討論中，我們可以看出民國時期居於最關鍵地位的軍政人物，如蔣介石、閻錫山的政治思維與行動中，居然有如此濃厚的理學色彩，它與一般所見的「中國近代政治思想史」中所講述的內容幾乎不相干。這說明了，每個時代發生實際影響的政治意理與當時政治思想教科書中所講的經常不一致，兩者之間形成了某種斷裂，遂使我們輕忽了與近代政治行動交織的若干傳統思想色彩，這是我們研究這段歷史所不能不留意的。104

104參考王汎森，〈思想是生活的一種方式——兼論思想史的層次〉，收於氏著，《思想是生活的一種方式：中國近代思想史的再思考》（台北：聯經出版公司，2017）。

徵引書目

一、史料

（唐）魏徵等撰，沈錫麟整理，《群書治要》，北京：中華書局，2015。

（北宋）周敦頤，陳克明點校，《周敦頤集》，北京：中華書局，2009。

（南宋）朱熹，《四書章句集注》，北京：中華書局，2012。

（南宋）眞德秀，《大學衍義》，台北：文友書店，1968。

（明）宋濂撰，《元史》，台北：台灣中華書局，1966。

（明）丘溶，《大學衍義補》收於《丘文莊公叢書》，台北：丘文莊公叢書輯
　　印委員會，1972。

（明）李材，《兵政紀略》，台北：台灣學生書局，1986。

（明）南大吉，李似珍點校整理，《南大吉集》，西安：西北大學出版社，
　　2015。

（明）徐奮鵬，《古今治統》（清雍正刻本），四庫禁燬書叢刊編纂委員會，
　　《四庫禁燬書叢刊》，子部第29冊，北京：北京出版社，2000。

（清）王懋竑撰，《朱子年譜》，台北：世界書局，1984。

（清）趙慎畛，《榆巢雜識》，北京：中華書局，2001。

中國社會科學院近代史研究所編，《胡景翼日記》，南京：江蘇古籍出版社，
　　1993。

中華梅氏文化研究會編，梅鐵山主編，《梅光迪文存》，武漢：華中師範大學
　　出版社，2011。

王雲五主編，眞德秀撰，《眞西山集一》，上海：商務印書館，1937。

艾思奇，《艾思奇全書》，北京：人民大學出版社，2006。

來復報社編輯，《來復》，太原：來復報社，1918-1930。

崔燕南整理，《曹元弼友朋書札》，上海：上海人民出版社，2018。

章太炎，《訄漢三言》，上海：上海書店出版社，2011。

郭榮生編著，《閻錫山先生年譜》，出版地、出版者不詳，台榮印刷廠，
　　1984。

陳獨秀，《獨秀文存》，上海：亞東圖書館，1934。

景占魁，《閻錫山傳》，北京：中國社會出版社，2008。

馮玉祥，《我的生活》，北京：世界知識出版社，2001。

黃自進、潘光哲編，《蔣中正總統五記》，台北：國史館，2011。

經亨頤著；張彬、經暉、林建平編，《經亨頤集》，杭州：浙江大學出版社，
　　2011。

董誥等編，《全唐文》，北京：中華書局，1987。

劉少奇，《論共產黨員的修養（1939年7月在延安馬列學院的講演）》，北京：人民出版社，1962。

蔡松坡編，《增補曾胡治兵語錄》，桃園：陸軍第一士官學校，1976。

閻伯川先生紀念會編，《民國閻伯川先生錫山年譜長編初稿》，台北：台灣商務印書館，1988。

閻錫山著，傳記文學雜誌社編輯，《閻錫山早年回憶錄》，台北：傳記文學出版社，1968。

龐偉民，〈趙戴文〉，《滄桑》，2002：3（太原），頁14-18。

（日）稻葉君山（岩吉），《清朝全史》，台北：台灣中華書局，1985。

二、研究成果

王汎森，《權力的毛細管作用：清代的思想、學術與心態》，台北：聯經出版公司，2014。

_____，《思想是生活的一種方式：中國近代思想史的再思考》，台北：聯經出版公司，2017。

卡西勒，關子尹譯，《人文科學的邏輯》，台北：聯經出版公司，1986。

呂思勉，《中國政治思想史》，北京：中華書局，2012。

胡哲敷，《曾國藩治學方法》，北京：當代中國出版社，2015。

高華，《紅太陽是怎樣升起的》，香港：香港中文大學出版社，2000。

陶希聖，〈宋明道學家的政術〉（上），刊載於《北大社會科學》，卷5期4（北平，1935），頁387-412。

_____，〈宋明道學家的政術〉（下），刊載於《北大社會科學》，卷6期2（北平，1936），頁419-454。

蕭公權，《中國政治思想史》，台北：聯經出版公司，1982。

錢基博，《近百年湖南學風》，北京：中國人民大學出版社，2004。

英文資料

Bol, Peter. *The Culture of Ours: Intellectual Transitions in T'ang and Sung China.* Stanford: Stanford University Press, 1994.

Liu, James T. C.(劉子健). *China Turning Inward : Intellectual-Political Changes in the Early Twelfth Century.* Cambridge, Mass. : Council on East Asian Studies, Harvard University Press, 1988.

Nussbaum, Martha C. *The Fragility of Goodness : Luck and Ethics in Greek Tragedy and Philosophy.* Cambridge; New York : Cambridge University Press, 1986.

Neo-Confucianism and Political Action in Modern China

Wang Fansen

Abstract

The contributions of Neo-Confucianism to thought and philosophy have already been quite fully discussed, but its actual influence on government has very seldom if ever been thoroughly evaluated. In *History of Chinese Political Thought*, Hsiao Kung-chuan says "The political thought of Northern and Southern Neo-Confucians was mostly fragmentary and bedraggled." People therefore naturally think that the influence of Neo-Confucianism on government was very limited, and when they do think of the political thought that existed over these past one thousand years at all, they almost always start with the classic personages discussed in Hsiao's book and then overlook the fact that his textbook mostly discusses relatively unique or innovative political thinkers, thinkers whose political ideas were not necessarily relevant to the ideology of everyday political life at the time and were often far removed from it.

In Song and Ming Neo-Confucian traditions, this school of thought held that everyone had "original natures" and that as soon as everyone's "original nature" was recovered, all-under-heaven would be at peace and prosperity. The mission of the sovereign and teachers, then, lay in helping everyone recover their "original nature." So "ideally," government was the work of recovering everyone's "original nature," and therefore the ideal form of government was no government at all. They did of course engage in all manner of practical affairs and held that doing so was "embedded in human nature," and thereby shaping a fairly unique political form.

From the diaries of Zeng Guofan, Chiang Kai-shek and other materials, the author demonstrates that they often took notice of how they should act based on "roots," that is "original nature." They often took matters pertaining to inner nature as their priority, and their attention was also frequently first directed to a person's mind and nature or moral qualities.

Keyword: Neo-Confucianism, political action, Zeng Guofan, Chiang Kai-shek, Yan Xishan

辭彙、戰爭與東亞的國族邊界：
「中國本部」概念的起源與變遷

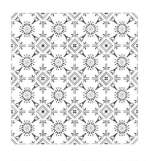

黃克武

美國史坦福大學歷史系博士。現任中央研究院近代史研究所
特聘研究員。主要著作：《一個被放棄的選擇：梁啟超調適
思想之研究》、《自由的所以然：嚴復對約翰彌爾自由思想
的認識與批判》、*The Meaning of Freedom: Yan Fu and the
Origins of Chinese Liberalism*、《惟適之安：嚴復與近代中國
的文化轉型》、《近代中國的思潮與人物》、《言不褻不笑：
近代中國男性世界中的諧謔、情慾與身體》、《顧孟餘的清
高：中國近代史的另一種可能》、《反思現代：近代中國歷
史書寫的重構》以及有關明清文化史、嚴復、梁啟超、胡
適、蔣中正等之學術論文九十餘篇，並編著，《隱藏的人
群：近代中國的族群與邊疆》、《政治批評、哲學與文化 墨
子刻先生中文論文集》、《重估傳統‧再造文明：知識分子
與五四新文化運動》等論文集。

辭彙、戰爭與東亞的國族邊界：
「中國本部」概念的起源與變遷*

黃克武

摘要

　　「中國本部」一詞是從西文的"China Proper"翻譯而來，指中國固有的領土，本部之外的地區則是邊疆（包括滿蒙疆藏等地），有時加入中國，有時脫離中國。此一辭彙的討論要放在中國從華夷秩序到現代國際政治、國家邊界的歷史過程中來觀察。「中國本部」一詞原為西方作家為瞭解清帝國而發明的辭彙，用來說明華夷秩序下本土（或所謂十八省）、藩部與四夷；此一西文經翻譯傳到日本。近代以後，在中國現代國家形成之際，日人為解釋中華帝國疆域並合法化本身疆域擴展而運用此一詞語；隨此產生支那即支那本部、滿蒙等地不屬於中國的觀點。清末之時此一詞語又傳入中國，而影響國人對「中國」範圍的認定。1930年代「中華民族」的意識在日人侵略下日益增強，開始有學者批評日人的語彙與觀點，執意打破中國本部與邊疆之分別，又進而引發顧頡剛與費孝通有關「中華民族是一個」的爭議。本文描寫此一辭彙與相關辯論的起源、演變與衰微。

關鍵字：本部、邊疆、華夷秩序、顧頡剛、費孝通

---

* 筆者感謝兩位匿名審查人對本文之指正。本文是筆者參加中央研究院主題計畫「文化、歷史與國家形構：近代中國族群邊界與少數民族的建構歷程」分支計畫「近代中國民族主義的核心概念」的部分成果。有關二十世紀上半葉「中華民族」觀念的形成、演變及其與中日戰爭、中日文化交流的關係，參見黃克武，〈民族主義的再發現：抗戰時期中國朝野對「中華民族」的討論〉，中國社科院近代史研究所編，《近代史研究》，總214期（北京，2016），頁4-26。

一、前言：從華夷秩序到現代國際政治與國家邊界

二十世紀上半葉東亞國家疆域的形成與中日兩國在政治、軍事、外交方面的競爭、角力，以及國人對於何謂「中國」與「中華民族」，其領土範圍爲何等問題的辯論有關。上述討論之中，涉及一個當時曾普遍使用、而如今已逐漸爲人所淡忘的「中國本部」的概念。本文討論「中國本部」概念的起源、演變與衰微。「中國本部」與「邊疆」形成一對相互界定的概念，本部一詞的使用亦表示它與本部之外的「邊疆」有所區隔；本部意指中國人固有的領土（或稱「中土」、「漢地」，或廣義的「中原」等），而邊疆地區的「四夷」則有時加入中國、有時脫離中國。此一語彙內涵的變化涉及中國（包括歷史上和現在）含括的範圍爲何？族群與地理的關係、本部之外的滿蒙疆藏等地或其他地方是否屬於中國？以及更根本的議題如民族是什麼？族群、民族與國家的關係爲何？

中國本部一詞是從西文的China Proper（包括相同意義的拉丁文、西班牙文、英文等）而來。此一辭彙問題的討論要放在傳統華夷秩序到現代國際政治、國家邊界的過程所引發的爭議來觀察。中國本部與邊疆（或屬領）概念的出現本來是西方學者爲瞭解中國歷史、地理與政治統治而創造的辭彙，是配合中國傳統華夷秩序下「內地　本土」與藩部、四夷之地域觀與本身的族性地理觀（ethnic geography）而發明的一個觀念；此一西文語彙又透過翻譯傳到日本，再傳到中國。近代以後在現代國家形成之際，日本人爲解釋中華帝國疆域並合法化本身的疆域擴展，而將西方詞語China Proper翻譯爲「支那本部」或「本部支那」。

此一辭彙原爲描述性，隨後與日本具有帝國主義侵略野心的「滿

蒙不屬於中國論」、「元清非中國論」等觀點相結合，用來解釋東亞
的地緣政治。此一詞語在清末被翻譯入中文之後，又影響到辛亥革命
之前革命派與改良派人士對「中國」範圍的認定，前者秉持漢人爲中
心的種族革命，國家領域較狹隘，而後者則主張族群融合，領域較寬
廣。民國以後此一辭彙在中文世界變得十分普遍。1930年代「中華
民族」的意識在日人侵略下日益增強，開始有學者批評清末「種族革
命」與民初「五族共和」的民族觀，亦批判日本帝國主義與日本的一
些御用學者的觀點，執意打破中國本部與邊疆之分野，此一觀點又在
國內引發有關「中華民族是一個」的爭議。「中國本部」與「邊疆」
在近代史上的演變，一方面反映知識概念的跨國流轉，另一方面可以
透露中日國族觀念的變遷與國家疆域之角力，以及國內族群與疆域的
關係。

　　有關此一議題較重要的二手研究有四川大學陳波教授所發表的
〈日本明治時代的中國本部觀念〉（2016）、〈中國本部概念的起源與
建構── 1550年代至1795年〉（2017）兩文。[1]這兩篇文章修正、補
充了過去對於此一概念的認識。[2]作者的主要貢獻是：第一、澄清西文
文獻之中辭彙淵源，認爲「『中國本部』是後世對西班牙文 la propia
China、拉丁文 Sinae Propriae 和英文 China Proper 等辭彙的中文翻
譯。它們於16至18世紀在歐洲起源，並逐步得以塑造、成型，其土

1　陳波，〈日本明治時代的中國本部觀念〉，《學術月刊》，2016年第7期
　　（上海），頁157-173。陳波，〈中國本部概念的起源與建構── 1550年代
　　至1795年〉，《學術月刊》，2017年第4期（上海），頁145-166。
2　例如該文修正了「維基百科」上的解釋。「China proper」（漢地），《維基
　　百科》，https://en.wikipedia.org/wiki/China_proper（2019年11月20日檢
　　閱）。

壤是歐洲的血親專屬觀和族性地理觀」。第二、說明日本明治時期「支那本部」一詞乃翻譯自西文，以及該詞出現之後在日本學術界、思想界的變化。作者認為「至明治維新，受西方文獻的影響，始有支那本部等譯法，日本學者逐漸展布相關概念和分類體系，對以前所持的華夷秩序觀進行轉換，繼續建構日本中心主義的同時，對中國諸部重新分類，並逐漸突出『支那本部』即為『支那』的觀念。這為日本擴張主義者利用，成為其分裂中國的指導觀念」。第三、作者也討論到中國學者、政治家使用本部觀念的情況；他指出「1901 年梁啓超將日文的『支那本部』改為『中國本部』後，1910 年代至 1930 年代『中國本部』概念在中國使用得較為普遍」。[3] 至 1939 年顧頡剛撰文強調此一觀念與日本帝國主義野心之關連，而主張廢棄此一用語。第四、作者批評部分西方漢學家（新清史支持者有相同的想法）對此概念詮釋的謬誤。例如周錫瑞「論證清是如何在 20 世紀初變成 China；言下之意，清不是 China……他把大清視為『帝國』因此有本部之說」。[4]

　　陳波的分析增加了我們對「中國本部」辭彙的歷史的認識，他對新清史的批評也符合海峽兩岸學界的主流論述。然而有關中國本部的討論還有一些值得進一步分析之處，尤其是該辭彙進入中國的源頭，可以追溯到 1896 年《時務報》古城貞吉（1866-1949）所翻譯的《中國邊事論》，再者，中國本部一詞引發中國知識界辯論的思想史意涵亦可再做挖掘，本文擬在這些方面作進一步的分析。

3　陳波，〈中國本部概念的起源與建構—1550 年代至 1795 年〉，頁 162。作者沒有注意到 1896 年在梁啓超主編的《時務報》上即有此一辭彙的出現。
4　陳波，〈中國本部概念的起源與建構——1550 年代至 1795 年〉，頁 164。

二、從幾張地圖說起

有關近代東亞地理觀念的轉變與中國本部（日人稱爲「支那本部」）觀念的出現可以從幾張地圖說起。第一個史料是爲《清二京十八省疆域全圖》，此套地圖集由日人東條文左衛門（1795-1878，號琴台）於1850年（日本嘉永3年、清道光30年）所繪製。[5]該書中的兩幅圖可以反映1850年時一部分日本人的世界觀與中國在其中的角色。第一張爲「華夷一統圖」，第二張爲「二京十八省總圖」。這兩幅圖大致展現了19世紀中葉以中國爲中心的華夷秩序，而所謂「皇國漢土（西洋人呼支那）」的地方主要是指「二京十八省」、「內地十八省」（參見下圖）。「二京十八省總圖」的說明部分表示「唐虞十二州，夏九州……元始爲十二省，二十二路。明爲二京十三省。清興定爲二京十八省，以省統府，以府統州縣」，其中二京爲京師和盛京（附吉林、黑龍江），而福建省則包括了台灣府（圖中標爲「廈門」）。[6]作者也瞭解按照《清會典》，清朝除了內地二京十八省之外還有蒙古、喀爾喀、青海、西藏等夷地，以及附屬諸國，但是他認爲這些地方對於日人「皆無裨益」，所以該書就不收錄了。由此可見此書編者認爲清朝主要的領土是「內地十八省」、「二京十八省」。此亦可見1850年之時「本部」的觀念尚未出現。有趣的是此圖之中日本不在華夷秩序之內，與《華夷變態》、《中朝事實》等書日本自比華夏，而視清爲蠻夷之觀點不同。[7]

---

5 東條文左衛門，《清二京十八省疆域全圖》（出版資訊不詳，嘉永3年，1850）。

6 作者在圖中畫有三個離島，分別爲「瓊州」、「香山」、「廈門」，應該分別指今日的海南、香港與台灣，屬於內地十八省。另「琉球」的顏色不同。

7 明朝滅亡後，有日本學者認爲滿族統治下被「剃髮易服」的清代中國已淪

附圖:華夷一統圖

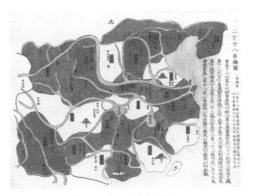

附圖:二京十八省圖

為蠻夷,而日本才是「中華正統」和「中國」。1672年林春勝、林信篤的《華夷變態》、1669年山鹿素行的《中朝事實》都強調應當把「本朝」當作「中國」,而昔日之中原已是韃虜橫行之地,華夏已變成蠻夷。有關此時以日本為中心的華夷觀,並視中國為異國的分析,請參看 Ronald P. Toby, *State and Diplomacy in Early Modern Japan: Asia in the Development of the Tokugawa Bakufu* (Stanford: Stanford University Press), pp. 168-230.

　　第二個地圖史料是1899年孫中山所繪製之《支那現勢地圖》。該圖繪於1899年底之前，1900年2月在香港，7月在東京出版，由主張亞細亞主義的東邦協會發行。[8]此圖爲套色印刷，爲73釐米×73釐米正方形，比例爲1：2,950,000。在繪製《支那現勢地圖》的過程中，孫中山不僅考察了清康熙時期來華天主教士所繪製的《十八省地圖》，同時參考了俄、德、英、法等國所繪製中國南北各省地圖和地文圖、地質圖、航海圖等專門地圖，以及在日本書刊中的統計資料。[9]孫中山在《手製支那現勢地圖識言》中表示：

> 邇來中國有志之士，感慨風雲，悲憤時局，憂山河之破碎，懼種族之淪亡，多欲發奮爲雄，乘時報國，舍科第之辭章，而講治平之實學者矣。然實學之要，首在通曉輿圖，尤首在通曉本國之輿圖。……中國輿圖以俄人所測繪者爲精審。蓋俄人早具蕭何之智，久已視此中華土地爲彼囊中之物矣。故其考察支那之山川、險要、城郭、人民，較之他國輿地家尤爲留意。近年俄京刊有中國東北七省圖及中國十八省圖，較之以前所有者，精粗懸絕矣。德國烈

8　有關東邦協會的歷史及其與孫中山的關係，參見安岡昭男，〈東邦協会についての基礎的研究〉，法政大学文学部編，《法政大学文学部紀要》，通号22（東京，1976），頁61-98。狹間直樹，〈初期アジア主義についての史的考察(5) 第三章 亜細亜協会について，第四章 東邦協会について〉，《東亞》，卷414（東京，2001），頁66-75。朝井佐智子，〈日清戦争開戦前夜の東邦協会：設立から1894（明治27）年7月までの活動を通して〉（愛知縣：愛知淑德大學博士論文，2013）。

9　有關孫中山繪製此一地圖時所參考的各種資料，參見武上眞理子，〈地図にみる近代中国の現在と未来——『支那現勢地図』を例として〉，村上衛編，《近現代中国における社会経済制度の再編》（京都：京都大学人文科学研究所，2016），頁329-367。

　　　　支多芬所測繪之北省地文、地質圖各十二幅，甚為精
　　　　細。10法國殖民局本年所刊之南省圖，亦屬佳制。此圖從
　　　　俄、德、法三圖及英人海圖輯繪而成，惟編幅所限，僅能
　　　　撮取大要，精詳之作尚待分圖。至於道路、鐵路、江河、
　　　　航路、山原高低，則從最近遊歷家所測繪各地專圖加入。
　　　　其已割之岩疆、已分之鐵路，則用著色表明，以便覽者觸
　　　　目驚心雲。昔人詩曰：陰平窮寇非難禦，如此江山坐付
　　　　人！擲筆不禁歎息久之。時在己亥冬節　孫文逸仙識11

該圖下方附有「支那國勢一斑」的一個表，上面列有中國面積及人
口、十八省的範圍、二十四個省城（十八省之外還包括順天府、盛京
省、吉林省、黑龍江省、西藏、新疆省，應為後版所補充）、外國互
市場、重要物產等。其中面積及人口的分類為「支那本部」與「屬
領」，後者包括滿州、蒙古、西藏與土耳機斯坦。由此可見清末之
時，孫中山所認識的中國包括「支那本部」（亦稱「中國本部」）與
四個屬領之地，合而為中國。此圖可視為清末革命者如何以現代國家
邊界之理念來繪製中華帝國之「現勢」。

---

10 烈支多芬是德國人李希霍芬（Ferdinand von Richthofen, 1833-1905），他是
　　一位旅行家、地理和地質學家、科學家，以提出絲綢之路而聞名。
11 孫中山，《手製支那現勢地圖識言》，秦孝儀主編、國父全集編輯委員會
　　編，《國父全集》（台北：近代中國出版社，1989），冊6，頁548。

附圖：孫中山繪製《支那現勢地圖》

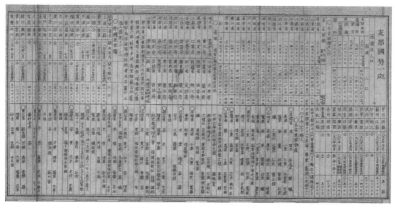

附圖：《支那現勢地圖》所附「支那國勢一斑」

　　從1850年東條文左衛門所繪製的地圖到1899年孫中山的地圖可以窺知「本部」觀念源於十九世紀的下半葉。20世紀初「中國本部」一語進入中文世界後迅速傳播，根據顧頡剛的說法，至1930年代「中國本部……這個名詞可以說沒有一本地理教科書裏沒有，已經用得爛熟，大家覺得是天經地義了」，[12] 而中國本部之外即是邊疆。中國本部一詞又與清末民初「五大民族」、「五族共和」的說法結合，「使得中國人……以為本部中住的人民是主要的一部分，本部以外又有若干部分的人民，他們就聯想即於滿、蒙、回、藏，以為這四個較大的民族佔有了從東北到西南的邊隅，此外再有若干小民族分佈在幾個大民族的境內，而五大民族之說以起」。[13]

　　二十世紀之時以「中國本部」之觀念來表示中國之領土在日本人所繪製的地圖之中也很流行。1908年富山房《國民百科辭典》中配有「支那本部」彩色地圖。[14]1930年代日本的地理書之中有許多幅「支那本部」的地圖。如1930年《開成館模範世界地圖》之中雖有「中華民國」的地圖，但又附了幾張「支那本部」的地圖，如鐵道圖、產業圖等，而滿蒙也單獨繪製了一張地圖。[15]

---

12 顧頡剛，〈「中國本部」一名亟應廢棄〉，收入《顧頡剛全集：寶樹園文存》（北京：中華書局，2011），卷4，頁88。
13 顧頡剛，〈中華民族是一個〉，收入《顧頡剛全集：寶樹園文存》，卷4，頁98。
14 富山房編輯局，《國民百科辭典》（東京：富山房，1908）。
15 東京開成館編輯所，《開成館模範世界地圖》（東京：開成館，1930）。

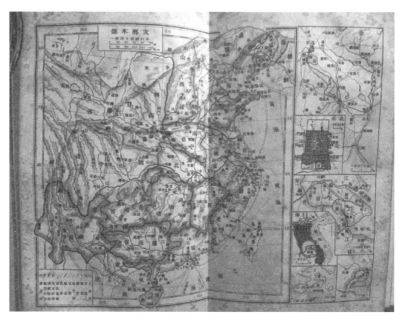

附圖：富山房「支那本部」圖

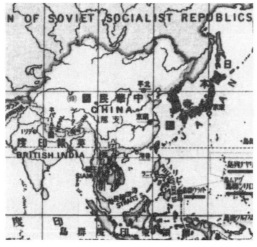

附圖：開成館「中華民國」圖

附圖：開成館「支那本部」圖

　　至1940年代日本侵華時期所繪製的地圖則更強烈地表現出帝國主義侵華之意圖。如名取洋之助（1910-1962，著名攝影家，留學德國，為國家主義者）1940年所出版的《征服華中》（「中支を征く」）的攝影集之中有404張照片，24張地圖，其中「東亞要圖」之中，東三省被標為「滿洲國」；台灣、大連、朝鮮、庫頁島南部與日本本土，則被標成同一種顏色（參見下圖）；蒙古、西藏、新疆等 有被納入中國的版圖。「支那全圖」之中，中國只包括「支那本部」。[16]

　　除了日本人之外，西方人也採用此一觀念。1944年美軍戰時宣

---

[16] 名取洋之助，《中支を征く》（東京：中支從軍記念寫真帖刊行會東京支部，1940）。

附圖：《征服華中》一書的「東亞要圖」、「支那全圖」

附圖:1944 年美軍宣傳片中的中國地圖,分為中國本部、滿洲、蒙古、新疆、西藏等五部分。

傳片《我們為何而戰:中國戰事》中的地圖,將中華民國分為中國本部、滿洲、蒙古、新疆和西藏。[17]

　　本部一詞究竟從何時開始使用,又如何傳入中國,為何在20世紀學者間針對「中國本部」一主題產生爭辯?此一爭論對東亞各國疆域形成有何影響?下文將嘗試解答這些問題。

三、中國本部觀念的溯源:從行省制度到中國本部觀念的引介

　　中國本部觀念在20世紀上半葉於中文世界的流行涉及經由跨語際翻譯所產生複雜、多線的觀念的旅行。以下分為數點來做說明。

　　第一:中國傳統沒有「本部」的觀念,此一辭彙源自近代日語。1952年錢穆在《中國歷代政治得失》指出「行省」原指流動的中央

17「漢地」,《維基百科》,https://zh.wikipedia.org/wiki/%E6%B1%89%E5%9C%B0(2019 年 11 月 20 日檢閱)。

政府，故行省之稱呼有所不妥，是「名不正而言不順」，而「本部十八省，那更荒謬」，因為中國歷史上根本沒有本部與非本部之別。他說「秦始皇萬里長城早已東達大同江，遼河流域永遠在中國歷史圈之內，如何說它不是中國之本部？這原是外族敵人有意混淆是非造出來做侵略的口實……這都該值得我們警惕的」。[18] 這樣的觀念應該是受到顧頡剛的影響。

從語言學上的演變來看也可以說明「本部」一詞乃近代日本的和制漢語，並非中國傳統語彙。陳力衛對於「本—支」概念的語言學研究指出，中國傳統雖然也有「本末」、「源流」、「支幹」的說法，但「本支」的造語是在近代日文在「對義」、「區隔」的理念下追求概念的細分化，而使這些對應和區隔變得更加突出，以此來適應近代化、專業化的需要。「本部—支部」、「本線—支線」、「本隊—支隊」、「本廳—支廳」均為日本近代出現的對義語，這些語彙又傳入中國。相對來說，中文的傳統語彙中「本」與「末」相對，「支」與「幹」相對，並不將本與支合用；至於在現代漢語之中，只要是部分的範疇即能單獨成立，不嚴格地要求以雙元對應來進行區隔。如相對日語中的「大學本部」和「大學支部」的嚴格對應，中文則使用「北大—北大分部」、「委員會—支委會」等。陳力衛又以「中國本部」為例，指出「以前在日本將漢民族十八省作為中國的主要部分，結果出現『中國本部』的用法。出於上述日語的對應區隔的考慮，本部的觀念需有對應性的『支部』。在此理解之下，日人在有一些時期有意無意地將包含蒙古、滿州在內，一些中國在法的支配上很難定位的地方稱為『支部』，從而弱化了中國對其之統治。這與中國傳統的天下觀有

---

18 錢穆，《中國歷代政治得失》（台北：三民書局，1976），頁98-100。

所衝突」。[19] 上述歷史學家與語言學家的論斷足以顯示「本部」一辭彙與近代日語之關係。

　　第二：中國傳統與本部觀念相關的辭彙是省或行省，本部觀念的形成受到傳統中國「行省」觀念之影響。從元代開始中國地方行政制度有「行中書省」（簡稱「行省」）。錢穆認爲其內在精神是「軍事控制」、「使全國各省，都成支離破碎，既不能統一反抗，而任何一區域也很難單獨反抗」。[20] 至明代劃分爲十三承宣佈政使司，而清代沿襲元明制度，地方行政單位稱爲「省」，有「兩京十三省」的說法。省的數目歷代有所增加，從12、13、15省到清代有17省、18省。1860年代羅存德的《英華字典》之中首度將China Proper翻譯爲「十八省」，可見其對應關係。[21] 1884年井上哲次郎的《訂增英華字典》一方面繼承此一譯法，將China Proper翻譯爲「十八省」，[22] 另一方面他又承繼1875年鄺其照《字典集成》將China Proper翻譯爲「正中國」，鄺其照與井上的譯句如下：「the Chinese Empire consists of China Proper Mongolia, Manchuria and Tibet 大清國天下合正中國蒙古滿洲並西藏而成」。[23] 不過「正中國」的譯法後來頗爲罕見，1899年鄺其照

19 陳力衛，〈なぜ日本語の"気管支炎"から中国語の"支気管炎"へ変わったのか〉，愛知大學中日大辭典編纂所，《日中語彙研究》，第6號（名古屋，2016），頁1-25。亦見陳力衛《近代知の翻訳と伝播―漢語を媒介に》（東京：三省堂，2019），頁369-390。

20 錢穆，《中國歷代政治得失》，頁98。

21 羅存德 (Wilhelm Lobscheid)，《英華字典》（*English and Chinese Dictionary with the Punti and Mandarin Pronunciation*）（Hong Kong: The Daily press office，1866-1869），頁374。

22 井上哲次郎，《訂增英華字典》（東京：藤本氏藏版，1884），頁239。

23 井上哲次郎，《訂增英華字典》，頁303。鄺其照著、內田慶市、沈國威編，《字典集成：影印與解題》（北京：商務印書館，2016），頁153。陳

《英華字典集成》又略做修改，刪除了「正」字：「the Chinese Empire
consists of China Proper Mongolia, Manchuria and Tibet 大清國天下統中
國蒙古滿洲及西藏而成」，顏惠慶亦跟著此一譯句，直接將此句中的
China Proper翻譯爲「中國」。[24]

　　在清代文獻中十八省之外則有「藩部」與「四夷」，此即上述華
夷秩序的天下觀。在清代文獻之中與「十七省」、「十八省」相結合
的詞條有好幾種，如「內地十七省」、「內地十八省」、「中土十八
省」、「漢地十八省」等。從「漢地十八省」的用法來看，十八省的
觀念與漢人的居住地亦產生關連，此一意涵配合西方的族性地理觀。

　　第三：西文中的China Proper（中國本土）觀念，此即陳波所謂
16至18世紀之中「西班牙文la propia China、拉丁文Sinae Propriae和
英文China Proper等」語彙在西文文獻中的出現。此一辭彙的一般理
解是：

> 是西方世界對歷史上由漢族人口大量聚居、漢文化占統治
> 地位的中國核心地帶的稱呼。由於漢族強勢地帶隨朝代不
> 同而擴張或縮小，中國本部的範圍也隨之變動。近代所用
> 的「中國本部」，與中國最近的漢人朝代明朝的疆域的漢
> 族聚居區，即兩京十三省（亦稱關內十八省、內地十八省
> 等）大體一致。此區域多指長城以南，並不包括由滿洲族

波，〈日本明治時代的中國本部觀念〉，頁163提到此一譯法「極爲罕
見」。「正中國」的譯法與後來通行的「支那本部」、「中國本部」的觀念
有一致之處，亦即認爲只有十八省是眞正的中國，或許可以視同爲後來的
譯法鋪路。
24 廓其照，《華英字典集成（*An English and Chinese Dictionary*）》（香港：循
　 環日報，1899），頁76。顏惠慶，《英華大辭典》（上海：商務印書館，
　 1908），頁459。

　　統治之清朝所在的滿洲，以及蒙古、西藏、新疆等地
域。[25]

　　就文獻的起源而言，陳波所提到最早的例子是1585年西班牙人
門多薩（Juan González de Mendoza, 1545-1618）的《大中華王國最著
禮俗風物史記》（*Historia de las cosas más notables, ritos y costumbres
del gran reyno de la China*, Rome, 1585）一書之中「葡萄牙人的城市
澳門是與廣州毗鄰，而廣州則是『中國本部』的城市」。[26]此時觀念的
發展尚不成熟，該書也未具體說明「中國本部」的含意，約略指「中
國版圖之內」，而這一王國「分為十五省」。[27]至於該辭彙在英文文獻
的起源，根據包括約20萬本書的ECCO（Eighteenth Century
Collections Online，Gale Cengage learning公司發行），最早提到
「China Proper」的書是1762年是John Mair著 *A Brief Survey of the
Terraqueous Globe*（《全世界的簡略探索》），[28]書中指出中國本部指
「長城以內的中國領土」（頁164）。其次是1768-69年Tobias George
Smollett, *The Present State of All Nations*（《各國現況》）。[29]

---

25 「中國本部」，《維基百科》，https://other-wiki.zervice.io/wikipedia_zh_all_
　　novid_2018-07/A/%E4%B8%AD%E5%9B%BD%E6%9C%AC%E5%9C%9F.
　　html（2021年5月14日檢閱）。

26 陳波，〈中國本部概念的起源與建構—1550年代至1795年〉，頁154-
　　155。此書有中譯本：門多薩，《中華大帝國史》（北京：中華書局，
　　1998）。

27 陳波，〈中國本部概念的起源與建構—1550年代至1795年〉，頁157。

28 此書的出版資訊如下Edinburgh: Printed for A. Kincaid & J. Bell and W. Gray,
　　Edinburgh, and R. Morison and J. Bisset, Perth, 1762.

29 此書的出版資訊如下London: Printed for R. Baldwin, No. 47, Paternoster-
　　Row; W. Johnston, No. 16, Ludgate-Street; S. Crowder, No. 12; and Robinson
　　and Roberts, No. 25, Paternoster-Row, 1768-69.中國本部出現在卷7頁53。

　　而最早較清楚界定"China Proper"的書是1795年英國人威廉‧溫特博特姆（William Winterbotham, 1763-1829）所撰寫的 *An Historical, Geographical, and Philosophical View of the Chinese Empire*（《有關中華帝國的歷史、地理與哲學的觀點》）。[30]在第二章「中華帝國之概述」，他說：「為試圖對這個龐大帝國做一概括描述，將進行下列安排：一、「中國本部」；二、「中屬韃靼」；[31]三、「中國的冊封屬國」（見頁35）。作者將明朝十五省的疆域歸入中國本部，由血緣群體漢民族居住；而西伯利亞、滿洲（東北）、蒙古、東韃靼（含今日之新疆、阿富汗、北巴基斯坦等）等地歸入中屬韃靼。中國所冊封的屬國（朝貢國）則包括西藏、朝鮮、琉球、安南（越南）、暹羅（泰國）、呂宋（菲律賓）等。此一用法大約是18至19世紀英文China Proper的意涵，亦即指稱明朝15省（即兩京十三布政司）、清朝17、18省的範圍。

　　第四：19世紀末約七十年代：日本以「支那本部」翻譯西方China Proper觀念來描述中華帝國。在這方面最早的例子可能是1870年內田正雄（1839-1876）所編譯的《輿地誌略》一書（初版），作者指出支那是將「本部」與塞外的許多地方合為其版圖，而「支那本部」是指長城以內，「原來之漢土，是唐虞以降歷代邦國之隆替、英雄之興亡皆在此之內」。[32]其次，根據日本國會圖書館的數字數據庫可

30　此書的出版資訊如下London: Printed for, and sold by the editor; J. Ridgway, York-Street; and W. Button, Paternoster-Row, 1795。

31　中屬韃靼（Chinese Tartary）中的「韃靼」是多個族群共享的名稱，包括以蒙古族為族源之一的遊牧民族，然其含意在不同時代差異很大，有時亦將滿州與蒙古合稱韃靼。參見陳波，〈日本明治時代的中國本部觀念〉，頁164。

32　內田正雄編譯，《輿地誌略》（東京：文部省，1870），卷2，頁1-2。陳波

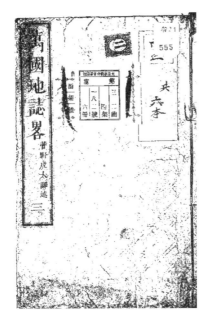

附圖：《萬國地誌略》
（1874）封面與書中
「支那領」之地圖。

以找到德國學者グリウリンヘルド 著、菅野虎太譯述的《萬國地誌
略》（1874年），所謂「支那領」的範圍包括「支那本部、西藏、支
那韃靼、天山北路、滿州、蒙古、朝 、瓊州島、台灣島」。[33]由此可
見此時的譯書中支那包含了「支那本部」之外的許多地方，換言之，
後來日本人利用「支那本部」一語來「弱化」中國邊疆屬於中國的領
域之作法在1870年代初期之時尚未出現。

　　第二個例子是參謀本部管西局編《支那地誌》（1887）中「本部
支那」一詞。在下村修介所寫的凡例之中說明：「支那全部之區分是
由歐美人所說而來，但有些小小的出入。今此書對支那行政之區劃本
此而定，分爲本部支那、滿洲、蒙古、伊犁、西藏等五個部分。以十
八省爲本部支那、以盛京吉林黑龍江三省爲滿洲、內外蒙古青海及內
屬遊牧部爲蒙古、以天山南北路爲伊犁、以前後藏爲西藏」（參見附
圖）。[34]後來所盛行的包括中國本部、滿、蒙、新疆、西藏的「五分
法」大致可以追溯到此書。上述孫中山於1899年所繪地圖中的地理
觀念與此有關，他可能曾參考這一類書籍。

　　在支那本部（與本部支那）一詞出現之後，日本學者有多種不同
區分中國的方式。誠如陳波所述「對中國的各種區分法，其核心是要
調整所謂本部和其他諸部的關係」，而開始引進「族性的地域觀」，

　　提到松山棟庵（1937-1919）編譯《地學事始・初編》（東京：慶応義塾
　　出版局，1870）說「西藏在支那本部之西」。陳波，〈日本明治時代的中
　　國本部觀念〉，頁162。然核對原書卷1頁11，作者的原文實爲「西藏……
　　占支那本國之西」。
33 グリウリンヘルド 著、菅野虎太譯述，《萬國地誌略》（東京：養賢堂，
　　1874）。
34 參謀本部管西局編，《支那地誌》（東京：參謀本部，1887）。

而出現「支那本部即漢人本部」的想法。[35]此一「族性地理學分類體系」進一步的與「日本擴張主義者和軍國主義者」結合，強調本部之外模糊地帶並非中國固有疆域，「元清非中國論」、「滿蒙非中國論」與此一地域觀念有密切的關係。[36]

附圖：《支那地誌》之統計表

　　第五：日本的「支那本部」一詞傳入中國而有「中國本部」的辭彙在中文世界的誕生。最早是《時務報》、《知新報》翻譯日文報刊，引入中文世界。首開先河者為1896年〈中國邊事論〉。該文的譯者古城貞吉將日文中「支那」改為「中國」而有「中國本部」一詞的出現。然而同為維新派報刊的《知新報》、《清議報》則直接沿用「支那本部」一詞。[37]清末民初時這兩個辭彙在報刊上同時存在。

　　古城貞吉的翻譯文章是「東文報譯」欄目中，譯自「東邦學會

---

35 陳波，〈日本明治時代的中國本部觀念〉，頁165-167。

36 「元清非中國論」，《維基百科》，https://zh.wikipedia.org/wiki/%E5%85%83
%E6%B8%85%E9%9D%9E%E4%B8%AD%E5%9C%8B%E8%AB%96
（2019年11月20日檢閱）。

37 如「我支那本部四萬萬人，其種族皆合一，未嘗有如奧斯馬加國中德意志人與斯拉夫人相競之事」。梁啟超，〈論支那獨立之實力與日本東方政策〉，刊《清議報》，第26期（東京，1899），頁6。

錄」的《中國邊事論》一文。此文分四期連載於梁啓超（1873-1929）
主編的《時務報》，第12、15、16、18期（1896-1897）之上。原文
爲《東邦協會會報》第27、28　期（1896）所刊的〈清國邊備に對
する露國の攻守論〉（俄國對於清朝邊備的攻守論）一文。[38]

　　在此文之首有古城貞吉的案語：

> 俄國陸軍少將鋪加脫氏，駐燕京多年，南船北馬，足跡遍
> 四百餘州，即於中國軍事留心考察，著書極富，《觀論中
> 國》一編，已見其用心矣。不識華人讀之，如何感慨乎？
> 或等雲煙過眼乎？亦大爲寒心乎？噫！今日中俄保護提
> 攜，惡知異日不作吳越之觀哉。[39]

文中有關「中國本部」（原文爲「支那本部」）的部分是在《時務報》
第15冊，「蓋新疆地方，距中國本部離隔頗遠，懸軍萬里，其不利可
知……蒙古一帶之地，荒野蒼茫，介於我西伯利亞與中國本部之間，
土地不毛、人煙稀薄，苟從軍政上起見，此處顯爲要地矣」。[40] 文中其

38　露國陸軍少將プーチャート著，〈清國邊備に對する露國の攻守論〉，《東
　　邦協會會報》，第27期（東京，1896），頁1-15。〈清國邊備に對する露國
　　の攻守論（承前）〉，《東邦協會會報》，第28期（東京，1896），頁
　　1-24。1890年代日本對俄國東方策略十分關注，翻譯了一些俄文書籍，如
　　ウエニユコーウ著，《露国東洋策》（東京：哲學書院，1893）、ア・ヤ・
　　マクシモーフ著，《露国東邦策》（東京：哲學書院，1896）等書。
39　（日）古城貞吉譯，〈中國邊事論〉，《時務報》，第12冊（上海，1896），
　　頁20上。
40　（日）古城貞吉譯，〈中國邊事論（續第十二冊）〉，《時務報》，第15冊
　　（上海，1897），頁19下。上文有關蒙古的部分見〈清國邊備に對する露
　　國の攻守論(承前)〉，《東邦協會會報》第28期（東京，1896），頁1。原
　　文是「…杳渺たる無邊の原野我西伯利并に支那本部の間に介在し而かも
　　土地不毛人煙稀少……」。

他幾處亦有「中國本部」一詞。[41]

　　上文中的俄國陸軍少將鋪加脫氏是 D. V. Putiata（1855-1915），俄文名字是德米特里‧瓦西里耶維奇 Путята, Дмитрий Васильевич。他參加了塞爾維亞和土耳其的戰爭、俄土戰爭（1877-1878），1886-1892年出任駐華武官，1896擔任韓國政府的軍事顧問，1898-1902擔任亞洲部門的主管。上文所說的《觀論中國》一書則是1895年出版的 *Orepku Kutauckou Muzhu Ocherki Kitaiskoi Zhizni*（《中國生活的概覽》）。[42]

　　東邦協會是日本於1890年由熱心南洋殖民的福本誠（號日南，1857-1921）、探險中國內地的小澤豁郎（1858-1901），和從事中國貿易的白井新太郎（1862-1932）等三人發起。該會發行《東邦協會會報》，其創辦旨趣為：「寰宇上國之所以建立豈偶然哉……當此時際，以東洋先進自任之日本帝國，尤非詳審近鄰諸邦之狀況，對外部擴張實力，藉以講求與泰西各國在東洋保持均衡之計不可」。[43]上述孫中山所繪製的地圖亦出於此一目的而由該協會出版。由此可見〈中國邊事論〉一文是翻譯自東邦協會出版的《東邦協會會報》之中一篇翻譯自鋪加脫俄文書籍的日文作品。換言之，俄日中的連環翻譯造成此

41 例如「察哈爾汗林丹者，振發暴威，憑凌所部，於中國本部之北方，獨立稱汗，且至強使明朝納貢」（第15冊，頁20上）；「以軍事而論，分蒙古地理為二，西北為山地，東北為平原，而首要之處尤映我眼中者，則為東部平原地。何則，我入中國本部，此為最近捷之地也」（第15冊，頁20上-20下）；「吉林府在滿洲中部，大道可通四方，東至於海，南直達中國本部，其要路有三條」（第18冊，頁23上）。

42 D. V. Putiata 的生平考參 Alex Marshall, *The Russian General Staff and Asia* (London: Routledge, 2006), pp. 31, 32, 79-80.

43 東亞同文會對支功勞者傳記編纂會編，《對支回顧錄》（東京：東亞同文會對支功勞者傳記編纂會，1936），上冊，頁677。

一辭彙在中文世界的誕生。

　　1908年在顏惠慶所編的《英華大辭典》之中proper一詞之下有「China proper，中國十八省，中國本部」的解釋，兩者對譯關係正式出現。[44]1916年赫美玲所編的《官話》也採用此一翻譯，將China proper譯爲「中國十八省，中國本部」。[45]由此可以確認「中國本部」一詞是從1896年出現在中文世界，至二十世紀初年爲辭典收錄，並開始流行。

　　第六：中國本部觀念之流衍。在中國本部一詞傳入中國之後，很快地報刊上就出現「本部十八省」的說法，將「本部十八省」相結合。1901年《清議報》第75冊中〈支那保全及滿洲處置〉提到「本部十八省、東三省（滿洲）、蒙古、西藏、天山南北二路、東土耳其斯坦，共稱爲大清帝國之版圖」；[46]1904年《江蘇》第8期〈英德於揚子江之競爭〉中有所謂「中國本部十八省，沿海者七省，沿江者七省……」。[47]1907年呂志伊在《雲南雜誌》所撰寫的〈論國民保存國土之法〉，提到「我國人民無共同心，無團結力。本部十八省則分如十八小國」。[48]

---

44 顏惠慶編，《英華大辭典》，頁1773。

45 Karl Ernst Georg Hemeling, ed., *English-Chinese Dictionary of the Standard Chinese Spoken Language and Handbook for Translators, Including Scientific, Technical, Modern, and Documentary Terms* (Shanghai: Statistical Department of the Inspectorate General of Customs, 1916), p.1116.

46 （日）肥塚龍，〈支那保全及滿洲處置〉，《清議報》第75冊（東京，1901），頁4735。

47 V. G.T.生，〈英德於揚子江之競爭〉，《江蘇》，第8期（東京，1904），頁87。

48 呂志伊，〈論國民保存國土之法〉，《雲南雜誌》，收入王忍之等編，《辛亥革命前十年間時論選集》（北京：三聯書店，1977），卷2下冊，頁829。

　　第七：種族革命與本部辭彙之結合。晚清時太平天國的文獻、革命書刊，均採取反滿之種族革命之觀點，至民初的「十八星旗」具體呈現此一種族與地域結合在一起的觀念，亦即主張建立一個漢人爲主體的國家，而其疆域與十八省的範疇相符合（亦即主張中華民國領土爲內地之十八省）。種族革命之起源可以追溯至太平天國，太平天國的口號之一即是希望重建「十八省江山」、「英雄十八省」。[49]晚清的革命志士繼承此一想法，而將目標調整爲「本部十八省」。茲舉鄒容的《革命軍》與陳天華的《獅子吼》爲例。鄒容強調漢族據有「中國本部」而逐漸次第繁殖於四方，「漢族：漢族者，東洋史上最有特色之人種，即吾同胞是也。據中國本部，棲息黃河沿岸，而次第蕃殖於四方，自古司東洋文化木鐸者，實惟我皇漢民族焉。朝鮮、日本，亦爲我漢族所蕃殖」。陳天華的《獅子吼》第2回，「話說天下五個大洲，第一個大洲就是亞細亞。亞細亞大小數十國，第一個大國就是中華。本部一十八省，人口四萬萬，方里一千五百餘萬。連屬地算之，有四千餘萬，居世界陸地十五分之一」。[50]章炳麟的〈中華民國解〉一文，雖沒有用「本部」的辭彙，然而其想法亦很類似，較爲獨特之處是章氏堅持反滿而主張中國領土不止爲十八省，而應恢復至漢朝之疆

---

49 參見「洪秀全詩：先主本仁慈，恨茲汙吏貪官，斷送六七王統緒；蔽躬實慚德，望爾謀臣戰將，重新十八省江山」；石達開文：爲招集賢才，興漢滅滿，以伸大義事。照得胡虜二百年，豈容而汙漢家之土；英雄十八省，何勿盡洗夷塵之羞」。徐珂，〈洪秀全聯合會黨〉，《清稗類鈔》（上海：商務印書館，1917），「會黨類」，頁146。

50 鄒容的《革命軍》，收入鄒容、陳天華著，《革命的火種：鄒容、陳天華選集》，黃克武、潘光哲主編，《十種影響中華民國建立的書刊》（台北：文景書局，2012），頁24。陳天華的《獅子吼》，收入鄒容、陳天華著，《革命的火種：鄒容、陳天華選集》，頁81。

域，並認為邊疆地區可「任其去來也」，「故以中華民國之經界言
之，越南、朝鮮二郡必當恢復者也；緬甸一司則稍次也；西藏、回
部、蒙古三荒服則任其去來也」。[51]

　　在十八行省建立漢族國家的想法也受到歐洲與日本從十九世紀開
始所謂「民族建國主義」理論或「單一民族」國家民族主義的影響，
即認為在民族國家競爭的世界裏，惟有單一民族的國家才能強固有
力，否則必然分崩離析。《江蘇》〈新政府之建設〉（1903年）一文主
張：

> 試一翻近世史，二三百年來此等驚天動地之大風潮，龍拏
> 虎擲之大活劇，連篇累牘，紛陳眼簾，何一非民族主義所
> 激盪所演出者耶！蓋自「兩民族必不能並立於一政府統治
> 下」之精理既發明，歐洲之政局乃大變動，而所謂民族建
> 國主義者磅礡膨脹不可消磨。[52]

---

51 章炳麟，〈中華民國解〉，《章太炎全集：太炎文錄初編》（上海：上海人
民出版社，2014），頁262。章氏文章中用「中國本部」之處甚多，如
「鄙意今日所急，在比輯里語，作今方言。昔仁和龔氏，蓋志此矣，其所
急者，乃在滿洲、蒙古、西藏、回部之文，徒為浩侈，抑末也！僕所志獨
在中國本部，鄉土異語，足以見古字古言者不少」。章炳麟，〈丙午與劉
光漢書〉，《章太炎全集：太炎文錄初編》，頁158。又如「今計中國本部
及新疆、盛京、吉林、黑龍江四省，大校二千四百萬方里，為州縣千四
百，丁口則四萬二千萬有奇」，章炳麟，〈代議然否論〉，《章太炎全集：
太炎文錄初編》，頁312。
52 漢駒，〈新政府之建設〉，《江蘇》，第5期（東京，1903），頁7-33；第6
期（東京，1903），頁23-32。引文見期6，頁23-234。參見張永，〈從
「十八星旗」到「五色旗」——辛亥革命時期從漢族國家到五族共和國家
的建國模式轉變〉，《北京大學學報（哲學社會科學版）》，第39卷第2期
（2002），頁106-114。有關近代中國受日本「單一民族」國家民族主義的
影響，參見王柯，《民族主義與近代中日關係：「民族國家」、「邊疆」與
歷史認識》（香港：中文大學出版社，2015）。

　　辛亥革命成功之後的「十八星旗」（中華民國湖北軍政府宣告成立時的旗幟）即具體呈獻此一漢人建國的理念。[53] 辛亥革命成功之後，為促成團結改而強調「五族共和」。民國初年的一本軍人教育的宣傳圖冊即表達此一「五族共和」的想法，並將地域與種族做一清楚的劃分，其中「本部十八省」為「漢族」所居之地（分為北中南三帶），此外滿蒙回藏各據一地。「五族共和」實際上具有很強的漢族中心理念，主張以漢人為中心追求五族平等。該書之中的作者表示清朝時「外藩地方」，「毫無權利享的，一種困苦貧窮的形狀，實在是一言難盡」，「現在民國成立，視滿蒙回藏的人，如親兄弟一般，必要設法使他們同漢人一律受利益，享幸福，不許外人侵佔半寸的地皮」。[54]

　　第八：從1912至1930年末期，中文之中廣泛地採用「中國本部」、「我國本部」的用法，而並不關心背後的族群政治的意涵。茲舉數例，如1924年蔣介石致廖仲愷函，指出：「俄共殊無誠意，其對中國之唯一方針，乃在造成中國共產黨為其正統，決不認為可與吾黨合作。至其對中國之政策，則在使滿、蒙、回、藏諸部，皆為其蘇維埃之一，而對中國本部，亦未始無染指之意也」。[55] 又如羅從豫的〈九一八事變前東三省與中國本部貿易之回顧〉，「昔日我國本部對東三

53 「十八星旗」，《維基百科》，https://zh.wikipedia.org/wiki/%E5%8D%81%E5%85%AB%E6%98%9F%E6%97%97（2019年11月20日檢閱）。

54 倪菊裳，〈中華民國的國土演說〉，收入上海新北門振武台國民教育實進會，《軍中白話宣講書》，第4編（上海：商務印書館，1911），頁9。此一說法忽略了漢族的複雜性與文化性，以及許多漢族之外的人住在所謂「本部」之內。

55 秦孝儀主編，《總統蔣公大事長編初稿》（台北：中國國民黨黨史委員會，1978），1924年3月14日，卷1，頁74-75。

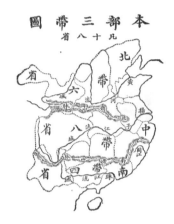

附圖：《軍中白話宣講書》，第4編（上海：商務印書館，1911），
　　　卷首附圖。

省貿易，素視爲國內貿易者，今已不得不劃爲國外貿易之範圍；本部
大量出產品，昔日源源運入東省者，今已不得不受關稅運輸等種種之
限制」。56這一篇顯然爲了因應1932年3月1日滿洲國成立之後的處
境。值得注意的是這兩位作者將中國本部視爲中性的地理名詞，並不
覺得「中國本部」一詞的使用是有問題的。

---

56 羅從豫，〈九一八事變前東三省與中國本部貿易之回顧〉，《中行月刊》，
　　第7卷第4期（上海，1933），頁1-13。

四、顧頡剛與費孝通對「本部」、「邊疆」等詞的爭辯

　　中國「本部」一詞進入中文之後，與「邊疆」（又有「邊疆民族」的說法）相對應，成爲流行詞語。首揭旗幟反對中國「本部」、「邊疆」等詞的學者是顧頡剛。顧頡剛在1930年代發表了一系列的文章強調中華民族應團結一致以抵抗外侮。1937年1月10日在《申報》「星期論壇」上顧頡剛曾寫〈中華民族的團結〉，主張「在中國的版圖裏只有一個中華民族……離之則兼傷，合之則並茂」。[57] 1939年2月13日他又寫了一篇〈中華民族是一個〉，登於《益世報》的《邊疆週刊》，開宗明義即說「凡是中國人都是中華民族，在中華民族之內我們絕不該再析出什麼民族，從今以後大家應當留神使用這『民族』二字」。顧頡剛「主張中國沒有許多民族，只有三種文化集團——漢文化集團、回文化集團、藏文化集團……這三種文化，漢文化是自創的，藏文化是取於印度的，回文化是取於阿剌伯的，一個中國人可以隨著他的信仰而加入一個文化集團，不受限制」。[58] 該文刊出之後，各地報紙紛紛轉載，成爲人們關注之焦點。[59] 一直到1947年在南京的《西北通訊》創刊時又轉載了一次，編者表示「顧先生此文，引證詳

---

57 顧頡剛，〈中華民族的團結〉，《申報》，1937年1月10日，第7版。

58 顧頡剛，〈顧頡剛自傳〉，收入《顧頡剛全集：寶樹園文存》，第6卷，頁372。

59 顧頡剛，《顧頡剛日記》（台北：聯經出版公司，2007），第4卷，1939年4月15日，頁221。「前在《益世報》發表兩文，方神父告我，轉載者極多，如《中央日報》、《東南日報》、安徽屯溪某報、湖南衡陽某報、貴州某報，皆是。日前得李夢瑛書，悉《西京平報》亦轉載，想不到此二文乃如此引人注意。又得萬章信，悉廣東某報亦載」。

博，議論正大，爲促進民族團結最爲有力之作。其熱情洋溢，感人尤深」。60

顧頡剛力主「中華民族是一個」，而批判「中國本部」一詞，認爲這是帝國主義分裂中國，用來欺騙國人的宣傳手法。他表示早在1934年創辦「禹貢學會」，發行《禹貢半月刊》之時即注意到此一議題。在〈發刊詞〉中他說「民族與地理是不可分割的兩件事，我們的地理學即不發達，民族史的研究又怎樣可以取得根據呢？不必說別的，試看我們的東鄰蓄意侵略我們，造了『本部』一名來稱呼我們的十八省，暗示我們邊陲之地不是原有的；我們這群傻子居然承受了他們的麻醉，任何地理教科書上都這樣地叫起來」，該刊的目的之一即對此謬論從學理上加以駁斥。61 1938年10月18日的一場演講中，顧頡剛又提及日人爲了分化中華民族，巧立「中國本部」一詞，又藉「滿蒙非中國領土論」來「實行強佔東北」：

> 日本人在我國地理上，公然給我們創出「中國本部」的名稱來。我們在古史上從未見過「本部」這一名詞，秦漢時我國的版圖最大，南到安南，東到朝鮮；至於元時之疆域，橫跨歐亞兩洲，雖在中央政府有十一個行中書省，但並無本部的名稱。這完全是日本人利用這些名詞來分化我們的毒策。62

此後他又撰寫〈「中國本部」一名亟應廢棄〉、〈再論「本部」和「五

---

60 顧頡剛，〈中華民族是一個〉，《西北通訊》，第1期（南京，1947），頁3-7。
61 顧頡剛，〈發刊詞〉，《禹貢半月刊》，卷1期1（北平，1934），頁2。
62 顧頡剛，〈考察西北後的感想〉，收入《顧頡剛全集：寶樹園文存》，卷4，頁85。此文爲1938年10月18日在中央政治學校附屬蒙藏學校講演。

族」兩個名詞〉等文,這兩篇文章是他對「本部」問題的系統表述,也配合他所謂〈中華民族是一個〉的觀點。[63]

1938年12月原在天津的《益世報》因戰火的關係遷至昆明。12月3日顧頡剛至環城東路的天主堂和于斌主教與牛若望神父見面「談國事及週刊事」,雙方決定在《益世報》上出版《邊疆週刊》的專欄;12月9日方豪與牛若望又訪顧「爲辦《邊疆週刊》事」;18日顧頡剛在日記上寫到:「到《益世報》館訪牛若望神父」。[64]19日《邊疆週刊》發刊,顧頡剛撰寫了〈昆明《邊疆週刊》發刊詞〉:

> 在九一八以前,日本人早在地圖上把滿蒙和他們本國染成一色,然而我國人視而不見……我們辦這刊物,要使一般人對自己邊疆得到些認識,要使學者刻刻不忘我們的民族史和邊疆史……並共同抵禦野心國家的侵略,直到中華民國的全部疆土籠罩在一個政權之下,邊疆也成了中原而後歇手。[65]

由此可見顧頡剛核心旨趣是避免分裂國土,希望未來能將「邊疆」都變爲中原,使全國團結成一個完整的國家。12月20至21日,顧在日記又寫到「到校,作〈中國本部名詞應亟廢棄〉訖,計三千六百字,即抄清,未訖」;「歸,續抄論文畢」。[66]後來該文刊於1939年1月1日《益世報》「星期評論」之上。1939年1月27日,《中央日報》轉載了

---

63 顧頡剛,〈「中國本部」一名亟應廢棄〉,收入《顧頡剛全集:寶樹園文存》,卷4,頁88-93。顧頡剛,〈再論「本部」和「五族」兩個名詞〉,收入《顧頡剛全集:寶樹園文存》,第4卷,頁117-122。
64 顧頡剛,《顧頡剛日記》,第4卷,頁169、171、174。
65 顧頡剛,〈昆明《邊疆週刊》發刊詞〉,收入《顧頡剛全集:寶樹園文存》,卷4,頁321。
66 顧頡剛,《顧頡剛日記》,第4卷,頁174-175。

他在《益世報》上發表〈「中國本部」一名亟應廢棄〉。1939年2月至3月又有許多報刊，如紹興的《前線》旬刊與寧波的《復興旬刊》轉載此文。[67]

　　他認為此一辭彙在中國的使用源自約40年前（1898-1900前後），來自日本教科書，是日本人為了侵略中國的「惡意宣傳」，這一點是符合史實的；但是他說「西洋人承受了日本杜撰的名詞，亦譯『中國本部』為China Proper」此點則與史實不符，實際上該詞是日本翻譯西文而來：

> 中國的歷代政府從不曾規定某一個地方叫做「本部」，中國的各個地理學家也不曾設想把某一部分國土定為「本部」，在四十年前我們自己的地理書裏更不曾見過這本部的稱謂。[68]

> 「中國本部」這個名詞，究竟創始於誰人的筆下？此間書籍缺少，無從稽考，只知道我們的地理教科書是譯自日本的地理教科書，而這個名詞就是從日本的地理教科書裏抄來的……西洋人承受了日本杜造的名詞，亦譯「中國本部」為「China Proper」，這或者是不諳悉遠東的歷史而有此誤會，或者也含些侵略的心思而有意替他們推波助瀾。[69]

---

67 顧頡剛，〈「中國本部」一名亟應廢棄〉，《前線》，第2卷第2期（紹興，1939），頁21-24。顧頡剛，〈「中國本部」一名亟應廢棄〉，《復興旬刊》，第8、9期合刊（寧波，1939），頁2-3。

68 顧頡剛，〈「中國本部」一名亟應廢棄〉，收入《顧頡剛全集：寶樹園文存》，第4卷，頁90。

69 顧頡剛，〈「中國本部」一名亟應廢棄〉，頁90-91。

顧頡剛指出此詞流行之後，許多人認為中國只有中國本部，許多邊疆地方漸漸不成為中國領土。這是日本人「偽造歷史或曲解歷史來作竊奪我們土地的憑證」。顧氏特別舉出日本京都大學矢野仁一（1872-1970）教授的「滿蒙非中國論」，此一觀點又影響到日本的政治人物如首相田中義一（1864-1929）。田中在向天皇的奏章中提出「茲所謂滿蒙者，依歷史非中國之領土，亦非中國的特殊區域……此事已由帝國大學發表於世界矣」；「田中的奏章上又說，『因我矢野博士之研究發表正當，故中國學者無反對我帝國大學之立說也』」。[70] 顧頡剛認為「自日本明治天皇定下政策，打算征服中國必先攫奪滿蒙，便硬造出中國本部這個名詞，析出邊疆於本部之外，拿來欺騙中國及世界人士，使得大家以為日本人所垂涎的只是中國本部以外的一些地方，並不曾損害了中國的根本」。[71]

顧頡剛認為「本部」一詞對中國的影響則是：

> 他們的宣傳達到中國之後，我們就上了當了，大家感覺得「本部」的地方是我國本有的，是痛癢相關的；除了「本部」之外原是雜湊上去的，有之固然足喜，無之亦不足惜，「任他去罷！」於是由得他們一步步地侵蝕，而我們的抵抗心也就減低了許多了。[72]

> 一說到「本部」，就使人立刻感到東三省、內外蒙古、新疆和西藏都不是中國的領土了，於是中國不妨放棄，帝國主義者便好放手侵略了。這不是利用了刺戟聽者的情感反

---

70 顧頡剛，〈「中國本部」一名亟應廢棄〉，頁90-91。
71 顧頡剛，〈「中國本部」一名亟應廢棄〉，頁91。
72 顧頡剛，〈「中國本部」一名亟應廢棄〉，頁90。

　　應的方法而攫取我們的土地和人民嗎？[73]

　　顧頡剛不但批評「中國本部」的概念，對「邊疆」一詞亦表疑慮。這很可能也受到傅斯年的影響。傅斯年對由顧頡剛主編的《益世報》副刊——《邊疆週刊》，使用「邊疆」爲刊名頗有意見。1939年2月1日，傅斯年在寫給顧頡剛的信上表示「邊疆」一詞必須謹愼使用。「夫邊人自昔爲賤稱，邊地自古爲不開化之異名，此等感覺雲南讀書人非未有也，特雲南人不若川、粵人之易於發作耳」。傅斯年並建議刊物名最好改爲「雲南」、「地理」、「西南」等，而「邊疆」一詞廢止之。此外他亦提到「民族」一詞亦應小心使用，不應「巧立各種民族之名目」，而造成分裂。[74]

　　顧頡剛顯然牢記傅斯年的提醒，2月7日，他在日記之中寫到，「昨得孟眞來函，責備我在《益世報》辦邊疆週刊，登載文字多分析中華民族爲若干民族，足以啓分裂之禍」。[75]隨後幾天他即在傅斯年觀點的刺激下撰寫了上述的〈中華民族是一個〉一文。1942年顧頡剛在〈成都《邊疆週刊》發刊詞〉中又表示邊疆研究的理想是除掉「邊疆」、「邊民」等「類乎孽子的」名詞之存在：

> 我們這班人肯挺身而起，儘量做邊疆的工作……我們要對
> 外爭取自由，必須先對內加強組織。到那時，我國的疆土
> 是整個的，不再有邊疆這個不祥的名詞存在；我國的民族
> 是整個的，不再有邊民這個類乎孽子的名詞存在。這才是

---

73 顧頡剛，〈再論「本部」和「五族」兩個名詞〉，收入《顧頡剛全集：寶樹園文存》，第4卷，頁118。

74 傅斯年，〈傅斯年致顧頡剛〉，收入《傅斯年遺札》（北京：社科文獻出版社，2014），頁721-722。

75 顧頡剛，《顧頡剛日記》，第4卷，頁197。

我們理想的境界。[76]

　　除了本部與邊疆（邊民）之外，顧頡剛還質疑許多辭彙，例如「漢人」、「漢族」、「五大民族」（「五族共和」）。顧希望以「中華民族」來取代「漢人」、「漢族」，當然同時也企圖打斷「漢人」、「漢族」與「本部」之關連。他說「漢人二字也可以斷然說它不通……我們被稱爲漢人的，血統既非同源，文化也不是一元，我們只是在一個政府之下營共同生活的人……現在有了這個最適當的中華民族之名了，我們就當捨棄以前不合理的漢人的稱呼，而和那些因交通不便而致生活方式略略不同的邊地人民共同集合在中華民族一名之下」。[77]他又說「漢人的文化雖有一個傳統，卻也是無數文化的混合，漢人的體質雖有特殊之點，卻也是無數體質的揉雜……漢人體質中已有不少的蒙、藏、纏回的血液」。[78]

　　顧頡剛也批評「漢族」的概念。「漢人的成爲一族，在血統上有根據嗎？如果有根據，可以證明它是一個純粹的血統，那麼它也只是一個種族而不是民族。如果研究的結果，它並不是一個純粹的血統而是已含有大量的滿、蒙、回、藏、苗……的血液，那麼它就不能說是一個種族。不是一個種族而卻富有團結的情緒，那便是一個民族。什麼民族？是中華民族」。[79]「中國各民族經過了數千年的演進，早已沒

76 顧頡剛，〈成都《邊疆週刊》發刊詞〉，收入《顧頡剛全集：寶樹園文存》，第4卷，頁329。

77 顧頡剛，〈中華民族是一個〉，收入《顧頡剛全集：寶樹園文存》，卷4，頁97-98。

78 顧頡剛，〈我爲什麼要寫「中華民族是一個」〉，收入《顧頡剛全集：寶樹園文存》，第4卷，頁113。

79 顧頡剛，〈續論「民族」的意義和中國邊疆問題〉，收入《顧頡剛全集：寶樹園文存》，第4卷，頁128-129。

有純粹血統的民族。尤其是『漢族』這個名詞就很不通，因爲這是四方的異族混合組成的，根本沒有這一族」。[80]顧頡剛的想法和傅斯年一致，傅斯年說「當盡力發揮『中華民族是一個』之大義，證明夷漢之爲一家，並可以漢族歷史爲證。即如我輩，在北人誰敢保證其無胡人血統；在南人誰敢保證其無百粵、苗、黎血統」。[81]

　　基於同樣的理由，他也質疑「五大民族」，認爲「五大民族一名，它的危險性同中國本部這個名詞一樣……五大民族這個名詞卻非敵人所造，而是中國人自己作繭自縛」。[82]「五大民族這個名詞似是而非，並沒有客觀相符的實體。滿人本不是一個民族，在今日……固已全體融化在漢人裏了，即在當年亦不具一個民族的條件」。[83]「只能怪自己不小心，以致有此以訛傳訛造成的惡果……造成了今日邊疆上的種種危機」。[84]

　　顧頡剛還談到其他「造了名詞來分化我們的例子」。例如，日本和俄國爲了搶奪滿州，「兩國就協調來分贓，從此便有了南滿和北滿的名詞」。英國勢力到達西藏之後，要求中國政府不得干涉西藏內政，「提出內藏和外藏的名詞」。[85]再者，「華北五省」則是日本人將

---

80 顧頡剛，《顧頡剛自傳》，收入《顧頡剛全集：寶樹園文存》，卷6，頁372。

81 傅斯年，〈傅斯年致顧頡剛〉，收入《傅斯年遺箚》，頁1722。

82 顧頡剛，〈中華民族是一個〉，收入《顧頡剛全集：寶樹園文存》，卷4，頁95。

83 顧頡剛，〈再論「本部」和「五族」兩個名詞〉，收入《顧頡剛全集：寶樹園文存》，卷4，頁120。

84 顧頡剛，〈中華民族是一個〉，收入《顧頡剛全集：寶樹園文存》，卷4，頁98-99。

85 顧頡剛，〈再論「本部」和「五族」兩個名詞〉，收入《顧頡剛全集：寶樹園文存》，卷4，頁118。

河北、山東、山西、察哈爾、綏遠合起來的稱呼,「這原為這五省接近滿州和東蒙……他們要促使這五省快些步東北四省的後塵而另組成一個偽國……還盡催著華北五省的特殊化和明朗化」。[86]錢穆也呼應他的說法,而批評「東三省」和「華南、華中、華北等稱呼」,認為會產生分化的作用。[87]

　　總之,顧頡剛認為本部一詞為日本人所造,大約在1900年前後傳入中國而盛行與中文世界。他撰文剖析本部概念之後的國際政治因素,認為這些名詞都是帝國主義者為侵略中國、牟取自身利益而創造出來企圖分化中國。因此顧的論述主旨在反對日本對中國的領土野心,並支持他與傅斯年等人所強調的「中華民族是一個」的想法。從清末民初民族觀念的演進來說,顧氏於1939年所提出的一元性中華民族觀,一方面批評晚清的「種族革命」與民國初年以來所提出的「五族共和」的主張,另一方面與1943年蔣中正在《中國之命運》中的民族主張有前後貫通而相互呼應之處。[88]

　　顧頡剛的觀念受到費孝通的批評,他的焦點不是針對顧氏所謂「本部」觀念與日本人的侵略主張,而是「中華民族」是否為一個。費孝通不同意「名詞」有分化的作用,亦即對他而言地理名詞的政治意涵並不重要。他認為分化的產生是因為本身內部矛盾而為敵人所運用。這使得兩人議題討論的焦點從國際間領土爭奪轉移為國內的民族

---

86 顧頡剛,〈再論「本部」和「五族」兩個名詞〉,收入《顧頡剛全集:寶樹園文存》,卷4,頁120。有關日本人創造的「華北」之概念,見本庄比佐子、內山雅生、久保亨編,《華北の發見》(東京:東洋文庫,2013)。

87 錢穆,《中國歷代政治得失》,頁100。

88 黃克武,〈民族主義的再發現:抗戰時期中國朝野對「中華民族」的討論〉,中國社科院近代史研究所編,《近代史研究》,總214期(北京,2016),頁20-25。

問題。費孝通在〈關於民族問題的討論〉（寫於1939年4月9日，原載5月1日《益世報》「邊疆週刊」第19期）中質疑顧頡剛上述的論述。他認為顧的目的是「我們不要根據文化、語言、體質上的分歧而影響到我們政治的統一」。[89]費孝通說中華民族應團結一致，進行抗日，但是從學理的角度也應該承認中國是一個擁有眾多民族的國家，少數民族客觀存在的事實應當受到尊重。抗日並不必然要否認中國境內有不同的文化、語言、體質的團體存在。不同的文化、語言、體質的人群發生共同的利害，有對內穩定、對外安全的需要，自然有可能結成一個政治團體。因此，實現政治上的平等才是解決民族問題的關鍵。謀求政治上的統一，不是要消除各民族及經濟集團之間的界限，而是要消除這些界限所引起的政治上的不平等。這樣的想法與後來他所提出「中華民族多元一體格局」的觀念有延續性。

費孝通也質疑顧對「中國本部」、「五大民族」等名詞的討論。顧頡剛指出「因為『我們只有一個中華民族，而且久已有了這個中華民族』，所以地理上的『中國本部』，民族上的『滿漢蒙回藏』都是沒有客觀事實相符合的，這些名詞不是『帝國主義者造出』的，就是『中國人作繭自縛』，都是會發生『分化』作用的」。費孝通首先質疑名詞意義及其可能產生的分化作用。他認為「民族」不是不與事實相符的一個團體，顧沒有區分nation（民族）與state（國家）與race（種族）等觀念，「先生所謂『民族』和通常所謂『國家』相當，先生所謂『種族』和通常所謂『民族』相當」。費認為一個團體或組織如果健全，就不易受到空洞名詞的分化。他說人們不宜太相信「口號標語

---

89 費孝通，〈關於民族問題的討論〉，收入《顧頡剛全集：寶樹園文存》，第4卷，頁136。

的力量」，「這都是把名詞的作用看得太重，犯著巫術信仰的嫌疑」。費孝通認為除了留心名詞的使用之外，更為重要的是「我們的問題是在檢查什麼客觀事實使人家可以用名詞來分化我們的國家？我們過去的『民族』關係是怎樣，有沒有腐敗的情形，有沒有隔膜的情形，使『各種民族』的界線有成為國家團結一致的障礙？」[90]

　　費孝通其實瞭解顧的觀念在抗戰建國上的重要，因此當顧寫了〈再論本部與五族兩個名詞〉、〈續論民族的意義和中國邊疆問題〉來回應費孝通之後，費沒有再繼續討論下去。費孝通於1993年在參加顧頡剛誕生一百週年學術討論會上的講話中曾回憶此時他與顧頡剛的辯論：

> 後來我明白了顧先生是基於愛國熱情，針對當時日本帝國主義在東北成立「滿洲國」，又在內蒙古煽動分裂，所以義憤填膺，亟力反對利用「民族」來分裂我國的侵略行為。他的政治立場我是完全擁護的。雖則我還是不同意他承認滿、蒙是民族，是作繭自縛或是授人以柄，成了引起帝國主義分裂我國的原因；而且認為只要不承認有這些「民族」就可以不致引狼入室。藉口不是原因，卸下把柄不會使人不能動刀。但是這種牽涉到政治的辯論對當時的形勢並不有利，所以我沒有再寫文章辯論下去。[91]

這或許也可以解釋為何抗戰後期在抵禦外侮的共識下本部─邊疆的討論逐漸地不受到人們的重視。1940年之後「中國本部」的辭彙只有

---

90 費孝通，〈關於民族問題的討論〉，收入《顧頡剛全集：寶樹園文存》，第4卷，頁140。

91 費孝通，〈顧頡剛先生百年祭〉，收入《費孝通全集》（呼和浩特：內蒙古人民出版社，2009），卷14，頁269-270。

少數經濟統計的文章將之作爲地理名詞來使用。1945年抗戰勝利之後，隨著帝國主義威脅的解除、中華民族概念擴大、現代國家的確立，此一辭彙日漸式微，在現代英語中China Proper一詞用法已減少，而中文之中「中國本部」一詞已非常少人使用。[92]

五、結論

　　近代中國「本部」概念的演變有兩條線索。一方面牽涉元明清以來的地方制度，如「內地」、「中土」、「十五省」、「十七省」、「十八省」等觀念之演變；另一方面也牽涉到西方中國研究中China Proper觀念的多重翻譯史，兩者交織爲「本部十八省」而成此一「新名詞」。China Proper辭彙的翻譯史從中西文文獻之中可以清理出一個大致之輪廓，其中包括從歐洲到俄國，再到日本，最後經由梁啓超所辦的《時務報》與《清議報》；維新派的《知新報》等刊物之翻譯而帶進中國。這些辭彙在20世紀中國又經歷了十分複雜的變化過程。20世紀中國本部、邊疆等辭彙之傳播，涉及報章雜誌與教科書等材料的流通，這些概念在從西到東的翻譯、傳播過程之中，亦促成了政治人物與學者之間的辯論。如晚清革命志士以此概念主張「種族革命」，改良派則力倡「五族共和」。1930年代顧頡剛與日本學者矢野仁一等有關中國本部、邊疆，以及滿蒙問題有所爭執，而費孝通又從多元視角批評顧頡剛之一元的中華民族觀。1930-40年代本部之爭議是中華民族討論的一環，而日後國共兩黨民族觀之分野植根於此，國

---

[92] 值得注意的是《維基百科》China Proper的中文詞條本來是採用「中國本部」，最近已改爲「漢地」。這應該是由於「中國本部」一詞幾乎已經不爲人們所使用。

民黨肯定顧頡剛所主張「中華民族是一個」,共產黨則支持費孝通後來所逐漸發展出的「中華民族多元一體格局」的民族觀。20世紀之後東亞疆域變遷及近代中國國家形構與上述辯論有密切的關係。今日看來顧頡剛與費孝通的兩個模式,前者強調一元統一、泯除民族邊界,後者突出多元而一體。1949年之後以史達林的民族理論為基礎的「民族識別」從事「民族建構」的工作,實際上加強了少數群體的民族意識和民族身份。此一理論配合費孝通所主張的「多元一體」的民族觀,然而多元與一體的矛盾卻造成今日各種的民族問題。誠如馬戎所述,「中國的民族構建(nation-building)究竟當以『中華民族』為單元,還是以政府識別的56個『民族』為單元,直至今日,這個問題仍然沒有得到真正解決」。[93]針對此一現象,習近平主席主張加強「四個認同」(對偉大祖國的認同、對中華民族的認同、對中華文化的認同、對中國特色社會主義道路的認同),和促進各民族交往、交流、交融的「三交」。後來又增加一個對中國共產黨的認同,而有「五個認同」的論述。[94]習的說法實際上和顧頡剛的理論有更多的親近性。如何在加強「五個認同」的同時而不排斥對各民族文化差異的尊重,而「公民認同」、「公民意識」是否可以配合認同特定政黨而抒解族群矛盾,這些問題仍需要吾人做更多的思索與討論。

---

93 馬戎,〈如何認識「民族」和「中華民族」──回顧1939年關於「中華民族是一個」的討論〉,《「中華民族是一個」──圍繞1939年這一議題的大討論》(北京:社會科學文獻出版社,2016),頁24。

94 《「五個認同」:從思想上增強各民族大團結》,「中央統戰部網站」,http://www.zytzb.gov.cn/tzb2010/S1824/201710/1a269b48e7b54125a3e1216c97597d2d.shtml(2019年11月20日檢閱)。

徵引書目

一、史料

（日）古城貞吉譯，〈中國邊事論〉，《時務報》，第12冊（上海，1896），頁20-23。

——，〈中國邊事論（續第十二冊）〉，《時務報》，第15冊（上海，1897），頁19-22。

（日）肥塚龍，〈支那保全及滿洲處置（未完）〉，《清議報》，第75冊（東京，1901），頁4735-4740。

V. G. T. 生，〈大勢：英德於揚子江之競爭〉，《江蘇》，期8（東京，1904），頁81-87。

呂志伊，〈論國民保存國土之法〉，《雲南雜誌》，收入王忍之等編，《辛亥革命前十年間時論選集》，卷2下冊，北京：三聯書店，1977，頁823-833。

倪菊裳，〈中華民國的國土演說〉，收入上海新北門振武台國民教育實進會，《軍中白話宣講書》，第4編，上海：商務印書館，1911，頁7-11。

孫中山，《手製支那現勢地圖識言》，秦孝儀主編、國父全集編輯委員會編，《國父全集》（台北：近代中國出版社，1989），冊6，頁548。

徐珂，《清稗類鈔》，上海：商務印書館，1917。

秦孝儀主編，《總統蔣公大事長編初稿》，卷1，台北：中國國民黨黨史委員會，1978。

梁啓超，〈論支那獨立之實力與日本東方政策〉，《清議報》，第26期（東京，1899），頁5-8。

章炳麟，《章太炎全集：太炎文錄初編》，上海：上海人民出版社，2014。

陳天華，《獅子吼》，收入鄒容、陳天華著，《革命的火種：鄒容、陳天華選集》，收入黃克武、潘光哲主編，《十種影響中華民國建立的書刊》，台北：文景書局，2012。

傅斯年，〈傅斯年致顧頡剛〉（1939年2月1日），收入《傅斯年遺札》，北京：社科文獻出版社，2014，頁721-722。

費孝通，《費孝通全集》，呼和浩特：內蒙古人民出版社，2009。

——，〈關於民族問題的討論〉，收入《顧頡剛全集：寶樹園文存》，卷4，北京：中華書局，2011，頁133-140。

鄒容，《革命軍》，收入鄒容、陳天華著，《革命的火種：鄒容、陳天華選集》，黃克武、潘光哲主編，《十種影響中華民國建立的書刊》，台北：

文景書局，2012。

漢駒，〈新政府之建設〉，《江蘇》，第5期（東京，1903），頁7-33。

　　　，〈新政府之建設〉，《江蘇》，第6期（東京，1903），頁23-32。

鄺其照，《華英字典集成（*An English and Chinese Dictionary*）》，香港：循環日報，1899。

鄺其照著、內田慶市、沈國威編，《字典集成：影印與解題》，北京：商務印書館，2016。

顏惠慶，《英華大辭典》，上海：商務印書館，1908。

羅從豫，〈九一八事變前東三省與中國本部貿易之回顧〉，《中行月刊》，卷7期4（上海，1933），頁1-13。

顧頡剛，〈發刊詞〉，《禹貢半月刊》，卷1期1（北平，1934），頁2-5。

──，〈中華民族的團結〉，《申報》，1937年1月10日，第7版。

──，〈「中國本部」一名亟應廢棄〉，《復興旬刊》，期8、9合刊（寧波，1939年3月21日），頁2-3。

──，〈「中國本部」一名亟應廢棄〉，《前線》，卷2期2（紹興，1939年12月21日），頁21-24。

──，〈中華民族是一個〉，《西北通訊》，期1（南京，1947），頁3-7。

──，《顧頡剛日記》，第4卷，台北：聯經出版公司，2007。

──，《顧頡剛全集：寶樹園文存》，第4卷，第6卷，北京：中華書局，2011。

英日文史料

Hemeling, Karl Ernst Georg, ed. *English-Chinese Dictionary of the Standard Chinese Spoken Language and Handbook for Translators, Including Scientific, Technical, Modern, and Documentary Terms*. Shanghai: Statistical Department of the Inspectorate General of Customs, 1916.

Lobscheid, Wilhelm (羅存德). *English and Chinese Dictionary with the Punti and Mandarin Pronunciation*（《英華字典》）. Hong Kong: The Daily press office, 1866-1869.

Mair, John. *A Brief Survey of the Terraqueous Globe*. Edinburgh: Printed for A. Kincaid & J. Bell and W. Gray, Edinburgh, and R. Morison and J. Bisset, Perth, 1762.

Smollett, Tobias George. *The Present State of All Nations*. London: Printed for R. Baldwin, No. 47, Paternoster-Row; W. Johnston, No. 16, Ludgate-Street; S. Crowder, No. 12; and Robinson and Roberts, No. 25, Paternoster-Row, 1768-69.

Winterbotham, William. *An Historical, Geographical, and Philosophical View of the Chinese Empire*. London: Printed for, and sold by the editor; J. Ridgway, York-Street; and W. Button, Paternoster-Row, 1795.

ア・ヤ・マクシモーフ著,《露国東邦策》,東京:哲學書院,1896。

ウエニユコーウ著,《露国東洋策》,東京:哲學書院,1893。

グリウリンヘルド 著、菅野虎太譯述,《萬國地誌略》,東京:養賢堂,1874。

プーチャート著,〈清國邊備に對する露國の攻守論〉,《東邦協會會報》,第27期(東京,1896),頁1-15。

──,〈清國邊備に對する露國の攻守論(承前)〉,《東邦協會會報》,第28期(東京,1896),頁1-24。

井上哲次郎,《訂增英華字典》,東京:藤本氏藏版,1884。

内田正雄編譯,《輿地誌略》,東京:文部省,1870。

名取洋之助,《中支を征く》,東京:中支從軍記念寫眞帖刊行會東京支部,1940。

東亞同文會對支功勞者傳記編纂會編,《對支回顧錄》,上冊,東京:東亞同文會對支功勞者傳記編纂會,1936。

東京開成館編輯所,《開成館模範世界地圖》,東京:開成館,1930。

東條文左衛門,《清二京十八省疆域全圖》,出版資訊不詳,1850。

松山棟庵編譯《地學事始・初編》,東京:慶 義塾出版局,1870。

參謀本部管西局編,《支那地誌》,東京:參謀本部,1887。

富山房編輯局,《國民百科辭典》,東京:富山房,1908。

二、研究成果

王柯,《民族主義與近代中日關係:「民族國家」、「邊疆」與歷史認識》,香港:香港中文大學出版社,2015。

門多薩,《中華大帝國史》,北京:中苹書局,1998。

馬戎,〈如何認識「民族」和「中華民族」──回顧1939年關於「中華民族是一個」的討論〉,《「中華民族是一個」──圍繞1939年這一議題的大討論》,北京:社會科學文獻出版社,2016,頁1-28。

張永,〈從「十八星旗」到「五色旗」──辛亥革命時期從漢族國家到五族共和國家的建國模式轉變〉,《北京大學學報(哲學社會科學版)》,卷39期2(北京,2002),頁106-114。

陳波,〈日本明治時代的中國本部觀念〉,《學術月刊》,2016年第7期(上海),頁157-173。

_____，〈中國本部概念的起源與建構—— 1550年代至1795年〉，《學術月刊》，2017年第4期（上海），頁145-166。

黃克武，〈民族主義的再發現：抗戰時期中國朝野對「中華民族」的討論〉，中國社科院近代史研究所編，《近代史研究》，總214期（北京，2016），頁4-26。

錢穆，《中國歷代政治得失》，台北：三民書局，1976。

英日文資料

Marshal, Alex. *The Russian General Staff and Asia*. London: Routledge, 2006.

Toby, Ronald P. *State and Diplomacy in Early Modern Japan: Asia in the Development of the Tokugawa Bakufu*. Stanford: Stanford University Press, 1991.

本庄比佐子、内山雅生、久保亨編，《華北の発見》，東京：東洋文庫，2013。

安岡昭男，〈東邦協会についての基礎的研究〉，法政大学文学部編，《法政大学文学部紀要》，通号22（東京，1976），頁61-98。

武上眞理子，〈地図にみる近代中国の現在と未来——『支那現勢地図』を例として〉，村上衛編，《近現代中国における社会経済制度の再編》，京都：京都大学人文科学研究所，2016，頁329-367。

狹間直樹，〈初期アジア主義についての史的考察(5)第三章 亜細亜協会について, 第四章 東邦協会について〉，《東亞》，卷414（東京，2001），頁66-75。

陳力衛，〈なぜ日本語の" 管支炎"から中国語の" 支気管炎"へ わったのか〉，愛知大学中日大辞典編纂所，《日中語彙研究》，第6号（名古屋，2016），頁1-25。

——，《近代知の翻訳と伝播—漢語を媒介に》，東京：三省堂，2019，頁369-390。

朝井佐智子，〈日清戦争開 前夜の東邦協会：設立から1894（明治27）年7月までの活動を通して〉，愛知縣：愛知淑徳大學博士論文，2013。

三、網路資源

《「五個認同」：從思想上增強各民族大團結》，「中央統戰部網站」，http://www.zytzb.gov.cn/tzb2010/S1824/201710/1a269b48e7b54125a3e1216c9759

　　7d2d.shtml（2019年11月20日檢閱）。

「十八星旗」，《維基百科》，https://zh.wikipedia.org/wiki/%E5%8D%81%E5%8
　　5%AB%E6%98%9F%E6%97%97（2019年11月20日檢閱）。

「元清非中國論」，《維基百科》，https://zh.wikipedia.org/wiki/%E5%85%83%E
　　6%B8%85%E9%9D%9E%E4%B8%AD%E5%9C%8B%E8%AB%96（2019
　　年11月20日檢閱）。

「漢地」，《維基百科》，https://zh.wikipedia.org/
　　wiki/%E6%B1%89%E5%9C%B0（2019年11月20日檢閱）。

「China proper」，《維基百科》，https://en.wikipedia.org/wiki/China_proper
　　（2019年11月20日檢閱）。

Terminology, War, and National Boundaries in East Asia:
The Origins and Changes of "China Proper" in Modern China

Max Ko-wu Huang

Abstract

The Chinese term *Zhongguo benbu* is a translation of "China proper" from the West. It refers to the traditional area of Chinese civilization as opposed to other areas in China referred to as "frontiers" (including Manchuria, Mongolia, Xinjiang, and Tibet) that sometimes belonged to China, sometimes not. The meaning of this term can be defined in the context of Chinese history based on the distinction between China (*hua*) and barbarian (*yi*) as applied to modern international politics and national boundaries. Originally "China proper" was a term used by Western writers on the Manchu Qing dynasty to express the distinction between the core (or sometimes the "eighteen provinces") and frontier regions of China. This Western concept was translated into Japanese in order to interpret the territory of Chinese empire and to legitimate the expansion of Japan's territory. Therefore, Japanese had such concepts as "China refers to China proper" and "Manchuria and Mongolia do not belong to China." In the late Qing, the term *Zhongguo benbu* was introduced into China and influenced Chinese definitions of China. In the 1930s, the idea of *Zhonghua minzu* (the Chinese nation) was enhanced under the Japanese invasion. Chinese scholars started to criticize this term and other related concepts. These discussions further triggered the debate on whether "*Zhonghua minzu* is one group" between Gu Jiegang and Fei Xiaotong. This paper describes the origins, changes, and finally the decline of *Zhongguo benbu* and related debates.

Keywords: China proper, frontier, the distinction between Chinese and barbarian, Gu Jiegang, Fei Xiaotong

「多元一體」和「中華民族」的殊途與同歸

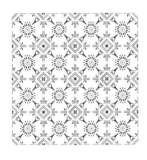

吳啓訥

紐約市立大學博士研究，國立臺灣大學博士，中央研究院近代史研究所博士後研究，現任中央研究院近代史研究所副研究員、國立臺灣大學歷史系兼任副教授。主要研究領域近現代中國族群政治史、中華人民共和國史。近期的研究主要集中在中國歷史近代轉型議題上。

「多元一體」和「中華民族」的殊途與同歸

吳啓訥

摘要

　　「中華民族」和「多元一體」兩項概念，隱含著時空上和觀念上的衝突。「多元一體」是循中國歷史演變的內在線索和自身邏輯發展而來的現象，「中華民族」卻不是這一線索的邏輯發民和必然結果。在中國歷史的內在線索和自身邏輯之下，13世紀後期的元朝合併農耕「中國」和「中國」周邊游牧政治體的族群政治互動，將此前中國王朝「多元多體」的傳統政治結構轉變為「多元一體」，傳統「中國」演變成為「擴大的中國」，明、清和現代中國都繼承了「擴大的中國」、「多元一體」的政治格局。「中華民族」是在19世紀末期誕生的概念，它是在近代中國歷史轉型過程的節外生出的新枝，而後逐漸成為主幹，進而有主導中國歷史轉型方向之勢。但由於中國歷史的近代轉型發生在前，它所造就的「多元一體」格局，不可避免地影響到現代中華民族建構的過程。

關鍵詞：多元一體、藏傳佛教、過渡地帶、過渡人群、中華民族

　　費孝通在1988年提出的「中華民族多元一體格局」論，是當今中文學界針對「中華民族」和中國境內多元族群現象的各學科研究中最為主流的論述。對於「中華民族多元一體格局」論述，學界有著不同的解讀，但爭議皆集中於「中華民族」定義和性質，尚沒有人關注「中華民族」和「多元一體」這兩項概念之間隱含的張力；對於「中華民族」和「多元一體」兩項概念之間的關係，政治界和學界的慣常理解是，後者是前者的內容，是對前者的詮釋，換言之，兩者之間並不存在時空或概念上的衝突。經過對中國族群政治形態的流變與中國歷史近代轉型這兩個連動變項的觀察，筆者以為，「多元一體」和「中華民族」這兩項概念，在時間上並非長期並存，兩者內容的連結，最早發生於19世紀末期；「多元一體」是循中國歷史演變的內在線索和自身演變邏輯發展而來的現象，而「中華民族」卻不是這一線索的邏輯發展和必然結果。這一觀察，涉及到一項近代史領域的議題，即近代轉型。

　　依筆者淺見，中國歷史的近代轉型已經發生，而且相對成功，但這個過程的開端，並不是慣常認定的1840年，而是13世紀後期元朝的建立，它的主要標誌，是傳統農耕「中國」和「中國」周邊傳統游牧政治體的族群政治形態發生改變，傳統「中國」演變成為「擴大的中國」[1]；至於「中華民族」，則是在19世紀末期誕生的概念，它是在

1　元代以前，「華夏」王朝自稱「中國」，這個「中國」的內容，排除了「中原」與「漢人」以外的其他地域和人群；而來自「中原」以外的非「華夏」政權入主「中原」，也自稱「中國」，但這裡依然強調「中原」的地域因素。以「中原」為範圍的「中國」，固然是現代中國的重要基礎，但其所指，只是「中原朝廷直轄區域」，與現代中國的領土和人民的內容有很大的落差，不能全等於現代中國所繼承的「歷史中國」。從元代開始，統治者和被統治者雙方所公認的「中國」的內容，則包含「中原」與

近代中國歷史轉型過程中節外生出的新枝，而後逐漸成為主幹，進而有主導中國歷史轉型方向之勢。但由於中國歷史的近代轉型發生在前，它不可避免地影響中華民族建構的過程，影響力之大，有時超出歷史學的想像。

一、從「多元多體」到「多元一體」：中國族群政治型態變遷的內容

　　13世紀後期之前，「漢字」和「儒家」文化，以及由此發展出來的「天下」觀、「天下」政治秩序，曾經是傳統「中國」驕傲地立足並領先世界的基礎。然而，在這個政治秩序中，首先，「華」—「夷」之間存在文化界限與政治界限，儘管這個界限有一定的開放性，但整體而言相對固定，取得強盛的傳統「中國」王朝，也具有二元政治的特徵；其次，漢字—儒家文化圈的其他政治體，如高麗—朝鮮、越南、日本等，在極力模仿傳統「中國」政治制度和政治文化的基礎上，形構了以自身為「天下中心」的傳統國家，不斷致力於確認自身與傳統「中國」之間的建立在不同政治利益基礎之上的政治界限，並將這一界限固定化，這個過程可以被描述為「『中國』化」。「中國」化，意味著精神文化和政治文化的「漢字化」、「儒家化」，卻並不意味著在政治上與以東亞大陸農業核心區域的傳統「中國」政

「邊陲」、漢人與非漢人，等於含括了國別史意義和全球史意義上的「歷史中國」，其與現代中國的領土和人民的範圍也才大致重疊。因此，本文在涉及元代以前的「中國」概念時，均加上引號，以免在討論中將「中原」以外的土地、人民排除於現代中國所繼承的歷史中國以外；在涉及元代以後「擴大的中國」概念時，不再有此顧慮，故不再於「中國」一詞上加引號。

治整合，事實上，高麗─朝鮮、越南、日本等傳統國家的政治發展方向，與蒙元時期建立在多元基礎上、由儒家與藏傳佛教共同組成的複合而一體化型態的政治文化所建構的「擴大的中國」的內部整合方向南轅北轍。

從13世紀後期開始，由蒙古人取代傳統「中國」政治體所建立的元朝，開始改變傳統「中國」王朝和蒙古政治體的國家形態，從國家政治制度架構、政治制度體系的角度打破「華」、「夷」二分的政治思維，改變傳統農業政治體與內亞游牧勢力對立的格局，合併兩者的互動，將包括「大一統」時期在內的傳統「中國」王朝「多元多體」的政治格局，轉變為「多元一體」的政治體制，最終改善以農業區域為核心的王朝在地緣政治上的缺陷，使得王朝由「文明」型態的國家開始轉型為「領土國家」。繼承元代政治遺產的明、清兩朝，也繼續在承認王朝內部存在文化差異的基礎上，致力消除王朝內部的政治差異。具體的做法是，依據不同區域在歷史和文化傳統方面的差異，制訂有差別的統治政策，但是避免以政治的方式將差異固定化。

具體的呈現，包括三個方面：首先是內部政治一體化。元朝有意改變傳統「中國」王朝──在農耕區域實行郡縣制，在農耕區域以外實行封建制──兩制並行的政治生態，奠定了以直接統治為目標的行省制度，這個制度為接下來的明朝和清朝所繼承。儘管行省制的實踐並沒有一步達成直接統治的目標，但追求政治一體化的方向，卻是延續不變的。元、明、清三代政治一體化的方向，就是傳統「中國」轉型為「擴大的中國」的政治方向。

其次是文化的轉型和重組。元代在文化上對現代中國文化的形成有不可忽略的影響。出現這一結果的前提，是蒙古、色目人廣泛接受漢文化的影響，但元朝蒙古皇室和色目官僚習慣使用口語體的漢文，

即「白話」；元代白話文體繪本經、史、俗文學著作又開創近代文化
白話文學傳統。這樣的現象，第一次造成中古以來的「言文一致」，
較之秦始皇時代的文字統一，更進一步推動了國家共同語的形成。從
歐洲的標準來看，國家共同語是現代民族國家的基礎之一。現代中國
文化，從衣、食、住、行開始，到語言文字，再到某些深層文化，都
與日本、朝鮮／韓國等漢字文化圈的國家有所歧異。此外，元代「四
類人」制度中對漢文化的貶抑措施，效果是有限的，但有利於在元的
統治區域內提升非漢文化的地位，在新的「中國」內部營造多元文化
並存且相互滲透的環境。這一新的生態為明朝和清朝繼承，並成為塑
造現代中國多元文化生態架構的基礎。由此，傳統「中國」文化開啓
轉型為「擴大的中國」文化的進程。

　　再次，是經濟的全球化和內部經濟的交流。元時期歐亞大陸暢
通，絲路恢復，同時也繼承並擴大了唐、宋的海上交通。蒙古各汗國
對歐亞大陸的統治，導致蒙古帝國和元朝從中亞、西亞的先期歸附區
域引進行政人才、士兵和其他人力，將他們歸入元朝的「色目」類別
中。由此，元代廣泛吸收波斯、阿拉伯人的世界知識，也從更廣闊的
切身經驗中累積新的知識，對世界的了解勝過此前由農耕漢人建立的
朝代，這又有利於元朝貿易的擴大。海、陸兩線貿易的增加，同步促
進國內貿易的繁盛。忽必烈時期，朝廷發行通行全國的紙幣，其流通
很快超出國界。明朝中後期「隆慶開關」與「隆慶和議」這兩個「隆
慶新政」的核心內容，使得海洋貿易的開放與內陸族群整合同步展
開，再度恢復元時期那種擴大對外互動、容納內部差異的格局。2 徽

─────────

2 「隆慶新政」發生於明穆宗時期，核心內容是「隆慶開關」與「隆慶和議」
　（又稱「俺答封貢」）。「隆慶開關」發生於隆慶元年（1567年），明穆宗宣
　布廢除海禁，允許民間遠販東西二洋，民間的海外貿易獲得合法地位，東

商、粵商、浙商、晉商等各地商幫的形成，即與這兩項新政的內容有直接關聯，而商幫的發展，直接促進了此後「擴大的中國」內部族群、地域之間的連結以及「擴大的中國」與世界的連結。

二、「擴大的中國」運作的政治文化機制：儒家思想加藏傳佛教

從外觀上看，元朝無疑具有很多征服王朝的特徵，但它無法抗拒「中國化」的吸引力。在元之前，遼、金已經開始覬覦「中國」的稱號及其背後所代表的「正統」，元則為自己超越遼、金的成就感到自豪。

元朝連接到「漢人中國」的政治傳統，並以統治「漢人中國」為目標而設計了源自「中國」傳統，又有重要創新的政治方案，進而將這一政治方案放大到傳統的「漢人中國」以外，創造出「擴大的中國」；在協調「漢人中國」與「擴大的中國」之間的關係時，元朝再為兩者的互動制定了一套流程。

在元以前的傳統「中國」，秦始皇以文化認同為基礎，統一文字、度量衡、貨幣、車轍、統一價值觀，搭建出中央集權郡縣制國家

南沿海各地的民間海外貿易大盛。從隆慶元年（1567年）到崇禎十七年（1644年）時間，海外流入明朝的白銀總數大約為3億3千萬兩，相當於當時全世界生產的白銀總量的1/3。相關研究可參考王裕巽，〈明代白銀國內開採與國外流入數額試考〉，刊於《中國錢幣》，1998年第3期，頁18-25。而針對明世宗時的邊防弊病，隆慶四年（1570年）底，以把漢那吉降明事件為契機，明朝與韃靼之間結束了長達200年的敵對戰爭狀態，達成封貢協議，史稱「俺答封貢」，此後近百年中，明朝與韃靼未再爆發大規模的戰爭。有關隆慶和議的研究，可參考趙世明，《高拱與隆慶政治》（成都：西南交通大學出版社，2014）。

的政治架構。漢晉之後，這套架構意識形態與制度基礎進一步完善，王朝國家確定了共同意識形態——「禮教」，並透過「編戶齊民」，明確王朝國家與臣民的權利與義務。隋唐之後的科舉制度，更有助於傳播和傳承同一套價值體系、統治經驗，延續同一套政治體制。元以後「擴大的中國」，在確定繼承儒家價值之際，在意識形態上加入了藏傳佛教等多元的價值；在「編戶齊民」制度之外，容納了非華夏文化傳統中統治者與被統治者的關聯式態，同時又將這一複合的價值與架構，納入一個擴大但依然以中央集權郡縣制精神為核心、趨向整合的體系之內。

蒙元為了統治金、宋遺留下來的「中國」，並利用「中國」的資源延續及擴大自身的統治，不可避免地接受乃至推動漢化；同時，蒙元需要統治包含居住著非漢人的內陸亞洲半農業區、非農業區（例如前西夏、西遼的轄地），也必須利用當地的文化資源。在這個「擴大的中國」中，藏傳佛教是與漢人政治文化傳統並行的重要政治文化因素。從這個角度看，蒙古統治階層的「漢化」與「藏化」或曰「藏傳佛教化」是同時進行的。

從蒙古帝國體制分裂、蛻變而來的元朝體制對西藏長達一個世紀的有效統治，成為元、明、清時期漢地與西藏政治關係的基礎。這裡必須強調，元朝（以及後來的明朝和清朝）與西藏之間的關係，從性質上而言，是統治與臣服的關係，但不是簡單的、單向的統治與臣服的關係；同時，朝廷與西藏、漢地與西藏政治關係，也不能被簡化地描述為宗教關係。

事實上，藏傳佛教是在青康藏高原特殊的自然、人口、經濟、文化和政治生態下發展出來的文化體系，它的內在核心是政治，稱其為「佛教政治」或許更為貼切。強大的吐蕃王朝分崩離析後，佛教為求

生存，吸收藏語區域具有薩滿性質的「苯教」的元素，演變成爲「後弘期」的「藏傳佛教」。[3] 藏傳佛教的薩滿基因，促使其演變出數量繁多的教派，而藏語區域的政治不得不與藏傳佛教結合，催生了諸多小型政治體。具有紛繁的教派宗教—政治背景的藏語區域政治，由此形成了一個重要特徵，即它必須建立在與藏語區周邊重要政治體的互動之上。藏人菁英清楚了解青藏高原的天然環境與政治生態的限制，諸多小型政治體往往以取得奧援爲目的，主動與漢地或內亞的王朝建立政治關係。這種關係的型態，很快演化爲藏語區域各小型政治體尋求或接受漢地王朝、內亞政權的冊封，自居漢地王朝或內亞政權虛擬／理想政治體系之下的次級實體，以換取漢地王朝及內亞政權主動或被動地推動藏地佛教在漢地及內亞區域的傳播，反過來進一步加強該政治實體統治全部或特定範圍藏地的合法性。換句話說，以「次級」的地位換取「實體」的內容和利益。一些研究顯示，擁有吐蕃王室血統的唃廝囉，即與北宋「共謀」，「建構」了藏傳佛教，[4] 確立了這種政治互利關係的模式，並爲同期的西夏和此後的元、明、清所沿用。

西藏與元、明、清，尤其是清的關係之所以如此緊密，要訣在於二者在政治空間上的重疊。西藏宗教—政治體將其以宗教包裝的虛擬政治空間延伸到蒙古草原和全部漢地；元、明、清則對西藏行使直接或間接的統治權。對於縱橫馳騁於歐亞大陸的蒙古人而言，控制廣闊

3　9世紀中葉，西藏佛教一度遭到破壞，即所謂朗達瑪滅佛，一個世紀之後再度傳入。朗達瑪滅佛之前佛教在西藏的傳播稱爲藏傳佛教的「前弘期」，之後稱爲「後弘期」。相關研究可參考釋聖嚴，《西藏佛教史》（台北：法鼓文化事業公司，1997）。

4　陳波，〈朝廷與藏傳佛教〉，《二十一世紀》，2007年8月號（香港），頁127-132。

制高點的戰略意義是不言而喻的，而佛教所造就的西藏政治文化生
態，恰好爲蒙古和西藏雙方的需求提供了一個連結點，促使蒙元將其
統治空間延伸到西藏，並據此營造「擴大的中國」。面對蒙元「擴大
的中國」架構，藏傳佛教政治也將西藏及其周邊描述爲觀世音菩薩教
化之地、將蒙古描述爲金剛手菩薩教化之地、將漢地描述爲文殊師利
菩薩教化之地。[5] 藉由這種描述，藏傳佛教於元代開始在蒙古貴族中
傳播，同時更廣泛地進入漢地，甚至出現在蒙古朝廷的支持下奪取並
改建漢傳佛教寺廟的情形。但藏傳佛教向漢地的傳播，更多地是在政
治上，而非宗教上，強化了漢地與藏地的連結。在現實中，清末以
前，西藏的菁英完全了解西藏與元、明、清之間的關係的政治——而
非宗教屬性，宗教只是這種從屬性政治關係的一種外在形式。並且，
與慣常的認知和想像不同，在元、明、清與西藏的關係中，西藏——
而非元明清朝廷——是在政治利益方面（也是物質利益方面）受益較
多的一方。鑒於西藏內部存在結構性的教派與地域之爭，執政的西藏
政教上層對西藏的政治權威，亟需得到擁有強大軍事力量和政治經濟
資源的蒙古大汗、明朝皇帝或者滿洲皇帝在軍事方面和法律地位方面
的支持。[6] 換言之，薩迦派若不與元朝建立政治聯盟，格魯派若不與
俺答汗、明朝、後金、清朝建立政治聯盟，就無法在政治上整合西
藏。有關西藏與清朝朝廷「供施關係」的描述，乃是西藏政教上層提

5　王俊中，〈「滿洲」與「文殊」的淵源及西藏政教思想中的領袖與佛菩
　　薩〉，《中央研究院近代史研究所集刊》，第28期（台北，1997），頁89-
　　132。
6　Peter Schwieger, *The Dalai Lama and the Emperor of China: A Political
　　History of the Tibetan Institution of Reincarnation* (New York: Columbia
　　University Press, 2015).

升自身在西藏統治權威的話術。[7] 薩迦派在元朝如此，三世達賴在俺答汗時期如此，五世達賴在和碩特固始汗時期亦復如此。

　　與此同時，元、明、清三朝的最高政治階層，都不同程度地受到藏傳佛教在宗教方面的影響，而元、明、清三朝也都將藏傳佛教當作統治藏傳佛教文化圈輻射範圍內的蒙古人、藏人、西南以及西北各部落、土司的政治工具。從拉薩政教上層的角度看，西藏這種基於政治需要，部分出自宗教文化想像、建構的意識型態政治體系，在外觀上隱然成為與元、明、清世俗政治平行的政治體系，在現實中也創造出可以運作的政治化空間。這種意識形態體系中實體化的部分，即落實在西藏與元、明、清皇帝的君臣關係，以及與蒙古各部的互惠政治關係之上。而這兩種關係，都是元、明、清時期「整體中國」架構中的一環。從近代西方經驗的視角看，西藏與元、明、清國家的關係，似乎不受「中國」架構的框限，但在中國政治的現實中，信仰與實務兩個空間體系的重疊，並不妨礙一個整合後的整體架構的運作。在中國歷史中，藏傳佛教的例子並非特例。在很多層面，南方漢人的民間宗教信仰與藏傳佛教一樣，也具有政治功能，在南方漢人社會中，民間與國家的關係，其實很像是西藏與元明清朝廷關係的一種縮影。

　　明朝要統治「擴大的中國」，而不只是傳統「中國」，必不可免地需要繼承元朝所留下的朝廷與西藏政治關係的遺產。對於西藏——尤其是藏傳佛教政治體系而言，從區域經濟生存、政治整合的角度，同樣有必要保持與漢地的政治互利關係。在西藏看來，漢地統治者政治身分的核心在於其是否「漢地的」統治者，而非統治者的地域或族

7　沈衛榮，《大元史與新清史：以元代和清代西藏和西藏佛教研究為中心》（上海：上海古籍出版社，2019），頁98。

群出身。因此，作為「漢地的」統治者，出身蒙古人的元朝皇帝獲得
文殊菩薩的身分，並將這一身分留傳給繼之成為「漢地的」統治者的
明、清皇帝。[8] 質言之，元、明、清擁有對西藏政治的最終決定權的
權力來源，來自他們對漢地——傳統「中國」的統治。在現實當中，
元、明、清的影響力，足以決定西藏各政教勢力的消長及由此形成的
西藏內部政治生態，西藏各政教勢力不去利用這樣的影響力，將其轉
化為內部政治力，是殊難想像的。

　　明朝和西藏雙方之間存在的共同利益，促使雙方找到了適合的互
動模式。密教在明代繼續向漢地傳播，以一種替代的方式，維持藏漢
之間的文化、社會關係。明朝的政治設計，是利用元朝解體後西藏各
政教勢力再次分崩離析、相互競爭的狀態，以最高權威的姿態，在西
藏廣封眾建，並推動政教分離。明朝初建，即在藏區設置「行都指揮
使司」、衛所等軍政機構，但僅封授當地僧俗首領擔任官員；同時又
為複數的西藏政教領袖封授「法王」、「教王」、「國師」、「西天佛
子」一類稱號。受冊封者定期往漢地朝貢，明朝則給予豐厚的「回
賜」。從14世紀中期到17世紀中期，明朝即利用西藏帕木竹巴政權
與薩迦派之間的競爭關係，居中擔任仲裁者的角色，在既不駐軍、又
不實行直接統治的狀況下，發揮最大的政治影響力。而雙方以茶馬交
易為內容，難以中斷的經濟連結，又成為明朝的政治影響力的保障。

　　當然，西藏與明朝關係的型態，畢竟有異於它和元朝的互動型
態。在胡煥庸線的西北側，蒙古勢力的影響力超過明朝，基於西藏自
身的需求，它仍然必須複製與蒙古帝國的互動模式，與韃靼、瓦剌等

8　沈衛榮，《大元史與新清史：以元代和清代西藏和西藏佛教研究為中
　　心》，頁239-241。

蒙古勢力建立關係，這就使得西藏與明朝和韃靼之間形成一種三角關係，而明朝樂見這種關係的存在。元時期，佛教在皇室和上層貴族中流行，尚未成為蒙古社會的普遍信仰，汗庭北撤，薩滿再度占據主流。16世紀末期，土默特部首領俺答汗（1507-1582）接受藏傳佛教；同期，明朝也應俺答汗之請，選派、資助與明朝有長期宗教政治聯結的格魯派僧侶前往傳教。在俺答汗的影響之下，長城以北的蒙古各部相繼皈依藏傳佛教。

要之，明朝在對抗北元、韃靼和瓦剌的過程中，發現重新傳入蒙古高原與中亞東部的佛教，是可以用來羈縻、制約蒙古諸部的文化—政治工具，隆慶、萬曆時期的重臣高拱（1512-1578）、張居正（1525-1582）、王崇古（1515-1588）等即利用俺達汗的佛教信仰及其與藏傳佛教格魯派之間的關係，緩解其與明朝之間的衝突。[9] 在中國王朝的族群政治實踐中，這是一項靈活運用意識形態國家機器的創舉，為它的後繼者做了示範。站在明朝的角度，韃靼的藏傳佛教化對於明朝的安全有兩方面的正面意義。其一，長城以北的蒙古勢力逃脫像窩闊台汗國和察合台汗國那樣伊斯蘭化的命運，阻擋了伊斯蘭進一步東擴的趨勢；其二，由於明朝朝廷在一定程度上繼承了元朝的西藏關係遺產，長城以北蒙古各部的藏傳佛教化，正面推動了蒙古各部進入明朝政治體系的進程，也使得清朝在此後確立了它的族群政治方面的施力點。到17世紀初，格魯派的傳播進一步轉向西部蒙古。這為後來的清準（準噶爾部）衝突及其最終解決埋下伏筆。

清朝再度全面合併傳統農業王朝與內亞游牧勢力的互動，並試圖從戰略上和國家政治制度架構、政治制度體系的角度對此做進一步確

9　魏源，《聖武記》，下冊（北京：中華書局，1984），頁500。

認。清朝戰略層面和制度層面的決策，重點在三個方面：

第一，在滿、漢利益趨同的基礎之上，利用滿－蒙，藏－蒙，喀爾喀－準噶爾之間的互動，搭建中原與蒙古的政治互動架構。滿洲菁英在入關之前，即已確定將要奪取中國「正統」的目標，要達成這一目標，除了利用漢人農耕地區可靠的人力與物質資源，建立堅固的統治基礎之外，別無其他選擇。質言之，「滿漢聯盟」的形成是必然的。基於這一建立在根本利益基礎之上的立場，清朝族群政治的核心內容，乃集中於「蒙古議題」之上，具體而言，是「中原－滿漢」與「游牧－蒙古」之間的競爭、合作關係。為了主導這一關係的方向，滿洲朝廷乃利用滿、蒙之間的連姻籠絡蒙古人；利用滿、蒙共同信仰的藏傳佛教，進一步引進西藏因素控制和削弱蒙古人；聯合喀爾喀蒙古打擊準噶爾蒙古。在這一系列關係中，滿－漢雙方的利益明顯一致，為了維護整體族群政治結構的穩定，清朝唯有不斷強化滿－漢之間這種利害相同、榮辱與共的利益共同體關係。滿洲統治者在西部山區推行「改土歸流」，更是在長期有利於清朝統治的前提下，直接嘉惠漢人移民。「新清史」強調清朝的內亞文化淵源和政治淵源，並將這一淵源與清朝對漢人的統治視為一種「二元」結構的觀點，似乎低估了上述事實的意義。

第二，順應中國歷史自身獨特的動力與獨特的演變邏輯，將中國歷史上邊疆與中原的長期互動整合為一。中國自身歷史呈現近代性與西歐進入近代社會兩者的標誌，最大的差異在於中國自身的近代化源自中國歷史自身獨特的動力與獨特的演變邏輯，而清朝的政治順應，而非壓抑了這一演變。從元代發端，經明朝後期成形，中原－內亞間的商業連結，將山西、安徽、浙江、天津、湖北、廣東等地商人與內外蒙古、雲南、新疆、西藏的利益連結到一起。清朝將中國歷史上邊

疆與中原的長期互動合併，長城最終成為中國的腹地，北京最終成為真正的中心，內亞邊疆成為中國的海洋。然而，清朝對內亞區域的經營，卻並不簡單等同於「新清史」所描述的「中國殖民擴張」。

第三，在完成前兩項目標基礎上，搭建「五族」互動、「五族」共治的國家族群政治架構，這一架構後來成為清末「五族大同」、「五族共和」的基礎。清朝將「滿、蒙、回、藏」正式納入國家的政治體系、權力體系內，五個族群間的政治關聯與互動，構成了清朝戰略安全的有機防線，因而共同構成清朝整體政治制度不可或缺的部分。可以說，早在17-18世紀期間，「五族共治」即已實質形成。這樣，滿洲菁英在20世紀初，試圖用「五族大同」的論述對抗漢民族主義革命派「驅逐韃虜」的種族主義論述，所揭櫫的，不過是清朝行之有年的一項國策。

清朝操控郡縣制與封建制並行的複合政治體制，在繼承明朝中後期族群政治經驗的基礎之上，以更加靈活而有創意的手法，將蒙古議題的兩個重要核心之一——藏傳佛教本身內含的政治價值發揮到極致。

入主「中國」前，女真人和他們所建立的政權在與蒙古連姻之際也接觸到佛教，並隨之體悟到相對於與漢人的關係、統治漢人地區的目標，連姻與佛教兩者對於連結蒙古人的工具性意義。佛教除了可以提供個人救贖外，還可以為邊緣和入主中原的非漢人群提供了文化和政治的後援，讓他們藉此對抗由儒家文化塑造的漢人生活方式及「中國」式政治秩序。然而，缺少政治哲學的佛教政治文化，難以滿足統治漢人社會的政治需求，對於元和清這樣由非漢人建立的王朝而言，佛教顯然不能為他們統治「中國」提供充分的合法性基礎。在釐清統治「擴大的中國」政治目標下的主次結構後，清聖祖明確宣示神權必

須服從皇權的原則，[10] 使得佛教成為附屬、服從於理學的工具性意識
型態。其中，入關第一帝清世祖對漢傳佛教的信仰，[11] 甚至造成藏傳
佛教在有清一朝一直未能成為「國教」。清高宗陵寢──裕陵地宮的
設計、布置，清楚顯示了乾隆皇帝個人對佛教的信仰。然而，乾隆皇
帝同樣重視他在歷史（「中國」史）上的地位。對於一個「中國人」
而言，在自身的精神體系中同時信仰儒、釋、道，是常態，而非特
例。

　　清朝入主「中國」時，遠較蒙元更有意識地以「中國正統」王朝
自居，更快、更有深度地確定以漢人農耕地區的資源作為其統治基
礎，因而在意識型態上，它無可選擇地需要繼承乃至強化宋、明理學
傳統，這一政策成為有清一代文化－政治與族群政治的決定性因素。
發端於宋代的理學即「新儒學」構建出在意識型態上為君主集權郡縣
制度及其「正統」、「道統」辯護的嚴密體系，對於金、元、清而
言，對於這個體系的需求，並不下於宋、明，接受這個體系，在政治
上意味著與人口眾多的漢人達成意識型態上的和解，並構築了在漢人
服從金、元、清「正統」統治的前提下，雙方結盟的基礎。清朝入關
後，迅速而全面地接受了漢人的傳統文化，其核心就是宋、明理
學。[12]《大義覺迷錄》論述的脈絡，也正在於此。

　　藏傳佛教在清朝作為附屬、服從性意識型態的地位，並不影響它

---

10 清聖祖認定，「……《性理》內載朱子論鬼神性命，實能囊括釋、道全
　藏」。（清）蕭奭齡著，朱南銑點校，《永憲錄》，卷1（北京：中華書局，
　1959年輯錄排印），頁5。
11 蔣維喬，《中國佛教史》，卷4，收錄於《中國學術類編・中國佛教史及佛
　教史籍》（台北：鼎文書局，1974），頁3-4。
12 昭槤，〈崇理學〉、〈重經學〉，《嘯亭雜錄》（清抄本），卷1，頁3、8。

在整個清朝政治中不可或缺的性質。早在入關之前，後金即與西藏、蒙古間在宗教政治的架構下，釐定了三方在未來新的東亞政治秩序中各自的角色：藏傳佛教政教上層以意識型態領袖的地位君臨內亞乃至東亞的精神世界；蒙古、滿洲的政治軍事力量是藏傳佛教的保護者；滿洲後金皇帝，作為智慧的文殊師利菩薩的化身，負責統治世俗世界。[13] 這一架構成為清朝入關後統治中原以外內亞區域的基礎。康、雍、乾三朝，皇帝自身在對佛教教義，尤其是禪學傾心之際，同時極度重視利用藏傳佛教神化清朝統治的政治功用。[14]

　　在以藏傳佛教宗教－政治的論述為清朝統治包括漢人與非漢人區域在內整個「擴大的中國」的合法性背書之外，清朝更將藏傳佛教視為統治蒙、藏區域的有效政治工具，也明確釐清了其中宗教與政治雙重因素的主次關係。禮親王昭槤清楚描述朝廷的理念：「國家寵倖黃僧，並非崇其教以祈福祥也，只以蒙古諸部敬信黃教已久，故以神道設教，藉仗其徒，使其誠心歸附，以障藩籬」。[15] 清高宗也明確宣示，「本朝之維持黃教，原因眾蒙古素所皈依，因示尊崇，為從宜、

13　參考王俊中，〈「滿洲」與「文殊」的淵源及西藏政教思想中的領袖與佛菩薩〉，刊於《中央研究院近代史研究所集刊》，第28期（台北，1997），頁89-132。

14　清高宗於乾隆16年（1751）在自撰的〈永佑寺碑文〉中即稱，「我皇祖聖祖仁皇帝以無量壽佛示現轉輪聖王，福慧威神，超軼無上」。清高宗敕撰，《皇朝文獻通考　三百卷》，卷118，收入國家清史編纂委員會文獻叢刊，戴逸主編，《文津閣四庫全書》（北京：商務印書館，2005），史部‧政書類第211冊，頁19。

15　昭槤，〈章嘉喇嘛〉，《嘯亭雜錄》（清抄本），卷10，頁211。

從俗計」；16「匪尊不二法，緣系眾藩情」。17

　　在這一「安天下」的理念之下，滿洲政權早在崇德元年（1636）即設立「蒙古衙門」，並迅即將之改制擴充爲「理藩院」，管理蒙古各部和西藏以宗教爲外在形式的政治、經濟；文化事務。爲吸引蒙古各部歸附，清太祖和清太宗皆奉行保護寺廟、扶持佛教的政策，但並未混淆手段與目標的關係，因而反對後金本部和轄區的百姓信仰黃教。18 此後爲了進一步籠絡蒙、藏政治勢力，清朝改變最初的禁佛政策，允許旗人信佛，但將藏傳佛教視爲「安天下」工具的初衷並未改變。

　　欲「安天下」，技術系統的設計更需要精心擘畫。清朝利用藏傳

16　慶桂監修，《大清高宗純皇帝（乾隆）實錄》，卷1427（台北：華文書局，1969），頁21210。

17　清高宗撰，〈詣安遠廟作〉（詩碑，乾隆四十一年，1776），現存承德安遠廟。

18　清太祖天命七年（1622年），努爾哈赤在宴請歸降的蒙古貝勒、台吉時稱，「我國風俗所尚，守忠信，奉法度，賢而善者，舉之不遺；悖且亂者，治之不貸」。（清）覺羅勒德洪監修，《大清太祖高皇帝實錄》，卷8（台北：華聯出版社，1964），頁101-102；天聰八年（1636年），清太宗「上諭曰，朕聞國家承天創業，各有制度。不相沿襲，未有棄其國語，反習他國之語者，事不忘初，是以能垂之久遠，永世弗替也。蒙古諸貝子，自棄蒙古之語、名號，俱學喇嘛，卒致國運衰微」。（清）圖海監修，《大清太宗文皇帝實錄》，卷18（台北：華聯出版社，1964），頁12-13。天聰十年（1636年），清太宗告諭諸臣：「喇嘛等口作訛言，假以供佛持戒爲名，潛肆淫邪，貪圖財物，悖逆造罪，又索取生人財帛牲畜，詭稱使人免罪於幽冥，其誕妄爲尤甚。喇嘛等不過身在世間，造作罪孽，欺誑無知之人耳。至於冥司，熟念彼之情面，遂免其罪孽乎？今之喇嘛，當稱爲妄人，不宜稱爲喇嘛。乃蒙古等深信喇嘛，糜費財物，懺悔罪過，欲求冥魂超生福地。是以有懸轉輪、結布旛之事。甚屬愚謬。嗣後俱宜禁止」。（清）圖海監修，《大清太宗文皇帝實錄》，卷28（台北：華聯出版社，1964），頁320-321、503。

佛教達成政治目標的設計原則是：（一）以尊崇藏傳佛教，換取政教合一的西藏在政治上對清朝的效忠；（二）以西藏的宗教政治影響力，控制整個蒙古游牧區域，如規定外札薩克蒙古的宗教領袖哲布尊丹巴呼圖克圖需由藏地出身的活佛擔任；（三）部分依靠蒙古各部的軍事力量，牽制西藏政治；清中期以後，由清朝本身取代蒙古各部軍事力量的角色；（四）在西藏佛教內部，扶持不同的體系，鞏定彼此之間的共存關係，俾使其相互牽制，如前藏的達賴喇嘛體系和後藏的班禪額爾德尼體系；（五）在西藏以外的蒙古區域和蒙－漢、蒙－藏、藏－漢、藏－其他少數族裔接觸的邊緣區域，冊封其他藏傳佛教政教領袖，如在外札薩克蒙古以南的漠南蒙古創立章嘉呼圖克圖系統；一方面拉攏這些自上而下獲得權力的政教領袖，與外札薩克蒙古的政教體系之間形成相互牽制的態勢，在上述各方之間也形成相互牽制的結構，達成「眾建以分其勢」的效果。與此相應，在冊封蒙古各部世俗領袖上，也採相同手法；（六）掌握藏傳佛教政教領袖傳承的主控權。針對藏傳佛教，清朝必須確認對「活佛轉世」的最終認定權，以確保藏傳佛教政教體系無法利用「轉世」達成擴大自身政治利益，擴張政治自身版圖，抵制清朝施政的效果；（七）在蒙、藏、突厥穆斯林區域設置軍府機構或辦事大臣機構，監督當地政治，以主動的政治作為，保障當地上層對清朝的效忠。為落實這些原則，清朝除設置「理藩院」外，甚至在農牧交界地帶設置夏季會議中心 ── 承德，為被納入清朝「天下」體系內部核心的游牧、政教勢力營造具體的空間認同。

　　由於藏傳佛教本身在西藏同樣具有政治面向的工具性意義，清朝的現實主義策略也並不難為蒙、準、回、藏所感知，這一互動促使雙方都從現實主義的角度處理雙方的依存關係。

　　蒙古、西藏、新疆與農耕區域的政治結構各不相同，各自與漢地的文化差異也是明顯的，但仍有必要注意到各方之間類似的成分，其中有一些成分是相互模仿的結果。蒙古、西藏、新疆對「中國」制度體系的模仿，成為元代之後各方與「中國」的連結點。創作於明朝的虛構文本《西遊記》中對「東土大唐」與周邊鄰居關係及對周邊鄰居狀況的描述，在充滿某種「內部東方主義」想像的同時，也有折射事實的部分。[19]

三、「擴大的中國」運作的「中介－連結」機制： 　　　「過渡地帶」和「過渡人群」

　　「轉型」涉及「現代性」。「現代性」來自擴大的人類經濟生活和社會生活。伴隨人群規模和活動範圍的擴大，人群間的接觸、互動和衝突都大幅增加。「天下」秩序的主導者必須面對現實，應對前所未有的新議題。元以後「擴大的中國」的統治者試圖在確定「擴大的中國」的範圍的基礎上，將傳統「天下」的「多元多體」轉變為「多元一體」；以「中國」性為主，容納、吸收、融合非傳統「中國」性的

---

19 從佛教敘事的角度，玄奘—唐三藏之所以需要到西天取經，是因中原多「妖怪」，這裡的「妖怪」，指的是佛教教義中的「煩惱」、「妄念」、「執念」等。但在《西遊記》的敘事中，西天反多「妖怪」，而西域、天竺各國均實行「中國」式的典章制度、均有著與「中國」相同的政治文化乃至民俗，「與大唐風俗無二」，均通漢語文、使用漢式姓名；天竺佛國的子民，竟因崇拜「東土大唐」，都指望修到「中華地託生」；西域的女王和女妖，無不期待嫁與唐僧，這些描述當然包含以漢地為中心的想像，但，同時觀察歷史上的「高昌王國」、「大寶于闐國」等等，也可以見到這些政權嚮往、模仿「中國」制度、「中國」文化的證據。創作於明代的《西遊記》，在想像「西域」時，無疑會受到明朝當下的族群政治現實和邊地、域外經驗的影響。

內容，建構「擴大的中國」性。這個過程當然無法一蹴可幾，在加入「擴大的中國」的大型人群之間，必然會經歷長期摩擦和磨合的過程。由此，「擴大的中國」體制在很大程度上容忍朝廷在空間政治、文化政治、宗教政治等方面與大型人群之間的政治縫隙，利用「過渡地帶」和「過渡人群」的「中介」機制。到清朝末期，這類「過渡地帶」自然成爲邊疆地帶行省化的先驅；而「過渡人群」在「中華民族」國族建構進程與較大的、有較長期歷史文化傳統的群體的族群民族主義建構之間，起到重要的緩衝、制衡、整合作用。

　　元朝建立後，需要面對統治傳統的「中國」和「擴大的中國」的重大議題。首先，蒙古統治者缺乏統治具有複雜的文化體系、長期延續的政治傳統的農業地帶的經驗，此外，蒙古人口稀少，這對於統治龐大農業人口的需要而言也是一項致命的缺陷；其次，對於其他文化群體而言，蒙古文化尚未具備文化吸引力，更不具備同化力；第三，農業地帶人民的政治忠誠度並未得到驗證；第四，統治農牧邊緣地帶、山地、高原及文化差異巨大區域的複雜程度也很高。爲了擺脫這一困境，元朝從蒙古帝國早期征服的內陸亞洲，包括內陸農牧交界地帶、中亞、西亞，乃至東歐邊緣等地，借用當地人才及人力資源，名之爲「色目」，擔當蒙古統治階層的政治助手與技術助手，扮演穿梭於上與下、農與牧、漢與非漢之間的橋樑。

　　「色目」多達30餘種，[20] 但以來自中亞、西亞的粟特人、波斯人

20 元末陶宗儀在《南村輟耕錄》中認爲色目人有31種；清代錢大昕認爲有33種；日本近代東亞史學家箭內互認爲其實只有20種上下。見箭內互著，陳捷、陳清泉譯，《元代蒙漢色目待遇考》（台北：臺灣商務印書館，1975）；舩田善之，〈色目人與元代制度、社會——重新探討蒙古、色目、漢人、南人劃分的位置〉，《蒙古學資訊》，2003年第2期（呼和浩特），頁7-16。

和阿拉伯人為主。這些人在中亞和西亞擁有從事商業、貿易的傳統，也已大致伊斯蘭化。他們從外界來到「中國」，沒有傳統的居住區域，受到防範漢人地方主義的蒙古朝廷信賴，被授與諸多權利，[21] 在政治角色之外，還扮演其他方面的角色。而隨著色目人在「中國」的定居與繁衍，他們的角色進一步擴大。首先，基於經商傳統，來自中亞、西亞伊斯蘭社區的那部分色目人，在蒙古朝廷支持下，建立合夥商業組織，既經營元朝統治範圍內的金融、商業、貿易活動，也經營絲綢之路沿線、元朝統治範圍之外其他區域的貿易；其次，基於語言、文化的優勢，色目人中的部分群體，既扮演元朝與歐亞大陸其他區域之間政治與文化溝通橋樑的角色，也扮演蒙古人與元朝統治範圍內其他族群之間中介者的角色。換個角度看，元朝鼓勵來自中亞和西亞的色目人透過經營歐亞大陸貿易，進一步凸顯了「擴大的中國」的內亞特質和世界性；來自中亞和西亞的色目人分散在元朝統治區域各地，但又相對密集地聚居於胡煥庸線中段和南段——這一段有人類學界所定義的「藏彝走廊」——以及河西走廊附近，逐漸成為胡煥庸線兩側和河西走廊四周國內貿易的橋樑，對建立「擴大的中國」內部農、牧區域的穩定經濟連結有直接助益。同時，來自中亞和西亞的色目人，結合蒙古朝廷的政治信任與前述經濟貿易特權，不時在元朝對歐亞大陸其他政治體的政治交往中充當使節；同一群人也在蒙古朝廷的政治信任下，運用在胡煥庸線中、南段的小聚居，經營胡煥庸線兩側和河西走廊四周貿易的角色，協助朝廷將政治力輻射到游牧、山地、高原區域，也向朝廷傳遞游牧、山地、高原區域的政治狀況與政

---

21 蕭啓慶，〈內北國而外中國：元朝的族群政策與族群關係〉，收入氏著，《元朝史新論》（台北：允晨文化公司，1999），頁43-60。

治需求訊息。

可以說，來自中亞和西亞的色目人在元代的內、外貿易，內、外政治交往事務中扮演著不可或缺的角色，這種角色的功能對於元朝設計並構築「擴大的中國」的重要性不言而喻。元代這類具有伊斯蘭文化背景的色目人，大致保留了伊斯蘭信仰，但在語言、家庭結構、社會生活等方面逐漸漢化，成為明、清時期漢語穆斯林群體——在中華人民共和國民族識別前被稱做「回」、「回回」、「漢回」——的重要（但非唯一）源頭。而明、清時期廣布「中國」各地的「漢回」，在「中國」與被泛稱為「西洋」的歐亞大陸西部、被泛稱為「南洋」的中南半島、東南亞區域之間的政治、經濟聯繫中繼續扮演著重要的角色；同時，很多「漢回」擁有雙語甚至多語能力，在漢－蒙、漢－藏、漢－突厥語穆斯林之間的經濟（例如：河湟「回民」與安多藏區的貿易）、政治聯繫中扮演中介者的角色。

而「漢回」的「小聚居」區域，如寧夏、甘肅、青海、四川、陝西、雲南等地的部分區域，也隨之成為寧夏／陝西與內蒙古西部之間、甘肅／青海／四川與鄰近藏語區之間、雲南與鄰近藏緬語區、侗台語區、緬甸、暹邏之間的橋樑地帶。

在現實中，傳統「中國」內部和內外結合部，都廣泛存在著多元文化、多元政治的現象，這些現象的不同載體之間往往並沒有清晰的「邊界」，兩個比較大的政治和文化勢力的地理間隙，往往成為兩者間的過渡地帶。在這裡生存的人群，於文化和生活型態上都有「過渡」的色彩，可稱之為「過渡人群」。元朝之前，這些過渡地帶和過渡人群，在政治上往往「兩屬」，即向兩側較大的政治勢力同時表示臣服、效忠；蒙元統治建立後，依恃強大的軍事和政治力量，逐漸將其控制範圍內的「兩屬」群體轉變為「一屬」群體，即僅效忠於元朝

朝廷，成爲朝廷實現政治目標的側翼。元朝在這類區域推行的土司制度，外表與漢、唐的羈縻制度相似，但後者的實質內容是名義統治，前者的內容卻是包含干涉成分的間接統治。如果說，中央官僚與地方勢力的交界點是「士紳」，那麼，朝廷與邊疆地區的交界點，即是過渡／中介人群。

蒙古帝國在攻打金、西夏、西遼、大理和南宋的過程中，設計了從胡煥庸線南北兩側滲透、包圍農耕區域的大戰略，這一過程，即包含對過渡地帶和過渡人群的利用。元朝在構築「擴大的中國」期間，更重視在政治上利用過渡地帶與過渡人群的連結、中介或緩衝作用，藉以傳遞朝廷的政治影響力。這樣的設計與安排，造就了近代中國豐富的族群政治生態。例如位在一度是漢人農耕西界的河西走廊與哈密、吐魯番盆地之間，連結漢、藏、維吾爾的「黃頭回鶻」（1950年代被識別爲「裕固族」）；位在祁連山東南麓，南臨「藏彝走廊」北端，連結漢、藏、蒙古等族群，被蒙古人稱做「白韃靼」，被藏人稱爲「霍爾」的「察罕蒙古爾」（1950年代被識別爲「土族」）。鄰近這一區域，位在黃河上游「藏彝走廊」北端積石山麓，今甘肅、青海交界處，也有另外幾個作爲漢、藏、蒙古之間橋樑的族群，包括13世紀後期來自中亞土庫曼附近的「色目」人後裔──「撒拉回」（1950年代被識別爲「撒拉族」）；蒙古人與信仰伊斯蘭教的薩爾特人混血後裔──「東鄉回」、「蒙古回回」（1950年代被識別爲「東鄉族」）；伊斯蘭化，又深受藏文化影響的蒙古人、色目人混血後裔──「保安回」（1950年代被識別爲「保安族」）等。還有位在雲南、西藏、四川交界地帶，作爲蒙古、漢、藏之間的緩衝勢力的「麼些」（1950年代被識別爲「納西族」）；位在四川西部岷江、涪江流域，處於漢、

藏之間的「羌」（1950年代被識別爲「羌族」）；22 位在湖南、湖北、
四川（今重慶）、貴州四省交界地帶武陵山區諸土司所轄，深度參與
朝廷對鄰近區域「苗」的控制的「土民」（1950年代被識別爲「土家
族」）等等。在東南部丘陵及台灣，「熟蕃」作爲朝廷和「生蕃」之
間的過渡人群，在朝廷應對「生蕃」事務的過程中也擔任了不可或缺
的角色。

　　從族群政治的角度看，中介／過渡群體存在，對於設計「擴大的
中國」政治架構的朝廷而言，有兩個正面的效果：即，有利於在政治
上將統治當局與那些強勢族群之間的清晰界線模糊化，降低對峙、衝
突的態勢；有利於統治當局以溫和的姿態，間接但有效地傳遞政治意
圖，降低統治的成本。從政治地理的角度看，過渡地帶的存在，有助
於在朝廷的統治力尚不能有效的輻射到邊緣區域的狀態下，先行於這
一類區域建立具有前進基地和緩衝區兩方面性質的空間。對於擁有連
續政治傳統、具備在政治上挑戰朝廷或其他強勢群體、足以威脅朝廷
「擴大的中國」政治架構的族群而言，中介／過渡群體和過渡區域的
存在，也有利於它們在自身傳統、自身利益與「擴大的中國」整體利
益之間，保留緩衝的空間和時間。過渡群體和過渡區域的「中介」作
用，從元時期「擴大的中國」的整合到現代中國的國族建構，顯然都
不可或缺。

　　同樣從政治地理的角度看，從元朝到清朝的都城，都設置於上述
這類過渡地帶的附近，其戰略考慮即是「制內禦外」。其實，元朝都
城選址的理念，承襲自遼、金。契丹人和女眞人，在保留草原森林地

---

22 有關「羌」的研究，可參考王明珂，《羌在漢藏之間：川西羌族的歷史人
　　類學研究》（台北：聯經出版公司，2003）。

帶傳統都城的同時，選擇靠近自身政治發源地的燕京（遼南京、金中都，今北京）作爲便於向南統治漢人農耕區域的「前進首都」。元不再需要面對南方頗具實力的宋，但卻不能不面對自己必須同時統治蒙古大本營和之前金、西夏、南宋、大理及西藏等政治體遺留下來的舊疆的現實，遼、金舊都燕京（元大都、汗八里，今北京）的政治地理位置，仍然最符合元朝的政治需求。當然，與遼、金類似，元朝在定都大都後，也長期保留位於農耕與草原結合部的「上都」，與大都分別承擔統治農耕區域與草原的職能。繼承元朝的明、清，同樣承襲了元的政治地理思維，皆將都城設在北京；清朝還循遼、金、元先例，保留盛京（今瀋陽）作爲陪都，管理滿洲發祥地的各項事務；另在位於農耕與草原結合部的熱河建立——被形容爲「夏都」的——承德，作爲聯絡蒙古諸部和西藏的交誼中心。再從文化的角度看，同樣作爲大一統王朝的都城，長安和北京的都市文化也呈現出「多元多體」與「多元一體」的差異。作爲漢、唐都城的長安，其「西市」和乘坐「三彩駱駝」的「胡」商，都是「異域」的；而在元、明、清的都城北京，駱駝是城市的有機組成部分，蒙古人的「嗬嗬」、滿洲人的「豆汁」，則是北京市民生活的必需。

　　基於上述理由，自元時期起，「擴大的中國」，必須將首都設在農耕區域的北端，接近游牧勢力的基地。但維持北方首都的成本遠較南方首都爲高，爲消除政經成本增加的潛在危險，國家必須致力維持南、北、農、牧處於同一政治體制內的狀態，也就是擴大的「大一統」局面，這樣就更彰顯出過渡群體與過渡地帶的實質功用與政治價值。

　　過渡地帶和過渡人群對國家整合的正面作用，從一個角度顯示，中國歷史的近代轉型，在它的起點和重要過程中都還沒有指向民族國

家的方向；在中國轉入中華民族建構進程後，過渡地帶和過渡人群轉而扮演「粘合劑」的角色，也凸顯出中華民族國族建構過程的特殊性。

四、「擴大的中國」運作的經濟—財政—政治機制

「擴大的中國」之所以沒有成爲殖民帝國，首先要歸因於傳統「中國」的政治理念。元、明、清的政府都是儒／道合一理念下的小政府，稅率都在4%以下，19世紀更降到2%。清政府不僅是一個小政府，而且是一個以民生爲導向的政府。[23] 國家官僚體系建立了相當完整的糧食儲存和運輸制度，用於平衡各地民生經濟的差異；朝廷將一整套官僚體系複製到窮困、偏遠的區域，包括以特殊的方式複製到蒙古、新疆和西藏，對當地的貧窮、疾病加以救治，以相對低廉的成本維持統治範圍內的秩序和安定。准此，元、明、清對於（近代定義當中的）殖民（Colonization）缺乏興趣，因爲對財富的追求，適足以破壞這種秩序和安定，傷害國家的長遠利益。而且，國家並不需要高度統一的國內市場，因而沒有形成向西歐式民族國家的方向演變的動力。

其次，要歸因於傳統「中國」與周邊內陸亞洲的經濟關係。降水量低於400毫米的胡煥庸線西北側乾旱內陸對該線東南側季風區農業經濟的需求幾近高度依賴。元以來的蒙古、西藏，先是依賴漢地的茶

---

23 彭慕然在《大分流》中的論點之一，見 Kenneth Pomeranz, *The Great Divergence: China, Europe, and the Making of the Modern World Economy*（Princeton: Princeton University Press, 2001）；同時可參考 Debin Ma, "State Capacity and Great Divergence, the Case of Qing China (1644-1911) ," *Eurasian Geography and Economics* , vol. 54, issue 5-6(2013), pp. 484-499.

葉和部分穀物，進而完全依賴漢地的手工業品；從13世紀到19世紀
中期，元、明、清三個政權和他們所統治的中國，對蒙古、新疆和西
藏的經濟吸引力，超過當時世界上任何其他政治體。在奪取政權之
後，元、明、清皆傾向於減少對軍事的投資，而轉向依賴利益的均衡
制約。元代曾在山東以北地區種植水稻，以減輕對南方的依賴；1340
年代中期的黃河治理工程也代表了元朝對其統治基礎的理性認知。

　　自宋開始，無論是在傳統「中國」還是「擴大的中國」當中，江
南經濟都是該區域政治體生存的基礎，但宋朝被迫向遼、夏、金繳納
「歲幣」，並未造成雙方關係的穩定基礎。元、明、清則透過國家干
預，將經濟資源用於安定邊陲。唯有中央集權，方能從經濟核心區域
調取資源，挹注乾旱內亞經濟力低下的區域，緩解游牧與農耕經濟區
域之間長期的結構性衝突。表面上看來，農業區是虧本的一方，但從
安全和地緣政治的角度，農業和非農業區域之間的利益聯結，使得農
業區的長遠利益得到保障。

　　不過，在農耕區域，元、明、清三個時期也基於避免政治動盪的
理由，實行低稅負政策，一旦邊緣區域爆發嚴重政治動盪，需要藉由
增加稅收來支應軍事行動，又會增加農耕區域的政治風險，於是，朝
廷只能更加依賴既成的族群政治體制。在現實中，江南的安定與邊疆
的安定，有直接的關聯。清代後期，真正引發邊疆大規模動盪的事件
是太平天國事變。太平天國對江南政治經濟局面造成了致命的損傷，
因而推動了捻變和雲南、陝甘回民事變等骨牌，直接造成邊防空虛，
致使在東北方向喪失黑龍江以北、烏蘇里江以東瀕臨日本海的大片國
土；西北方向在喪失伊犁河流域南北的大片國土之後，新疆大部分區
域進一步為浩罕軍事勢力奪占。元、明、清經濟核心區域的動亂，導
致邊緣秩序的失控；經濟核心區域動盪——如太平天國的平定，則成

爲恢復邊疆秩序的基礎。

　　要之，國家干預的基本目標，是國境內所有臣民維持基本生存福利；其終極政治目標，是維持國家內部的安定，而這個目標意義勝過防範外部的威脅。

五、「擴大的中國」的性質、範圍

　　元代之前，東亞和與之鄰接的內亞區域，在很長的時段內生活在想像中的一個或若干個「天下」體系內，這些體系在空間上大致重疊：「中國」王朝在虛擬的空間體系內影響「藩籬」；藏傳佛教也在「中國」建立覆蓋性的空間體系，或可謂擁有密切連結的「多元、多體」現象。鄰居互有密切來往，但仍生活在各自的體制下，體制之間存在著明顯的差異。元、清由鄰居變爲主人後，立場發生根本變化，承繼了「原主人」的財產，與自身帶來的財產合併，不再遵行「華」、「夷」二分的「多元、多體」模式，而轉爲大家庭式的「多元一體」。大家庭的成員之間有各自的利益，但也形成了共同的利益。明、清繼承了元代「多元」但「一體」的政治設計，讓這種利益相關模式延續到清朝後期、清末「新政」時期，乃至於中華民國和中華人民共和國時期。

　　當然，這一模式內部各因素間的妥協、合作、利益相關的特徵，有礙於它與西歐的民族國家模式接軌。清代前期邊疆與族群政策的成功，使得它陶醉於政治成就之中，放棄了對邊疆的軍事壓力。到清代後期，邊疆受到來自歐洲在軍事型態方面的新型擴張的威脅，不斷失利的戰爭，逐漸爲「擴大的中國」劃定現代邊界，並使得擁有共同利益的人群進一步獲得共同的歷史經驗，部分菁英產生了模仿西歐模

式，建構包含「擴大的中國」的現代邊界以內，不分語言、血緣的全體人民在內的「國族」——「中華民族」——的意識。第二次中日戰爭期間，共同的利益和不斷累積的共同歷史經驗，確立了將各族群推向「國族」整合——「中華民族」建構的方向。

　　共同利益下的「多元一體」模式，使得20世紀初的中國嘗試轉換到民族國家軌道，但在技術上尚未整合到同一個「國族」的各族群，也有不加入新的「中華民族」民族國家的可能。不過，內蒙古的蒙古人、藏語區的藏人、新疆的突厥語穆斯林等，最終都沒有建立「自身的」民族國家，而是仍然整合到被定義為民族國家的新的中國體制內。從歷史的角度尋找原因，自然發現蒙古人、藏人、突厥語穆斯林，從元代開始便將自身定位為「擴大的中國」體制下的第二級，而其中並無不平等的意味。因為他們根本不生活在18世紀以後西歐民族國家的體制內，沒有義務去理解或遵行那個表面平等，實質上由強權控制的體制的規則。而延續「多元一體」這個在外觀上有層級差異，實質上卻享有平等、自治的體制，對於清朝時期居住在中國境內的非漢族群而言，無疑是理智的選擇。

　　與此相較，在大約與清同期的羅曼諾夫王朝，俄羅斯人與非俄羅斯人相處的歷史遠較元代以來中國內部漢人與非漢人之間相處的歷史為短，因而尚未發展出擁有較多共同利益（雙贏）的相處模式。建立在俄羅斯帝國基礎之上的蘇聯，最終也未能完成「蘇聯人民」的建構。

　　從這個角度看，族群政治型態的流變，折射出中國自身萌生近代性的過程。現代中國與元、明、清三個政治體（不同於秦、漢、隋、唐）之間明顯的相似，在很大程度上呈現在族群政治架構設計原理的傳承之上。現代中國當然不再是傳統國家，也不是西方學術定義下的

「帝國」或單一民族國家。它在法律上是單一制國家，但在現實政治中，卻有不少「聯邦」的色彩，一部分原因，即在於此。

越南、日本、朝鮮等國歷史的近代轉型，也曾被主流學界視爲西方刺激的結果，但從研究中國歷史轉型的經驗看，中國周邊國家歷史的轉型，也有諸多遭到低估或忽略的因素。這種轉型，尚未得到西方歷史學界和中文歷史學界的充分關注與研究。

觀察包括中國在內，亞洲國家的歷史轉型，爲我們理解人群邊界、歷史分期的議題提供了新的視角和機會。越是從全球史，而非傳統國家史、世界史的角度觀看中國的族群政治史，越能夠發現王朝中國範圍內族群之間的聯結與互動，以及這種互動在西歐以外的普遍意義，擺脫民族主義主導的國家史視角的重大限制。元朝以來中國族群政治型態的流變，是從廣泛接納少數群體和「外來者」發端，在各群體間營造互聯、互動的架構，其間充滿「中間」狀態和「過渡」狀態，這些現象與民族主義的價值觀大異其趣。

全球史的視角，也打破了傳統國家史、世界史中歷史分期的確定性。蒙元與南宋在看待「中國」的內容時，即出現明顯的斷裂，我們可以從中找到與此前經典模式的斷裂和近代模式的萌生，發現此後的歷史運作的一些新的規律。與此類似，中華民國與清朝之間的差異並不像之前描述的那樣「顯著」，中華人民共和國與民國、清朝、明朝乃至元朝之間的差異也不像民族主義主導的國家史所描述的那樣大。「中華民族」的古代基礎，甚至奠基於既不「中」又不「華」的蒙元。當然，現代中國不是西歐式民族國家的簡單複製品，也不是元、明、清的簡單複製品。

由元至清的歷史，確定了「擴大的中國」的性質與範圍，成爲現代中國領土、人民和國家形態的基礎。直到元、明、清三個時期，

「中國」才在技術上確定了它擴展的極限，並由此限定了「天下」秩序的想像範圍。

　　從西歐的歷史經驗出發，「擴大的中國」很可能很容易被想像成為殖民帝國，但回到中國歷史的脈絡中，將會發現，元、明、清三朝所管轄的臣民，乃是元代以前傳統「中國」族群歷史關係的總和，但元、明、清三朝直接統治的領土，仍未超過漢、唐政治力的最大輻射範圍。「擴大的中國」仍然將政治力限制在傳統「中國」王朝經營的地理範圍內，體現出相當程度的國家理性。在乾隆時期的戰爭成就下，清朝的「擴張」範圍仍然局限在漢、唐的直接、間接統治和元的政治管轄範圍內。清高宗一方面在新疆恢復漢代地名，另一方面拒絕哈薩克、蘇祿等「藩屬」內附的請求，為「擴大的中國」的國家性質做了精確的注釋。當然，我們並不否認「擴大的中國」與傳統「中國」在內部整合度上的差異。從元朝開始，長城在中國內部的功能逐漸改變，到乾隆時期徹底成為國土腹地上的風景線；元朝將雲南、西藏納入直接統治範圍；明、清進一步將近海區域行省化，如明時期將遼東半島隸於山東，崖州（海南島）隸於廣東；清時期，台灣島隸於福建。這類整合，基本上是內部政治與行政制度一體化過程的一環，且皆局限於傳統「中國」政治經營的空間範圍之內。

　　元、明、清的戰爭，也是確定「擴大的中國」的範圍，奠定其族群政治結構的動力。元、明、清在亞洲遇到了非傳統競爭者——日本，以及後來的西班牙、荷蘭、英國、法國。忽必烈攻打日本的戰爭、對抗日本的萬曆朝鮮戰爭、清朝與俄羅斯、英、法、日本的戰爭，都包含了釐清內外關係，自外而內確定領土範圍與人民身分的意義。

　　元、明、清不再重複十六國、北朝、遼、金等同化於漢文化的故

事，非漢族群與漢人間經歷了相互適應的過程，不再是單向的漢文化主導。元、明、清將漢、唐的人群與政治制度的「二分」轉變爲「一體」，造就了史上最大的由四鄰合一而成的國家。元朝「擴大的中國」，不是從天而降。蒙古帝國統治世界的模式與元朝統治「中國」的模式不同。元朝部分繼承了「中國」的朝貢體制，但也對蒙古帝國征服世界的成果做了確認。所以它部分借用儒家的內外觀和華夷觀，也從自身固有及逐步轉型的世界觀中建立了一種趨近「近代」的國家治理架構。在元和清之間，明朝的承續作用不可或缺，明成祖、清高宗對藏傳佛教的信仰加政治利用手法顯然也有著連續的線索。同理，從西藏的角度，將漢地皇帝定位爲文殊師利菩薩，也是西藏自身政治傳統的一環。

　　無論在中文或非中文史學界，蒙古人建立的元朝和滿洲人建立的清朝都曾被視作（「中國」的）征服者，但換一個角度看，兩者都在更高的層次上成就了中國。「中國」用於標示國家身分，始於清朝，因此本文在涉及清時期之前的內容，皆爲「中國」加上引號。因爲那時的「中國」定義仍有傳統的，與「整個國家」不完全吻合的部分，《尼布楚條約》後，「中國」一詞的內涵與「整個國家」完全吻合，成爲近代中國國號之源。《尼布楚條約》從法律上確定了「擴大的中國」等於「中國」的事實。

六、中國歷史的近代轉型，不是朝向民族國家的方向

　　「民族國家」是源自西歐的社區組織形態，它追求文化意識、文化邊界和政治邊界的高度一致。民族主義者對民族（nation）的定義通常是排外的、非開放的，它強調政治邊界兩側的政治差異和文化差

異，甚至也傾向於盡力減少政治邊界內部不同群體間文化差異，致力使用政治手段同時達成政治的「一體」和文化的「一元」。

　　如前所述，與傳統「中國」同處東亞漢字－儒家文化圈的高麗－朝鮮、越南、日本等傳統國家，在模仿包括「天下」觀、「天下」政治秩序在內的傳統「中國」政治制度和政治文化的基礎上，形構了以自身為「天下中心」的傳統國家，[24] 不斷致力於確認自身與傳統「中國」之間的建立在不同政治利益基礎之上的政治界限，並將這一界限固定化。與此同時，半島和島嶼在空間上界限明確的隔絕特徵，使得界限範圍之內難以容納文化多樣性的發展，易於培養原型民族主義的土壤，易於形成「一元一體」的政治型態。當19世紀西方民族國家的政治影響力和理念到達東亞之際，日本和朝鮮都較中國更早出現以「族」－「國」合一為內容的民族主義思潮。

　　相較之下，位於東亞大陸的胡煥庸線的開放特徵，使得大陸上的漢字－儒家文化圈與非漢字－藏傳佛教等其他宗教文化圈打破了中古之前的政治－文化界限，在更大的範圍內發生密切的互動，重新界定「天下」的範圍，並將「天下」轉型為領土，這使得中古之後形成的「擴大的中國」與傳統「中國」及傳統「中國」以外「中國」化的漢字－儒家文化圈成員步上不同的歷史演進道路。

　　「中國」與「中國」以外漢字－儒家文化圈成員在歷史行程上分道揚鑣，源自周、秦、漢、晉、北朝、隋、唐乃至遼、兩宋、金歷代政權在「天下」秩序中預留立足核心、容納邊緣的空間的政治設計，奠定於元朝對「核心」與「邊緣」歷史行程的合併。族群是一個文化

---

24 相關研究，可參考金觀濤，〈百年視野：天下觀和東亞社會的國際關係〉，刊於 *ICCS Journal of Modern Chinese Studies*, vol.4: 2 (2012), pp. 3-8。

現象，在很多情形下也是政治性的現象，且與不同政治體有相對的重疊，質言之，傳統政治體在某種角度也是一種前民族國家。元以前的傳統「中國」王朝為此設計的族群政治的架構──「天下」秩序，以區分「內」、「外」、「華」、「夷」來協調不同傳統政治體之間及政治體內部不同文化群體之間的關係，但「內」、「外」、「華」、「夷」之間的界限是模糊而開放的；「華」有文化優越感，但「華」的文化也是一個開放的系統，並不排斥周邊多元文化的滲透，為自己保留了擴大的空間。因此，在元朝非華夏政治與非華夏文化的介入之下，「天下」秩序朝著消除四鄰範圍內「內」、「外」、「華」、「夷」之間界限，擴大自身的方向啟動「轉型」。或者說，是在承認差異的基礎上，透過相互模仿，減少差異，整合長期互動的四鄰，而不是以政治的方式將差異固定化。這個過程，可以被描述為，由傳統「中國」轉型為「擴大的中國」；影響這個過程的理念，與血緣的、文化的或（一神教式）宗教的族群民族主義精神有著質的差異，因而，「天下」體系很難朝向西歐型態的民族國家方向演變。

　　「擴大的中國」形成了這一新型態的領土國家內部「政治一體」與「文化多元」並行、「對外一體」與「對內開放」並行的政治－文化格局，其內部政治傳統和文化的交流，使得傳統「中國」文化和傳統內陸乾旱區域的多元文化間發生廣泛、深度的交融，演化成為新形態的「擴大的中國」文化。現代中國文化，從衣、食、住、行開始，到語言文字，再到某些深層文化，都與日本、朝鮮／韓國等漢字文化圈的國家有所歧異。日、韓等國文化當中保留了較多的「中國」中古以前的習俗、語文當中保留較多中古以前的漢語文詞彙及用法。而近古和到現代漢語，則因密切的語言接觸，吸收了相當數量的蒙古語、滿語詞彙；同時，元以後「擴大的中國」範圍內，各非漢語言也吸收

了很大數量的漢語詞彙和語法影響。元以後「中國」的服飾、餐飲習俗、建築、家庭、宗族制度，都與漢字文化圈其他國家有了比較明顯的分別。

在政治實踐中，元朝之所以能夠同時統治「夷」、「夏」，其秘訣之一，在於蒙古朝廷具備漢人王朝所缺乏的「雙重統治技巧」。針對胡煥庸線東、南側的核心農業區，蒙元更多地利用漢人王朝的政治經驗，延續漢人王朝的文化和政治傳統；針對胡煥庸線兩側邊緣的山地和胡煥庸線西、北側的非核心農業區、綠洲和草原，蒙元則實行軍事統治與文化寬容並行的政治策略。與此同時，源於游牧社會的蒙元將中亞和西亞的色目人引進其征服區域，擔當其統治的政治助手和技術助手，扮演溝通上與下、農與牧、漢與非漢之間連結者的角色，既降低了同時統治農人與牧人、漢人與非漢人的政治成本，也利於提升統治效率，擴大統治基礎。

然而，擁有「雙重統治技巧」，並不意味著實行「雙重統治」。元朝同時統治「夷」、「夏」的秘訣之二，是文化與政治上的「多元而一體」，「多元」並存，「一體」總攝。元、明、清轉型的一個明確標誌，即是在「擴大的中國」內部人員、商品、觀念的加速流動，在多元價值得到確立的背景下，文化「漢化」依然成為主流的方向，這代表國家內部的文化與政治同質性增加。另一項標誌，則是國家的有效管理。國家必然面對內部的多元狀態，將不同政治傳統源頭與不同文化傳統源頭的單位整合到一個可運作的、互動的、傳動式的永續架構中，較之代議制度更能標誌國家脫離古代型態的程度。元、明、清三個政治體的外觀和內容都與此前「中國」政治體間存在型態的差異，當然它們的外觀和西方現代國家也有明顯的差異，這兩方面的差異，直接決定了現代中國的形態樣貌。

　　觀察元、明、清以來的族群政治演變，我們無法找到一條「傳統」與「現代」之間的清晰界線；也不能在漢與非漢、過渡人群與其連結的兩側人群之間，不同的非漢群體之間找到清晰的界線。這樣的現象，與西歐的民族國家建構過程大異其趣，對於近代中國的國族建構利弊參半。清末「新政」在表面上模仿了一些西方的制度，但其內容仍然是元代以來行省制度內容的擴大與具體化。現代中國，儘管在某個角度上看確是一個民族國家，但仍舊不是西歐型態的民族國家。

　　「中國」當然是一個持續變動中的概念，但其核心內容確有明顯的延續性。而元、明、清的歷史轉型，固然擴大了「中國」的內涵，但這種擴大是建立在「中國」核心內容的基礎之上的，其結果甚至是強化、擴展了這一核心內容（華夏化、漢化）。包括元、清對內亞（胡煥庸線西北側）的統治，在很多層面、很大程度上是周、秦、漢、晉、北朝、隋、唐乃至兩宋對上述地區的政治設計、文化影響的延續。甚至，當蒙元將其與西夏（與西藏文化有密切的親緣關係）交往的經驗延伸到與西藏的關係中，在「漢化」的同時推動「藏傳佛教化」，「藏傳佛教化」與「漢化」的關係也不是對立的，而是相關的、連結的、連鎖的。接受「藏傳佛教化」，也將導致對自身「中國」身分的確認，而「漢化」是在這個確定的「中國」身分架構內進行的。從蒙古、滿洲、新疆和西藏本地的角度看，這樣的軌跡也很明顯、明確。對於歷史學家而言，這些現象標示著元、明、清的歷史轉型與西歐民族國家型態的重要差異。

　　毫無疑問，近代中國的知識界在談論「中國」和「中國人」的話題時，有著矛盾的態度。一方面，他們堅持認定中國境內所有的族群都是「中國人」；另一方面，他們在描述中國的傳統和「中國人」的特徵時，往往又只是指涉「漢人」。這種現象，使得「新清史」的中

國論述得到一部分中文學界學者的共鳴。不過，換個角度看，這個現象倒未必像它給人的第一印象那樣突兀，它從一個角度顯示出漢人、漢文化傳統在「中國」的構成中所扮演的角色的重要性。不只如此，這個現象背後還呈現出廣泛而有深度的非漢人群的漢化現象，科舉制度適用於邊疆，進一步將這裡的非漢人群納入到步向整合的「擴大的中國」的政治體系之中。

　　奧圖曼帝國的例子，也可以做一個旁證。奧圖曼帝國文化和經濟最發達的地區位於巴爾幹半島，奧圖曼帝國的解體的原因之一，即在於突厥統治集團未能把握巴爾幹半島族群政治的核心議題，未能將巴爾幹的文化、經濟和政治資源有效化為帝國的支柱。而清朝可以延續近三個世紀，並將它的領土和人民遺產大致完整的交給中華民國，最重要的關鍵，正在於滿人的漢化、華夏化、中原化和滿漢利益的一體化的一面，而不在於單一的內亞化、藏傳佛教化。因此，太平天國的原型民族主義號召，在儒家的天下觀、正統觀面前，當然就喪失了針對漢人的動員力。

　　漢人與非漢人、儒家文化與非儒家文化的長期並存和相互滲透、密切互動關係，使得近代中國奮力脫離自身歷史轉型軌道，模仿西歐民族主義理想模式，追求「一民族─國家」、「族」─「國」合一的境界，建構現代民族國家的努力遭受到諸多挫折。

七、民族國家化進程的先天不足：近代轉型與國族建構過程的非同質性

　　近代轉型，是歷史研究中的一個重要議題。慣常的認知是，「近代」的一些重要特徵出現在15世紀後期的西歐，而西歐近代國家制

度建立，於資本主義成熟時期臻於完成。近代轉型的標誌主要有兩個
方面：其一，是統一的、中央集權的、有著明確政治邊界的國家，取
代中世紀分散的、封建的、邊界模糊交錯的政治體以及干預世俗事務
的教會；其二，是人群同質化，並發展成為「nation」－「民族」或
「國族」，成為近代國家的基礎。學界引用這一標準判定中國歷史的
近代轉型，將它的內容大致歸結為：面對外部，放棄「天下」中心的
認知，以「民族國家」（nation-state）體制取代「天下」體制，成為
世界列國的一員；面對內部，是技術的西化和制度的西化。

　　然而，在作為世界列國中重要成員的現代中國，國家與「國族」
二者迄未完全合一，在制度上也保留了中國傳統的色彩。這個現象帶
來了兩個問題，即，一、中國歷史是否完成了近代轉型？答案傾向於
肯定，因為中國通過了由「民族國家」主導的近代世界的生存考驗。
二、如果答案是肯定的，中國歷史近代轉型的過程和內容是否與慣常
的認定一致？梳理這個問題，我們發現被當今世人稱做「中國」這一
區域的歷史的演變有著自身的軌跡，它與（包括馬克思主義史學在內
的）西方史學所描述的西方歷史演變與近代轉型的邏輯和軌跡有顯著
差異。從被列為「近代轉型」要素之一的以「確認人群身分」為內容
的近代國家建構這個角度，以族群政治架構為取樣區域，觀察與世界
各國並列為現代國家的當代「中國」，則會看到中國歷史轉型的獨特
性，現代中國與13世紀末以來統治大致相同區域的元、明、清三個
政治體之間，存在明顯的相似和繼承，而在這一歷史線索中，始終缺
乏「民族國家」的歷史基礎，也未能具備朝向「民族國家」演進的每
項條件。

　　面對15世紀以來的民族主義及其於18、19世紀衍生出的殖民主
義、帝國主義的威脅，19世紀末期的中國，還是被迫拾起西方傳來

的民族主義武器，轉換到民族國家建構、「中華民族」形塑的軌道之
上，這是中國歷史近代轉型過程的質變。自此，「中華民族」建構的
整體方向難以逆轉。但源自中國歷史近代轉型的自身線索仍然從各個
層面影響到「中華民族」國族建構的過程，甚至牽動國族建構的走
向。歷經19世紀末到20世紀前半期的甲午戰爭、乙未割台、庚子之
變、辛亥革命、五四運動和全民抗戰幾項重大的歷史事件，中國初步
埋下了國族建構的基石，也以混合了中國歷史自身的近代轉型與中華
民族建設兩條線索的複合型建國模式推動國家與國民的合一。此際，
距離中國歷史近代轉型的開端，在時間軸上已近7個世紀，民族主義
基因的先天不足，讓中國的民族國家化進程屢經挫折；20世紀末期
全球範圍內興起的「新民族主義」，對中國仍在進行中的民族國家化
進程再度構成新的挑戰。這些挫折和挑戰，在一個角度都可以歸因於
中國歷史近代轉型與中華民族建構過程的非同步性和非同質性。

　　中國歷史近代轉型中，政治文化的核心，是由儒家政治文化與藏
傳佛教政治文化共同組成的複合型核心，儘管從統治者的角度看，二
者之間存在「體」、「用」的分別；統治者在看待由此前「天下」秩
序的內圈和外圈共同組成的新的領土型態的「擴大的中國」時，仍然
保留了「天下」思維中的寬容精神和兼容架構；而知識菁英在面對全
新的「Nation」（被譯作「民族」，後來又有「國族」、「民族國家」
的譯法）現象時，不可避免地受到來自遠期和近期傳統中的「天下」
觀與領土國家觀的影響，使得近代中國的「民族」、「國族」和「民
族國家」理論長期存在重大缺陷，「民族理論」長期使用「民族」一
個詞彙，同時對應「Nation」、「Nationality」和「Ethnic Group」等不
同概念，無法釐清這些重要政治概念之間的重大差異，即便是「中華
民族多元一體」論，也未能完全擺脫這一窘境。在民族國家文化和意

識型態建構過程中，國族意識覺醒過程漫長，民族主義發育遲緩；在政治實踐中，由於「擴大的中國」未能經歷徹底的政治一體化和文化一元化過程，面對民族國家化的使命，仍然遵行了「多元」＋「一體」的方向，無法全力推動「中華民族」單一國族建構的進程。

民族國家化進程的先天不足，使得現代中國在面對外來的民族主義、帝國主義和內部新興的族群民族主義的挑戰時，往往只能從「天下」思維中汲取資源，無法準確理解和有效應對這類挑戰。

在意識型態、思想文化層面，從戊戌變法、新文化運動到1970年代末期「改革開放」以來的一個多世紀，知識界始終無從分辨以「普世價值」的外觀現身的西方民族主義，毫無防備地主張全盤西化，這背後的心理，其實是傾向不設界線、與民族主義迥異的「天下」思維所造就的。

在國家制度和族群政治層面，作為中華民族民族國家的中華人民共和國單一制的憲法架構與「民族區域自治制度」、「一國兩制」設計並存，為族群民族主義和區域分離主義留下生存空間，與民族國家內部整合的目標產生齟齬；中華民族單一國族與中國國民合一的方向與「民族識別」之下的「56個民族」設計並存，使得各族群成員的政治身分多重化，為排他性的「漢民族主義」及（主要發生在蒙、藏、維吾爾等群體之中）具有分離色彩的非漢人民族主義製造成長機會，對中華民族國族建構進程造成威脅。這兩種衝突性的情形都顯示，在現代中國政治中，依舊存在無法分辨「天下」秩序下的「統一」與「民族國家的統一」這一現象。

當然，在當代中國的現實中，中國歷史的近代轉型和中華民族的國族建構已經呈現出「同步」的趨勢和「同歸」的現象。但，回顧從近古到現代的中國歷史，我們仍然有必要提出歷史學的疑問：「多元

一體」和「中華民族」兩個概念的內在邏輯是否一致？中國歷史的近代轉型與中華民族國族建構是不是兩個不同的過程？現代中國具有民族國家的外型，但是否已經完全具備民族國家的內容？現代中國在推動「一體化」的同時，也在推動「多元化」，這一作為對「國族」身分的建構有何種影響？歷史研究是否需要重新理解現代中國誕生的過程？

徵引書目

一、史料

（清）昭槤，《嘯亭雜錄》，清抄本。

（清）清高宗敕撰，《皇朝文獻通考 三百卷》，收入國家清史編纂委員會文獻叢刊，戴逸主編，《文津閣四庫全書》，史部・政書類第211冊，北京：商務印書館，2005。

（清）清高宗撰，〈詣安遠廟作〉（詩碑，乾隆四十一年，1776），現存承德安遠廟。

（清）圖海監修，《大清太宗文皇帝實錄》（1），台北：華聯出版社，1964。

（清）慶桂監修，《大清高宗純皇帝實錄》（29），台北：華文書局，1969。

（清）蕭奭齡著，朱南銑點校，《永憲錄》，北京：中華書局，1959。

（清）魏源，《聖武記》，下冊，北京：中華書局，1984。

（清）覺羅勒德洪監修，《大清太祖高皇帝實錄》，台北：華聯出版社，1964。

二、研究成果

（日）舩田善之，〈色目人與元代制度、社會──重新探討蒙古、色目、漢人、南人劃分的位置〉，《蒙古學資訊》，2003年第2期（呼和浩特），頁7-16。

王明珂，《羌在漢藏之間：川西羌族的歷史人類學研究》，台北：聯經出版公司，2003。

王俊中，〈「滿洲」與「文殊」的淵源及西藏政教思想中的領袖與佛菩薩〉，刊於《中央研究院近代史研究所集刊》，1997年第28期（台北），頁89-132。

沈衛榮，《大元史與新清史：以元代和清代西藏和西藏佛教研究為中心》，上海：上海古籍出版社，2019。

金觀濤，〈百年視野：天下觀和東亞社會的國際關係〉，*ICCS Journal of Modern Chinese Studies*, vol.4: 2(2012), pp. 3-8.

陳波，〈朝廷與藏傳佛教〉，《二十一世紀》，總第102期（香港，2007），頁127-132。

箭內亙著，陳捷、陳清泉譯，《元代蒙漢色目待遇考》，台北：台灣商務印書館，1975年。

蔣維喬，《中國佛教史》，卷4，收錄於《中國學術類編・中國佛教史及佛教

史籍》，台北：鼎文書局，1974。

蕭啓慶，〈內北國而外中國：元朝的族群政策與族群關係〉，收入氏著，《元
　　朝史新論》，台北：允晨文化公司，1999，頁43-60。

Ma, Debin. "State Capacity and Great Divergence, the Case of Qing China (1644–
　　1911)." *Eurasian Geography and Economics*, vol. 54, issue 5-6(2013), pp.
　　484-499.

Pomeranz, Kenneth. *The Great Divergence: China, Europe, and the Making of the
　　Modern World Economy*. Princeton: Princeton University Press, 2001.

Schwieger, Peter. *The Dalai Lama and the Emperor of China. A Political History
　　of the Tibetan Institution of Reincarnation*. New York: Columbia University
　　Press, 2015.

"Diversity in Unity" and the "Chinese Nation":
Different Routes with the Same Goal

Wu Zhe

Abstract

The concepts of the "Chinese nation" and "diversity in unity" imply contradictions in time as well as conceptually. "Diversity in unity" has been a phenomenon developed from the inherent strands of China's historical evolution and its own logic. The "Chinese nation" was not the logical development and inevitable result of this strand, however. Under the inherent strands of Chinese history and its own logic, the Yuan Dynasty merged ethnic political interactions between agrarian "China" and her neighboring nomadic political entities in the late thirteenth century, and transformed the traditional political structure of "diversity in multiplicity" of previous Chinese dynasties into "diversity in unity." Traditional "China" then evolved into "expanded China," and the Ming, Qing, and modern China all inherited the political pattern of "expanded China" and "diversity in unity." However, the "Chinese nation" was a concept born at the end of the nineteenth century. It was a new branch born out of the transition process of modern Chinese history that gradually became its main trunk, and then took on the tendency to dominate the direction of China's historical transition. But since the modern transformation of Chinese history took place earlier, the pattern of "diversity in unity" it created inevitably affected the process of modern Chinese nation-building.

Key words:diversity in unity, Tibetan Buddhism, intermediary zone, intermediary crowd, Chinese nation

自我的革命：
「虛無黨」在中國知識圈的形象轉譯

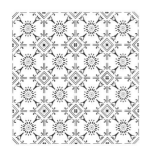

詹宜穎

政治大學中國文學系碩、博士。研究領域爲近現代中國思想
與文學，博士論文爲〈女虛無黨人在近代中、日知識圈的再
現與挪用（1870s-1910s）〉。

自我的革命：
「虛無黨」在中國知識圈的形象轉譯*

詹宜穎

摘要

　　19世紀末，俄國國內民粹主義運動風起雲湧，國內爆發多起暗殺事件，英美報刊記者多以"nihilists"稱呼這些俄國的暗殺者。受日本翻譯和介紹的影響，中國知識圈將"nihilists"譯作虛無黨，他們的事蹟在晚清民初的報刊上經常出現，反映出受激進主義思潮影響下的中國知識分子渴望政治上的「公道」、「公理」，並藉此塑造出了有別以往「士大夫」的自我認同。本文試圖從歐洲、日本乃至於中國的「思想連鎖」角度，指出中國近代知識分子的激進化轉向，除了文化價值的危機之外，更受到俄國革命者所塑造之虛無主義者（nihilist）形象的影響，幫助他們建構人生的目標和方向。

關鍵詞：虛無黨、主義、俄國、革命、形象

---

* 本論文以筆者博論〈女虛無黨人在近代中、日知識圈的再現與挪用（1870s-1910s）〉內容為基礎，加以修改擴寫。

一、前言：「虛無黨」如何成為知識圈形塑自我的模範？

「轉型時代」或「變動的時代」，是近代史學者對19世紀末、20世紀初的中國的描述。[1]這個階段，報刊雜誌迅速增加、新式學堂陸續設立，政治制度更迭，各種西學新知的譯述論著湧現，也造就了新一代的知識階層。余英時稱他們為「知識分子」（intellectual）。[2]有別於傳統研讀四書五經參與科舉的「士」（scholar），這些受新式教育、具有新思想的「知識分子」，同時處在「文化的核心」與「政治的邊緣」。他們追求新的知識，嫻熟於利用報刊雜誌發抒己見，力圖改造中國，但他們卻難以在傳統的政治架構裡發揮影響力。張灝認為，兩者的差距，使知識分子容易有激進化的傾向。[3]激進化表現在拒斥、否定中國某些（或全部）的文化、政治傳統，並認為能夠通過對傳統進行破壞而達到全新的、進化後的理想世界。

當時中國知識圈激進主義（radicalism）思潮其中一個思想來源，是俄國的「虛無黨」（nihilist）。虛無黨是日本人翻譯的漢文譯詞，英文的nihilist原本是英美報刊記者對於暗殺沙皇恐怖分子的稱

1　「轉型時代」見張灝，〈中國近代思想史的轉型時代〉，《二十一世紀》，期52（香港，1999），頁29-32。「變動的時代」則由羅志田提出，他在〈自序〉中提到：「中國近代以『變』著稱，可以說是一個變動的時代。其最為顯著的轉變，自然是共和政體取代帝制這一幾千年才出現的變化」。見羅志田，《變動時代的文化履跡》（香港：三聯書店，2009），頁1。

2　Ying-shih Yu（余英時）, "The Radicalization of China in the Twentieth Century," in Tu Wei-ming, ed., *China in Transformation* (Cambridge, Mass.: Harvard University Press, 1994), pp. 125-150.

3　張灝，〈中國近代思想史的轉型時代〉，《二十一世紀》，期52（香港，1999），頁29-32。

呼。[4]受日本翻譯的影響，20世紀初期，中國知識分子對「虛無黨」的理解，常與無政府主義、無政府黨相混淆。研究中國近現代思想的漢學家德里克（Arif Dirli, 1940-2017）便指出：「中國人沒有直接接觸到無政府主義者的作品，他們所知道的無政府主義來自於日本對歐洲社會主義的論述及對社會主義的一般歷史的翻譯介紹，這些論述或介紹把無政府主義看作社會主義中的『過激』派（「極端革命主義」），常將之與俄國的民粹主義或虛無主義混爲一談」。[5]如馬君武（1881-1940）在〈二十世紀之新主義〉裡，便將虛無黨等同於無政府黨。[6]也因此，誠如德里克所云：「1902-1907年間，被無政府主義所吸引的中國年輕的激進派，是通過虛無黨的政治實踐，即通過個人的政治行動，特別是暗殺……來認識無政府主義」。[7]

　　本文無意對虛無黨與無政府黨進行哲學意義上的區分，而是試圖析論20世紀初中國報刊雜誌上的虛無黨論述如何幫助中國知識分子

4　克魯泡特金在1899年出版的自傳裡便指出：「在西歐這個運動常常被人誤解，例如在西歐的報紙上人們就愛把虛無主義與恐怖主義混爲一談」。見克魯泡特金（Peter Kropotkin）著，巴克（筆者案：即巴金）譯，《我底自傳》（台北：帕米爾書店，1984），頁334。

5　阿里夫・德里克（Arif Dirlik）著，孫宜學譯，《中國革命中的無政府主義》（桂林：廣西師範大學出版社，2006），頁59。

6　馬敘倫在文中云：「嘗讀俄羅斯最近之報告曰：虛無黨近在聖彼得堡附近夜開大會，討論政府之方策……其中第四條曰對政府之暴戾官吏以暗殺處分之云。我又聞日本幸德秋水氏之言曰：全球大陸之人民，無政府黨殆居其六七。於乎，隆哉，皇哉，堂哉，無政府黨哉！」顯將虛無黨、無政府黨同視爲暗殺者。馬敘倫，〈二十世紀之新主義〉，「政學文編卷四（續）」，《政藝通報》，期15（上海，1903），頁9。轉引自萬懸春、蔣俊、李興芝編，《無政府主義思想資料選》，上冊（北京：北京大學出版社，1984），頁10。

7　阿里夫・德里克著，孫宜學譯，《中國革命中的無政府主義》，頁67。

建構自我的人生觀。激進派知識分子傾心於虛無黨的暗殺與革命，背後存在著一套信仰價值，德里克稱之為「高度道德化的政治觀念」。[8]在中國知識圈的轉譯之下，虛無黨宛如菩薩救主，除了強化知識分子的救國信念，更進一步形塑出個人的自我認同。[9]

　　王汎森曾指出，近代以來，中國青年經由各種「主義」，尋得生命的意義，五四時期的青年更通過「主義」，將個人的行動與國家整體的命運結合。[10]若進一步回顧1900年代中國激進派知識分子對於虛無黨的傾心和崇拜，亦可看到他們如何通過對虛無黨之「主義」的理解，架構出一套可遵行的原則和意義，加以模仿與實踐。

　　本文將從三個部分探討虛無黨形象與中國知識分子內在意義的建構。第一部分簡述nihilist從歐美、日本到中國之間的「思想連鎖」。[11]前已述及，中國知識圈的虛無黨認識並非直接從俄國而來，而是經由日本從中轉譯。本文將通過俄國革命家司特普尼亞克（Sergey Mikhaylovich Stepnyak-Kravchinsky, 1851-1895, 也用此一別名Sergius Stepniak在倫敦進行革命活動）的著作，以及煙山專太郎《近世無政府主義》、中國革命黨人的虛無黨論述等文本，剖析虛無黨進入中國之後所呈現的思想連鎖。

8　阿里夫・德里克著，孫宜學譯，《中國革命中的無政府主義》，頁71。

9　關於1900年代中國知識分子對宗教的興趣，相關研究可以參看葛兆光，〈孔教、佛教抑或耶教？——1900年前後中國的心理危機與宗教興趣〉，王汎森等著，《中國近代思想史的轉型時代：張灝院士七秩祝壽論文集》（台北：聯經出版公司，2007），頁201-240。

10　王汎森，《思想是生活的一種方式》（台北：聯經出版公司，2017），頁159-163。

11　山室信一著、田世民譯，〈對亞洲的思想史探索及其視角〉，《台灣東亞文明研究學刊》，10:2（台北，2013），頁325-403。

　　第二部分則聚焦於虛無黨在中國知識圈的形象轉譯。20世紀初期，受激進思潮影響的知識分子，不約而同對虛無黨投注相當大的關注，梁啓超（1873-1929）、李石曾（1881-1973）、馬君武、蔡元培（1868-1940）等人都曾被虛無黨所吸引，希望造成虛無黨在中國的流行。中國知識分子對虛無黨的論述與詮釋，也不斷強調通過個人的犧牲，以成就全體的幸福。個人與全體的命題，既與俄國民粹主義運動的精神相通，也與中國的儒家道德觀念巧妙地彼此融通。

　　第三部分探討虛無黨如何使中國知識分子重新認識自我價值與意義。筆者認爲，虛無黨形成二種層面的自我革命：心態的革命以及自我認同的革命。本文將以在革命時期實行暗殺的知識分子爲例，說明這樣的「自我革命」如何發生、展現在個人身上。

二、「虛無黨」的思想連鎖：歐洲、日本與中國

　　「思想連鎖」是日本的歷史學者山室信一（1951-）提出的思想史研究概念，指的是某個時代、某地區的某種「思想」，經由各種方式移入另一個時代或地區，並對其社會造成一定程度的影響和制度性的變革。「思想連鎖」的研究方法強調對西學傳播過程每個階段進行仔細的觀察，並且將各種現象視作構成連鎖的一個個環節，以把握「歐洲—日本—亞洲」重層、雙向的連動。「法律」、「政治」層面的思想與制度變化，是山室強調的主旨。[12] 不過，本文借用「思想連鎖」的概念，則是側重於「法」之外，個人「政治活動」與「內在世界」的

---

[12] 山室信一，《思想課題としてのアジア：基軸・連鎖・投企》（東京：岩波書店，2001），頁17-20。以「連鎖」進行中國近代思想研究的論著，另有坂元弘子，《連鎖する中國近代の"知"》（東京：研文出版，2009）。

創造性轉化。[13]本節關注的焦點是一群被歐美記者稱之爲nihilist的革命家，如何經過俄國革命家的描寫以及日本譯者的轉譯後，在力圖救亡的中國知識分子詮釋下，成爲中國人能夠加以學習的模範。以下將通過數種跨國的文本，說明虛無黨所引發的「思想連鎖」反應。

在進入跨國文本的分析之前，有必要先就「虛無黨」一詞的概念發展進行簡單的說明。[14]與「虛無黨」（nihilist）有關的詞彙是「虛無主義」（nihilism）以及「虛無主義者」（nihilist）。筆者認爲，這三個漢語詞彙彼此相關，但無法畫上等號。漢語語境下的「虛無黨」與「虛無主義者」固然皆是nihilist的譯詞，但由於翻譯產生於特定的時空環境，因此概念意涵也不盡相同。[15]

13　劉紀蕙曾運用「倫理政治經濟學」概念，分析梁啓超思想中所蘊含的「心之治理」的特性。其認爲，在西方自由主義論述，以及日本膨脹論述的多重作用下，梁啓超的「新民」說，展現出人民的思想與情感成爲國家治理被管理對象的特色。個人的體力乃至於心力（智力與德力）被放入群／國的經濟利益計算之內，而個人的倫理主體則成爲國民／公民個體化過程的認知對象，使個體願意自發地、依據群體依循的真理而有所決斷。劉紀蕙的分析說明了外在的政治論述如何介入個人的倫理主體，使自己自發性地爲了群體而「盡力」。其說也啓發筆者關於虛無黨其他相關議題的探討，往後將再就此提出觀察。感謝匿名審查人提供的說明。見劉紀蕙，《心之拓樸：1895事件後的倫理重構》（台北：行人文化實驗室，2011），頁73-118。

14　筆者在博士論文中，曾對「虛無主義者」（nihilist）的概念沿革有過說明。見拙著，〈女虛無黨人在近代中、日知識圈的再現與挪用（1870s-1910s）〉（台北：國立政治大學中國文學系博士論文，2020），頁19-20。

15　1907年魯迅、周作人已看出nihilist漢語譯詞的問題，兩人用獨應這個筆名在《天義》上發表的文章中便指出：「虛無黨人nihilist一語，正譯當作『虛無論者』，始見於都介涅夫名著《父子》中，後遂通行。論者用爲自號，而政府則統指畔人。歐亞之士，習聞訛言，亦遂信俄國擾亂，悉虛無黨所爲，致混虛無主義於恐怖手段Terrorism，此大誤也」。獨應，〈論俄

　　「虛無主義」（nihilism）在19世紀的歐洲，主要用在哲學概念的描述。德國宗教哲學家海因里希・雅各比（Friedrich Heinrich Jacobi, 1743-1819）就曾以nihilism批判啓蒙理性哲學家費希特（Johann Gottlieb Fichte, 1762-1814）將人類理性視爲唯一的知識來源，懷疑各種事物的眞實性。[16]不過，19世紀60年代，nihilism在俄國特殊的社會文化土壤中發展出了新的意義。屠格涅夫（Ivan Sergeyevich Turgenev, 1818-1883）《父與子》（*Ottsy i Deti*, 1862）描述的nihilism指的是否定既定原則、權威、傳統、宗教信仰，相信科學理性、知識啓蒙的思想主張。而抱持這種主張的人，是一群受過西歐教育，對俄國的傳統提出尖銳的批判，自稱爲nihilist的俄國青年。[17]他們亟欲破除俄國文化中的階級、制度、宗教，並且渴望俄國接納科學、自由等新思想。1860年代，這些青年不分男女，想要改變俄國社會，並且將思想化爲行動，在各地展開知識啓蒙宣傳。只是，「走入民間」的行動並未被人民所接受，加上沙皇政府的追捕，宣傳活動受到挫折。1870年代晚期，部分激進者主張採取暗殺手段，也實際暗殺數名政府官員。[18]於是，nihilist逐漸變成革命者、暗殺者、恐怖分子的代名

國革命與虛無主義之別〉，《天義》（合訂本），第11、12卷（上海1907），頁337-382，引文出自頁379。

16 Johan Goudsblom, *Nihilism and Culture* (Oxford: Blackwell, 1980), p. 4.

17 小說中提到：「虛無主義者不向任何權威低頭，不接受任何原則爲信仰，不管這些原則可能是值得尊重的」。見屠格涅夫（Ivan Sergeyevich Turgenev）著，耿濟之原譯，陳逸重譯，《父與子》（新北市：遠景出版公司，2016），頁44。

18 俄國的革命運動，可以參考Franco Venturi, *Root of Revolution: of the Populist and Socialist Movements in 19th Century Russia* (London: Phoenix Press, 2001) 此書從1820年代描寫至1880年代，詳述俄國爆發民粹主義運動的始末。以撒・柏林曾爲該書撰寫序文。柏林對於俄羅斯文學與思想

詞，出現在歐美媒體的報導上。[19]此時的nihilist，已與屠格涅夫書寫《父與子》當中的nihilist迥然不同。簡言之，nihilism概念在西歐與俄國不能畫上等號；nihilist在19世紀初與19世紀末，指涉的概念亦有不同。而本文所提及之nihilism與nihilist漢語譯詞「虛無主義」與「虛無黨」，事實上是19世紀末發源於俄國的概念。

　　在俄國國內暗殺最激烈的時期（1878-1883），日本迎來了政治改革訴求高漲的自由民權運動。汲汲於「政黨政治」、「開設議會」訴求的民權家，也經由外國媒體的報導，得知俄國革命消息。漢語當中並無詞彙能夠直接對應至nihilist，因此最初，日本報社採用音譯的「ニヒリスト」進行翻譯。[20]然而數月後，漢文譯名「虛無黨」便已得見於報上。[21]筆者認為，日譯者將之翻譯為「黨」，實雜揉了漢語脈絡中負面的「朋黨」與自由民權運動時期對於「政黨」的想像。加上俄國革命報導的影響，日本報刊上的「虛無黨」，主要指的是俄國的革命者，而非1860年代的俄國「虛無主義者」。因而與「虛無黨」有關的論述，也多與「恐怖暗殺」、「顛覆政府」、「紊亂社會」等負面形象相連結。[22]

史的觀察，亦可參考以撒‧柏林（Isaiah Berlin）著，彭淮棟譯，《俄國思想家》（台北：聯經出版公司，1987）。

19 例如 "The Nihilists and Dynamite. The Russkaya," *Times*, 24 Dec. 1879, p. 3. The Times Digital Archive, http://tinyurl.gale.com/tinyurl/CR5qy3(7 Dec. 2020 accessed).

20《東京曙新聞》，「外報」，1878年5月16日，第1版。原文為「ヒリスト黨」，應是「ニヒリスト」之誤。

21 目前筆者所見，「虛無黨」一詞最早出現在《東京曙新聞》上。見高橋矩正，〈論日魯兇黨〉，《東京曙新聞》，「寄書」，1878年11月21日，第3版。

22 高橋矩正就嚴正批評虛無黨紊亂社會，不過另一方面，在日本民權派的機

　　但是值得注意的是，「虛無黨」在自由民權派人士的眼中，卻展現出了另一種形象。1882年，板垣退助（1837-1919）訪歐前夕，曾指俄國改革黨（即虛無黨）為「慷慨之志士」。[23]民權派人士認為，「虛無黨」的目標是建立立憲政體、給予人民政治權利，其訴求正當且必要。而不願採納改革意見，更以殘酷手段壓制的政府，自是失卻正當性。因此，虛無黨顛覆政府的暴行也是情有可原，亦是堪稱「志士」的行為。[24]

　　虛無黨的「志士化」、「英雄化」，與司特普尼亞克所描繪的「虛無黨」形象甚有關連。自由民權運動時期，已有民權派小說家「翻案」司特普尼亞克《地下的俄羅斯》（*Underground Russia*，1882）為政治小說之例。[25]可以進一步追問的是，俄國革命家司特普尼亞克究竟如何描繪「虛無黨人」的形象？如何將這些「凶暴之徒」升格為「英雄豪傑」？其形象又如何延續到20世紀初煙山專太郎的《近世無

關報上，則是認為「虛無黨」的出現乃是對政府的警惕，是政治腐敗才導致虛無黨出現。如以自由民權派立場為主的《朝野新聞》，就曾指出「虛無黨乃政治社會腐敗而後生」。見〈某記者ノ說ヲ駁ス〉，《朝野新聞》，「論說」，1881年3月23日。

23 板垣退助，〈自由黨眾二告別ノ辭〉，《自由新聞》，1882年9月26日。

24 曾翻譯盧梭《民約論》的中江兆民即持此看法。見中江兆民，〈過激ノ政黨ハ專制政體ノ下二生ズ〉，《自由新聞》，1882年9月7日。相關說法亦見於〈論虛無黨復讐主義〉，《自由新聞》，1884年10月14、15日。此文曾描述虛無黨人為「上等社會之義士烈女」。

25 如政治小說家宮崎夢柳（1855-1889）便曾以此為底本，創作出《虛無黨實傳記・鬼啾啾》這部翻案作品。宮崎在該書序文提到：「項日偶得一書題為《地底之秘密》，此書面向全世界之讀者，記述俄國虛無黨之情形，喚起人們的注意，予讀者以至大至強之感觸」。宮崎夢柳，《虛無黨實傳記・鬼啾啾》，山田有策、前田愛注釋，《日本近代文學大系2・明治政治小說集》（東京：角川書店，1974），頁50-51。

政府主義》，以及中國知識圈的虛無黨論述當中？

（一）司特普尼亞克的革命宣傳

　　司特普尼亞克的寫作目的，是爲了將俄國爭取自由的革命運動宣傳到國際世界，以獲得西歐以及美國的支持。[26]俄國民粹主義運動的領袖人物拉夫羅夫（Peter Lavrov, 1823-1900）曾指出，《地下的俄羅斯》呈現了1870年代俄國革命運動最眞實的一面，足以讓歐洲人認識眞正的、未經官方修改的革命經過。[27]這段說明雖然本身就具有宣傳意味，但令人信服的原因在於作者司特普尼亞克本身就是一名「虛無黨員」。他在1878年8月暗殺了俄國警察長梅澤涅夫（N. V. Mezentsev, 1827-1878）之後亡命歐洲。爲了爭取西歐、美國等「自由國家」[28]的認可，他開始用歐洲語言（義大利語、法語）撰寫俄國革命者的故事。

　　在《地下的俄羅斯》中，司特普尼亞克以充滿感情的筆觸，描繪1860年代以降的俄國「虛無主義」運動。他強調，俄國的虛無主義與西歐的虛無主義是兩回事。俄國的虛無主義「一言以蔽之，絕對的個人主義而已。凡所謂社會、家族、乃至宗教所強迫加在個人身上的一切義務責任的負擔，牠皆藉口於個人的自由，對之一概否定。牠不

26　Jane E. Good, "America and the Russian Revolutionary Movement, 1888-1905," *The Russian Review*, 41:3 (Jul 1982), p. 276.

27　Peter Lavroff, "Preface," in Sergei Stepniak, *Underground Russia: Revolutionary Profiles and Sketches from Life* (New York: Charles Scribner's Sons, 1883), p. v. 本文所使用的 *Underground Russia* 版本爲 Second Edition, 初版爲1882年出版。

28　此處所謂「自由國家」乃是指具有憲法、議會的政治體制，相對於「專制」的俄國政體而言，不涉及階級與種族等議題。

僅是對於政治的專制之反抗者，而且還是對於那束縛個人意志自由的
道德的專制之最熱烈，最有勢力的反抗者」（properly so called, was
absolute individualism. It was the negation, in the name of individual
liberty, of all the obligations imposed upon the individual by society, by
family life, and by religion. Nihilism was a passionate and powerful
reaction, not against political despotism, but against the moral despotism
that weighs upon the private and inner life of the individual）。[29]簡言之，
1860年代俄國的虛無主義者，強調個人的自由高於一切，同時也以
實證理性的精神，反對一切「無用」之物。

　　直到1871年震驚歐洲的巴黎公社事件之後，俄國的虛無主義者
開始轉向，將目光看向周圍的農民。司特普尼亞克認爲，俄國革命運
動有兩個階段，一是追求個人自由高於一切的1860至1870年；一是
通過自我犧牲去謀求他人幸福的1871至1880年代。這兩個階段是截
然不同的兩個時代：

> 純正的虛無主義者是以任何的代價去求得個人自身底幸福
> 的。他底理想是「合理的現實的」生活。革命黨人則以任
> 何的代價，甚至犧牲了他一己底幸福，去尋求他人底幸

---

29 Sergei Stepniak, *Underground Russia: Revolutionary Profiles and Sketches from Life*, p. 4. 翻譯見司特普尼亞克著，巴金譯，《俄國虛無主義運動史話》（上海：文化生活出版社，1936），頁4。本文採用巴金之譯本，一方面是因爲此書爲中文世界對*Underground Russia*較完整的翻譯，另一方面則是試圖透過巴金的譯本，呈現出民國時期中國知識分子對司特普尼亞克著作的興趣。匿名審查人曾指出巴金譯本有部分並未按照司特普尼亞克的原文進行翻譯。筆者認爲，譯筆反映了巴金的行文風格，固然有所增刪，但不妨礙讀者理解原文旨意。然爲求謹愼，本文在巴金的譯文後一併提供司特普尼亞克著作的英文原文，以利讀者對照。

福。他底理想是一個充滿了受苦的生活和殉道者底死
（The Nihilist seeks his own happiness at whatever cost. His
idea is a "reasonable" and "realistic" life. The revolutionist
seeks the happiness of others at whatever cost, sacrificing for
it his own. His idea is a life full of suffering, and martyr's
death）。30

1871年以後的革命運動，又以「走入民間」（1873-1874）為分水
嶺。參與「走入民間」運動的俄國青年，拋棄自己的特權貴族地位，
走入農村，實際感受農民的生活，並且為他們宣傳、講述社會主義。
司特普尼亞克強調，他們願意為人民的自由，犧牲自己的一切。然
而，「理想」終究不敵現實，他們並沒有換到任何期待的結果。俄國
政府逮捕了上千個參與「走入民間」的青年。運動的挫敗，造成俄國
青年心態上的轉變：

這時的革命黨人不再是五年前的那種人了。他們並不曾做
出什麼大膽的行動，然而他們卻是在不斷地思索怎樣去行
動，以為槍彈比較語言好得多，而且時時在籌思流血的計
畫，因此他們漸漸地有了行動底精神。這種人底典型就形
成了。同時政府底措施，無一不幫助這種方〔發〕生的趨
向向前發展，並且逼迫著他們不得不把思想變為行動
（The Revolutionist was no longer what he had been five years
before. He had not yet revealed himself by any daring acts;
but by dint of constantly meditating upon them, by repeating

---

30 Sergei Stepniak, *Underground Russia: Revolutionary Profiles and Sketches
from Life*, p. 12. 司特普尼亞克著，巴金譯，《俄國虛無主義運動史話》，頁
16-17。

that bullets were better than words, by nourishing sanguinary projects in his mind, something of their spirit entered into his disposition. Thus the man was formed. And the Government did everything it could to develop still more these nascent tendencies of his and force him to translate them into acts）。[31]

司特普尼亞克寫出「走入民間」之後，因政府的壓制讓俄國青年面臨絕望，而終至自我變革的過程。他指出，「恐怖主義」並不是在一開始就如此激進，尋求改變的青年經歷了漫長時間的挫折、失敗，刑罰、流放和死亡如影隨形，憤恨的情緒（resentment）需要找到出口。他們尋找出口的方式，不是一味地責備外在世界的不公正，而是要將失敗與挫折的狂怒轉化為行動的力量，以暴力手段——炸藥，擊倒那個被他視為對手的敵人，以換得所有人的自由。[32]

在另一本《俄羅斯的暗雲》（*Russian Storm-Cloud*, 1886）裡，司特普尼亞克也採取了同樣的方式，強調自己的書寫不帶主觀意見的同

---

[31] Sergei Stepniak, *Underground Russia: Revolutionary Profiles and Sketches from Life*, p. 33. 司特普尼亞克著，巴金譯，《俄國虛無主義運動史話》，頁43。

[32] 「他有一個強烈的特殊的個性。他不再像他底先輩那樣地勇於自己犧牲。他不再具有也不再追求那使得前期傳道者近似神人的抽象的道德美；因為他底眼光如今不再用來看自己底內部，卻用來定在可憎的敵人底臉上了。他是反抗一切壓迫的個人力量之典型」（He has a powerful and distinctive individuality. He is no longer, like his predecessor, all abnegation. He no longer possesses, he no longer strives after, that abstract moral beauty which made the propagandist resemble a being of another world; for his look is no longer directed inwardly, but is fixed upon the hated enemy. He is the type of individual force, intolerant of every yoke.）。Sergei Stepniak, *Underground Russia: Revolutionary Profiles and Sketches from Life*, p. 42. 司特普尼亞克著，巴金譯，《俄國虛無主義運動史話》，頁51。

時，在字裡行間強調俄國革命行動追求自由的意義與價值。[33]他所描繪的革命者，不是為了享受屠殺的冷血殺人魔，而是具有高潔理想，拋棄自己可以享受到的幸福／特權生活，力圖讓俄國轉型為「自由國家」的志士。通過這些著作，讀者在書中看到的是被「道德化」（moralize）的「恐怖分子」，滿懷理想與抱負，在迫害人民的政府威脅下堅強地掙扎。

這樣的書寫策略相當成功。美國的《科學》（Science）曾刊出一篇司特普尼亞克的書評介紹，上面如此寫道：

> 英國熱愛自由者必須反對俄羅斯的專制。我們將盡一切努力──不是對俄羅斯人的仇恨，而是對俄羅斯人的愛──動員我們的力量，幫助他們在英勇的行動中，解放自己和他們的國家。[34]

他成功地喚起了西歐自由主義派人士，以及美國文化界的注意。1890年底，司特普尼亞克接受美國新聞記者喬治‧肯南（George Kennan,

---

33 司特普尼亞克在該書中指出：「我盡可能客觀地描述我們的國家，而不是主張我的意見。我將事實呈現出來，讓讀者自行描繪出結論，而不是強加上我的想法」（But I have done my best to make it as objective as possible, — describing our country, rather than advocating any opinion, exposing facts which might enable the reader to draw his conclusions instead of forcing on him my own）。Sergei Stepniak, "Preface," *Russian Storm-Cloud: Or, Russian in Her Relations to Neighbouring Countries* (London: Swan Sonnenschein and Co. Paternoster Square, 1886), p. iv. 中文為筆者所譯。

34 原文為："…we English lovers of liberty must consider the case against Russian despotism as proved; and we shall endeavor-not in hatred, but in love, toward the Russian people-to aid them by every means in our power in their heroic efforts to free themselves and their country." C. M. Wilson, "Stepniak's'Russia under the Tzars,'" *Science*, 154:7 (Jan., 1886), p. 57. 中文為筆者所譯。

1845-1924）[35]的邀請，到美國發表演說，期間成功爭取到小說家馬克・吐溫（Mark Twain, 1835-1910）、詩人詹姆斯・羅素・洛威爾（James Russell Lowell, 1819-1891）等人的支持和關注。[36]研究俄國革命運動的琳恩・艾倫・帕圖（Lynn Ellen Patyk）認為，司特普尼亞克利用了nihilist一詞的模糊性，將它本身的負面意涵重新包裝，使它變成了朝向一個偉大的道德目標邁進的行動者。[37]而司特普尼亞克一系列關於俄國革命的書寫，也塑造出俄國革命史中的文化典範，這些革命人物引起的道德共鳴，不光使人們在情感上認同，更讓這份記憶烙印、銘刻在異時、異地的讀者心中。[38]

　　雖然1870至1880年代的俄國革命終究未能看到曙光，但司特普尼亞克的「政治宣傳」所收的奇效，也同時展現在東亞譯者的關注和政治實踐上。東亞各國的政治情勢和社會背景，與西歐、美國甚至俄國都不相同，但是革命者追求解放的政治目標，以及行動背後的自我犧牲與道德情操，在東亞譯者與知識分子身上獲得了新的詮釋與再現。

---

35 美國記者喬治・肯南在1891年旋即出版兩大卷的《西伯利亞與流放制度》（*Siberia and the Exile System*），寫出他長期關注的俄國政治犯流放的諸多問題。

36 根據《自由俄國》（*Free Russia*）雜誌所述，參見Jane E. Good, "America and the Russian Revolutionary Movement, 1888-1905," *The Russian Review*, vol. 41, no. 3 (Jul., 1982), p. 279.

37 Lynn Ellen Patyk, "Remembering 'The Terrorism': Sergei Stepniak-Kravchinskii's *Underground Russia*," *Slavic Review*, 68:4 (Winter, 2009), p. 768.

38 Lynn Ellen Patyk, "Remembering 'The Terrorism': Sergei Stepniak-Kravchinskii's Underground Russia," *Slavic Review*, 68:4 (Winter, 2009), p. 781.

（二）煙山專太郎的歷史研究

　　在司特普尼亞克出版《地下的俄羅斯》20年後，日本的西洋史學家煙山專太郎（1877-1954）出版了《近世無政府主義》。煙山出版此書的目的並不是爲了宣傳「無政府主義」，而是希望持客觀角度探討「無政府主義」在歐洲盛行的根本原因。[39]煙山將俄國的「虛無主義」運動視爲無政府主義的一環，不過他仍有意識地區分兩者，因此將全書分爲前篇「俄國虛無主義」與後篇「歐美列國之無政府主義」。[40]書前煙山列出三十種參考書目，以示陳述內容均有依據。[41]司特普尼亞克的《地下的俄羅斯》也名列其中。基於歷史研究著作的性質，煙山的用語相對中立，以客觀方式敘述俄國虛無主義運動及其經過，因此

---

39 煙山在序文中提到：「近代無政府黨暴行聞之令人膽寒，但世人多謂其名而不知其實。本書期可聊備此缺。」（原文：近時無政府黨の暴行實慘烈慘烈を極め聞くだに膽を寒からしむる者あり。然れども世人多く其名を謂ふ其實を知らず本編聊か此缺乏に應ぜん事を期するものなり）。煙山專太郎編著，〈序言〉，《近世無政府主義》（東京：東京專門學校，1902），頁1-2。本文中引用煙山專太郎《近世無政府主義》之中文翻譯，皆爲筆者所譯，皆附原文於引文後，以利讀者參照。

40 煙山在序文中提到：「現在或有人認爲無政府主義與俄羅斯虛無主義之間的性質稍異，但這兩者同爲近代發展得最爲極端的革命主義（吾人尚不敢以社會主義稱之），某程度上可說是無政府主義囊括了虛無主義的特殊現象。因此爲討論之便利，遂將此書題爲近世無政府主義」（現時の於ける無政府主義と露国の虛無主義とは其間の性質稍々異る者あり。然れども此二つの者は近時革命主義(余輩は敢て之を社會主義とは云はず)の最も極端なる形式として發展し來りたるものにして、或意味に於ては虛無主義を以て包括的なる無政府主義の一特殊現象と見做すも敢て不可なかろべきを信ずが故に此處には便宜上共に之を近世無政府主義なる題目の下に列したり、云々）。煙山專太郎編著，〈序言〉，《近世無政府主義》，頁1-2。

41 煙山專太郎編著，《近世無政府主義》，「參考書目」，頁1-3。

文中詳述事件的時間、地點、人物姓名等具體資訊。不過，司特普尼亞克抬高革命人物的道德形象的敘事策略，對這本「歷史學術著作」同樣產生不小的影響。

　　煙山主要在介紹俄國革命人物時，借重司特普尼亞克《地下的俄羅斯》的傳記資料進行翻譯與改寫。但是，即便經過改寫，這些人物的形象，始終呼應司特普尼亞克所形塑出的nihilist──信念堅定、不畏懼死亡，堅持朝著目標前進。

　　舉例而言，書中提及一位名叫瓦勒連・奧辛斯基（ワンリアン、オシツンスキー，Valerian Ossinsky）的「虛無黨員」（nihilist）。他是南俄的革命者，1878年他參與多起暗殺事件，1879年被俄國政府逮捕。煙山對他的描述如下：

> 他是個美男子，身材雄偉，行動俊速，奔走各地遊說。他恬淡之處頗受青年愛慕。七九年春，他在基輔遭到警方襲擊而被捕，五月六日宣告死刑。死前，他在獄中起草遺書付與友人，指示今後應採取的手段與方針。十四日，……他拒絕僧侶給他的十字架，曰：我不承認神，而後從容就死。他常說：殺人是抵抗政府最好的手段。他是暗殺主義的先驅（彼は好顏の一偉丈夫たり。行動俊速、各地に飛走して遊說し、其活〔筆者案：或爲恬〕淡なる所頗る青年の愛慕をひけり。七九年春、キエフに於て警吏の襲ふ所となりて捕へられ、五月六日死刑を宣告せられぬ。死に先つ少時、彼友人に與ふるの遺書を獄中に草して、今後採るべき手段方針に付て彼の同志に示す所あり、十四日……僧侶の十字架を彼に與へんとするを拒みて曰、我は神を認めずと。從容として斃る。彼常に謂て曰、殺人

は政府に抗するの最良手段なりと。彼は蓋し暗殺主義の
率先者ものなりき）。[42]

煙山的譯述言簡意賅。通過比對，可以發現這段文字是根據《地下的
俄羅斯》重新編排改寫而成。司特普尼亞克花費相當多的篇幅描繪奧
辛斯基溫暖、強悍、全心投入革命事業的形象：

他是一個鮮如旭日的美男子。他底身材很適當，亭亭玉
立，而且能剛能柔，恰如一片鋼打的刀葉。

他並不是通常所謂的雄辯家，然而在他底話句裡，卻有一
種傳染的熱誠，這熱誠不知不覺地便侵入了聽眾底心。

一八七九年春天他在基也夫被捕。他在同年五月五日受審
判，被判處死刑。……他在處刑的那一天寫了一封長信給
他底朋友們，這可以算是他底政治的遺囑。在這封信裡他
說到自己說到他底，情感的地方很少。他完全注意到黨底
工作上面去了，他論到以後應採用的方法和應避免的錯
誤。

有一個牧師來獻十字架給他。他猛烈地搖頭拒絕了，他還
說他不承認天上的統治者，猶之乎他不承認地上的統治者
一樣（He was as beautiful as the sun. Lithe, well-
proportioned, strong and flexible as a blade of steel.

He was not a good speaker in the ordinary sense of the term,
but there was in his words that force which springs from
profound faith, that contagious enthusiasm which
involuntarily communicates itself to the listener.

---

42 煙山專太郎編著，《近世無政府主義》，頁121-122。

> In the spring of 1879 he was arrested at Kieff. His trial took
> place on May 5, 1879. He was condemned to death…….On
> the day of his execution he wrote a long letter to his friends,
> which may be called his political testament. He says very little
> in it of himself or of his sentiments. Completely absorbed in
> the work of the party, he directed his thoughts towards the
> means to be adopted, and the errors to be avoided.
>
> A priest came to offer him the Cross. With an energetic shake
> of the head, he indicated that he would not recognise the ruler
> of heaven any more than the ruler of earth）。[43]

司特普尼亞克用了「太陽」來描述奧辛斯基，太陽對寒冷的俄國而言是溫暖、富有生命力的象徵，這個意象後來經常被運用在對史達林（Joseph Vissarionovich Stalin, 1878-1953）的歌頌當中。[44]在此處，煙山並未譯出這個意象，他也刪減掉許多形容詞，有關奧辛斯基的性格和外貌的描述也只是點到為止。但是，讀者仍然能在煙山的文字段落裡，看到一名不懼死亡，「從容就死」（從容として斃る）的烈士，直到死前，都仍然心繫著革命事業，甚至寫信告訴同伴往後的革命方針。

　　另一個受到《地下的俄羅斯》影響的例子是虛無黨女員蘇菲亞・普羅夫斯卡雅（Sophia Perovskaya, 1853-1881）。1870年代的俄

<hr />

43 Sergei Stepniak, *Underground Russia: Revolutionary Profiles and Sketches from Life*, pp. 75-78. 司特普尼亞克著，巴金譯，《俄國虛無主義運動史話》，頁94-98。

44 相關說明可參看丸田孝志，〈毛澤東の物語の成立と展開：日中戰爭期から建國初期〉，《東洋史研究》，77：4（京都，2019），頁717-752。

國革命運動,婦女佔了不小的比例。煙山也特別用一個章節介紹「虛無黨女傑」,蘇菲亞即是其中之一。煙山根據《地下的俄羅斯》,描繪出蘇菲亞「意志堅定、智慧才能卓越過人,年紀尚輕便已凌駕組織中的有髯男子」。[45] 又寫她被處死前嚴肅、平靜赴死,對於自己的死亡毫無畏懼:

> 此日早晨,普羅夫斯卡雅被帶到梅諾夫斯科刑場,她以極為嚴肅、自然的態度,平靜地接受死刑。當時她年僅二十八歲(此日早朝ペロウスカヤはセメノウスクの刑場に引かれ、極めて眞面目にして自然なる態度を以て靜に刑の執行を受けたり)。[46]

這些描述在司特普尼亞克書中,是通過一名通信記者的話呈現出來:

> 她底雙頰還保留著玫瑰色,而她底毫無一點虛飾的莊嚴的面貌上更充滿了眞正的勇敢和不屈不撓的精神。她底容貌是非常安靜而和平;一點誇張的表示也沒有(Her cheek even preserved their rosy colour, while her face, always serious, without the slightest trace of parade, was full of true courage, and endless abnegation. Her look was calm and peaceful; not the slightest sign of ostentation could be discerned in it.)。[47]

---

45 原文爲:「其意思の堅きと智能の俊邁なるとを以て年少既に團中の有髯男子を凌壓せり」。煙山專太郎編著,《近世無政府主義》,頁254。
46 煙山專太郎編著,《近世無政府主義》,頁257。
47 Sergei Stepniak, *Underground Russia: Revolutionary Profiles and Sketches from Life*, p. 130. 司特普尼亞克著,巴金譯,《俄國虛無主義運動史話》,頁161。

雖然煙山對原本的內容有所改編，減少了訴諸情感的描寫，但是革命者的意志、堅毅偉岸的形象與俄國「革命英雄」的典範，仍然栩栩如生地映入讀者眼中。

《近世無政府主義》甫出版不久，就遭到明治政府禁止發行。[48]原因或許就在書中所蘊含的革命渲染力。如上述引文中出現的「殺人是抵抗政府最好的手段」。或是稱道虛無黨員是「智慧才能卓越過人」，字裡行間都在表彰反抗政府的虛無黨。日本社會主義者宮下太吉（1875-1911）曾說過：「閱讀煙山的《無政府主義》時，看著革命黨的所做所為，覺得這也應該實踐於日本」。[49]宮下太吉在1911年因謀殺天皇的「大逆事件」，與幸德秋水（1871-1911）等人被處以死刑，而他的這段話，恰可說明此書的影響力。[50]「虛無黨」也讓日本青年對革命產生興趣。曾經擔任孫文（1866-1925）英文秘書的日本人池亨吉（號雪蕾，1873-1954），回憶明治學院畢業後，對「俄國虛無黨史」、「波蘭亡國史」等書深感興趣，大量閱讀後，更立志要投身於中國的革命。[51]這些例子都足以說明「虛無黨」與「革命」對日本青年的吸引力。

---

48 中村忠行，〈晚清に於ける虛無黨小説〉，《天理大學學報》，24:5（奈良，1973），頁116。

49 轉引自梅森直之，《初期社會主義の地形學：大杉榮とその時代》（東京：有志社，2016），頁40。

50 當時日本報界對「大逆事件」的報導，多將焦點導向「虛無黨」、「社會主義者」與「無政府主義者」等激進分子主導的陰謀。見〈虛無黨の陰謀咄咄怪事件〉，《讀賣新聞》，1910年6月4日，第3版；〈戰慄すべき大隱謀　社會主義者の爆發物密造〉，《東京日日新聞》，1910年6月4日，第5版。

51 池亨吉，〈自跋言志〉，《なめくぢ大明神：喜劇》（東京：佐佐木俊一，1920），頁299。

　　司特普尼亞克所形塑出的道德化革命英雄nihilists，不只在日本年輕世代颳起革命旋風；隨著中日知識分子密切的交流與往來，「虛無黨」也進入中國知識分子的視野，在紛亂的時局裡，成爲他們確定自我目標和政治實踐的指南針。

（三）中國知識分子的革命宣傳

　　雖然19世紀80年代，《申報》、《萬國公報》已使用音譯詞「尼希利黨」等名稱翻譯nihilist，但在20世紀初期，「虛無黨」才逐漸因中國革命而受到關注。[52]日本歷史學者狹間直樹曾指出，20世紀初期，中國革命運動正如火如荼展開，《近世無政府主義》介紹的「虛無黨」受到知識分子熱烈歡迎。[53]李冬木也羅列《近世無政府主義》在中國的譯本共18種，足見其受歡迎的程度。[54]該書的中國譯者主要是支持革命的知識分子，刊載的雜誌則多爲革命黨的刊物。因而這些譯述實有明確的革命宣傳目的，正因如此，nihilists作爲道德化的革命英雄，其英雄的性格，也在中國譯者筆下不斷再現。

　　最具代表性的虛無黨員無毫無疑問是蘇菲亞。她在中國展演出的堅忍不拔形象，實是轉譯自司特普尼亞克與煙山的敘述。從以下這一個段落，可以看出「思想連鎖」層層遞進、不斷回應譯者所處時空，並且逐步增添新形象特徵的發展過程。司特普尼亞克描述蘇菲亞開始

---

52 洪德先，〈早期國人對無政府主義的初步認識〉，《食貨月刊》，14：9-10（台北，1985），頁416。

53 狹間直樹，《中國社會主義の黎明》（東京：岩波書店，1976），頁94-119。

54 李冬木，《魯迅精神史探源》（台北：秀威資訊科技公司，2019），頁115-117。

參與「走入民間」運動時如此寫道：

> 一八七一—七二年，柴可夫斯基圈從青年宣傳改進爲工農
> 宣傳，大半應歸功於蘇菲亞。當這種改進的計畫完成後，
> 她又首先提議催促將城市的宣傳移到鄉間。……她是過於
> 勤奮，過於有爲，所以不能夠偷閒躲懶（Thus, the transfer
> of the propagandism among the young, to one among the
> working men of the city, effected by the Circle of the
> *Ciaikovzi* in the years 1871 and 1872, was in great part due to
> the initiative of Sophia Perovskaia. When this change was
> accomplished, she was among the first to urge that from the
> towns it should pass to the country, ……She was too
> energetic to remain idle.）。[55]

司特普尼亞克強調了蘇菲亞的熱情、勤奮、有活力，思考敏捷等諸多
美德，以及她爲革命事業卓越的貢獻。而煙山專太郎則在其書第六章
〈虛無黨的女傑〉提及此段，並加入對蘇菲亞不畏艱難、備嘗艱辛的
描寫：

> 從一八七一年到隔年實行的許多宣傳計畫多是由她發起，
> 她親自擔任鄉間小學教師，七二年進入烏拉山的卡瑪地
> 區，饑渴交迫，屢嘗辛酸，……她正直熱誠的宣傳遊說，
> 所到之處吸引勞働者之同情（一八七一年より翌年にかけ
> て行はれたりし遊說は彼女の發意計畫に屬する者多く、
> 彼女は躬親ら田舍の小學教師となり、七二年に於てはウ

---

55 Sergei Stepniak, *Underground Russia: Revolutionary Profiles and Sketches from Life*, pp. 121-122. 司特普尼亞克著，巴金譯，《俄國虛無主義運動史話》，頁 150-151。

ラル山中のカマにあり、其饑渴に迫りたりしと屢屢、具
さに辛酸を嘗め……又教師として遊説し、正直と熱心と
を以て至る所勞働者の同情を引けり）。56

而這一個段落到了任克筆下，則更增添了蘇菲亞不畏艱難與自身的困頓，爲革命宣傳的意志：

沙勃之爲虛無黨運動也，而尤注意于下等社會。翌年遂僞
爲教士建小學于鄉，以施教育于貧兒，復于茶寮酒肆滔滔
議論。閒則跋涉于山巔水涯以輸進一粒革命種子于最荒僻
之區。時適大雪，困于旅途，饑寒交迫者，凡兩旬餘。然
凍瘡未瘳而疲脣胼足者又如常矣。57

張寧曾指出，西方文化引介到中國的「轉譯」過程中經常產生「背離原意」的情況。58但有趣的是某些「意義」仍然會被保留下來，並且獲得進一步的發揮。在「虛無黨」概念的思想連鎖過程裡，虛無黨人堅定的意志、不畏懼辛苦的形象在轉譯過程屢屢被放大，甚至被創造出來。如任克筆下的蘇菲亞，在極端的困境之中，仍爲了散播「革命種子」，身受折磨也在所不惜。

而另外一個例子則是參與暗殺俄國沙皇亞歷山大二世（Alexander II, 1818-1881）的安德烈‧熱里亞波夫（Andrei Zhelyabov，1851-1881）。《地下的俄羅斯》並未爲他專列一篇傳記，

---

56 煙山專太郎編著，《近世無政府主義》，頁254。
57 任克，〈傳記：俄國虛無黨女傑沙勃羅克傳〉，《浙江潮》，期7（東京，1903），頁116。
58 張寧，《異國事物的轉譯：近代上海的跑馬、跑狗與回力球賽》（台北：中央研究院近代史研究所，2019），頁4-5。

但曾在描述暗殺過程時提到他令人尊敬、高貴的氣質和領袖風範。[59]
煙山在其書第三章〈革命運動的歷史〉裡如此寫道：

> 雄辯壯快如火，銳氣超人，其精神力難以測知。若遇事，
> 則先於眾人冒險，有統帥的能力。他是天生的陰謀領袖。
> 在審判庭上隨行的檢察官驚嘆於他的豪邁不屈，而云：
> 『熱里亞波夫是陰謀者中非凡之英雄也。』其風采、舉
> 止、思想、雄辯，均是陰謀家中的模範……（彼辯舌頗る
> 狀快にして火の如く、銳氣人に超へ、其精神の力就んと
> 測るべからざる者あり。事に當る、常に眾に先じて自ら
> 危險を冒し、能く多數者を統卒せり。彼は實に天性陰謀
> の領袖なり。其公判に附せらるや撿事は彼の豪邁不屈な
> るに驚嘆し云て曰、ツェリャボフは陰謀者中非凡の雄物
> なり。其風采と云ひ、舉止と云ひ、思想と云ひ、辯舌と
> 云ひ、すべて陰謀家の模範……）。[60]

其遇危險之事則身先士卒，連檢察官都稱之為「非凡之英雄」，這些
正面、光明的人格特質，恰與陰險狡詐的恐怖分子形成極強烈的反
差。而中國譯者也譯出了這一段：

> 彼辯舌壯快，飆如火發，銳氣逼人，精神所至不可以計
> 測。凡遇各事，必身先眾人，冒萬死而不顧。蓋彼實為天
> 性陰謀之領袖也。當彼弒帝之後，於裁判所中，審判之
> 時，檢事見其豪邁不屈之氣，慨然嘆曰：若希利亞巴（筆
> 者案：即熱亞里波夫）者，誠陰謀者中非常之雄物矣。彼

59　Sergei Stepniak, *Underground Russia: Revolutionary Profiles and Sketches from Life*, p. 220.

60　煙山專太郎編著，《近世無政府主義》，頁163。

之風采舉止，思想舌辨俱足以爲陰謀家之模範。61

這篇刊載與《大陸報》的譯文，幾乎一字不差地翻譯了煙山專太郎的文字，再現了暗殺亞歷山大二世的「虛無黨模範」。

中國譯者對於煙山《近世無政府主義》的興趣，主要集中於第一章〈俄國虛無主義的淵源〉（露國虛無主義の淵源）、第三章〈革命運動的歷史〉（革命運動の歷史）以及第六章〈虛無黨的女傑〉（虛無黨の女傑）。這三個章節分別描述俄國虛無黨的歷史發展沿革與重要人物，正可作爲在中國介紹虛無黨之用。然而，中國譯者對這三個章節的翻譯，也並非全部譯出，而是有所取捨。如轅孫〈露西亞虛無黨〉翻譯自第一章〈俄國虛無主義的淵源〉。煙山在此章開頭曾簡略借司特普尼亞克之言，指出俄國虛無主義具有「絕對的個人主義、追求個人自由、否定宗教、家族」的特性，62但轅孫並未譯出這段說明，而是直接切入「虛無主義者，破壞主義也。露西亞特有之一種革命論也」。並加入一段：「欲建設新國家，不得不推翻舊政府，誅滅殘暴之君主。於是不得不出於破壞之一策」。63從而使得俄國虛無主義之目標，乃與中國革命相呼應，正顯示出譯者將此作爲革命宣傳之用。

---

61 不詳，〈弒俄帝亞歷山德者傳〉，《大陸報》，期9（上海，1903），頁27-28。

62 煙山在文中曾自云：「如司特普尼亞克所云，虛無主義毋寧是個人反抗抑制身心的束縛最爲猛烈極端的反動」（されば虛無主義はステプニヤックの云ひたる如く、寧ろ之を個人の肉的及心的生活を抑制する束縛に反抗する一の猛烈にして極端なる反動なりと説明するを以て其當を得たりとなさん）。煙山專太郎編著，《近世無政府主義》，頁5。

63 兩段引文出自轅孫，〈露西亞虛無黨〉，《江蘇》，期4（東京，1903），頁58。前一段引文譯自煙山專太郎編著，《近世無政府主義》，頁5。

　　綜上所述，煙山的著作對於中國激進的知識分子而言，一方面是
認識俄國革命最直接、完整的介紹讀物，譯者亦得以在其中「斷章取
義」，擷取適用於支持中國革命的部分；另一方面，書中所描述的虛
無黨人，堅定、無懼、亦有「模範」的意義，讓中國知識分子得以
「效仿」。誠如轅孫在文中所云：「余所敬愛之虛無黨，豈其然哉，彼
等蓋確知天下有英雄可造之時勢，又知知難而退之，非大國民所應爾
也。又知此莫大之希望終非無代價而可以償也。於是不得不耐勞忍
苦，蒙大險冒大難以求實行其革命之目的」。[64]

三、中國知識圈的轉譯：革命英雄「虛無黨」的救世與犧牲

　　20世紀初期，無論是立憲派（如梁啓超，1873-1929）或革命派
（如蔡元培，1868-1940），都對「虛無黨」投入極大的關注。宛如任
克所謂：「夫沙勃之時代固虛無黨秘密運動最劇烈之時代……至是奮
身入虛無黨者，全國紛紛矣」。[65]

　　梁啓超在〈論俄羅斯虛無黨〉言及：「虛無黨之事業，無一不使
人駭、使人快、使人歆羨、使人崇拜」。[66]陳景韓（冷血，1878-1965）
在〈譯虛無黨感言〉云：「我譯虛無黨，我樂，樂虛無黨雖敗，然其
事必甚奇，其跡必大可觀，世之人必樂道之，樂傳之數世之後，必有
不敗之時，不敗之地在。我譯虛無黨，我懼，懼虛無黨至不敗時，虛

64 轅孫，〈露西亞虛無黨（續）〉，《江蘇》，期5（東京，1903），頁72。
65 任克，〈傳記：俄國虛無黨女傑沙勃羅克傳〉，《浙江潮》，期7（東京，1903），頁116。
66 中國之新民（梁啓超），〈論俄羅斯虛無黨〉，《新民叢報》，第40、41號合本（東京，1903），頁64。

無黨之風潮盛，虛無黨之流毒烈，無上無下，無輕無重，……。我譯
虛無黨，我愛，愛其人勇猛；愛其事曲折，愛其道爲制服有權勢者之
不二法門」。[67]章太炎（1869-1936）在〈虛無黨〉裡提到：「吾今日震
驚於虛無黨之事業，吾心動，吾血漬，吾膽壯，吾氣豪，吾敢大聲急
呼以迎此潮流而祝曰：『殺盡專制者，非此潮流蕩薄之聲乎！』」。[68]
而由章士釗（1881-1973）、陳獨秀（1879-1942）等人創辦的《國民
日日報》上，亦刊載了一篇〈理想虛無黨緒言〉，表達對虛無黨的崇
拜：「虛無黨我愛你，我崇拜你，你們所作的事業磊磊落落，能殺那
混帳忘八蛋的皇帝，能打救那一般受苦的兄弟姊妹，無一件不驚天動
地。你們的黨人紛紛濟濟，有削髮的美人，有三尺的童子，又有奇奇
怪怪的壯士，沒一個不是菩薩救主。……你們那種倒專制、殺特權、
最俠烈、最博愛的黨人，當該原諒我這九層地獄最可憐的奴隸人
種」。[69]

　　這些現代知識分子對「虛無黨」投注了熱切的目光，特別是〈理
想虛無黨緒言〉讚揚虛無黨爲「菩薩救主」，拯救蒼生，彷彿虛無黨
一出現，處於地獄中的人們便有了渡化涅槃之可能。這種形象的轉譯
十分值得注意。馬君武在〈二十世紀之新主義〉中也將「無政府黨」
（與虛無黨同義）比作「覺迷渡津之寶筏」：

　　　　無政府黨其覺迷渡津之寶筏也，我願與群生共投之，庶幾

---

67 冷血（陳景韓），〈譯虛無黨感言〉，《虛無黨》（上海：開明書店，
　　1904），頁1。
68 佚名（章太炎），〈虛無黨〉，《蘇報》，1903年6月19日。轉引自蔣俊、
　　李興芝編，《無政府主義思想資料選》，上冊，頁4。
69 〈黑暗世界・理想虛無黨緒言〉，《國民日日報匯編》，第4冊（台北：中
　　國國民黨中央委員會黨史史料編纂委員會，1968），頁53-54。

其能返歸於母乎。大哉無政府黨矣，我請爲詩以歌之。歌
曰：⋯⋯諸天眾神，神其來王，我歌既竟，乃散花香。[70]
「寶筏」指的是引眾生渡過苦海、到達彼岸的佛法。將無政府黨（虛
無黨）視作「寶筏」，固然有期盼拯救的意味，但也正顯示出中國文
化價值的危機與知識分子內在精神的緊張。

　　張灝曾指出，儒家的德性倫理理想價值，包含作爲人格理想的
「聖賢君子（聖人）」與作爲社會理想的「天下國家」，這兩組概念的
根據是《四書》中的三綱領、八德目，其終極目標是要在倫理階序之
中（如君臣、父子、夫婦）安頓好個人的位置，並將這套階序關係拓
展到「國」與「天下」。但在西方「自由」、「權利」等價值觀念滲入
之後，這套德性倫理已經失去對「現代知識分子」的吸引力。[71]對倫
理階序的質疑，使得知識分子迫切需要另一盞明燈，爲他們指引方
向，或甚至是在前頭「帶領」他們走向未來。在傳統的經典中，這位
帶領者本來應該是經書當中的「聖人」，然而，如同張灝所指出的，
聖人的人格理想，無法回應西方近代共和主義以降的自由、權利等觀
念，傳統儒家的德性倫理無法提供思想上的支撐點。在亡國感日益增
強的情況下，主張較爲激進的知識分子，引頸期盼的人物已從儒家經
典中的聖人、聖賢，轉變爲能引領中國人民脫離「野蠻」、進入「文
明」之「豪傑」。[72]對聖人之質疑，亦可見於《新世紀》。在創刊號

70　馬君武撰，〈二十世紀之新主義〉，《政藝通報》，期16（東京，1903）。轉
　　引自蔣俊、李興芝編，《無政府主義思想資料選》，上冊，頁16。

71　康有爲、梁啟超、譚嗣同、章炳麟這些人之走向佛學，都與這種取向危機
　　所產生的精神掙扎有關。張灝，〈中國近代思想史的轉型時代〉，《二十
　　一世紀》，期52（香港，1999），頁35。

72　馬君武在1902年出版的《俄羅斯大風潮》中就不斷強調要「改造社會思
　　想之豪傑」。見馬君武，〈俄羅斯大風潮〉，《國風日報副刊‧學匯》，期

上，一名作者直接批評孔子「在野蠻時代，能比別人多識得幾個字，
多通一點世故，畧曉得一點人道。倘此種人物，放在現在未開化的濠
洲野蠻之中，也自然受同時的一般愚人所欽敬。至于那一種狡獪伎
倆，裝起了無數面孔，湊成功一個聖人的架子，煞是可笑。故西哲有
言，聖人者，即野蠻時代最狡獪之一人」。[73]顯見孔子的聖人形象已然
劇烈動搖。此即是何以被視爲豪傑的「虛無黨（無政府黨）」在馬君
武眼中是「覺迷渡津之寶筏」，願與眾人搭乘此筏，渡離苦海，而能
抵達「文明國」之彼岸。

　　但發動「暗殺」、實行「破壞」的虛無黨，如何能夠成爲知識分
子的人格理想？虛無黨又是在什麼意義下，成爲人格的典範，獲得中
國知識分子的嚮往與崇拜？

（一）道德的目標：追求「公道」與「公理」

　　第一個關鍵即是虛無黨對「公道」、「公理」的追求。司特普尼
亞克塑造出的nihilists是爲「社會理想」而行動的人，而其書中所強
調的「社會理想」，乃是爲了追求一個自由、人人獲得解放、沒有壓
迫的社會。這些新概念進入中國之後，與中國情境，以及中國知識分
子所理解的「公道」、「公理」之間出現表層意義上的對應關係。

　　早在1897年，中國報界尚以音譯「尼希利黨」（nihilist）時，
《時務報》便曾根據日文報紙翻譯〈尼希利黨緣起〉，將虛無黨出現

130（北京，1923），頁1。該書初出爲獨立之個人（馬君武），《俄羅斯大
　　風潮》（上海：廣智書局，1902）。
73 不詳，〈此之謂中國聖人〉，《新世紀》，期1（巴黎，1907），頁3。

的原因歸諸於「公道既消，民心以背」。[74]這裡所謂「公道」，指的有兩層意涵，一是統治者實行德政；二是辜上凌下的情況得以消失。「德政」是儒家建構社會的理想，上位者有德，仁民愛物，即能風行草偃於下。統治者若背離德政，則人民得起而誅之。這篇文章的作者所認識的「公道」，顯然是以儒家的社會倫理觀念詮釋「尼希利黨」（虛無黨）的出現。不過，nihilists所追求的「解放」（脫離專制、獲得自由）等概念，與儒家建構出的德政思維，特別是統治者背離德政的概念在表層意義上實有相通之處，都指向人民不會受到暴政的威脅的意涵，雖然兩者的概念系統並不相同，然而，中國知識分子首先從這個面向來理解虛無黨所追求的「公道」。

　　而在1900年以後，隨著中國國勢的衰頹，知識分子排滿之心愈烈，其對於「虛無黨」的目的之理解，更加入了西方關於自由、文明，以及二元對立的思維，進而從追求「公道」轉變爲追求「公理」：推倒暴政、建設新社會、創造自由新世界。從翻譯自《近世無政府主義》第二章的〈俄羅斯虛無黨三傑傳〉中，即可以看到這些概念，文章在開頭便指出：

　　　　虛無黨者，冒萬死以求覆專制政治者也。識者迺又謂中俄
　　　　強敗之故，其在斯乎？其在斯乎？識者之說如此，是非姑
　　　　不論，而觀虛無黨人之所作爲，則中國尚無其人，是斷斷

----

74 「迨俄今皇繼位而割鬚之令以寬，然而俄人士往往發爲詩歌，著爲論說，以諷刺其國，苟使所言不誣，則俄猶橫暴如前也。俄官乘權藉勢，辜上凌下，公道既消，民心以背，而皇懵然不察所以官爲其非，而皇受其咎，俄有尼希利之黨，蓋有由來矣」。不詳，〈尼希利黨緣起 譯公論報西八月初六日〉，《時務報》，期41（上海，1897），頁15。

乎無可疑者。[75]

文中介紹的三位虛無黨英傑為赫爾岑（Alexander Herzen, 1812-1870）、車爾尼雪夫斯基（Nikolay Gavrilovich Chernyshevsky, 1828-1889）與巴枯寧（Mikhail Bakunin, 1814-1876）。除了指出虛無黨「求覆專制」之外，也譯述出煙山所指，虛無黨人欲求「新文明」、「自由」等「新理」，如「自由不存之舊世界，舉而滅之；更造清新敏活之世界」[76]、「且欲金斯拉武族皆得自由而破懷〔壞〕彼得帝之疆土，其言曰俄國須制定憲法創歷史中之新理，而造全國之新文明，并以新宗教、新權利、新生計導之」[77]都從社會進化論的角度，指出虛無黨所追求之目的，乃是要去除舊世界、更造新文明。

　　過去已有許多學者著眼於新v.s舊、野蠻v.s文明之觀點，認為中國近代國族認同與建構，深受社會達爾文主義，以及西方論述觀點的影響。[78]虛無黨的論述同樣也陷於二元論述之中。為了要脫離野蠻，更新文明，許多論述將焦點鎖定在「專制政府」上，將之形容為「惡毒機械」、「暴君民賊」，虛無黨之除害乃是申張「公理」，不是罪過。如《大陸報》曾載一則新聞，提到：

　　虛無黨以恨暴君民賊之甚，故持極偏激極單純之破壞主

---

75 不詳，〈史傳：俄羅斯虛無黨三傑傳〉，《大陸報》，期7（上海，1903），頁1。

76 不詳，〈史傳：俄羅斯虛無黨三傑傳〉，《大陸報》，期7（上海，1903），頁11。

77 不詳，〈史傳：俄羅斯虛無黨三傑傳〉，《大陸報》，期7（上海，1903），頁18。

78 可參看楊瑞松，《病夫、黃禍與睡獅：「西方」視野的中國形象與近代中國國族論述想像（增訂版）》（台北：政大出版社，2016）；石川禎浩，《中國近代歷史的表與裡》（北京：北京大學出版社，2015）。

> 義，凡暴君民賊有所事，必力與之爲難，務使其不能一朝
> 安而後已。此種舉動未嘗不大快人心。……雖然，虛無黨
> 非眞無意識之暴徒也。其通敵賣國，亦非爲箇人之私利
> 也，而竟出此，則豈第爲虛無黨咎哉！彼暴君民賊亦可以
> 自返矣。[79]

該文試圖爲通敵（日本）賣國（俄國）的虛無黨員辯護，認爲虛無黨
員之目的並非爲了一己之私，而是要除去暴君民賊。文中亦提及「無
意識」一詞，這是一個近代出現的新名詞。王汎森曾指出，近代知識
分子多使用「無意識」形容落後；而「有意識」形容理想。因此，
「無意識」多用於貶義。[80]而韓承樺則析之更詳，他指出，20世紀初受
西方心理學影響，「意識」一詞與社會之形成、人格之形塑相關。[81]其
中與此文之「無意識」最接近者，應是《東方雜誌》〈論國家之意
識〉所提到的「國人對國家之情愫」。[82]在這句話中的意思，即是虛無
黨並非爲對國家毫無情愫、專事破壞之「無意識暴徒」，而是由於
「暴君民賊」所逼迫，只得出此下策。

　　「專制政府」更被非道德化爲「惡毒機械」，以強化顛覆它所具
有的道德意義。如《競業旬報》：

> 〈虛無黨之家書〉：前年俄國警察總監，被虛無黨中某女員
> 殺死。女員旋亦被捕，臨刑之前，致書於其母，其略云：

---

79 不詳，〈時事批評：虛無黨之賣國〉，《大陸報》，第二年第6期（上海，
　　1904），頁17。
80 王汎森，《思想是生活的一種方式》，頁73-74。
81 韓承樺，〈意識：從「學術」到「政治」場域的概念挪用（1890-
　　1940）〉，《東亞觀念史集刊》，期2（台北，2012），頁143。
82 蓮照，〈論國家之意識〉，《東方雜誌》，卷3期1（上海，1906），頁4-8。

「家人等，必驚異我之殺人。噫！如我所殺果爲人
類？……孰知今日我所殺者，非人類又非動物，乃是一種
不可思議殘害人種之惡毒機械。……故我之志，終要剷除
此機械，拯救我同胞人類。如我畏死，虛生世間，心中常
懷慘怛，亦何益乎？今我死，我目光明，我心愉快。我實
愛吾母，愛吾至親，尤愛吾同胞。故我今日爲我同胞，謀
去惡毒機械而死，其幸福大矣」。[83]

從「愛吾母，愛吾至親」到「愛吾同胞」，實際上還可以看到《大
學》裡「修身、齊家、治國、平天下」的等差思維，但其內容則將
「國」與「天下」置換爲「同胞」。上位者被形容成是「殘害人種之
惡毒機械」，無論其所指的實際對象是俄國沙皇政權，或是暗喻滿清
政權，都是藉由非道德化的策略，以彰顯虛無黨顛覆政府的正當性。

此外，在中國無政府主義者創辦的《新世紀》上，也可以看到虛
無黨之暗殺乃是追求「公理」的思想：

民曰：暗殺也者，爲除害而非爲徇私也；爲伸公理，而非
爲名譽也；爲排強權，而非爲報復也。使爲徇私而暗殺，
則暗殺不得爲暗殺，而爲謀殺；使爲名譽而暗殺，則暗殺
不得爲暗殺，而爲好殺；使爲報復而暗殺，則暗殺不得爲
暗殺，而爲妄殺。夫殺之爲謀爲好爲妄者，則大過且罪
矣。故非有正當暗殺之目的者，不可以言暗殺之言；非有
實行暗殺之膽畧之手段者，不可以事暗殺之事。暗殺誠出
於至誠至公而不可假借者也。[84]

---

83 不詳，〈雜俎：虛無黨之家書〉，《競業旬報》，期12（上海，1908），頁
51-52。
84 民（褚民誼），〈普及革命〉，《新世紀》，期18（巴黎，1907），頁3。

褚民誼（1884-1946）此文以爲，暗殺之舉並非爲了個人的名譽、復仇，而是爲了「至公至誠」之「公理」。而此公理的內涵除了「自由」、「文明」之外，廖仲愷譯自《近世無政府主義》的〈帝王暗殺之時代〉一文申之更詳：「天既不作人於人之上，又不置人於人之下，公理大明而無政府黨乃應運而出矣」。[85]廖仲愷引福澤諭吉（1835-1901）〈勸學〉之言「天既不作人於人之上，又不置人於人之下」[86]，亦將「平等」思想加入了「公理」概念之中。

當然，崇拜、讚賞虛無黨的知識分子，也都清楚虛無黨員的暗殺可能對社會造成流毒。如前引陳景韓提到的「無上無下，無輕無重」；又如《大陸報》所指陳的「通敵賣國」，前者是虛無黨將破壞社會秩序；後者是虛無黨可能叛「國」。而梁啟超言之最詳：

> 虛無黨之手段，吾所欽佩，若其主義，吾所不敢贊同也。彼黨之宗旨，以無政府爲究竟。……近世社會主義者流以最平等之理想爲目的，仍不得不以最專制之集權爲經行。……則虛無黨之爭點，起於生計問題，而非起於政治問題。其黨之所以能擴張者，在此。其黨之所以難成就者，亦在此。雖然，此不過一八七七年以前耳。迨暗殺之方針既定，其大勢固已全傾於政治。暗殺者在政治上求權利之意味，也以建設思想而代破壞之思想之表徵也。[87]

---

85 無首（廖仲愷）譯，〈帝王暗殺時代〉，《民報》，第 21 號（東京，1908），頁 84。

86 「天は人の上に人を造らず、人の下に人を造らず」。福澤諭吉、小幡篤次郎著，《学問をすゝめ》（出版地不明，福澤諭吉，1872），頁 1。中譯本見福澤諭吉著，徐雪蓉譯，《勸學》（台北：五南圖書出版公司，2018），頁 3。

87 中國之新民（梁啟超），〈論俄羅斯虛無黨〉，《新民叢報》，第 40、41 號

梁啓超看到了俄國虛無黨可能造成的問題：第一層是「無政府」，他引邊沁（Jeremy Bentham, 1748-1832）的話，認爲政府「可以已他害之更大，故過而廢之，甯過而存之」；第二層是「最平等之理想」，若要成就最平等的社會狀態，必然必須透過專制集權才能夠實現。但是，話鋒一轉，他認爲1877年以後的虛無黨，已確立了以暗殺方針在政治上求權利，這是值得肯定之事。換言之，梁啓超雖然認知到虛無黨的問題，但對於虛無黨「求權利」的暗殺，卻也抱持肯定的態度。無論是陳景韓的「我愛虛無黨」之論；或是梁啓超對虛無黨手段的欽佩，均可得見虛無黨所追求的道德目標，使他們能夠擱置其所引發的負面問題，從而肯定尙未到來的理想結果。

　　除了道德的目標之外，司特普尼亞克等俄國革命家所刻劃出的「道德的革命者」引發的思想連鎖，又更進一步表現在犧牲的意識上。

（二）道德的行動：犧牲生命

　　前文曾引《競業旬報》所載〈虛無黨之家書〉，提及了虛無黨之志：「終要剷除此機械，拯救我同胞人類。如我畏死，虛生世間，心中常懷慘怛，亦何益乎？今我死，我目光明，我心愉快。」此種不畏死，甚至甘願爲拯救同胞而死的精神，與中國遊俠「以布衣之細，竊生殺之權」之間有著密切的關連。陳平原對此已有說明。[88] 此處則借用《申報》所載〈論欲救中國當自尊崇游俠始〉，說明知識分子如何連結這兩者。

合本（東京，1903），頁74-75。
88 陳平原，《中國現代學術之建立：以章太炎、胡適之爲中心》（台北：麥田出版公司，2000），頁287-292。

　　該文將中國衰弱之原因，完全歸結到「愛惜生命」上。認為國勢強弱全繫於國人是否愛惜自己的生命：

> 中國衰弱之原因，其故至複雜，而愛惜生命之一念，則所
> 謂總因之總因也。凡國勢之強弱，繫乎俠士之有無。俠士
> 者，能了生命以益社會者也。請徵之日，日本自變政以
> 來，黨人以國事死者，踵相望。而太和魂三字，遂為立國
> 之本，此日本之游俠也。請徵之俄，俄國虛無黨人，痛心
> 專制，要求立憲不成，而為暴動，暴動不成，而為暗殺。
> 一夫善射，百夫侒拾，雖婦人女子，亦莫不嬰縲絏而不
> 悔，伏莽躓而如飴，此俄國之游俠也。吾國……祖龍既
> 興，日趨於中央集權，以為游俠者，專制之國所大不利者
> 也。俠權日伸，則君權日縮，於是銷兵器於咸陽，使強者
> 弱；徙豪族於關右，使富者貧。既貧且弱矣，民救死方不
> 瞻，何暇為游俠。至漢代科條日益嚴；文綱日益密，舞文
> 陋儒，益皮附經傳以陷，游俠過此以往，人民之性質既日
> 趨怯懦而武健之魄力乃日漸消亡，士夫既以游俠為戒，於
> 是視國事為秦越，待同胞若外人，但求能保個人之生命，
> 乃舉一切人羣所最寶貴之物放棄之而不恤。夫國家之生命
> 者，個人生命之所積焉而成者也。愚夫小人之貪生忘國
> 者，於生命之外不知復有他物也，志士仁人之舍生為國
> 者，以個人所牽繫之物不足以奪吾所最寶貴最純一之目的
> 也。[89]

---

[89] 不詳，〈論欲救中國當自尊崇游俠始（為黃勛伯事感書）〉，《申報》，1907年5月12日，第3版。

此文中，俄國虛無黨被視爲遊俠，其所展現之精神，即是以個人之犧牲爲代價求得生命之外更重要的他物——國家。

　　虛無黨員犧牲生命、不畏死的精神，散見於各種雜誌中。《江蘇》雜誌刊載一篇由轅孫翻譯自《近世無政府主義》的〈露西亞虛無黨〉，詳述中國人處於異族政府下，宛如奴隸苟延殘喘。作者疾呼：「正告我同胞曰，公等苟以爲異族之牛馬奴隸爲樂也則已，若欲脫離專制之苦海，而享自由之幸福也，則不可不犧牲我生命財產已求剷除此慘毒之政體，驅逐此凶鷙之異族」。[90]而此一「犧牲生命」之精神，不僅是肯定自己的犧牲，同時也要求他人的犧牲。[91]

　　愚公節譯之〈俄國革命黨與歷山三世皇帝書〉，直接指出此一「犧牲生命」乃是爲了國家之義務，甚至爲了盡此義務，犧牲他人之生命也在所不惜：

> 此舉之理由，即世所認爲超然於人情崇高宏實之一事，其事爲何？即人民對於國家之義務觀念是已。凡人於此觀念之先，所極當注意者，則不僅犧牲一己之生命慾望，尤不可不對於他人之生命慾望而供其犧牲。[92]

這篇「上亞歷山大三世書」也曾在《大陸報》中出現：

> 人類之於國家，有不可不盡之義務。因欲盡此義務，又不得不糜吾人之生命以望爲全國之犧牲，不特此也，即糜他

90　轅孫，〈歷史：露西亞虛無黨〉，《江蘇》，期4（東京，1903），頁57。

91　感謝匿名審查人點出此處之犧牲，能再更細緻分梳出「自己的犧牲」與「他人之犧牲」。

92　愚公譯，〈譯件：俄國革命黨與歷山三世皇帝書〉，《民報》，第26號（東京，1910），頁2。

　　　　人之生命，以望爲全國之犧牲，亦不厭者。[93]

愚公之文，雖自云譯自《地下的俄羅斯》，[94]但是從詞彙的使用，就可以知道其與《大陸報》所載文章一樣，都是譯自煙山專太郎《近世無政府主義》。煙山原文如下：

　　　　較之尋常一般之人情更爲高尚者，乃對國家之義務。爲
　　　　此，吾人不僅獻上自己的生命欲望，亦不厭於犧牲他人
　　　　（これ尋常一 の人情よりも一層高なる者おるを思へばな
　　　　り。そは國家に對する義務なり。吾人は之が爲には啻に
　　　　吾人の生命欲望を捧ぐるのみか、なほ又他人をすらも犧
　　　　牲に供するを厭はざる者なり）。[95]

上述諸文都提及了較之於個人，對國家之義務更爲重要。因此，爲了實現國家此一目標，不僅要獻上自己的生命，即使犧牲他人之生命也在所不惜。

　　饒富意味的是，這段文字在《地下的俄羅斯》附上的「俄國人民意志執行委員會致亞歷山大三世」信中則是如此寫道：

　　　　世間還有高於人情之上的東西；這就是對於我們底國家之
　　　　義務，爲了這個義務，每個國民都應該犧牲他自己，他底
　　　　感情，以及他人的感情（There is something higher even
　　　　than legitimate human feeling; it is the duty towards our

---

93 不詳，〈史傳：附錄俄國民意黨實行委員上俄帝書〉，《大陸報》，期9（上海，1903），頁34。

94 愚公云：「此書乃節譯『地下之俄羅斯』之卷末所載之附錄也」。但從文字看來，其所翻譯的原文實際上是煙山專太郎《近世無政府主義》。愚公譯，〈譯件：俄國革命黨與歷山三世皇帝書〉，《民報》，第26號（東京，1910），頁1。

95 煙山專太郎，《近世無政府主義》，頁170。

country, a duty to which every citizen should sacrifice
himself, his own feelings, and even those of others）。96

這段話是在信件一開始，執行委員會對亞歷山大三世強調，他們爲了
對國家盡義務，將有各種恐怖、血流成河的事件在未來發生。在這一
段文字中，執行委員會表達的乃是「每個國民都應該犧牲自己與他人
的感情（feelings）」，此處所謂「感情」，自俄國脈絡觀之，乃是雜揉
了人民對沙皇的感情、對家族以及對宗教虔誠信仰的感情，並不僅止
於個人的生命。而煙山則直接將它譯爲「犧牲生命」，事實上是簡化
了該文當中的文化脈絡。因而到了中國譯本，其意義便成了爲了國
家，不只犧牲自己的生命，亦得犧牲他人的生命。

　　換言之，這層轉譯反而幫助中國讀者接受並合理化了虛無黨殺人
的行動，使殺人、流血、死亡昇華。虛無黨能夠深受革命黨的歡迎，
並且取之作爲學習的模範，其原因正是在此。司特普尼亞克在《地下
的俄羅斯》所描繪的虛無黨人物，以及他們的意志、目的、行動，通
過煙山專太郎《近世無政府主義》的轉譯傳入中國，此種犧牲以盡國
家之義務的思維方式，就在這些翻譯、譯述和革命浪潮裡，進一步形
塑知識分子對於自我價值和意義的詮釋。

四、「虛無黨」與世紀之交中國知識分子自我的「革命」

　　誠如德里克所說：「20世紀早期的中國激進派制定了非常高尚的

---

96 Sergei Stepniak, *Underground Russia: Revolutionary Profiles and Sketches from Life,* p. 313. 司特普尼亞克著，巴金譯，《俄國虛無主義運動史話》，頁324。

道德目標，並將其作爲檢驗自己革命眞誠性的標準，他們在無政府主義中找到一個與自己有淵源關係的政治哲學，而從虛無黨那裡找到了最重要的實踐模式」。[97]而激進派對於虛無黨實踐模式的認識與詮釋，筆者認爲乃是通過俄國革命者所擘劃出的革命者形象而來。此一思想所造成的連鎖反應，也深刻影響了中國人內在自我認同與建構。以下將從心態的革命、自我認同的革命二方面，探討晚清民初中國激進派知識分子的內在革命。

（一）心態的革命：有目的的人生觀

　　虛無黨的實踐模式，除卻外在政治上的革命之外，對知識分子造成的第一層「內在革命」，是將「目的」視爲人生命的意義，亦即所謂「有意識」的人生觀。如王汎森所言，「『有意識的』，是在每一件事情上問『我爲什麼是要這樣做』，是希望社會關係、政治組織乃盡可能是人們運用理智思維及自由意志所創設的」。[98]

　　在《童子世界》裡一篇譯述《近世無政府主義》的文章中，作者在譯文開頭寫了一段序，就在鼓勵人人均能夠產生「有意識的」目的，並透過各種手段去完成他的目的：

> 大凡一個人做一本書、寫一篇論，或者繙一本書、譯一篇論，總一定有個目的，斷不會無知無識的做出來。因爲他所以做寫繙譯的緣故，無非要想靠著他所做所寫所繙所譯的東西去達他的目的。……俄羅斯的革命黨我狠中意，我也想我們照這個樣子做一番絕大的事業出來，拿那非我族

---

97 阿里夫・德里克著，孫宜學譯，《中國革命中的無政府主義》，頁68。
98 王汎森，《思想是生活的一種方式》，頁75。

類的滿洲人和那全無心肝的官吏一個個都殺得乾乾淨淨，好不爽快麼！我所以把這一篇述起來，就是要叫列位明白我的目的，也起了革命的思想，併力去排外族，把那些獨夫民賊殺個寸草不留。《書經》道：「無俾遺種，於茲新邑」我們建立新中國必定要如此做纔好呀。[99]

虛無黨給予了20世紀初期知識分子一個明確的方向，讓他們對自己現在應該做什麼有了清楚的把握，不再茫然無措，也不再感覺傍徨。而且，這個目標是道德的，殺人被冠以「除去獨夫民賊」的名義，而顯得大義凜然。此外，在蔡元培等人所創辦的《警鐘日報》上，也刊載了翻譯自《近世無政府主義》的〈俄國虛無黨源流考〉，當中提到俄國革命黨人的「革命問答」，裡面也鼓勵革命者拋棄自身一切，僅追求唯一破壞之目的：

一千八百七十一年，有一虛無黨員名孟斯哥者，被捕處刑，其時彼攜有革命初學問答一書，著者匿名，嚴遭訊究，遂託爲巴克尼所著。其中曰：凡欲爲革命黨者，必不可違悖以下各事：

一　革命者非有如何之利益及職業感情財產也，專拋一身以副其非常愛好革命之熱情，悉放棄諸事，惟以一破壞爲目的而已。……（後略）[100]

《革命問答》（或譯《革命者教義》，*Catechism of a Revolutionary*）爲俄國激進革命家涅恰耶夫（Sergei Nechaiev, 1847-1882）所著，其以

99 殺青，〈譯叢：俄羅斯的革命黨〉，《童子世界》，期33（上海，1903），頁30。
100不詳，〈俄國虛無黨源流考〉，《警鐘日報》，1904年3月24，第3版。

不擇手段的恐怖行動聞名於世。[101]其作法並不受到肯定，但在當時引起許多關注。經由翻譯進入中國之後，此種具「目的」的人生觀，已在青年的心中埋下種子，成爲中國「新人」塑造的前奏——服膺主義、過著組織生活從事革命事業、追求光明世界的人。[102]

（二）自我的革命：捨生取義的行動

　　爲革命事業而犧牲，實可證明政治行動的純潔性，換言之，死亡能讓人能成爲英雄。《復報》曾刊出一文，以中國萌芽的暗殺風氣，描述這種精神所收的政治效果：

> 那實行家第一是轟兩廣督署的史堅如；第二是刺王之春的
> 萬福華；第三是刺鐵良的王漢；第四是轟五大臣的吳樾。
> 這四件事雖然一件都沒有成功，但是那色屬內荏的政府卻
> 已經嚇得狼狽不堪。如今的消息倘然眞個屠狗椎埋人心未
> 死，自然是暗殺主義的萬歲就使，不然那政府的疑心生暗
> 鬼，也叫做天奪其魄，滅亡不遠，中華好男兒不要坐失機
> 會了。[103]

暗殺五大臣的吳樾也撰作《暗殺時代》，直指19世紀爲虛無黨暗殺時代，20世紀則是虛無黨革命時代。[104]此文鼓勵人們投身暗殺工作，即

---

101 此書有中文譯本，見郭春生主編、栗瑞雪等編譯、陳金鵬等譯校，《俄國19、20世紀之交法政文獻選編》（北京：清華大學出版社，2016），頁96-99。

102 此處「新人」說乃是王汎森對五四運動時期青年的描述。見王汎森，《思想是生活的一種方式》，頁84。

103 不詳，〈暗殺風潮又起耶〉，《復報》，期1（東京，1906），頁48-49。

104 吳樾，《暗殺時代》，張玉法編，《晚清革命文學》（台北：經世書局，1981），頁216。

是要人不畏懼死亡。這種「不愛惜生命」，渴求死亡的精神，也在秋瑾（1875-1907）〈警告我同胞〉裡出現：「大家都存個毀家拚命的念頭，同外人去爭去打，若是勝了，我中國就強起來。就是不勝，也不過是一死。轟轟烈烈死了，比受外人凌辱死了，有百倍的榮耀呢」。[105]

司特普尼亞克所描繪的俄國虛無黨，表現出的「犧牲」精神具有各種面向：生命、財產、生活、地位。而中國的「犧牲」則更側重於「生命的犧牲」。這種思維背後是儒家思想的視野，犧牲的行動呼應《孟子》「捨生取義」的精神。生命的犧牲，也意味著人要將「義」擺在第一位，「生」拋諸腦後。而此「義」，不單只是彰顯自身的道德，更是為了更大的國、同胞、民族。與此同時，這種自我生命意義的改造，更存在著這樣一種信念：「一個人為信仰而死，就是要叫其他的同志繼續向前奮鬥」。[106] 在〈俄國虛無黨女傑沙勃羅克傳〉裡，就傳達出這樣的訊息：「一沙勃仆，何患千萬沙勃不起」。[107] 一個人的死亡，就是要喚起千萬人，共同朝著同一個目標前進。

如狹間所說，此時激進青年對虛無黨的崇拜，過於強調其英雄主義的一面，而忽略了英雄主義與普羅大眾生活的世界格格不入。[108] 然而「虛無黨」確實對知識分子如何認知自我、尋求自我、安頓自我具有強大的吸引力。如吳樾在《暗殺時代》所云：「某嘗自以主義之不

105秋瑾，〈警告我同胞（續第三期）〉，《白話》，期4（東京，1904），頁55。
106荍甘，〈俄國虛無黨人的故事：社會革命黨左派的介紹〉，《民鐘》，期15（廣東，1926），頁13。
107任克，〈傳記：俄國虛無黨女傑沙勃羅克傳〉，《浙江潮》，期7（東京，1903），頁119。
108狹間直樹，《中國社會主義の黎明》，頁119。

破壞，手段之不激烈為深誡，故每觀虛無黨之行事，而羨其同志者之
多能實行此主義、實行此手段也」。[109] 將虛無黨的行動奉為圭臬之
後，知識分子體認到自己是朝著一個道德的政治目標前進，同時他們
也正實踐著道德的行動。「意識」到這層意義，人生便不再是「無意
識」的人生，而是有信仰、有「意識」、有主義的人生。

　　從上述二個層次的內在革命，可以看到「虛無黨」作為典範人
物，使激進派知識分子找到一種具有目的的人生，並且得以懷抱不畏
死的精神、受苦、受磨難，以實踐革命。這些轉譯有些部分仍然受到
儒家觀念「捨生取義」的影響，但司特普尼亞克所形塑的nihilist形象
同樣影響深遠。

　　1926年，巴金在無政府主義雜誌《民鐘》上刊載了一篇介紹俄
國虛無黨人的文章，文中如此寫道：

> 現在世界還是一個強權的世界，沒有一個人的生命能夠無
> 益地犧牲的。不要悲傷人類的生命罷！讓死者自己來愛護
> 死者——你們有完全的生命——道德的、艱苦的生命，要
> 與那陷於水深火熱之中的世界共同前進！千萬不要說也不
> 要想你們的生命是失去了的，他會在無益的受苦受刑中或
> 在監獄和流放中消失的。那是不對的呵。要為痛苦的世界
> 受苦，要誓死地去剷除黑暗的惡魔，這才是一件偉大的工
> 作。甚至假若這就是你最後的服役，又怎麼呢？我們已把
> 供獻品帶到「為人民自由而奮鬥的祭壇」了，誰知道，也
> 許你們會活著這樣一個偉大的時候，那時我們這強權的世

---

109 吳樾，《暗殺時代》，張玉法編，《晚清革命文學》，頁227。

　　界會變成自由的世界了。110

司特普尼亞克所描繪出之道德的革命者，並未因中國1911年的革命
成功之後就消聲匿跡，相反，青年更需要尋得一種思想，以爲他們的
生命找到定位。而俄國的虛無主義革命者、民粹主義者的奮鬥精神、
爲世界受苦的人格情操，仍然是一種模範。這從1920年代到1930年
代，巴金翻譯了司特普尼亞克的著作，以及虛無主義者的介紹，仍舊
視他們爲時代的英雄就可以看到，俄國革命者的人格典範形象，持續
影響著新一代的知識青年。

五、結論

　　許多論者均曾討論過近代中國知識分子心態的變化和精神世界的
轉變，張灝與余英時均從文化核心與政治邊緣的角度，探討知識分子
的激進化轉向；羅志田從世界主義與民族主義的觀點，切入理解知識
分子如何建構國族和自我認同。本文則試圖從跨國界的「思想連鎖」
角度，指出中國近代知識分子的激進化轉向，可能還有來自俄國革命
者所塑造之虛無主義者（nihilist）形象的影響。特別是司特普尼亞克
及其著作，他在著作裡，塑造出道德化的革命者，這些革命者追求著
比自己生命更爲崇高的目標，而將這樣的追求視爲人生唯一的目的。
這樣的行動和目標，正好迎合了無法從儒家倫理觀念中獲致人生方向
的知識分子的需要。

　　當然，撰寫俄國革命實錄的革命家並不只有司特普尼亞克一人，
克魯泡特金（Peter Kropotkin, 1842-1921）、列奧・多伊奇（Lev

110苔甘，〈俄國虛無黨人的故事：社會革命黨左派的介紹〉，《民鐘》，期15
　　（廣東，1926），頁9。

Grigorievich Deutsch, 1855-1941）的著作，都曾對中國的虛無黨和俄國革命的認識，有著各種層面的影響。[111] 本文限於篇幅，僅以司特普尼亞克之著作爲例，但這些著作的跨國轉譯對日本與中國所引起的思想連鎖反應，對於個人的內在精神世界也引發了一連串內在自我的「革命」。

　　同時，從這個角度觀察「虛無黨」對中國知識分子心靈革命，也呼應了王汎森論「主義」如何在近代成爲中國人形塑自我、構成人生觀的過程。「虛無黨」在近代中國，正是知識分子渴望文明世界的縮影。與此同時，「虛無黨」的自我犧牲，以求推倒專制之政、爭取人民自由的形象，或許也存在於每一個時代，召喚著愛自由的青年，在絕望的情境之中挺身而出。

---

[111]如列奧‧多伊奇的著作《西伯利亞十六年：俄國革命者的一些經驗》（*Sixteen Years in Siberia: Some Experiences of a Russian Revolutionist*）也曾經被譯爲日文與中文，介紹參與俄國革命的女子。日文版見平民社同人編，《革命婦人》（東京：平民社，1905）。中文見大我，〈飢餓同盟之女囚〉，《女子世界》，第 2 年第 3 期（上海，1906），頁 43-52。

徵引書目

一、史料

《申報》（上海）

《自由新聞》（東京）

《東京日日新聞》（東京）

《東京曙新聞》（東京）

《朝野新聞》（東京）

《警鐘日報》（上海）

《讀賣新聞》（東京）

大我，〈飢餓同盟之女囚〉，《女子世界》，第2年第3期（上海，1906），頁43-52。

不詳，〈史傳：附錄俄國民意黨實行委員上俄帝書〉，《大陸報》，期9（上海，1903），頁34-41。

不詳，〈史傳：俄羅斯虛無黨三傑傳〉，《大陸報》，期7（上海，1903），頁1-23。

不詳，〈尼希利黨緣起 譯公論報西八月初六日〉，《時務報》，期41（上海，1897），頁14-15。

不詳，〈此之謂中國聖人〉，《新世紀》，期1（巴黎，1907），頁4。

不詳，〈時事批評：虛無黨之賣國〉，《大陸報》，第2年第6期（上海，1904），頁17。

不詳，〈弒俄帝亞歷山德者傳〉，《大陸報》，期9（上海，1903），頁25-33。

不詳，〈暗殺風潮又起耶〉，《復報》，期1（東京，1906），頁48-49。

不詳，〈雜俎：虛無黨之家書〉，《競業旬報》，期12（上海，1908），頁51-52。

中國之新民（梁啓超），〈論俄羅斯虛無黨〉，《新民叢報》，第40、41號合本（東京，1903），頁59-75。

中國國民黨中央委員會黨史史料編纂委員會編，《國民日日報匯編》，第4冊，台北：中國國民黨中央委員會黨史史料編纂委員會，1968。

司特普尼亞克著，巴金譯，《俄國虛無主義運動史話》，上海：文化生活出版社，1936。

平民社同人編，《革命婦人》，東京：平民社，1905。

民（褚民誼），〈普及革命〉，《新世紀》，期18（巴黎，1907），頁2-3。

任克，〈傳記：俄國虛無黨女傑沙勃羅克傳〉，《浙江潮》，期7（東京，1903），頁115-120。

冷血（陳景韓），〈譯虛無黨感言〉，《虛無黨》，上海：開明書店，1904。

茞甘，〈俄國虛無黨人的故事：社會革命黨左派的介紹〉，《民鐘》，期15（廣東，1926），頁7-20。

秋瑾，〈警告我同胞（續第三期）〉，《白話》，期4（東京，1904），頁53-58。

馬君武，〈俄羅斯大風潮〉，《國風日報副刊・學匯》，期130（北京，1923），頁1-2。

梁啟超，〈釋革〉，《新民叢報》，第22號（東京，1902），頁1-8。

穀青，〈譯叢：俄羅斯的革命黨〉，《童子世界》，期33（上海，1903），頁29-32。

無首（廖仲愷）譯，〈帝王暗殺之時代〉，《民報》，第21號（東京，1908），頁80-85。

愚公譯，〈譯件：俄國革命黨與歷山三世皇帝書〉，《民報》，第26號（東京，1910），頁1-6。

葛懋春、蔣俊、李興芝主編，《無政府主義思想資料選》，上冊，北京：北京大學出版社，1984。

獨立之個人（馬君武），《俄羅斯大風潮》，上海：廣智書局，1902。

轅孫，〈歷史：露西亞虛無黨〉，《江蘇》，期4、5（東京，1903），頁51-60；頁71-76。

蓮照，〈論國家之意識〉，《東方雜誌》，卷3期1（上海，1906），頁4-8。

獨應（魯迅、周作人），〈論俄國革命與虛無主義之別〉，《天義》（合訂本），第11、12卷（1907年11月30日），頁337-382

Stepniak, Sergei. *Underground Russia: Revolutionary Profiles and Sketches from Life*. New York: Charles Scribner's Sons, 1883..

＿＿＿＿＿. *Russian Storm-Cloud: Or, Russian in Her Relations to Neighbouring Countries*. London: Swan Sonnenschein and Co. Paternoster Square, 1886.

"The Nihilists and Dynamite. The Russkaya." *Times*, 24 Dec. 1879, p. 3. The Times Digital Archive, http://tinyurl.gale.com/tinyurl/CR5qy3(2020/12/7).

（日本）山田有策、前田愛注釋，《日本近代文學大系2・明治政治小說集》，東京：角川書店，1974。

（日本）池亨吉，《なめくぢ大明神：喜劇》，東京：佐佐木俊一，1920。

（日本）煙山專太郎編著，《近世無政府主義》，東京：東京專門學校，1902。

（日本）福澤諭吉、小幡篤次郎著，《学問をすゝめ》，出版地不明，福澤諭吉，1872。

二、研究成果

中文資料

（日）福澤諭吉著，徐雪蓉譯，《勸學》，台北：五南圖書出版公司，2018。

（俄）克魯泡特金（Peter Kropotkin）著，巴克（巴金）譯，《我底自傳》，台北：帕米爾書店，1984。

（美）阿里夫・德里克（Arif Dirlik）著，孫宜學譯，《中國革命中的無政府主義》，桂林：廣西師範大學出版社，2006。

山室信一著，田世民譯，〈對亞洲的思想史探索及其視角〉，《台灣東亞文明研究學刊》10：2（台北，2013），頁325-403。

王汎森，《思想是生活的一種方式》，台北：聯經出版公司，2017。

王汎森等著，《中國近代思想史的轉型時代：張灝院士七秩祝壽論文集》，台北：聯經出版公司，2007。

以撒・柏林（Isaiah Berlin）著，彭淮棟譯，《俄國思想家》，台北：聯經出版公司，1987。

石川禎浩，《中國近代歷史的表與裡》，北京：北京大學出版社，2015。

李冬木，《魯迅精神史探源》，台北：秀威資訊科技公司，2019。

洪德先，〈早期國人對無政府主義的初步認識〉，《食貨月刊》，14：9-10（台北，1985），頁415-424。

屠格涅夫（Ivan Sergeyevich Turgenev）著，耿濟之原譯，陳逸重譯，《父與子》，新北市：遠景出版公司，2016。

張玉法編，《晚清革命文學》，台北：經世書局，1981。

張寧，《異國事物的轉譯：近代上海的跑馬、跑狗與回力球賽》，台北：中央研究院近代史研究所，2019。

張灝，〈中國近代思想史的轉型時代〉，《二十一世紀》，期52（香港，1999），頁29-39。

郭春生主編，粟瑞雪等編譯、陳金鵬等譯校，《俄國19、20世紀之交法政文獻選編》，北京：清華大學出版社，2016。

陳平原，《中國現代學術之建立：以章太炎、胡適之爲中心》，台北：麥田出版公司，2000。

楊瑞松，《病夫、黃禍與睡獅：「西方」視野的中國形象與近代中國國族論述想像（增訂版）》，台北：政大出版社，2016。

詹宜穎，〈女虛無黨人在近代中、日知識圈的再現與挪用（1870s-1910s）〉，台北：國立政治大學中國文學系博士論文，2020。

劉紀蕙，《心之拓樸：1895事件後的倫理重構》，台北：行人文化實驗室，

2011。
韓承樺，〈意識：從「學術」到「政治」場域的概念挪用（1890-1940）〉，
　　《東亞觀念史集刊》，期2（台北，2012），頁129-178。
薩伊德（Edward W. Said）著，薛絢譯，《世界‧文本‧批評者》，台北：立
　　緒文化，2009。
羅志田，《變動時代的文化履跡》，香港：三聯書店，2009。

英日文資料

Good, Jane E. "America and the Russian Revolutionary Movement, 1888-1905."
　　The Russian Review, 41:3 (Jul. 1982), pp. 273-287.
Patyk, Lynn Ellen. "Remembering 'The Terrorism': Sergei Stepniak-Kravchinskii's
　　'Underground Russia.'" *Slavic Review*, 68:4 (Winter, 2009), pp. 758-781.
Venturi, Franco. *Root of Revolution: of the Populist and Socialist Movements in
　　19th Century Russia.* London: Phoenix Press, 2001.
Wilson, C. "Stepniak's 'Russia under the Tzars.'" *Science*, 154:7 (1886), pp. 56-57.
Yu, Ying-shih（余英時）. "The Radicalization of China in the Twentieth Century."
　　In Tu Wei-ming, ed., *China in Transformation.* Cambridge, Mass.: Harvard
　　University Press, 1994.
丸田孝志，〈毛澤東の物語の成立と展開：日中戰爭期から建國初期〉，《東
　　洋史研究》，77：4（京都，2019），頁717-752。
坂元弘子，《連鎖する中国近代の "知"》，東京：研文出版，2009。
山室信一，《思想課題としてのアジア：基軸‧連鎖‧投企》，東京：岩波
　　書店，2001。
中村忠行，〈晚清に於ける虛無党小説〉，《天理大學學報》，24：5（奈良，
　　1973），頁108-154。
梅森直之，《初期社會主義の地形學：大杉榮とその時代》，東京：有志社，
　　2016。
狹間直樹，《中國社會主義の黎明》，東京：岩波書店，1976。

Self-Revolution:
The Translation of "Nihilist" and the Chinese Intelligentsia

Yi-ying Zhan

Abstract

At the end of the nineteenth century, the Russian populist movement, with its accompanying assassinations, was surging. British and American newspaper reporters mostly referred to these Russian assassins as nihilists. Affected by Japanese translations, the Chinese intelligentsia translated nihilists as *xuwudang*. The term *xuwudang* often appeared in newspapers and periodicals in the late Qing Dynasty and the early Republic of China, reflecting the desire of Chinese intellectuals, under the influence of radicalism, for political "justice." In this way *xuwudang* shaped a self-identity that was different from the previous "scholar" identity. This article investigates the perspective of "ideological linkage" from Europe and Japan to China, and points out that the radicalization of modern Chinese intellectuals was partly influenced by the image of "nihilist" created by the Russian revolutionaries, helping the new Chinese intelligentsia construct a goal and direction of life.

keywords: nihilist, ism, Russia, revolution, image

《先秦政治思想史》與梁啓超晚年的思想主張

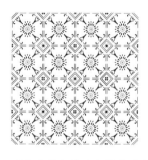

韓承樺

國立台灣大學歷史學系博士，現任佛光大學歷史學系助理教授。研究領域爲中國近代思想史。特別關注兩個面向：語言、詞彙和概念在近代中國與東亞的變遷歷程；現代知識、學科轉型和建構歷程，及其如何影響中國觀看與理解世界的方式和經驗。

《先秦政治思想史》與梁啓超晚年的思想主張[*]

韓承樺

摘要

　　五四以降的中國社會，是一個在道德、學問、政治乃至於爲人都需要方案的時代。梁啓超於1923年出版的《先秦政治思想史》，就是在這種環境中誕生的作品。當時的中國，在傳統價值體系解鈕狀態下，原先寓政治、社會秩序於道德、倫理結構乃至於日用人生律則的秩序，被迫進入相互疏離的情境。近代以來在中國陸續發生的新文化、反傳統風潮、科玄論戰，以及三民主義和共產主義的論爭，都反映了人們不斷嘗試在尋找能有機結合哲學思想、文化特徵、社會制度和政治秩序爲一元化方案的競爭過程。當時的思想界，有如胡適結合西方實證與中國傳統考證手法，強調客觀學問路向的哲學立場，亦有左派社會科學者傾向在排除傳統道德基礎上，強調以結合科學和人生的社會理論立場。本文認爲，《先秦政治思想史》應該放在這個思想脈絡中觀察，才能理解梁啓超晚年寫作這部諸子學研究的特點和價值。事實上，《先秦政治思想史》並非是一部單純爲追求客觀、整體式學問的專著，它更像是作者爲宣揚自身理念，化解現實困境的作品。梁啓超嘗試結合傳統儒學和西方社會學、心理學知識以提出，環繞著「人的可改造性」的啓蒙方案，是爲回應當時社會對於貫通人生和政治議題之法則的追求。任公這般思想主張和實踐，是現代中國知識分子對理想政治和國家之追尋的縮影；其雖於五四時期不受重視，但環繞著個人德性鍛鍊和政治革新的思考，現今或仍有值得參考的價值。

關鍵詞：梁啓超、胡適、《先秦政治思想史》、人生觀、心理學

───────────
[*]　本文曾以〈來自「人生哲學」的「政治思想」：論梁啓超著《先秦政治思想史》〉發表於「台灣佛光大學‧西北師範大學人文論壇（第二屆）」。修改文稿過程，感謝好友徐兆安提供許多寶貴意見，然文責全由個人自負。

一、前言

　　近代以降的革命及改革運動，原意為創建統一的民族實體，最終卻是迎來一個逐漸分裂的社會。五四新文化運動是特別明顯的例子，它以一股極強力道，將原已浮現裂痕的政治、思想、文化範疇，裂解為許多相左對立的板塊。在中西文化相遇、彼此競爭和取代過程中，板塊裂隙或矛盾所反映的思想、文化議題，隨即被放大為具解釋中國衰敗的普遍性問題。這些問題，原或有交疊、含混的範圍，在1920年代的社會，竟成為相互衝突的議題，形成旗幟鮮明對立的陣營，困擾知識群體，影響公眾輿論。梁啓超（1873-1929）與胡適（1891-1962），即是視思想、學術和文化議題為普遍性問題的代表人物。兩人於1920年代的交鋒，反映五四時期「客觀理智」和「主觀意志」陣營的對抗。前者象徵科學、客觀、理智的西方新文化，後者則為精神、直覺、情感的東方傳統文化。[1]1919年，胡適改寫博士論文出版了《中國哲學史大綱》，結合實驗和傳統考證眼光，克服哲學史材料和論述框架的困難，不僅還原諸子面貌，亦開拓嶄新學術視野。此書將他推上學術高峰，也為他在諸子、考證領域，奠定革命、典範地位。[2]胡著問世沒多久，梁啓超即於1923年出版《先秦政治思想史》，形成解釋哲學議題的另種取徑。梁著突出文化、生活、人生議題與學

---

[1]　「主觀意志」和「客觀理智」兩組概念，是王汎森沿戴季陶（1891-1949）之說的用法，請參見：王汎森，〈「客觀理智」與「主觀意志」：後五四思潮中的兩種趨向〉，收入氏著，《啓蒙是連續的嗎》（香港：香港城市大學出版社，2020），頁327-348。

[2]　余英時，《中國近代思想史上的胡適》（台北：聯經出版公司，1984），頁22-40。蔡元培，〈《中國哲學史大綱》序〉，收入胡適，《中國哲學史大綱》（上海：上海古籍出版社，1997），頁2。

術史的關聯，其研究進路和目標，是從「人生問題」出發，通過知識積累返回生命求取體悟，是直覺且帶情感，著重「主觀意志」的方式。這與胡適以「客觀理智」精神，強調科學和理性的作法，呈現極大差異。當雙方循此進路，將學術課題擴充爲具解釋社會現狀效力的普遍性問題時，兩人的學術觀點即被放大爲改良中國的不同啓蒙方案，彼此競爭。

　　梁啓超對《中國哲學史大綱》的挑戰，既代表學術立場差異，更襯映是時環繞著人生觀論戰的線索。他利用赴北大哲學社公開演講之機會，對胡著提出兩面向的商榷：一、胡適太重疑古與考證，導致先秦思想的來源被「抹殺的太過了」，這讓胡適只得拿《詩經》作春秋時代背景資料，恐犯時空錯置之疑。二、胡適單從「知識論」、西方科學角度講解孔子與莊子，無法徹底體會孔、莊哲學結合生活與學問，融合「思想行爲」和「生命」以及「宇宙」的意向。[3]梁啓超屢屢提及，胡適有極好的知識論分析角度，卻無法從人生觀領會中國哲學傳統及價值。顯然，梁啓超更重視的是生活和學思結合的哲學。胡適將前輩的批評描述爲「唱戲、聽戲」，「完全是衛道的話」，顯得頗爲不滿與無奈。[4]梁、胡的辯論，反映出對中國哲學內涵和終極價值的兩

---

3 丁文江、趙豐田編，《梁啓超年譜長編》（上海：上海人民出版社，2009），頁613。梁啓超，〈評胡適之《中國哲學史大綱》〉，梁啓超著，湯志鈞、湯仁澤編，《梁啓超全集》，第15集（北京：中國人民大學出版社，2018），頁335-348。演講第二天，胡適則在現場逐條回應任公的意見。胡頌平編，《胡適之先生年譜長編初稿》，第2冊（台北：聯經出版公司，1984），頁483-484。本文凡引用此新版之《梁啓超全集》，其後引用各冊不再一一註出版資料，僅註書名、冊數與頁數。
4 胡適著、曹伯言整理，《胡適日記全編》，第3冊（台北：聯經出版公司，2004），頁450-451。

種看法，亦暗伏了日後知識社群圍繞著人生觀展開，關於科學、理性和主觀意志之解釋效力、範圍的論爭。更甚者，這種關於人生哲學的重視，則透露了任公晚年如何循「陶養人格至善之鵠」的儒學傳統，開展學術、思想的描述、評估和實踐。5

　　專注於傳統文化內涵、特質和意義的探索，梁啓超晚年專心致志於儒學、諸子學及佛學研究中，並試圖聯繫他對現實議題的各項思索。《先秦政治思想史》涵蓋儒、道、墨、法四家，是梁氏結合學術考究和現實關懷的代表性作品。它一方面彰顯任公展演的學術史手法，可視爲梁啓超對諸子學說之思想價值的總體評價。更甚者，《先秦政治思想史》還透露梁啓超關於現代國家與社會型態的關懷。該書擘劃的啓蒙方案，是從個人修養到群體形成和政治秩序安排的多重思考。這種結合知識、道德和日用人生的手法，反映他對傳統學術、知識範疇限度的探索和實踐，也呼應當時慣常投射學術課題爲普遍性問題的作法。

　　梁啓超晚年的活動及思想變化，學界現已有初步認識。6大抵認同這階段的顯著轉變，就是肯定儒家人生哲學以及世界化傾向。7然卻未深究他是在何種知識基礎來肯定、發揚儒家哲學；思想目標又是什麼？他運用哪些知識工具、思想資源來嘗試完成目標？《先秦政治思想史》正爲我們窺探這些課題的窗口。然而，相較於《清代學術概

5　梁啓超，〈梁啓超創設文化學院〉，湯志鈞、湯仁澤編，《梁啓超全集》，第12集，頁15。
6　張朋園，《梁啓超與民國政治》（台北：食貨出版社，1978）。
7　汪暉在分析梁啓超此時期的思想時，就指出其關於東西文化的論述，已不自覺地進入世界現代性的框架內。汪暉，《現代中國思想的興起》，下卷第二部（北京：三聯書店，2008），頁1309-1329。

論》、《中國近三百年學術史》受學術、思想史重視，此書卻僅見少
數關於學術特色、研究方法的討論，正顯示梁氏晚年學術影響力的衰
退。[8]梁氏諸子研究受忽視，很可能與胡適的崛起有關。誠如錢基博以
「樂引其說以自張」描述梁啓超晚年在某些議題跟著胡適走的態勢，
任公晚年的學術工作，某種程度上就是被放在和胡適比較的脈絡下受
評估。[9]然而，若從晚清以降的諸子學脈絡來論，相對《中國哲學史
大綱》代表清儒考據和西洋哲學術語結合的突破和成果，梁啓超寫就
《先秦政治思想史》的舉措，其實得視爲某種程度的回應及區隔。[10]換
言之，該書實印證梁啓超晚年學術思想的特質及轉變軌跡，更突顯他
與是時思想文化語境、氛圍的互動和矛盾。

8　陳其泰，〈梁啓超先秦思想史研究的近代學術特色〉，《北京師範大學學報
　（社會科學版）》，1994年第2期（北京），頁38-43、76；高平，〈梁啓超
　《先秦政治思想史》中的中外文化碰撞〉，《北京教育學院學報》，1995年
　第1期（北京），頁25-30；李寧，〈《先秦政治思想史》方法論探微〉，
　《肇慶學院學報》，卷28期6（肇慶，2007），頁54-56。最近的研究指出，
　許多紀念任公的文章如張蔭麟（1905-1942）、鄭振鐸（1898-1958）、鄭師
　許（1897-1952）、繆鳳林（1899-1959）均談到梁啓超「清代學術史」研
　究的貢獻，特別注意〈論中國學術思想變遷之大勢〉（1902）、《清代學術
　概論》（1920）、《中國近三百年學術史》（1924）三樣著作。這些資料間
　接說明當時學術社群對梁啓超的評價，是圍繞著清學史，而非他晚年投入
　心力的先秦政治思想研究。張勇，《梁啓超與晚清「今文學」運動：以梁
　著清學史三種爲中心的研究》（北京：北京大學出版社，2016），頁4-6。
9　「樂引其說以自張」，爲錢基博（1887-1957）評論梁啓超在部分文化論述
　上跟著胡適走的趨勢。錢基博，《現代中國文學史》（上海：世界書局，
　1933），頁342。
10　當然，我們也不能忽略胡適從〈先秦名學史〉到《中國哲學史大綱》所犯
　的各種混用、化約西方思想資源與研究方法的問題。如江勇振指出，胡適
　是在不甚理解杜威實驗主義的情況下，展開對諸子哲學的分析。這部分請
　參見：江勇振，《舍我其誰：胡適【第二部】日正當中 1917-1927》（台
　北：聯經出版公司，2013），頁589-623。

　　《先秦政治思想史》交織了學術史與思想史議題，評估此書的學術史定位和價值固然重要，但本文嘗試以「思想史」爲主軸，把握梁啓超晚年的思想狀態，觸及以下議題：一，描寫任公晚年思想基調及此書的社會文化背景。二，描寫任公如何以儒家爲主要，輔以墨、道、法三家之架構，評述四家學說；進而評估這般思想圖景，轉喻（in terms of）何種現實世界的問題。[11] 三，分梳來自西方與日本的現代知識與內容，亦即梁氏言及的「洋貨」。[12] 四，這些想法透露何種關於人類生活、社會秩序之安排的思考，如何與政治理想結合。綜合四個層面，我希望能仔細描繪，任公怎麼結合中、西思想資源，展現儒家人生哲學之於現代世界的意義。更進一步，筆者嘗試提出解讀《先秦政治思想史》的方法。我們必須在胡適與民國學人奠定之學術史、通史寫作典範外，在剝離客觀學術標準並放下對全面、整體知識的追求後，才可能看見梁啓超結合知識與生活，綜合「客觀理智」和「主觀意志」的手法，以期理解任公此時提出以肆應現實困境的啓蒙方案，及其思想價值和可能的限制。

---

11 「轉喻」的概念，筆者是參考王汎森的研究。請參見：王汎森，〈思想是生活的一種方式──兼論思想史的層次〉，收入氏著，《思想是生活的一種方式》（台北：聯經出版公司，2017），頁 47-48。

12 梁啓超，《先秦政治思想史》，湯志鈞、湯仁澤編，《梁啓超全集》，第 11集，頁 427。後文復引本書，將於正文簡寫表示。爲求史料引證正確，本文引據部分會以全集版與商務印書館 1923 年初版互校。新全集版本爲1930 年代中華書局編輯《飲冰室合集・專集》時收錄的商務本，惟是初版後哪個版本則不得知。互校如有任何出入，筆者目前尚未能判斷是任公再版時修訂，亦或修訂、手民之誤。文中徵引版本、頁數以新全集版爲主，互校出入處以註腳表示。梁啓超，《先秦政治思想史》（上海：商務印書館，1923）。

二、後五四時期的人生觀：任公晚年的思想基調與實踐

　　辛亥革命後的梁啓超，投入政治場域，也更加側重文化活動，戮力以筆墨革新中國。特別是1918年末的歐遊行旅，讓他自覺得將「將從前迷夢的政治活動懺悔一番」，並「決意在言論界有所積極主張」。[13]歸國後，梁啓超的文化、學術事業範疇，集中於佛學、先秦諸子、清代學術思想、歷史學四個面向。[14]這延續他早年開發的問題叢集，也和晚清以降陸續積累的學術成果密切相關，甚是呼應時代思潮脈動及總體特徵。這些成果，觸及傳統學術寫作方法和技術，如歷史學、考證學受外來資源刺激的改革、反省及應用；通過考證學術源流以澄清前儒對部分問題的爭議，藉以印證西方學術、歷史發展階段也可在中國尋得；以結合傳統與現代、描寫和評估的手法，從傳統學術倉庫挖掘可資肆應現實困境的資源。這四種學術範疇之所以獨受重視，不單爲梁啓超的個人識見，更映顯中國知識社群於現代轉型期間的焦慮和危機感。

　　1923年初出版的《先秦政治思想史》與學術全史的構想，就屬梁氏這段時期的重要學術成績。他規劃的學術史藍圖，包含先秦學術、兩漢六朝經學及魏晉玄學、隋唐佛學、宋明理學、清學，共五部書冊。當時僅有清代學術已臻完稿。日後陸續寫就的佛學史論著，就

---

13 梁啓超，《歐遊心影錄》，湯志鈞、湯仁澤編，《梁啓超全集》，第10集，頁87。梁啓超，〈致梁思順1920年3月25日〉，湯志鈞、湯仁澤編，《梁啓超全集》，第20集，頁151。
14 鄭振鐸，〈梁任公先生〉，《梁啓超全集》，第20集，頁530-534。

爲《中國佛學史稿》的架構及內容。[15]至於先秦學術這部分，他從1919年就較密集投入諸子學。赴歐前他曾爲兒女講授國學，特別著重孟子的哲理、修養與政治三塊範疇，陸續編成講義。修養論部分就連載於《時事新報》2月份的《學燈》副刊。[16]接著，他又陸續撰成孔子、老子和墨子的論文。[17]這些論著展現梁啓超對現代史學研究、寫作法則的探索，以及古史考證之興趣。這很可能是受胡適諸子學研究成果和方法論的刺激，以及家庭講學生活的影響。[18]由此脈絡來看，

---

15 梁啓超，《清代學術概論》、《中國佛學史稿》，《梁啓超全集》，第10集，頁215、418。

16 梁啓超，〈與仲弟書1918年夏秋間〉，胡躍生校注，《梁啓超家書校注本》（桂林：漓江出版社，2017），頁111。新全集收載的版本，並無判別年份以外的時間。梁啓超，〈致梁啓勳〉，《梁啓超全集》，第20集，頁371。梁啓超，〈讀孟子記（修養論之部）〉，《時事新報·學燈》，1922年2月4-8日、10-13日。新全集收錄〈論《孟子》〉，似爲梁啓超這階段討論孟子思想的完整呈現。除《時事新報》登載的部分外，還加上孟子小傳與教育理念部分。梁啓超，〈論《孟子》〉，《梁啓超全集》，第10集，頁8-37。惟得注意，新全集按語關於《時事新報》的連載日期11-13日有誤，應爲10-13日。關於此二版本，筆者感謝審查人提示。《時事新報》檢索自 *Shi shi xin bao* (時事新報), 1919年2月10-13日，"East View Global Archive," *Late Qing and Republican-Era Chinese Newspapers*, https://gpa.eastview.com/crl/lqrcn/（2020年7月20日檢閱）。

17 李國俊編，《梁啓超著述繫年》（上海：復旦大學出版社，1986），頁196-198、206。

18 譬如1920年的《孔子》就兩處徵引《中國哲學史大綱》。1921年關於墨子的相關考證、校釋和學案，也與《中國哲學史大綱》的墨子論述直接相關，更反向刺激胡適完成《墨辯新詁》。二人關於墨子的關注點，是環繞著《墨經》的認識論、邏輯闡述與部分年代、文字考證問題。這問題請參見：黃克武，〈梁啓超的學術思想：以墨子學爲中心之分析〉，《中央研究院近代史研究所集刊》，第26期（台北，1996），頁69-75。此外，夏曉虹指出，梁啓超於清華講授的國學小史，可以明顯看到1919年他爲兒女講述孟子以及國學流別的痕跡。夏曉虹，〈梁啓超家庭講學考述〉，收入氏

《先秦政治思想史》的出版，概是延續和總成任公這段時間的諸子研究成果，屬梁氏學術史計畫的一片拼圖。

　　只是，這些諸子論著並非單純學術史著述，更是爲呼應社會現狀，以史論世的作品，透露梁啓超對人生觀問題的思考。在他接連撰成的〈孔子〉、〈老子哲學〉、〈老、孔、墨以後學派概觀〉，人生觀就時常成爲他述寫、評估諸子的概念。梁啓超描述先秦時代因社會變亂，引致秀異思想獲得不小空間，醞釀多種宇宙觀、人生觀，孔子學說即爲一種。[19]他敘寫老子、楊朱和莊子哲學，引述羅素（Bertrand Arthur William Russell, 1872-1970）的正面評價，說明老子哲學是最強調創造且放棄佔有的學說，是極高尚、適用的人生觀。[20]針對楊朱提倡極端毀棄個人之於社會聯繫的「爲我主義」，任公以爲是「徹底的斷滅主義」的人生觀，會造就一個厭世、自我的社會。梁氏又從大乘佛教角度，肯定莊子調和心、物／靈、肉衝突的人生觀念。[21]任公反覆提及的「人生觀」，實是1920年代政治、社會和思想界的關鍵詞彙，交織了論者對現實議題的價值判斷與投射性思考。這樣一來，梁啓超在這些交雜著人生觀問題的諸子研究，反映他實是跨越了學術史著述的客觀藩籬，讓其論著的意圖（intention）和實指，不僅展現知識論、古史考證的關懷，更指向是時人生觀討論風氣，展顯他的主觀見解。

　　著，《梁啓超：在政治與學術之間》（北京：東方出版社，2014），頁214-223。
19 梁啓超，〈孔子〉，《梁啓超全集》，第10集，頁315。
20 梁啓超，〈老子〉，《梁啓超全集》，第10集，頁379、384。
21 梁啓超，〈老、孔、墨以後學派概觀〉，《梁啓超全集》，第10集，頁387-391。

　　人生觀原屬個人、私領域課題，現在卻得攤在公眾領域下，轉為人人皆可議論的普遍性議題。追根究底，人生觀作為民國社會的特定概念，是在中國思想語境以及歐亞知識、文化交流兩股動力交織推促下完成。追索人生觀的源流，它其實是德國唯心主義哲學家倭伊鏗（Rudolf Eucken, 1846-1926）闡述「生活哲學」、「生活觀」的詞彙Lebensanschauung。後經日本學者翻譯，轉以「人生觀」指稱解決人生問題的概念，表達一種結合心物，貫通情感和啓蒙理性的哲學立場。[22]這個漢字詞，反映歐洲提倡情感的反啓蒙論述，而中國在此脈絡接納與轉用，則促使人生觀成為指引人們該依循何種規範，往何處去的法則。對當時中國民眾來說，既有生活理法是失散的；若尋得能解決個人、社會和政治困境的普遍性解答，就可重組原已散失的價值、意義體系，讓生活有所規循。[23]科玄論戰的人生觀議題，就反映了兩方知識人圍繞著事實與價值、學問與生活，各自尋找能涵攝知識和行止、實然和應然層面的律則，試圖重新鑄造統合個人人生與世界、宇宙觀的思想理法。梁啓超的人生觀論述，就是企圖通過學術研究，挖掘可供現實世界運用的哲理，這是種結合知識、意義與價值，尋求消解日用人生和政治、社會困境的貫通性原則；不僅為是時社會思想語境所致，更為歐亞反啓蒙論述交流之果。

　　可惜，任公的主張和言論，不僅不敵科學主義和新文化思想浪潮，更讓他在新氣充盈的大學院校，顯得格外不合時宜。《先秦政治思想史》就是在這種環境中完成。1922年5月，梁啓超應北京法政專

---

22 彭小妍，〈「人生觀」與歐亞反啓蒙論述〉，收入氏著，《唯情與理性的辯證：五四的反啓蒙》（台北：聯經出版公司，2019），頁72-102。

23 王汎森，〈「煩悶」的本質是什麼──近代中國的私人領域與「主義」的崛起〉，收入氏著，《思想是生活的一種方式》，頁124-148。

門學校作四場「五四」相關演講，題目就訂爲〈先秦政治思想〉，算是書稿雛形的首次公開試演。是年夏天，梁啓超應邀至南京東南大學講學，展開一段不甚舒心的生活。面對這些正處「眞理難於摸索，人生觀無法肯定」，深陷「苦悶之淵」的大學生，任公講授的「中國政治思想史」確實很難安撫學子的不安、徬徨感。[24] 授課之餘，他就是編寫課程講義，充作未來書稿內容。從10月起始至12月20日，歷時兩個月餘，總算完稿。[25] 起初，本書配合課程題爲《中國政治思想史》，分爲序論、前論、本論、後論四部。梁氏原計在「後論」部分討論漢代至近代的變化，最終卻因心臟病被迫擱筆，致使書稿僅得以前三部分爲主體，訂名《先秦政治思想史》，於1923年初交由商務印書館出版。[26]

---

24 黃伯易，〈憶東南大學講學時期的梁啓超〉，收入夏曉虹編，《追憶梁啓超（增訂本）》（北京：三聯書店，2009），頁268。關於梁啓超於東南大學的活動和困難，請參見：丘文豪，〈1920年代梁啓超往來南北的政治實踐〉，《國史館館刊》，第40期（台北，2014），頁46-56。

25 李國俊編，《梁啓超著述繫年》，頁212。

26 丁文江、趙豐田編，《梁啓超年譜長編》，頁623-624、626。任公在《先秦政治思想史》自序落款時間爲1922年12月28日。是書序論的再版自記，時間點落在1923年1月。對照1月21日的《晨報》登載的〈梁啓超創設文化學院〉也提到，先秦政治思想演講已結束，「書亦不日可以出版」。而1923年第2期《清華週刊》的書報介紹刊，註明該書初版是在民國十二年一月。綜合這些資訊或可推論，商務是於1923年1月首次出版此書。任公於序論的「再版」或是「出版」之意。該書直至1926年8月都有陸續再版作業。例如他與張元濟（1867-1959）通信有提及一條8月中旬的排印作業，即可證得。〈梁任公先秦政治思想史〉，《清華週刊：書報介紹副鑴》，1923年第2期（北京），頁2-4。梁啓超，〈梁啓超創設文化學院〉，湯志鈞、湯仁澤編，《梁啓超全集》，第12集，頁15。梁啓超，〈致張元濟、高夢旦書〉（1923年8月11日），《梁啓超全集》，第19集，頁615。

　　有趣的是，《先秦政治思想史》的誕生，還有段歐亞知識社群交流的故事。這牽涉梁啓超與學生徐志摩（1897-1931），以及羅素和語言學家奧格登（Charles Kay Ogden, 1889-1957）的跨國交遊往來。當時，奧格登和羅素共同擔任人文社會科學叢書《心理學、哲學與科學方法國際文庫》（*The International Library of Psychology, Philosophy and Scientific Method*）的學術編輯和顧問。這套叢書以社會科學為核心，收錄書目龐雜，自1922年開創至1965年，約輯錄204部專書。選材走向是為改變當時充滿艱澀專業術語的哲學研究，內容是從哲學偏向科學基礎的現代心理學。[27] 諸如《原始社會的犯罪與習俗》（*Crime and Custom in Savage Society*）和《意識形態與烏托邦》（*Ideology and Utopia*）這類名著，均列其中。[28] 梁啓超的《先秦政治思想史》，也是其中一冊。在以歐陸學術脈絡為主體的叢書體系，是奧、羅對中國哲學的濃厚興趣以及徐志摩居中交涉，才讓梁著脫穎而出。羅素與奧格登曾和徐志摩討論，選編一本代表中國哲學研究特色的書籍。原先相中的是胡著《中國哲學史大綱》。但徐志摩卻表示，胡著考證材料太過繁瑣，並非西方學術脈絡能理解，且內容太長不利於譯為英文。話鋒一轉，徐志摩遂推薦業師梁啓超，稱其為「中國學人裡，學問最為淵博，文筆最為雄健流暢的一位」，他更進一步說明，梁啓超的思想著述是旨在「解放中國思想，介紹和普及西學」，

---

27 John Forrester and Laura Cameron, *Freud in Cambridge* (Cambridge: Cambridge University Press, 2017), pp. 269-270. Liang Chi-Chao, translated by L. T. Chen, *History of Chinese Political Thoughts during the Early Tsin Period* (London: Kegan Paul, Trench, Trubner ; New York : Harcourt, Brace and Co. , 1930), p. 1.

28 John Forrester and Laura Cameron, *Freud in Cambridge*, p. 269.

在中國迎向現代、西方文明的道路上，梁氏居功厥偉。[29]

羅素和奧格登接受了建議，決定邀約梁啓超承負此工作，徐志摩則做爲資訊轉遞的中間人。按時間點推算，任公此時應已開始構思先秦諸子學的講題和文論。這樣一來，梁啓超並非重寫一本新的哲學史著，而是讓徐志摩以《先秦政治思想史》的英譯本來交差。[30]起初，書稿是由徐志摩負責翻譯。[31]1923年初，《先秦政治思想史》出版後，徐志摩還向奧格登說明，此書雖訂名「先秦」，卻仍維持思想通史寫作策略。只是，翻譯進行約8個月後，徐氏即坦承無法如時譯好這份「來自東方的重要貢獻」。[32]最終，《先秦政治思想史》的英文版，是輾轉交由曾擔任上海、北京基督教青年協會（Y. M. C. A.）秘書、幹事，以及中國太平洋國際學會執行秘書和其轄下 *International Understanding Series* 的編輯陳立廷（L. T. Chen）接手譯成，於1930年正式出版。[33]雖時間稍微延誤，但似未影響羅素和奧格登的期望。

---

29 徐志摩，〈致羅素〉（1921年11月7日），韓石山編，《徐志摩全集》，第6卷（天津：天津人民出版社，2005），頁208-209。此處引文爲筆者自行翻譯徐志摩英文信件，而非引自全集的翻譯。

30 劉洪濤認爲這份邀約是梁氏撰述此書的原因。筆者認爲這論斷值得商榷。這份國際邀約僅能充作《先秦政治思想史》誕生的外緣因素，梁啓超長久對此論題的關注，才是主因。英譯版譯者就提到，這部書使用的材料與研究，其實早於二十年前就開始，遍見於當時的報紙和雜誌中。劉洪濤，〈爲要尋一顆明星：新近發現徐志摩致奧格登書信探析〉，《全國新書資訊月刊》，2007年3月號（台北），頁12。Liang Chi-Chao, translated by L. T. Chen, *History of Chinese Political Thoughts during the Early Tsin Period* (London: Routledge, 2000), p. vii.

31 梁啓超，〈上康有爲書〉，《梁啓超全集》，第19集，頁226。

32 劉洪濤，〈爲要尋一顆明星：新近發現徐志摩致奧格登書信探析〉，《全國新書資訊月刊》，頁13。

33 陳氏爲民國時期外交界人士，長期於基督教青年協會（Y. M. C. A.）工作，也投入中國太平洋國際協會。同時也是位文字工作者，除《先秦政治

據論者指出，在「國際文庫」1923年出版品的廣告頁上，就已預告會出版梁氏「《中國思想的發展》」。[34]可惜的是，最終讓西方人讀到的，卻僅是以先秦諸子為主題所縮寫的中國哲學傳統和特色。

　　總的來看，《先秦政治思想史》的問世，還是與後五四時期的思想氛圍密切相關，也襯顯任公此階段的思想傾向、主張和學術工作。其時圍繞著人生觀、人生哲學的辯論，牽涉學術知識層面，也與行為、道德修養乃至於政治、社會秩序設計和安排相關。在傳統價值體系解鈕後，中國社會就存有在知識論、道德基礎以及價值取向互有差異的幾種哲學立場。梁啟超的《先秦政治思想史》、胡適的《中國哲學史大綱》，以及自20年代逐漸萌芽的社會、文化革新哲學，三方型構了思想十字路口，待眾人選擇。胡適那種以細密的實證科學、考據手法為主，排除主觀意志之道德評價所建築的學院哲學立場，讓他在學術界取得普遍性成功。[35]其時興起的另種路向，是否定傳統道德教

　　思想史》英譯本，還協助太平洋協會的 *International Understanding Series* 編輯，出版了《三民主義》的英譯本。〈新書介紹：先秦政治思想史（梁氏之先秦政治思想史）〉，《國立北平圖書館館刊》，第4卷第2期（北平，1930），頁149。中央研究院近代史研究所，近現代人物整合資訊系統，http://mhdb.mh.sinica.edu.tw/mhpeople/index.php（2020年7月19日檢閱）。

34 劉洪濤，〈徐志摩與羅素的交遊及其所受影響〉，《浙江大學學報》（人文社會科學版），第36卷第6期（杭州，2006），頁157。筆者查閱「國際文庫」資料，在一本出版於1924年的 *Medicine, Magic and Religion*（醫學、魔術與宗教），找到梁氏英文本確實被列在預擬出版書目中，題名就為 *Development of Chinese Thought*（《中國思想的發展》）。William Halse Rivers, *Medicine, Magic, and Religion : The FitzPatrick Lectures Delivered before the Royal College of Physicians of London in 1915 and 1916*(London : K. Paul Trench, Trubner ; New York : Harcourt, Brace, 1924), 封底前一頁。

35 胡適的「哲學」觀亦有細緻轉換，特別是他對杜威研究方法的置換，與日後改以「思想史」棄用「哲學史」的作法。江勇振指出，胡適在完成《中國哲學史大綱》後，因為誤讀杜威引致他逐漸走上拋棄哲學關於本體論、

化，並以社會科學、唯物論和進化思想架構起的社會哲學。它提供追
隨者一套可預測、描摹社會發展歷程且得窺見未來的歷史觀和規律法
則。36同是爲了追尋貫通個人和國家政治問題的理則，梁啓超的人生
觀概念、哲學立場，是在肯定既有道德觀念基礎上，立基於學術史研
究的成果和方法，延續早年改造民族國家的觀點而成。他並未提倡鮮
明的線性史觀，也無意向觀眾說明一套奠基於科學和經驗的規律法
則。在這些思想選項相互比較下，梁啓超的主張和實踐，確實值得我
們注意。

　　這番主張呈現任公晚年的思想變遷和其內在連續性。自歐返國，
梁啓超潛心於歐陸遇見的唯心哲學，開始提倡行爲舉止與知識學問合
一的認識體系；是種更接近傳統中國結合知識、價值和意義的系統。
但他並非就此倒退回傳統中。任公對中國歷史文化特殊性的肯定，其
實是出於當時社會追崇西方文化普世性之心態的反省。他延續晚清學
術史的成果，結合儒家傳統、諸子哲學、佛學思想與史學關懷，發展

認識論、邏輯的路。他陸續寫就的〈五十年來之世界哲學〉、〈我的哲學
小史：引論〉、〈給「求眞社」同學的臨別贈言〉，都透露對「哲學問題」
和「人／人生問題」對立的各種思考。認爲哲學不能僅是繞著「方法」議
題打轉，而不涉入人類世界、人生議題。他在〈哲學與人生〉寫道「哲學
是研究人生一切切要的問題，從意義（meaning）上著想」。我們可以側想
胡適可能是受人生觀論戰影響，將己身哲學做了這番調整。當然，他還是
捨不得完全放棄杜威的實驗主義，在說明如何求得「意義」時，他仍強調
經驗累積是唯一管道。江勇振，《舍我其誰：胡適【第三部】爲學論政
1927-1932》（台北：聯經出版公司，2018），頁494-504。潘光哲主編，
《胡適全集：胡適時論集3》（台北：中央研究院近代史研究所，2018），
頁66。

36 關於社會科學派的人生觀立場，請參見：王汎森，〈「煩悶」的本質是什
麼：近代中國的私人領域與「主義」的崛起〉，收入氏著，《思想是生活
的一種方式》，頁129-148。

一套以中國文化爲主體，肯定唯心、意志，和科學、物質文化之區別的獨特理念，是鎔鑄另套文明體系的嘗試。[37]這顯爲梁啓超晚年的一貫追求，人生問題則是這段歷程的縮影。1927年初，任公掌理司法儲才館時，特別開設「人生哲學」課程。[38]他也時與清華學生討論儒家學問與現代科學如何磨合，知識和科學應否突破單純求知的藩籬，進而成爲人格磨練的工具。[39]在一場題爲「儒家哲學」講演，他批評"Philosophy"譯爲「哲學」，只能表述西方以「求知」爲主的知識立場，並不能盡稱中國「人之所以爲人之道」的複雜內涵。他舉出以「道術」換譯，才能充分表達貫通知識與生活的概念。[40]從詞彙、哲學內涵到知識／認識論立場之爭，任公顯是力主有別於西方科學理性的觀點。這場演講最終結束在科玄爭辯上。他明言，儒學是人格鍛鍊的學問，既不淪爲玄學，亦無違於探索人與環境互動的科學精神。此見，科玄論戰揭櫫對傳統文化的疑難，理性、科學與直覺、精神的對抗，始終爲任公晚年苦心思索的課題。環繞著「人生觀」這個1920年代思想史的關鍵詞，梁啓超的立場始終偏向科學啓蒙的對立面，但他也從未完全放棄結合理性探索世界之精神和作法的嘗試。

---

37 梁氏結合佛學與儒學傳統的獨特史學觀念，請參閱黃克武的研究。黃克武，〈梁啓超與中國現代史學之追尋〉，《中央研究院近代史研究所集刊》，第41期（台北，2003），頁181-213。

38 梁啓超，〈致孩子們〉（1927年1月18、25、26日），《梁啓超全集》，第20集，頁241-242。

39 梁啓超，〈北海談話記〉（1927年初夏），湯志鈞、湯仁澤編，《梁啓超全集》，第16集（北京：中國人民大學出版社，2018），頁386-387。

40 梁啓超，〈儒家哲學〉（1927年），《梁啓超全集》，第16集，頁427-428、430、433-434、437。

三、可以改造的「人」：《先秦政治思想史》的諸子論述

人生問題與政治哲學，是《先秦政治思想史》兩塊相互關聯之範疇。這恰實對應著傳統中國政治運作的基本邏輯：寓現實政治於日常生活經驗中。對任公而言，研究先秦政治思想，不僅爲學術，更與現世生活理法密切相關。由此，他欲以學術史研究涉入關切公私、個人與政治場域的人生觀論辯，更希望通過清理古人在人生與政治境況展露的哲思與智慧，使中國「參列世界文化博覽會之出品」，助於世界文明良性發展（《全集》11，頁418）。

梁啓超對現實議題的關懷，與他結合知識和價值評判的書寫角度，密切交織在一起。這讓《先秦政治思想史》超越了史學論著的藩籬，進入以史論世的領地。對此可能的缺失，梁氏已有自覺，於序言處揭露此書在客觀態度和「忠於史著」的問題，還自嘲已是「結習殊不易盡」（《全集》11，頁428-429）。不過，結合客觀知識和主觀價值的線索，或許才是我們深索《先秦政治思想史》思想意圖的依歸。[41]全書對諸子目次的編排就是明顯例子，也呈顯出他和胡適往復論辯的線索。早前梁氏講演國學小史時，講題和內容、方向，均不無呼應胡

---

[41] 誠如一位審查人言，《先秦政治思想史》確實不是嚴謹的史學論著，更像史論。亦如研究者言，《先秦政治思想史》呈現知識考察與意義詮釋混淆的狀況，讓全書更像一部「思想史」論著。筆者同意確實該從近代學術史和史學史脈絡評估《先秦政治思想史》。但礙於篇幅與討論主題，本文選擇採思想分析進路，從其投射何種現代價值與爲何如此操作爲切入點，思考該書之於民國思想語境的角色和意義，並以此反省1920年代的思想史問題。李寧，〈《先秦政治思想史》方法論探微〉，《肇慶學院學報》，卷28期6（肇慶，2007），頁55。

適的步伐。更於課程規劃上，循《中國哲學史》理路、次第，將諸子哲學定調爲中國古代哲學發軔，老子又爲源頭，孔、墨及其他門派接續其後。[42]此後，梁啓超的諸子哲學論，才漸漸展露一面呼應胡適，一面試著超越的企圖。他公開批評《中國哲學史》之舉，標誌將轉出胡適設下的範疇，改採結合學術考據、以及生活理法之人生觀的方式。《先秦政治思想史》論述諸子次第，改以「儒、道、墨、法」呈現，這般調動暗含其對四家思想之評價，即是超越胡著的證據。他曾明言，學生可藉由閱讀《中國哲學史大綱》和《先秦政治思想史》引發學術興趣和判斷力。這句話實是暗示學生，得藉此培養學術和知識立場，再決定要走胡適，抑或梁啓超的路。[43]那是一種從學術考據、知識分析跨入評估思想之於現世生活關聯、價值的作法，突顯任公對哲學的認知，已非單純知識論立場；更多是緊密結合日用人生道理的觀念。

---

42 夏曉虹，〈1920年代梁啓超與胡適的學術因緣〉，收入氏著，《梁啓超：在政治與學術之間》，131-134。

43 梁、胡諸子學論的傳承、影響與差異，已有許多討論。錢穆就認爲梁啓超諸子學的系統著作，皆受胡適影響所出。而《先秦政治思想史》的時代背景相關敘述，則較胡著精密詳實。余英時也指出《中國哲學史大綱》在考證、校勘的突破，間接刺激梁啓超接續開發諸子學研究。這部分討論請見：錢穆，《國學概論》（台北：聯經出版公司，1994），頁366；余英時，《中國近代思想史上的胡適》，頁34-35。夏曉虹更點出，梁氏評論《中國哲學史大綱》，就通過考證手法指出《老子》成書年代恐在孔子後，進而更動「老、孔」順序。這是任公在學術史層面回應胡適的表現。直至1927年，梁啓超在清華大學演講「儒家哲學」，就斷言道家應後出於孔子，否定學界關於道家出於孔子前的說法。這部分討論請見：夏曉虹，〈1920年代梁啓超與胡適的學術因緣〉，收入氏著，《梁啓超：在政治與學術之間》，138-139。梁啓超，〈國學入門書要目及其讀法〉、〈儒家哲學〉，湯志鈞、湯仁澤編，《梁啓超全集》，第16集，頁65、440。

　　由此立場推衍之意旨，就是梁啓超欲以儒家「人治主義」創造現代社會的願景。這是在他準備書稿過程中，審愼酌量而成之構想。比較重要的兩條線索，爲書稿出版前的專題演講與報紙專文，展現其思想連續性和轉變軌跡。1922年5月，任公於法政學校做四場〈先秦政治思想〉演講，在描寫和評估儒、道、墨、法四家關於政治、社會生活和制度運作的規劃上，就與書稿有部分差距。[44]演講中，他嘗試概括描述諸子思想的本質與特色。任公評道、法家爲無治、法治主義，從高度肯定個人自由、能動性角度，批判法治主義；定調儒家爲「禮治主義」，認爲儒、墨皆可爲「人治主義」（《全集》11，頁604-614），惟墨家含有濃厚宗教色彩，需以儒家以禮育人的辦法補充。與日後書稿不同的是，他並未批判無治主義，也還未定調墨家爲「新天治主義」（《全集》11，頁474）。講稿另還展現對國家主義的否定，以及對先秦政治思想世界主義的肯定，這觀念就延續至書稿成形。最特別的是，梁啓超演講全程並未使用「人生觀」概念，表示他或許還未確定循此視野寫作。這很可能是在往後寫作、講課期間，才逐漸定調。

　　後於1922年12月12日，梁啓超接受《晨報》邀約，在副刊連載書稿部分章節，特別起名爲〈儒家哲學及其政治思想〉，預先揭露論述基調。這時距離書稿落定的時間不遠，任公已確立儒、墨爲人治、新天治主義的說法，也通過這藩籬劃界，釐清墨家是過度依歸「天」，儒家人治主義則指涉以個人同情心爲基點逐層擴散、形成連

44　演講內容分別登載於《法政學報》與《改造》。梁啓超，〈先秦政治思想〉，《法政學報》，1922年第3卷第2期（北京），頁1-22。梁啓超，〈先秦政治思想〉，《改造》，1922年第4卷第8期（上海），頁1-26。1923年商務版《先秦政治思想史》並未收錄講稿。

結的倫理政治。[45] 這不僅顯示梁啓超對「人治」的高度肯定，及其對另三家之看法。更重要的是，這種以「人」為依歸的想法，凝鍊為梁氏結合人生觀與政治哲學的視野，成其描寫和評估的準則。從1922年初，梁啓超首次系統性講演此論題，直至年末成形的思想體系，可見出「人」的色彩逐漸濃重，對法治一貫之批判，並注意到墨家的宗教色彩，與其對世界主義的懷想。連續性和斷裂性交織在一起的思想發展，突顯了梁啓超寄寓於《先秦政治思想史》的核心概念：可以改造的「人」，才是建構現代政治體制、打造民族國家，乃至於煥新現代世界最關鍵的主體。

（一）儒家思想

梁啓超首節即以「儒家言道言政，皆植本於『仁』」開場，將儒家政治思想定調為「仁」，亦可以「同情心」這種現代概念作解。這是人類特有的精神，於人際往來過程中，因「同類意識」觸發生成，進而影響個人「人格」的型構（《全集》11，頁477）。顯然，梁啓超理解與描述儒家政治思想的進路，建立在「人」為所有政治情境的出

---

45 梁啓超，〈《儒家哲學及其政治思想》識語〉，《梁啓超全集》，第11集，頁411。他抽取書稿第3到7章，從12月12至20日連載於《晨報副鐫》。李國俊編，《梁啓超著述繫年》，頁212。《晨報副鐫》版與新《全集》版本互校，除有錯字外還有明顯差異。如第五章談「禮」和良好政治習慣養成的關聯，新《全集》版：「儒家命之曰『禮』。故曰：『禮也者，理之不可易者也。』《樂記》」。《晨報》少援引《樂記》部分。第六章孟子政治思想有一段：「政府施政，壹以順從民意為標準。所欲，與之聚之；所惡，勿施爾也。《離婁上》」。《晨報副鐫》只引史料，沒有任公的敘述。梁啓超，《先秦政治思想史》，《梁啓超全集》，第11集，頁490、498。梁啓超，〈儒家哲學及其政治思想〉，《晨報副鐫》，1922年12月15日、18日，第3版、第1版。

發點，「同類意識」和「同情心」即為影響政治秩序的關鍵環節。「同情心」有消極與積極的模式。前者是「恕」，因著「同類意識」，所以他人不喜之物，我便不加諸於身。此即是以「絜矩」作為衡量人際關係之基調，形成一種「平等的關係」。[46] 積極者是以「恕」為基礎，「由所愛以『及其所不愛』，由所不忍以『達於其所忍』」，逐步將自身「同類意識」推展為「意識圈」。這種以「愛類觀念」構築的人際圈，就是以「同情心」彌合所成的群體。此致，不同的同情心孕生了相異的人際交往型態，進而促成各種政治、社會的情境與規制。這般政治思想構劃的目標，是以「人生哲學為其出發點」，結合倫理秩序與政治制度的民族國家。與當時歐美流行，極偏狹的愛國心構築成的國家主義，相去甚遠（《全集》11，頁479-480）。

　　梁啟超就是以「人治主義」概括描述和評估儒家政治思想。（《全集》11，頁487）這種政治模式必須由「聖君賢相」行「風行草偃」之為。進一步，任公還指出，儒家並非單純提倡單一賢人的政治體系，而是將視野拓展至每個人，認為人民自身的素質方為政治體系能否順利運作的關鍵因素。因此，若非有「健全之人民，則不能有健全之政治」（《全集》11，頁488）。人民的道德、習慣、政治能力養成，決定人生哲學、倫理的政治能否實現。就此，儒家提倡的又是「禮治主義」，以「禮」來疏導人民，而非如法家以「法」之制裁力，透過法條、告示限制人民。順此思路，國家最理想的狀態就是讓人民養成良好政治習慣，使合理的政治情景在日常生活體現（《全

---

46 互校發現一出入處。新《全集》版言「所謂絜矩者，純以平等對待的關係而始成立」；1923年商務版為「所謂絜矩者純以平等的關係而始成立」。梁啟超，《先秦政治思想史》，《梁啟超全集》，第 11 集，頁 479。梁啟超，《先秦政治思想史》，頁117。

集》11，頁488-490）。顯然，從《新民說》到《先秦政治思想史》，梁啓超都十分肯定由提升人民素質來改善中國的辦法。在此書中，任公對於個人改造的著重點，皆環繞著「同類意識」，強調從「人格」層面著手；上位者得透過「同類意識」的感召，方能「化民成俗」，使人民處於「自得」的狀態（《全集》11，頁490）。

　　良好的施政技術與理念，可通過人人相處與溝通，由上而下傳遞、影響整個社會。這種由賢人導引民眾，藉「同類意識」牽動，使「上者之人格與一般人民人格相接觸」，再使「全人類之普遍人格循所期之目的以向上」的觀念，在孔子看來便是所謂「全國人無論在朝在野，皆『爲政』之人」（《全集》11，頁490-491）。此即爲，每個人的行動「無論爲公爲私，皆政治的行動也」。基於此道，儒家所設想的「人治主義」，就絕非單靠聖君在位，而是「欲將政治植基於『全民』之上」（《全集》11，頁491）。最後，梁啓超總結儒家政治，即是將教育作爲執政者行使政治的手段，道德則爲最終目標。由喚醒個人「同情心」始，以期通過提升「國民人格」，讓全民在提高自身修養的條件下，得以共同參與政治運作，成就道德化政治。這也就是梁啓超所認爲的「全社會分子，人人皆厚而不偷以共趨向於仁」。在任公分析中，儒家這種以人爲核心往外推展，貫通社會的理論，就是以人類最低限度的同情心爲基礎，緩慢培養、擴充，當每個人同情心皆成長至最善美的狀態，就能完成理想中的「仁的社會」（《全集》11，頁491-492）。

　　梁啓超以「成德之人」爲核心的群體構想及論述，是其轉喻現實社會組織崩解、重組過程所遇到的各類問題；其實不全爲傳統儒家義理的複製，更可能呼應時論界關於現代群體型態的想法。其時人們對現代化群體組織的追求及考察，就集中在「社會」概念的重視及挪

用，且認爲此爲解決國家困境的首要辦法。這想法顯不完全被梁啓超接受。他與社會學家陶孟和（1887-1960）同，批評時人過於空泛談論「社會」，將各種革新訴求都寄予群體組織改善上。陶孟和與梁啓超都肯定，現代形式的「社會關係」、「社會制度」是成就於積極進取的個人上，個人道德素質提升之於社會改造的好壞，仍有一定程度的關聯。[47]持科學原則解析現代群體的陶孟和，與傳統學問根柢的梁啓超，兩人對國家、群體組織的想像，都指向充分結合個人道德素質與制度結構的現代社會。

　　由個人推及群體的想法，遍見於《先秦政治思想史》，孟、荀政治思想亦有。首先，他從「唯心」角度解讀孟子人生觀與政治哲學，指出人皆有同類心，且心都有善端。每人均擴充此心，則待彼我人格接觸後，遂會交融出「普遍圓滿」的人格（《全集》11，頁493-494）。從「仁之心」角度出發，梁啓超談論孟子倡義斥利思想，藉此批評近代西方的功利主義。書中明言這種通過計算所得的「利」及「效率」，絕不能用來解決人生問題。因爲，「人類生活只是爲生活而生活，並非爲求得何種效率而生活」（《全集》11，頁495）。此言反駁西方功利主義哲學，重新肯定孟子學說。他更批評隨歐美政治思想傳入的「權利」觀念。在任公看來，「權利觀念，全由彼我對抗而生。與通彼我之『仁』的觀念絕對不相容」。於是，歐洲與中國政治思想在｜權利」上的迎與拒，即顯示西方是以「交爭的精神」建設社會，中國則以「交讓的精神」建設社會（《全集》11，頁495-496）。

　　只是，這和任公早年對孟子的評論略有出入。他於1897年寫的

---

47 陶孟和，〈社會〉、〈新青年之新道德〉，《孟和文存》（上海：亞東圖書館，1925），頁6-8、57-59。

〈讀《孟子》界說〉，藉著闡發孟子仁義、保民、無義戰、井田和性善觀念，指涉現實政治、經濟和國際情勢的問題。[48]《先秦政治思想史》則是在此基礎上，更聚焦於「心力」角度，以「不忍人之心」向外擴充，養成善美的人生觀和政治理念。本書談及孟子批判權利觀念處，則是一反早年《新民說》對權利概念的肯定，認其是構成完整之新人、建造得於世界爭勝之新國家的關鍵概念；是中國人民最欠缺的現代性德目。[49]這般轉變，反映梁啟超是自世界主義角度反省過度膨脹的愛國主義，試圖弭平國際爭端，乃至於社會階級、群體、個人之間，相爭權利的緊張局面。

　　相異於孟子的荀子，梁啟超肯定其關於群體形成的見解，卻對荀學安排及維持群體秩序的方法採保留態度。任公首先稱揚荀子對「社會起原」的精審看法。他徵引〈王制〉和〈禮論〉篇若干片段，說明人異於禽獸，有能力組織社會，皆是「分際」之因。亦即以「禮」分界，適當疏導、調劑社會中的物質，維持秩序（《全集》11，頁500-501）。環繞著物質分配問題，梁啟超自五個層次討論荀子政治思想。第一，人無法脫離物質生活，但有限的物質無法滿足欲望。第二，與孟子人性論相反，荀子主張人皆有「爭奪之心」。第三，人無法脫離他人自由生存，有組織分際之「社會的生活」是必須的。第四，得按「度量分界」來分配，使每人都能享有一定限度的物質生活。第五，社會貧賤富貴之差，是自然的不平等；齊頭式平等僅是假象。必須承認階級差異之實存，在「不平等中求秩序」（《全集》11，

---

48 梁啟超，〈讀《孟子》界說〉（1897年冬），湯志鈞、湯仁澤編，《梁啟超全集》，第1集，頁299-303。

49 梁啟超，〈論權利思想〉，《新民說》，湯志鈞、湯仁澤編，《梁啟超全集》，第2集，頁556-563。

頁501）。[50]在梁氏看來，荀子敏銳認識人類無法離群索居，而物欲紛爭只得以「禮」來「度量分界」，才能維持社會的和諧。不過，對荀子企圖藉由「禮」來完成目標，任公卻指出，這其實近似以法家之「法」來操作，運作邏輯過度僵硬、缺乏彈性，容易產生流弊，形成「機械的人生觀」（《全集》11，頁504-505）。

（二）道家思想

從儒轉入道家，梁啓超觀點及態度的轉變明顯。他用較少篇幅討論道家，時以己見點評道家人生、政治思想。首節，任公明言「道家以自然界理法爲萬能，以道爲先天的存在且一成不變」。這與儒家肯定「人類心力」，強調人在追求「道」這件事情的創造力，很不相同（《全集》11，頁507）。對梁氏而言，儒家政治思想中，「道」就是那個人類致力於現世實踐的境界。然在道家看來，「道」在天地未有以前就已形成，是「自然」、絕對美善的狀態。人類僅能順著自然界，從旁輔助，絕不能主動去發揮創造能力（《全集》11，頁507）。因此，道家理想的哲學便強調，必須在絕對放任的條件下，排斥政治上的干涉主義，人類和社會「乃能復歸於自然」。相對的，所謂「文明」或「文化」就都爲「罪惡之泉源」。人類要做的，就是讓自己和外在環境通過不斷努力去復返初生般的自然狀態。由此可知，道家的哲學主脈就是「無治主義」（《全集》11，頁510-512）。

梁啓超認爲，道家自然主義本質上有「個人的」、「非社會的」、

---

50 互校發現一出入處。新全集版言「而質不能爲無限量的增加」；1923年商務版爲「而物質不能爲無限量的增加」。梁啓超，《先秦政治思想史》，《梁啓超全集》，第11集，頁501。梁啓超，《先秦政治思想史》，頁155。

「非人治的」三種傾向。後期出現如楊朱順世個人主義、陳仲遁世個人主義、許行無政府主義、慎到物治主義四派，都能見出老、莊著重自然，強調個人絕對自由，政府不得涉入人類社會自然狀態等想法（《全集》11，頁517）。對此，梁啓超以「人」的角度展開兩點批評。首先，他認為道家談「自然狀態」，將「人與物同視」，是為「道家之大惑」。人類天生就具「欲」，藉此發展基本能力如聽、看、聞、感知，這些就是人的「自然」。認為人對自然界之干涉是違反本然狀態的想法，讓任公無法認同。《先秦政治思想史》認為的「自然」，是以「人」為核心，能有所作為與實踐的狀態。這突顯他高度肯定人的能動、創造力，甚至認為，人於莊子「斗衡」情境中，是必須通過行動才得求取平衡無爭的狀態（《全集》11，頁512-513）。很明顯的，任公是以儒家「為」的尺度，評判道家「無為」。他的第二點批評更從行為、思想、態度擴大至人生觀。他認為，道家「宇宙為現成的，宇宙之自然法，當然亦為現成的」，人類與萬物皆同受此種定律，這實為「機械的人生觀」，與法家機械的法治思想幾於相合（《全集》11，頁521）。與儒家動態、人本主義的人生觀，相去甚遠。

　　然而，梁啓超也非全盤否定道家思想的價值，他認為有兩點值得肯定。其一，道家否定「文明」之舉，讓人們有機會看到固有文明中「爛熟」、流於形式的部分。這樣來看，近代歐洲文明或許只得透過道家哲學來拆解與重造，才有重生可能。其二，道家撇卻「物質文化」，追求「精神文化」的獨有態度，讓人得以離開外在生活，完成內在生活（《全集》11，頁514-515）。而欲達成此種生活狀態，則需仰賴道家重視的「自由意志」，其蘊藏無限力量和可能性，推促人類實踐最理想的精神生活及文化。就這點來論，任公是肯定道家為「人類極有價值的作品也」（《全集》11，頁515-516）。

（三）墨家思想

　　墨子一直是梁啓超長期關注的議題，他論述及評析的準則與內容，亦隨思想基調轉換而改變。在主筆《新民叢報》時，他就已撰寫過〈子墨子學說〉、〈墨子之論理學〉。拉長時間來看，《先秦政治思想史》論墨的部分，即可視爲梁氏對墨子思想的總評，也呼應其思想由激烈轉趨漸進改革傾向的痕跡。

　　梁啓超集中討論兼愛、交相利、尚同和鉅子概念，觸及群體人際往來與利益疏分，乃至於社會、國家組織和政治運作原理及型態的問題。他的評估是肯定和批評兼具。首先是兼愛，他指出這是墨家「唯一之主義」。這種放諸四海皆平等的愛，能改善人類自私自利之心，減低罪惡。然而，梁啓超亦同孟子之意見，認爲這種「兼相愛的社會」，抹煞人與人因身份差異形成的「相對待之事實」（《全集》11，頁523-524）。梁氏的評估，近似他對儒家「絜矩之道」、荀子「不平等中求秩序」的看法，表示他是肯定人類社會內部存有階級差距的事實。於此，合適的政治哲學，應是讓人人克服差距，在社會現實、實存的差別中生活，才能達致「自得」的狀態。在此標準下，墨家的「兼愛」，雖是人類最崇高的理想狀態，是遠大目標，但在現實環境中卻難以尋得切實方法達成；是「雖善而不可用」的政治治理策略。（《全集》11，頁525）

　　從「兼愛」引導出的「非攻」論述，則是梁氏轉喻他在現實世界看到，國際間因國家利益衝突而起戰爭的問題。這觸發他對「國家」目的和意義的另番思考，也襯映著任公晚年國族思想的轉變軌跡。梁啓超藉由論述「非攻」思想內涵，強烈批評「近代褊狹的愛國主義」，認爲此種「畸形愛國論」是非理性產物（《全集》11，頁525-

526）。對極端國家主義的批評，很可能是梁啓超歐遊期間產生的想法。他在《歐遊心影錄中》，就曾指稱「愛國」爲「褊狹的舊思想」。[51] 而這自與他親見慘烈戰禍所帶來的心理衝擊相關。另位轉型時代知識人嚴復（1854-1921），也曾感嘆因愛國而引致之災禍：「由來愛國說男兒，權利紛爭總禍基。爲憶人弓人得語，奈何煮豆亦然〔燃〕其」。[52] 顯然，梁啓超此時對國族主義的看法，並非特異。他與嚴復同受歐戰刺激，進而產生否定狹隘愛國主義、軍國主義的另種啓蒙言論，這在當時民族主義普遍高漲，以民族國家爲導向的啓蒙思潮年代，顯爲特殊。[53]

　　墨家的另一特色，就是「交利主義」。這與孟子將「義」與「利」視作不相容的概念，恰好相反。在墨家看來，兼相愛就是「仁」，交相利即爲「義」。墨家所論之「利」，並非單一個人利益，而是社會中每個人利益的加總。這得透過個人犧牲「私利」，「交相利」後得「總利」，是屬於全人類的總體利益（《全集》11，頁 527-528）。於是，爲完成社會全體的「利」，每個人都必須行「節用」和「非樂」。這意味著，墨子是站在人類整體來考量，甚而完全忽略個人利得。這在任公看來，是迫使人類將必要需求壓縮在最低限度內，

51 梁啓超，《歐遊心影錄》，《梁啓超全集》，第 10 集，頁 71。

52 嚴復，〈何嗣五赴歐觀戰歸，出其記念冊，子索題，爲口號五絕句〉，王栻主編，《嚴復集》，冊 2（北京：中華書局，1986），頁 404。嚴復對戰爭和國族主義的反省，請見黃克武，《惟適之安：嚴復與近代中國的文化轉型》（台北：聯經出版公司，2012），頁 201。

53 據丘爲君的研究，當時的《東方雜誌》有大量關於歐洲戰場狀況的報導，國人讀後遂得以知曉戰爭對歐洲造成多嚴重的損傷，並使得部分學人對於西方所代表的「啓蒙」，產生懷疑。丘爲君，〈戰爭與啓蒙：「歐戰」對中國的啓示〉，收入氏著，《啓蒙、理性與現代性：近代中國啓蒙運動（1895-1925）》（台北：台大出版中心，2018），頁 245-252。

多餘的收獲得分享出去，成就總體利益（《全集》11，頁530）。他無法肯定這樣利益分配方法。任公同樣也否定節制欲望的「非樂」觀。他指出，這是「墨家與儒家最相反之一點」。因為「娛樂」對儒家人生哲學而言，能補足人類精神層面，具莫大價值。就此而論，梁啓超認為墨家懷持著極高尚的精神生活面向，但卻得通過極度壓抑物質生活來達成，這其實是難以實踐的（《全集》11，頁531-533）。

最後則為墨家關於社會、政治組織，以及宗教與政治關係的討論。梁啓超開篇舉引〈尚同中〉描述國家起源的部分：「明乎民之無正長，以一同天下之義，而天下亂也，是故選擇天下賢良聖智辯慧之人，立以為天子，使從事乎一同天下之義」（《全集》11，頁534）。他認為這十分接近盧梭《民約論》，是倚靠人民「公意」選擇賢君，創立國家。當國家建立後，人民應「上同於天子」，也就是把權力交給皇帝。梁啓超指出，這與霍布士（Thomas Hobbes, 1588-1679）所言，將人民權力交予專治君主治理，不謀而合。甚且，墨家在這方面的論調是更勝霍布士。因其主張「絕對的干涉政治，非惟不許人民行動言論之自由，乃並其意念之自由而干涉之」（《全集》11，頁535）。由此，人類的「個性」將被政治力埋沒。《先秦政治思想史》對此的批評十分直接。任公言墨家是「只承認社會，不承認個人」，明白表露他十分反對墨子因過度注重社會組織，僅以成就群體之目的論來衡量個體意義（《全集》11，頁538）。可以說，梁啓超的批評，是持儒家社會理想為標準，也呼應著他對個人價值的肯定，認為個人優劣仍為決定社會組織強弱優劣之關鍵原因的觀點。

梁啓超對社會建構及型制的想法，進而影響他對墨家「賢人政治」理想的評估。有兩個主要理由。第一，梁啓超認為墨家尚未言明選舉制度之設計與執行方式和細節。第二，針對墨家政治論述夾雜的

宗教特質。在墨家政治理論裡，「賢人」就是「鉅子」，權威來源是宗教性質的「天」。此種由「天」到「鉅子」再到受治人民，梁啓超視其為「歐洲中世之教會政治」（《全集》11，頁538），是「新天治主義」（《全集》11，474）。梁啓超並不認為這樣能發展出最理想的政治組織、型態。合而觀之，梁氏對墨子的評估，側重於個人基本價值和群體架構及秩序的規劃，反映其思想的延續性和轉變。任公是肯定墨家強調個人犧牲自利、愛的精神，亦同意墨家推伸出反西方的國家主義。但他批評墨家過於重視群體、忽略個體，墨家僅視個人為社會組織之分子，否定個人存在的根本意義和價值。這將導致群體吞沒個體、消滅個性。顯然，梁啓超是高度肯定「個人」能動性在社會型構過程中的積極意義，這與他評述儒家政治學說的意見相互配合。[54]

（四）法家思想

梁啓超花不少篇幅處理法家的人生及政治哲學，環繞著「法」的核心概念討論法的由來；法治與所治人民的關係；法與社會、國家建構之關聯。首先，梁啓超梳理法治主義的學理根據，指出其是參雜儒、道、墨思想「末流」而成。梁啓超認為，法家是接受荀子「分」的想法，並從道家「自然法」推至「人為法」，最後則從墨家擷取「一同天下之義」，將國家社會的人民框於「法」中整治，達致儒家

---

54 據黃克武的研究指出，梁啓超於1904年寫成的〈子墨子學說〉，在「墨子之政術」中亦是從盧梭、霍布士的角度，認為由人民公意選出一位君主，之後便將權力交托於他。是時，任公並無否定或批評之意。此即表示，梁啓超是在《先秦政治思想史》中才流露出這般意見。這樣的轉變，透露了任公此時已逐漸放下國家主義的情緒。黃克武，〈梁啓超的學術思想：以墨子學為中心之分析〉，頁65-67；75-77。

「名正」的理想（《全集》11，頁 540-543）。

　　此致，法家對法律的認識，即是建立於物質基礎上，是以「物」為基準建立「法」，而非儒家以「人」為準繩。這是因為法家相信人性為惡，故是以「權力起源」論國家建構，而非人類同情心。以「權力」與「法」為國家運作基礎，「人」的重要性就次於前兩者（《全集》11，頁 550-551）。執此，任公認為法家的人生哲學，近似道家唯物的機械主義。梁啟超從這點展開三個層次的質疑，從國家權力限度開始，論及受治者的主體性及素質，以及治理模式的內在理路與本質。首先關於「立法權」問題。法家無法解決「立法權」該落於何處，在專制國家的情況，君主仍掌控此權。如此，法的優劣仍是疑問（《全集》11，頁 555）。其二，法家持性惡論的政治運作模式，將人民分為治者與被治者，前者有高等人格，後者是低等人格。這就與儒家提倡透過全人類人格「交感互動」併發的政治，「治者同時即被治者」，相去甚遠（《全集》11，頁 557-558）。第三，也是最重要的。和其對墨家的批評同，他認為法家亦落入「機械的」、國家吞滅個人個性、活力的困境。在評析四家思想的最末段，梁啟超表示，儒家是以充滿生機、唯心、活動的人生觀為立場推導出「人治／仁治主義」的政治論述。反觀法家，則是以死靜、機械和唯物的人生觀，推導出「法治／物治主義」。兩者高下優劣，相當易判（《全集》11，頁 560）。人治與物／法治在梁啟超心中顯是絕對的標準。他甚至舉引時局之約法體系的紊亂政象，論證假如人民政治習慣、道德不確立、提升，國家雖有良法卻仍是窒礙難行（《全集》11，頁 559）。這樣來看，任公在《先秦政治思想史》描寫與評估諸子政治與人生哲學的內涵與價值，其核心關懷明顯是環繞著「人」，認為必須以此為基準，方得發展現代國家內部的社會組織、經濟活動、法律制度、精神文化

以及日常生活的方方面面。

　　通過對先秦諸子的描寫和評估，梁啓超在《先秦政治思想史》反覆強調了「人」之於政治革新的重要性，突顯「人是可以改造的」此般觀點。任公選擇以「人」爲核心的儒家作評述四家思想之基準，是肯定「個人」爲社會、國家建構，政治運作的基本因子，認爲必須透過個人質素的改造，方能整體提升中國現況，創建善美的現代國家。進一步說，梁氏論及的改造，均是從「人心」入手，企圖喚醒人類原生同情心和同類意識，凝塑以個人人格、道德醒覺爲基礎的社會與國家。這緊密呼應本書別名《中國聖哲之人生觀及其政治哲學》。人生觀與政治哲學就是梁氏析論諸子的面向，前者更是他與當時社會大眾關切的議題；而寓現實政治運作於人生觀念和道德意識轉化、增益，正爲儒家視政治情境爲人生哲學之擴大的思想特點。[55] 爲轉喻他當時看到，人們因過度追逐民族國家、社會等現代群體組織以及物質生活，從而消解個人根本價值與存在目的之困境；他即在推崇儒家，肯定道家於精神文化貢獻，駁斥墨、法二家吞滅個人價值的政治思想基礎；在肯定現狀和實存歧異，否定烏托邦幻想的前提下，構思扭轉現實困境，得以貫通公、私領域的啓蒙方案。更重要的是，這些想法更顯現任公的思想趨向是如何隨勢變化。若以《新民說》爲梁啓超早期思想的標誌，那《先秦政治思想史》的書寫，即突顯他延續肯定個人

---

[55] 江媚析論梁啓超晚年重構儒學的思想意義時，也指出《先秦政治思想史》反映任公對先秦諸子人生哲學和政治思想的肯定，並延續於此後學術研究，體現梁啓超一條從「士君子之學」到現代「人生哲學」的道路。江媚，〈從「士君子之學」到現代「人生哲學」——論五四後梁啓超對儒學與儒學史的重構及其思想意圖〉，《淡江中文學報》，期20（台北，2009），頁129-161。

終極價值的立論基礎，逐漸超越以民族國家主義爲依歸的視野，轉入以人道精神爲規準的世界主義。

四、以心靈力量組織社會：《先秦政治思想史》的西學知識

　　作爲一部深具思想引導性的啓蒙書籍，《先秦政治思想史》以諸子哲學爲書寫基調的手法，在當時西學知識充盈的思想界，頗顯特異。這牽涉到梁啓超如何表述思想主張，讀者何以接納的問題。思想家在特定語境中和閱聽眾溝通，定是使用流通於該語境的言詞及概念。就此而論，梁啓超在《先秦政治思想史》以傳統思想義理建構的政治哲學藍圖，是否還結合了其他爲時人接受的語言、概念，甚至是關心的議題，讓此書得以進入民國思想語境？這部分就涉及該書可能蘊藏的西學知識，以及梁啓超如何結合新、舊思想和概念展開論述。質言之，《先秦政治思想史》可能如論者言，是不勻稱地嵌合著西洋、日本、中國幾塊「知層」，建構出關於個人素質、群體生活和政治治理機制的願景。[56]本文欲指出，書中有兩塊西學知識範疇——社

56　狹間直樹，〈梁啓超研究與「日本」〉，《近代中國史研究通訊》，期24（台北，1997），頁53。這部分的討論，學界碩果累然，環繞著梁氏關於國家主義、社會思想、自由學說、民權概念、佛學與哲學這幾塊領域。可參見狹間直樹編，《梁啓超・明治日本・西方：日本京都大學人文科學研究所共同研究報告》（北京：社會科學文獻出版社，2001）；鄭匡民，《梁啓超啓蒙思想的東學背景》（上海：上海書店出版社，2009）。這些討論，從梁啓超思想中具體、有範圍的現代知識，進展至他使用的新詞彙（terms）和概念（concepts），是結合思想史、學術史與概念史（conceptual history）研究取徑所得之成果。特別在新名詞／概念角度，研究者戮力從近代文獻的新名詞／概念，探索思想、知識板塊變遷的痕跡。就此角度論，任公於《先秦政治思想史》運用社會學、心理學的系列詞彙，均應從近代中國的

會學和心理學——觸及「現代群體組織成形」的問題群組，引導梁啓超逐步構思現代社會與國家的理想藍圖。

（一）結成群體的心靈要素：心理傾向社會學與「同類意識」的作用

　　社會學觸發知識人在肯定個人價值的前提，想像新型態的群體。斯賓塞（Herbert Spencer, 1820-1903）結合演化論和社會有機體論（organism）所描摹的社會發展理論，是梁氏社會學資源的重要部分。它讓任公在個人素質肯定的基礎上，引致其對「個體－群體」關係的現代想像。譬如《先秦政治思想史》談「人治主義」的賢人政治，梁氏就指出這需透過全體人民覺醒，使全民走向健全狀態，完備政治道德、能力和習慣，才可能有健全的政治（《全集》11，頁488）。事實上，整部《先秦政治思想史》，讀者皆可見到梁啓超對個人價值的肯定，及其與社會整體素質的關聯，兩者皆有本質上的重要性。誠然，筆者不認為梁氏對個體可塑性的推揚，是全受斯賓塞影響，他的傳統資源——儒家由「己」往外擴充至「天下」的觀念——亦發揮作用。但不可否認的是，由斯賓塞社會有機體論生成的「個人－社會」觀，確實對梁啓超與近代知識分子有深刻影響。

　　在想像現代群體構成的資源，任公還受心理知識以及結合社會理論的心理學說影響。這包含一些現代心理學概念，被社會學者援引討論社會建構成因，以及發源且盛行於18-19世紀的社會心理學說。這

新名詞／概念脈絡來考慮，而非如一位審查人單從「普通名詞／特定名詞」脈絡來解釋。本文認為，唯有深入理解梁氏參雜入文本的新名詞／概念，才可能貼近地理解、解讀《先秦政治思想史》在近代思想史與梁啓超思想研究的位置和意義。

類論述，認爲群體、社會結成的關鍵因素，不在於自然氣候、外在環境、物質條件此類物理因子，而是關乎人類精神、思想、感情這些心靈活動的幽微因素。是它們決定了人如何從單一個體逐步演化爲群體生活形式，從而願意結成現代組織形式的社會。這種心理傾向的社會學說，迥異於斯賓塞的社會理論，在近代日本和中國很受注意和討論。

《先秦政治思想史》的心理知識，主要圍繞著「意識」、「同類意識」與「人格」概念，結合儒學資源摶成特殊的社會理論。這三種概念是隨著建部遯吾（Takebe Tongo, 1871-1945）和美國吉丁斯（Franklin H. Giddings, 1855-1931）的論說，與一些零散、尙難溯源之知識片段，譯介入晚清社會。[57]建部對梁啓超思想的影響，目前看來是與「社會形成」問題相關。《新民叢報》有一篇新名詞釋義，是「採譯日本建部遯吾社會學序說，及教育學術研究會之教育辭書」而成，旨在向讀者解釋何謂「社會」。文章開宗明義說：「社會者，眾人協同生活之有機的，有意識的，人格的之渾一體也」。接續還有四個構成「社會」的必要條件。首先，必須有兩個以上的「人類」，形成共同生活體展開生活。再者，得以一種「有機體」形式存續。社會內各部得「協力分勞」，乃能持續成長。復次，社會必須由一群「有意識」的有機體共構而成。集各個有機體意識遂成社會意識，集體意

---

[57] 建部遯吾是19世紀末至20世紀初，引領日本社會學界走出斯賓塞陰影的學者之一。他曾遊歷德、法、俄、美各國，參閱當地社會型態，拜訪社會學者。返國後，遂以博論爲基礎出版成名作，四卷本的 *General Sociology*（《普通社會學》）。Teruhito Sako, Suzanne K. Steinmetz eds., *Japanese Family and Society: Words from Tongo Takebe, A Meiji Era Sociologist* (New York: The Haworth Press, 2007), pp. 41-42.

識又可在個體意識中找到相似痕跡。第三，有意識的「人」，一面能發展「高尚複雜之機能」，一面用「觀念之刺戟的性質」以爲「高尚複雜之動機」。此就爲「人格」，是人類「共同生活之主體也」。換句話說，「人格」便是一個社會成形的關鍵因素，它是人類特有，「人之所以爲人」的性質、條件。「人格」從個人「意識」發展來，從而能在社會中集成「眾人意識」。最後，匯集四者形成一「渾一體」（Unity），才是符應"society"這個現代性概念意涵的「社會」。[58]

此文指出的「意識」與「人格」兩種必要條件，是當時盛行東亞的斯賓塞社會學所沒有的。它標誌了建部關注的，心理因素之於社會結成的重要性，並能將「社會」與單純生物因素的有機體區隔開來。[59]這種著重心理因素的社會學，於1900年左右已有部分學人同聲唱和，象徵斯賓塞社會學逐漸被取代。[60]這段時間梁啓超恰好旅居日

---

[58] 〈新釋名一〉，《新民叢報》，第50號（東京，1904），頁113-115。筆者曾懷疑本文爲任公手筆，惟無法進一步確認。但此專欄確實是梁啓超主導產生的。新版全集《〈新釋名〉敘》按語謂，叢報編輯部是爲替讀者釐清充盈滿紙的新詞彙而設計此專欄。釋義文是「同學數輩」分頭擔任，通過編採西學群書所撰成。如此，梁啓超或是知悉專欄文章的工作進度、內容。梁啓超，〈《新釋名》敘〉（1904年6月28日），湯志鈞、湯仁澤編，《梁啓超全集》，第4集（北京：中國人民大學出版社，2018），頁339-340。

[59] Teruhito Sako, Suzanne K. Steinmetz eds., *Japanese Family and Society: Words from Tongo Takebe, A Meiji Era Sociologist,* p. 58.

[60] 姚純安，《社會學在近代中國的進程（1895-1919）》（北京：三聯書店，2006），頁54。目前我們還不清楚梁啓超吸收這類知識的確切狀況。筆者查找由北京圖書館編纂的《梁氏飲冰室藏書目錄》中「社會科學」欄目，共計有遠藤隆吉（Endo Ryukichi, 1874-1946）撰《近世社會學》、《社會學原論》、《社會力》三書，建部遯吾撰，《社會學論叢》（存第一卷戰爭論）、《國家社會觀》兩書。國立北平圖書館編輯，《梁氏飲冰室藏書目錄》（台北：古亭書屋，1970），頁257-258、265。遠藤與建部皆爲當時倡和心理因素社會學說的學人。

本，很可能接收到這些資訊，讓他從個人心理幽微層面的活動，思考社會群體的組成過程，並嘗試循此發展現代國家、社群的政治性論述。在梁氏這種由人類心靈活動推及形成群體的理論中，還有「同類意識」這個關鍵概念。這概念同受幾種心理傾向社會學說的傳播而盛行。如法國塔爾德（Gabriel Tarde, 1843-1904）、吉丁斯，他們均引導讀者關注人類內心力量之於社會型構的相關問題。塔爾德的社會心理學是從「模仿」（imitation）來解釋人類的創新行為，吉丁斯則是從「同情心」（sympathy）、「同類意識」（the consciousness of kind）、「協同意志」（concerted volition）三層面來理解社會形成。61歐陽鈞（1883-不詳）編譯遠藤隆吉《社會學》，就有「社會心理」專章從幾種層面分析心理因素如何影響群體結成，分別提及塔爾德「模倣」說和吉丁斯「同類意識」論。該書指出，群體內的人際關係，是建基於人類模仿他人行為的精神、思想。而社會之所以能新生事物，也是源自模仿行為的變形。這就意味著，這種由心生發的模仿活動，才是人類社會組織、結構與內涵能愈趨複雜的關鍵原因。62至於「同類意識」，就是當同樣物種於環境中相遇，即會激發相愛相感的情緒，自然團結了鬆散的鏈結，結成嚴密網絡的社會組織。這種因為同物種而觸發的內心情感，就是一個複雜龐大的現代社會得以成立的根本原因。63這樣來看，前述《新民叢報》釋義文強調「有意識者」才為社

---

61 Sun Lung-Kee, "Social Psychology in the Late Qing Period," *Modern China*, 18:3 (Jul., 1992), pp. 236-237.

62 歐陽鈞編譯，《社會學》（上海：商務印書館，1911），頁47。

63 歐陽鈞編譯，《社會學》，頁48。章太炎翻譯的《社會學》也觸及吉丁斯社會學說與「同類意識」。章氏頗注意這概念，認為是人類社會形成最原始、基本、主觀的要素。人類每種行為舉凡經濟活動、政治運作或宗教崇拜，都是從一種「同類意識」延展而生，岸本能武太著、章太炎譯，《社

會，或許就是這類著重心靈因素之社會學說的體現。

　　此致，人類心靈深處的「意識」，才是社會形成的關鍵力量。梁啓超於20世紀初期吸收這類西學知識，成為他晚年寫作、評估諸子思想的憑據；更是他寄繫理想的現代國家、社會型態之所在。《先秦政治思想史》談「仁的社會」概念，是種以「仁」為基礎打造的人際關係，通過「同情心」發動，推展兩兩相際的關聯進而組建成一個複雜網絡的社會。在此，梁啓超即引入「人格」與「同類意識」概念，搭建「仁的社會」。他指出，「人格」在人孤獨的時候無法表現，必須在兩人以上的人際關係中，通過個人「同類意識」交相互動才得展演（《全集》11，頁477）。這段論述呼應了〈新釋名〉談到構組社會的條件，對「意識」和「人格」的強調，以及建部遯吾指出的，「人格」必須在複數個體之「意識」相互牽引，才得展現。

　　也就是說，《先秦政治思想史》關於「仁」與「仁的社會」這組概念的思想底色，是混雜了建部遯吾、吉丁斯關於社會型構的說法。在該書儒家篇章中，屢見「仁者，同類意識覺醒而已矣」；「人人將其同類意識擴充到極量，以完成所謂『仁』的世界」，這類論述。「同類意識」概念，更被他用以闡述儒家的「絜矩，能近取譬」之道（《全集》11，頁478-479、481）。事實上，整部書遍見梁啓超運用「意識」、「同類意識」、「人格」和「心理」等詞彙，幫助他解釋儒學傳統概念，以及描寫現代社群型態的結構與細節。顯然，他是在理解這些西方社會理論基礎上，和傳統「仁」的概念相嵌合，轉化成一套

　　會學》（上海：廣智書局，1902），頁1a。Franklin Henry Giddings, *Principles of Sociology: An Analysis of the Phenomena of Association and of Social Organization* (New York: The Macmillan Company; London: Macmillan & Co., Ltd, 1909), pp. 16-19.

從人類心靈意識出發，團結為有親疏遠近等差之群體，進而搏成現代社會、國家的動態模式。若然沒有這些現代學科知識的詞彙與概念所給予之思想資源，梁啟超恐無法繪製這幅理想圖景。

（二）國民心理與國家特質：勒龐群眾心理學和心靈力量的可塑性

　　從心理層面改造現實政治的作法，和輿論界流行的社會心理學密切相關。這種觀念在《先秦政治思想史》完稿前就已展露。梁氏於1922年5月講演〈先秦政治思想〉一題，就曾清楚說「政治是國民心理的寫照」，任何形式的政治，都是「國民心理積極的或消極的表現」。這樣一來，研究和革新國民心理問題，就成為研議政治改革最重要的途徑（《全集》11，頁593-594）。這段講詞清楚表達了，為何梁啟超在整部探究先秦諸子政治思想的書中，是以「由心而生」的想法，做為貫串全書的立論寫作策略。而這種認為政治情勢好壞是受人類心理優劣影響的想法，應與當時走紅於日本的法國社會心理學家勒龐（Gustave Le Bon, 1841-1931）有關。

　　勒龐是近代談群體／社會心理學的重要學者，成功將社會科學學說與政治理論結合在一起。其於1895年出版的群體心理學名作《烏合之眾：大眾心理研究》（*The Crowd: A Study of the Popular Mind*），揭櫫在群體組織化過程中，個人特質會逐漸被壓抑，當大家想法、個性漸趨一致時，即型塑了取代個人心靈特質的群眾心理。而這是一種野蠻、非理性且違反文明的狀態，容易被領導人用來行政治操作。勒龐的想法與論著在學術圈外很受重視，在心理學界則頗引爭議。他的群眾心理學陸續受到墨索里尼（Benito Amilcare Andrea Mussolini, 1883-1945）、列寧（Vladimir Lenin, 1870-1924）、希特勒（Adolf

Hitler, 1889-1945）與羅斯福（Franklin Delano Roosevelt, 1882-1945）
各國領導人閱讀，也引起美國軍隊訓練的重視。只是，勒龐的觀點其
實是爲反思群體恐會壓抑、扁平個人個性、特質，抹除理性思維運作
等問題。這實是出於他對法國大革命過程、成果與影響的保守反
省。[64]他甚至在1912-1913年間，循心理分析方法撰成《法國大革命與
革命心理學》（*The French Revolution and the Psychology of
Revolution*），反思革命引發之暴亂和衰敗。書中還舉引中國辛亥革命
的例子，說明通過暴力倉促建立的共和政權，未能替中國建立新的權
威，勢必會被另種暴力給取代。[65]然而，他原本出自對激進革命的反
思與相關著述，看在當時中國知識分子眼裡，卻成爲積極鼓吹革新國
民精神的最佳素材。

　　梁啓超在旅日期間頗注意勒龐談的「國民心理學」，這部分或許
與胞弟梁啓勳（1876-1965）的影響相關。[66]久被時人視爲詞學專家的
梁啓勳，其實對心理學知識頗感興趣，投入甚深。任公也許就是通過
弟弟來接觸、吸收相關知識。梁啓勳有篇重要文章〈國民心理學與教

---

64 Robert Nye, "Two Paths to a Psychology of Social Action: Gustave LeBon and
　Georges Sorel," in *The Journal of Modern History*, 45:3 (Sep., 1973), pp. 411-
　438; Alice Widener, *Gustave Le Bon: The Man and His Works* (Indianapolis:
　Liberty Press, 1979), pp. 13-41; Christian Borch, "Le Bon, Gustave," in *The
　Wiley-Blackwell Encyclopedia of Social Theory* https://onlinelibrary.wiley.com/
　doi/book/10.1002/9781118430873(2020/3/30檢閱). *The Crowd*的現代譯本，
　筆者是參考這個版本：古斯塔夫・勒龐（Gustave Le Bon）著、周婷譯，
　《烏合之眾：爲什麼「我們」會變得瘋狂、盲目、衝動？讓你看透群眾心
　理的第一本書》（台北：臉譜出版社，2017）。

65 古斯塔夫・勒龐著、倪復生譯，《法國大革命與革命心理學》（北京：北
　京師範大學出版社，2015），頁30。

66 Sun Lung-Kee, "Social Psychology in the Late Qing Period," pp. 241-246.

育之關係〉，是以勒龐於1894年完成《人民心理》（*Psychology of Peoples*）為底本。勒龐受進化論影響，關注種族與文明問題，相信民族文化間有差異階序。這部書是以「民族」／「種族」為基本研究單位的民族心理學說，肯定人性受社會環境影響、形塑，說明不同民族具有相異心理特質，創發特異的文化素質和表現。更甚者，這種由心理機制觸發的文化特質，是無法在不同民族間轉移、影響並獲得改善。[67]然而，梁啓勳援引勒龐為論述資源、工具的方式，反是著重於「國民特別之心理」的「可塑性」發揮。這論點某種程度改變了勒龐強調民族心理素質優劣、差異的原意。換句話說，〈國民心理學與教育之關係〉便是將勒龐認為不可改換的國民心理結構、特質與所凝塑的文化成就，轉換為可塑機制；突出晚清中國在這世界人類心理進化階序上的位置，以及可進步的空間。這就是梁啓勳提及，要提取各民族中「各人之心理特性而總和」的「國民性」；亦為20世紀初期，知識分子熱衷追求的，以國民特質為改造之鑰的論調。梁啓勳說明了，個人須意識自己是國家一份子，且國民結成之環境的強弱愚智，會影響單一個體的素質。若欲改造中國國民性，就必須循教育辦法鍛造個人意識、心性和精神，才得盼望一個奠基於優異民族心理、精神的國家，從中誕生。[68]這般個人心理素質決定論，頗受中國思想界歡迎，

---

67 Gustave Le Bon, *The Psychology of Peoples* (New York: The Macmillan Co., 1898). Christian Borch, "Le Bon, Gustave," in *The Wiley-Blackwell Encyclopedia of Social Theory* https://onlinelibrary.wiley.com/doi/book/10.100 2/9781118430873(2020/03/30檢閱). 勒龐此著，在1935年有張公表的翻譯本，書名較如實反映勒龐的原意。張公表譯，《民族進化的心理定律》（上海：商務印書館，1935）。

68 梁啓勳，〈國民心理學與教育之關係〉，《新民叢報》，第25期（東京，1903），頁49-57。本文關於梁啓勳的討論，部分參考拙作：〈語言、知識

人們紛紛將現代國家建構的工程，訴諸於「共同心理」和「民族情緒」的追求與鍛造。這也說明了，心理學知識在近代之際，已從純粹知識、學術資源，轉換爲政治論述的素材與理論。

　　民族心理素質決定國族優劣，梁啓超顯是十分嫻熟此觀點。他規劃「國民常識會」，就編列勒龐的「國民心理學」這門「國民人人當服之聖藥也」，以期國民循此探究各國國民心理異同、優劣，藉以推估民族未來發展。[69]日後，梁氏創辦的共學社，即於1920、21年先後翻譯出版勒龐的《羣眾心理》和《政治心理》。前者就是勒龐關於「群眾」心理變異狀態的論述。[70]後書是由馮承鈞（1887-1946）翻譯。其序言說明了，爲政者必須精準理解和掌握民族心理特徵。如拿破崙之所以會戰敗，就出於他不理解俄國、西班牙人的心理狀態；而畢斯麥的成功，則是奠基於他熟知日耳曼民族的心理素質。以此凸顯了政治治理技術和國民心理特質的關聯。[71]這或許就是此時梁啓超會產生這番想法的思想緣由。在《先秦政治思想史》裡，他雖隱去講演的明確語句，卻於敘述論理中表明其意。書中有兩處援引勒龐。第一，討論管子軍國民教育時引斯巴達爲例，認爲這種讓群體陷入過於歡欣之情而足以爲彼此相死，就是著眼於「群眾心理」的作法（《全集》11，頁569）。第二，談及群眾政治問題，即引《羣眾心理》說明

與政治文化：「意識」的概念史（1890-1940）〉，收入張仲民、韓承樺編，《多維視野下的思想史研究》（上海：上海古籍出版社，2019），頁140-142。

69 梁啓超，〈致林獻堂〉，《梁啓超全集》，第19集，頁330。

70 該書初版於民國9年刊行，筆者所據版本爲1928年的版本。古斯塔夫‧勒龐著、吳旭初、杜師業譯，《羣眾心理》（上海：商務印書館，1928）。

71 該書初版於民國10年刊行，筆者所據版本爲1933年的版本。古斯塔夫‧勒龐著、馮承鈞譯，《政治心理》（上海：商務出版社，1933），頁3-6。

群眾理性低下，容易降低政治品質的道理（《全集》11，頁586）。[72]
再者，他在序論反覆提及「國民意識」與政治制度的緊密關聯，藉此
帶出民族共通心識質素的重要性。這部分也顯示，憑藉勒龐的社會心
理學，梁啓超得以描繪一種連結個人與現實政治狀態的整體性解答。
更重要的是，相較於對勒龐論群體心理可能缺失的理解，全書思路透
露了，梁啓超似是更願意相信基於個體素質提升的全民政治。他所擘
劃的群眾政治，就非如勒龐指之喪失理性、混亂。而如要成此境界，
即得以個人「心力」修束、改造爲政治革新之基點；這也就是《先秦
政治思想史》的核心關懷。

（三）「自己之性」的跨文化展演：「人格」概念的翻譯與轉用

　　前文提及的心理學詞彙「人格」，其實是近代和製新詞，亦符合
彭小妍指之「跨文化語彙」，在梁啓超筆下展顯歐亞文化交流的豐雜
過程，更成爲他結合中西思想資源來評估個人理想特質的準繩。「人
格」的原文 "personality"，是從法語、拉丁語系演化來的英語詞
彙。現在我們比較容易從心理學範疇來考慮該詞，但早自16、7世紀
起，它卻是一個指涉意義廣泛的語詞，概可分成「個人天性與特
質」、「法律規定與權責範圍」兩層面。關於「個人天性與特質」，
"personality" 除表示人類於公眾世界表現的個人特質，讓個體於群體
中突顯己身特性、易於辨識，更指涉人類身上某部分來自超越的、神

---

72 互校後發現一出入處。新全集版言「法人盧梭所著《群眾心理》最能發明
　　此義」；1923年商務版爲「法人盧般所著《群眾心理》，最能發明此義」。
　　此處的盧般就是Le Bon。新版顯爲筆誤。梁啓超，《先秦政治思想史》，
　　《梁啓超全集》，第11集，頁586。梁啓超，《先秦政治思想史》，頁305。

性世界的特質。「法律規定與權責範圍」的面向，則是指個人所屬之物件、權責範疇，接近現代「人格權」觀念。[73]

　　從心理學角度論，"personality"意指人類在生物及環境因子影響下，行為、感知與情緒的實踐如何逐漸發展成具個人特色的模式。早期，心理學尚歸於哲學範疇，學人在初探人類內在心靈現象時，就已注意到"personality"的問題和複雜程度。在心理學學科建制過程中，"personality"逐漸成為重要研究對象，形成許多學派。人們意在探究內、外在因素如何影響「人格」內涵、形成及發展，思考如何從教育與輔導方式，培其健全。[74]這個涉及哲學與心理學的複雜詞彙，隨著西學之風吹入東亞世界，引起不少注意。知識人的譯解方式，均是環繞著人之性情展開，強調此與個人立身處世道理密切相關。早前曾有日本哲學家西周（Nishi Amane, 1829-1897）譯為「自身之情」。[75]而在由傳教士陸續編纂的英華字典中，它往往被翻譯為「為人」、「所立為人者」。[76]後陸續又有人譯為「人品」，最終才定型

73 *Oxford English Dictionary: the Definitive Record for English Language*, https://www.oed.com（2020/4/2檢閱）.

74 車文博，《西方心理學史》（台北：東華書局，1996），頁6。Graham Richards, *Putting Psychology in Its Place: Critical Historical Perspectives* (London: Routledge, 2010), pp. 42, 168.

75 陳力衛，《東往東來：近代中日之間的語詞概念》（北京：社會科學文獻出版社，2019），頁7。

76 在羅存德（Wihelm Lobscheid, 1822-1893）和井上哲次郎（Inoue Tetsujiro, 1855-1944）先後傳抄、編寫的英華字典，都出現了這些譯詞。羅存德編，《英華字典》（*English and Chinese Dictionary with the Punti and Mandarin Pronunciation*）（Hong Kong: The Daily Press Office, 1866-1869），頁1306；羅存德原著、井上哲次郎編，《訂增英華字典》（*An English and Chinese Dictionary*）（東京：藤本氏藏版，1884），頁796。中央研究院近代史研究所，「英華字典資料庫」http://mhdb.mh.sinica.edu.tw/

於「人格」。[77]經過這場詞彙競賽，"personality"的概念意涵亦隨著譯詞穩定下來。就像中國出版的《新爾雅》是使用「人格」一詞，並確切指涉此定義：人之個性是擁有一致的意識，以及自由行動能力，且具道德責任。[78]

梁啓超的「人格」概念與《新爾雅》理路相近。他滿早接觸「人格」，於1899年左右開始編纂的《和文漢讀法》，就曾出現關於「人格」的解釋：「民有自由權謂之人格，若奴隸無人格者也」。[79]顯然，此時梁啓超的人格論，是環繞著權利有無來理解。其後，「人格」概念就常見諸於任公文字，多數論述是環繞著個人道德修養與日用鍛鍊，並延伸討論個人與群體的分際關係，以及由此建造現代社群的問題。他於20世紀初期編寫的《新民說》和《德育鑑》，就是很好的例子。《新民說》對「新民」的期待，透露梁氏認爲完美人格得包含幾種條件：必須具備傳統德性忠與孝，注重己身權利，保有自立於世界上之自尊。梁啓超更進一步批評傳統中國道德律則僅成就「私人」，未能形成完整「公人」的「完全人格」。他突出了個人公共面向的重要性，說明人若能修備家庭、社會和國家三種層次的公共倫理，「人格」才算完整，才得培養良好政治能力，幫助中國於優勝劣敗的競爭

---

dictionary/index.php（2020年3月19日檢閱）。

77 譬如筆者查找日本國會圖書館電子資料庫，在1912年由井上哲次郎、元良勇次郎（Motora Yujiro, 1858-1912）、中島力造（Nakajima Rikizo ,1858-1918）編輯出版的《英獨佛和哲學字彙》（東京：丸善株式會社，1911），就翻譯爲「人品」與「人格」，頁113。日本國會圖書館「Digital Collections」，https://dl.ndl.go.jp/（2020年3月22日檢閱）。

78 沈國威編著，《新爾雅：附解題‧索引》（上海：上海辭書出版社，2011），頁254-255。

79 陳力衛，《東往東來：近代中日之間的語詞概念》，頁186。

中勝出。[80]而在《德育鑑》這部摘抄宋元、明儒學案，整理重組爲個人道德修養的書，例言處就有說明這幾個面向的人倫日用鍛鍊，是爲「養成偉大之人格者」。[81]兩部攸關個人自覺、道德鍛鍊和突破的書籍，說明梁啓超早前對「人格」的關注，實與其新民論述相結合，透露出關於社會和國家此些現代公領域的高遠期望，而非單純注意傳統聖賢君子理想型態的培養、鍛鍊。[82]

　　1920年代後，梁啓超在論及「人格」時，開始參入部分心理學資源。譬如在〈孔子〉中，他屢屢以「人格」比附孔子學說。他指出，孔子學說多是爲了養成自身人格，養成個人心中良善之「仁」，才能成就如西方 "Gentleman" 般的「君子」。該文有一節「孔子之人格」，是將「智、仁、勇」轉化爲「理智」、「情感」和「意志」三種面對現代世界的基本條件。並稱許孔子的人格正是兼具這三者，能不爲理智吞沒基本情感的表現。[83]而最特別的是，這三個面向指涉的內涵，其實是任公引援現代心理學知識：智力（intellectual）、感知（sensibility）、意志（will）。再者，任公這階段的人格概念，亦和歐遊期間接觸到美國「人格的唯心論」密切相關。在《歐遊心影錄》裡，梁啓超提到由美國心理學家詹姆士（William James, 1842-1910）開創，以科學實驗來驗證人類心靈活動的實驗心理學。此舉改變了過往將人類心靈與物理世界相對立的作法，也讓心理學這門知識從哲學

---

80 梁啓超，《新民說》，《梁啓超全集》，第2集，頁525-669。

81 梁啓超編著，《德育鑑》，湯志鈞、湯仁澤編，《梁啓超全集》，第5集（北京：中國人民大學出版社，2018），頁208-292。

82 王汎森，〈從「新民」到「新人」：近代思想中的「自我」與「政治」〉，收入氏著，《思想是生活的一種方式》，頁57-58。

83 梁啓超，〈孔子〉，《梁啓超全集》，第10集，頁320、322-323、360-363。

範疇更傾向自然科學。[84]梁啓超抓住詹氏心理學中，以實驗檢證人類「心的性能」可逐漸適應外在環境，邁向進化的說法。其論述核心就是環繞著「人格展開」。保全和發展「人格」是人類生活最根本的意義，這必須在複雜人際關係中展開。此即意爲，「人格」是會受外在環境特質影響而改變，若是脫離了他者，將無從表現。《歐遊心影錄》論述的「人格」，與《先秦政治思想史》談之「人格」概念是相近的。它說明人類心靈的狀態、素質，同樣是處於受群眾、社會環境相互影響的情境下。甚而，社會整體的心靈特質，更是取決於個人心理素質，「社會的人格」，是從各個「自己」化合而成。要提振社會狀態，自得從個人著手。這就爲「意力和環境提攜便成進化的道理」。[85]

「人格」鍛鍊就成爲梁啓超此時關心的議題，也透露他嘗試結合心理知識與中國傳統，肯定傳統文化之於日用人生的重要性。1922年12月27日，他到蘇州學生聯合會做公開演講，講題爲〈爲學與做人〉。講演過程中，任公即是運用「人格」概念來講述儒家「仁」的人生觀。他很明確提到儒家的「仁」是一種「普遍人格之實現」，這並非個人單獨的行爲實踐可完成，必須「從人和人的關係」著手。[86]隔年1月9日，他到東南大學國學研究所講演〈治國學的兩條大路〉，談及自德性求取學問之進路時，也提到儒學的「仁」。梁氏亦

84 托馬斯・黎黑（Thomas Hardy Leahey）著、李維譯、莊耀嘉校閱，《心理學史：心理學的主流思潮（上）（下）》（台北：桂冠圖書，1996），頁452-455、482-486。
85 梁啓超，《歐遊心影錄》，《梁啓超全集》，第10集，頁68。
86 梁啓超，〈爲學與做人〉，《梁啓超全集》，第16集，頁2-3。

從人際互動角度，闡明個人與社會整體人格展現的密切關係。[87]這種論述和《先秦政治思想史》理路相近，梁啓超在書中直稱儒家教育理念爲「人格的教育」（《全集》11，頁571）。這顯然是他此時的一貫想法和關懷。甚至在他離開東南大學的告別演說，都用「彼此人格上的交感不少」，描述這段時日的師生互動。[88]這些跡象意味著，梁啓超晚年再談「人格」概念時，是結合心理學知識、理路，並一反早年新民論述那種單純追尋西方、現代公德的作法，反是嘗試將古典賢人的理想型態與建構良好公眾空間之願望結合在一起，以更著重儒學傳統的「人格」觀來構築理想社會和國家。

顯見，某部分心理知識，特別是環繞著「人格」概念，就是梁啓超此時思考如何建構一套日用人倫道理、規範的思想資源。這樣的思想特點與中國傳統文化土壤，或許不無關係。心理學家汪敬熙（1893-1968）曾點出中國傳統和心理學的連結。他說，心理學最初能吸引國人眼光，是肇因於「理學的餘風使我們喜歡談心說性」。[89]汪敬熙之言，頗值玩味，也讓我們藉以思考「人格」／"personality"的跨文化旅程。它經由翻譯進入中國，在多層轉譯過程中，形成不同思想環境的特定語詞，就像梁啓超在《先秦政治思想史》與其他文論、講演脈絡展示的「人格」概念。只是，假若中國沒有心性之學，作爲人們構想心理狀態和道德修養關聯的基底，任公從西方心理學、傳統德性鍛鍊角度形成關於「人格」概念的理解和運用，及其與儒家學說嵌合所轉喻、構築的「仁」之理論，或許就無法如此順利成形。汪敬熙確實

87　梁啓超，〈治國學的兩條大路〉，《梁啓超全集》，第16集，頁48。
88　梁啓超，〈東南大學課畢告別辭〉，《梁啓超全集》，第16集，頁50。
89　汪敬熙，〈中國心理學的將來〉，《獨立評論》，第40號，1933年3月5日（北平），頁13-16。

敏銳捕捉到，社會和學術界接納這門新興知識、概念時，思想傳統發揮的關鍵作用。

　　總結來看，梁啓超撰寫《先秦政治思想史》時，交疊於他心中的思想資源概有：斯賓塞的社會有機體論；建部遯吾及吉丁斯心理取向社會學強調的「意識」／「同類意識」；勒龐群體／社會心理學知識；「人格」的複雜概念。社會學和社會心理學的焦點，均是環繞著群體形成、內部機制運作以及造成群體優劣之成因這些問題展開。這也均和梁啓超長期關切現代社會、國家建構的課題，密切相關。在這部看似僅是針對先秦諸子學說描寫和評估的《先秦政治思想史》中，他其實是在向讀者講述自己對「中國社會」的構想與實踐方法。更進一步，他展示了結合中國傳統思想資源和西方學科知識的手法。梁啓超將傳統儒學環繞著「仁」所發展的複雜概念和論說，轉為心理學、心理社會學所描繪的「人格」和「同類意識」，以此構築了一套以人類內在心靈活動為核心力量，隨著人際接觸往外擴展從而形成群體，乃至於理想社會型態的動態歷程。他或許期望，有識見的讀者能在共通的思想語境中，循著現代學科知識的語詞、概念線索，對照中國當前面臨的困境，展讀書中描繪之圖景，以期重建一個理想社會、國家。

五、結論

　　《先秦政治思想史》是一本以中國傳統思想為敘寫基調的書，同時也是一部世界性的書籍。梁啓超一方面以己身標準、價值判斷描寫、評估中國諸子學說的優缺點，從而建構一套以個人為核心，推己成群體的動態模式；這部分更結合了他長年接觸的西學知識，也突顯與世界對話的企圖。梁啓超於書末提及，就他的觀察，當時世界有兩

個重要問題亟待解決：精神生活與物質生活之調和、個性與社會性之
調和。此二問題之發覺，與他歐遊過程中體會到，西方世界過於重視
科學、物質，從而建立「純物質的純機械的人生觀」，導致重視「物
質生活」勝過「精神生活」，脫不開關係。90第二點則是指，在組織、
結構發展愈趨巨大複雜的社會中，人之個性容易遭抹滅的困境。梁啓
超意有所指地列舉議會、學校、工廠這幾類組織，它們均爲現代文明
進程的成果，是中國初嚐的現代性經驗，卻也是容易吞噬個體特性的
處所。甚者，梁氏也不能肯認建築在國家主義、社會主義這類機械性
思想上，缺乏彈性以容納多元個體的社會結構、組織。破除這種桎梏
個人精神的鐵牢籠，就是梁啓超寫作此書的核心關懷。他將解方寄寓
於先秦諸子「最優美之人生觀」（《全集》11，頁590），期許中國傳
統資源能用之於世界，引導各國於戰爭後走向結構、秩序較爲合理安
排的體系。

　　這個世界性願望，在該書出版沒多久就稍獲實現，分別展現於
1926年的法文節譯本以及1930年英譯本的出版上。法文本訂名爲
《先秦法的概念以及立法的理論》，由艾斯卡拉（Jean Esscarra, 1885-
1955）、Robert Germain、寶道（Mr. Georges Padoux, 1867- 不詳）翻
譯、導讀完成。譯者有意節譯原著部分內容，加上導言與附註，完成
這個重新譯著的作品。或許因兩位法籍譯者均爲北洋政府法律、財政
顧問的背景，他們僅挑選原書「前論」第七章〈法律之起原及觀
念〉，以及〈法家思想〉的四個章節，加上艾斯卡拉的導言以及寶道
之序，合爲一本專研先秦法律思想的書籍。91幾位法籍人士環繞著中

---

90 梁啓超，《歐遊心影錄》，《梁啓超全集》，第10集，頁63。

91 Leang K'i-tch'ao ; traduction, introduction et notes par Jean Escarra, Robert
Germain ; préface de M. Georges Padoux, *La conception de la loi et les théories*

國法律傳統的考量，譯介了任公評價較低的法家思想，顯與原著構想
有所出入。而翻譯目的與原作者寫作意圖之差異，終致《先秦政治思
想史》進入法文世界的身影，產生某種程度的變化。

　　至於由徐志摩牽線完成的英文本，或有引起部分注意。在出版當
年，《美國政治科學評論》（The American Political Science Review）登
出一篇書評論文，作者爲政治學者Elbert D. Thomas（1883-1953）。他
是摩門教徒，於1907年赴日本傳教。這段經歷，讓他對日本及東方
歷史文化有較深刻理解。總體來看，書評意見是正面的。湯瑪斯高度
肯定書籍內容和梁啓超在政治與學術思想工作兩方面。論文中「他這
一生都活得像是個儒家」（He lived and died like a Confucianist）這句
話，清楚說明了這位美籍學者眼中的梁啓超形象。92此例更表示，歐
美學術界對《先秦政治思想史》的關注仍是以儒家學說爲主；而這更
與任公個人行止密切交織在一起。

　　梁啓超晚年做的諸子學研究，確實突顯他關於儒學的深刻思考、

des légistes à la veille des Ts'in : extrait de l'Histoire des théories politiques à
la veille des Ts'in (Pékin : China Booksellers, 1926). 筆者在中央研究院傅斯
年圖書館杜希德文庫找到此書。梁啓超在書稿有提及法文譯本計畫，原預
擬由法國巴黎大學法學博士劉文島（1893-1967）及其夫人廖世劭（不詳）
擔責；其後為何未果，目前未知。實際的兩位譯者，寶道與艾斯卡拉在擔
任法律顧問期間，曾針對中國法律制度提出諸多建議。至於Robert
Germain，據資料所示應為法國駐中國領事。相關研究請參閱：林政賢，
〈北洋政府時期的外籍顧問寶道（Georges Padoux）〉（花蓮：東華大學歷
史學系碩士論文，2015）；李鍟澂，〈一代漢學家與中國法巨擘：約翰·
艾斯卡拉〉，《法制史研究：中國法制史學會會刊》，第1期（台北，
2000），頁265-291。法文材料的解讀，筆者要感謝好友徐兆安與洪瑞璞女
士協助翻譯與讀解。
92 Elbert D. Thomas, "History of Chinese Political Thought by Liang Chi-Chao,"
in The American Political Science Review, 24:4 (Nov., 1930), p. 1044.

體會，以及由此創發以個人為核心的啓蒙圖景。特別的是，梁啓超「人的可改造性」想法之基礎，是結合中國學術傳統和社會學、心理科學和部分哲學知識。此即顯示，《先秦政治思想史》是部多音複調的書籍，有儒、道、墨、法四家說法，也有他對四家學說的描寫和評估，更嵌合了複雜、片段的西方學科知識，以及經由梁啓超以西學語詞、概念轉喻而成的政治、社會論述。讀者初讀這部書籍，應可明白看出他高度肯定儒家圍繞著「己」、「群」關係建構的群體、組織。這種對儒家哲學及政治思想的推崇，又與其關注的社會有機體論、社會學、心理學知識結合在一起。《先秦政治思想史》細緻嵌藏多層次的西學新知，這或有部分詞彙、概念是當時讀者已逐漸習慣的概念。梁啓超巧妙地透過此書訴說一個啓蒙方案：欲發達現代國家之政治，必從發達個人人生哲學作起。很明顯的，他意欲以此書與人生觀論戰對話，希冀提倡相對於理性、科學啓蒙的人生精神。只是，任公的方案仍無法脫開科學知識的支撐，社會學與心理知識編織了這幅圖景，規劃以人類複雜的心理機能活動為起點，嘗試鍛鍊個人原有的「心力」，從心靈深處喚醒個人意識，乃至於整體國民意識的煥新。這是源自西方知識的構想，也是非常儒家的作法。從正心至平天下，一種由圓心擴至整個圓的步驟，由內心到現世生活，當人民皆具備儒家哲學的心理素質，才可能實現梁啓超「仁的社會」的理想。

　　任公這般思想主張，與當時其他政治論述交織在一起，相互競爭，遭遇不少挑戰。在學術上，他被胡適評為衛道。吳稚暉（1865-1953）亦說其先秦思想研究是「謬的」，和梁漱溟（1893-1988）同走上「西學古微」的路，陷入迷魂陣。[93] 任公在東南大學講述先秦政治

---

93 吳敬恆，〈復蔡孑民先生書末附箴洋八股化之理學〉，《晨報副鐫》，1923

思想時，更有同事嘲諷其研究未能超越日本學界，更是學術情感有餘而理智不足，有背離客觀學者態度之嫌。[94]而他在政治論述場域中，那種結合傳統儒學及西學資源建構的個人心力改造方法，亦與其時思想氛圍不甚相合。在人們急於尋求普遍性解答的人生觀、哲學競爭場域中，梁啟超較強的幽暗意識以及對傳統資源的肯定，讓他藉由《先秦政治思想史》傳達的啟蒙方案，是迥異胡適立基於實證、實驗主義精神，通過客觀考證傳統學問來求取理解世界的鵠法。另方面，相較於能以「主義」完整統合人生、學問和政治世界，並明確規劃發展步驟及未來目標的左翼社會科學理論派；任公的藍圖沒有消解和統合現實人生與政治問題，亦無規劃線性發展史觀，看不見那個清晰可完成目標的步驟，無法以擘劃一個烏托邦世界。最終，任公結合傳統思想、傾向直覺、唯心力，著重個人素質的主張，還是在這場人生觀競賽中，敗下陣來。

從構思、寫作到完稿出版，《先秦政治思想史》反映了任公思想主張之連續性和晚年轉向；突顯時代和社會環境賦予的思想、知識資源，以及那些難以克服的重負。梁啟超思想的限制性，充分反映在他高舉以「可改造之人」作為現代政治主體的想法。這種強調人類「心力」的概念頗是危險，恐引導出呼求個人革命煥新，乃至於過度相信個人擁有先知先覺的決定性力量這類激進取向。[95]而將現代政治機制

94 黃伯易，〈憶東南大學講學時期的梁啟超〉，收入夏曉虹編，《追憶梁啟超（增訂本）》，頁269。

95 「心力」是本文未盡之議題，需進一步析論。梁啟超在書中對「心」的注重，應也與他當時關切柏格森（Henri Bergson, 1859-1941）思想有關；又或者與中國傳統偏向「唯意志論」，強調「心力」可以超越一切限制的想法有關。這種過度高舉人的主觀能動性問題，這條思路很明顯的從譚嗣同

革新，過度寄寓於道德化個體，則可能讓人誤視道德馴化與政治鍛鍊結合爲唯一有效手段；任公對法制的機械性批評，更恐使人忽略具實制度的重要性。究竟該如何在一個嘗試煥求新生的古老帝國，建造合理合適的現代政治體制？國民的教育程度和具體制度建構兩端該如何拿捏，一直是中國知識分子和政治從業者在摸索的問題。1938年，中央政治學校創辦的《新政治》，曾刊登一篇短文〈儒家之政治觀〉，內容摘錄《先秦政治思想史》而成：「要而論之，儒教之言政治，其惟一目的與手段，不外將國民人格提高，以目的言，則政治即道德，道德即政治，以手段言，則政治即教育，教育即政治」。[96]特別的是，這篇短文是以一小方框的形式，截貼在〈新都實驗縣觀政記〉末，這是篇側記四川新都縣作爲國民政府施行新政之「實驗縣」概況的短文。[97]這種「實驗縣」就是強調如何通過教育訓練以提升人民素質，好以配合地方政府的政治制度安排與規劃。通過編輯巧手拼貼，《先秦政治思想史》的核心觀點，隨即轉爲支持地方縣政實驗的論據。這樣一來，所謂現代民族國家的政治型態，就會被理解爲結合現

（1865-1898）延續到毛澤東（1893-1976）。這部分已有部分討論，請參見：王東杰，〈「反求諸己」：晚清進化觀與中國傳統思想取向（1895-1905）〉，收入王汎森等著，《中國近代思想史的轉型時代》（台北：聯經出版公司，2007），頁315-351。這也與楊貞德指出，轉向自我、從事自我改造之思想傾向，交織在一起。楊貞德，《轉向自我：近代中國政治思想上的個人》（台北：中央研究院中國文哲研究所，2009）。

96 〈儒家之政治觀：節錄梁啓超氏：先秦政治思想史〉，《新政治》，第1卷第2期（北平，1938），頁85。這可能也與該期刊立論方向相關。本期還刊登了〈六藝的現代意義〉、〈儒家之中心政治思想〉這類論文。

97 劉振東，〈新都實驗縣觀政記〉，《新政治》，第1卷第2期（北平，1938），頁78-85。

代理性、科學管理概念、制度與儒家傳統以教育規訓來增益道德涵養的模式，是一種融合新、舊理想型態的「新政治」。由此或可見出，《先秦政治思想史》這部應時論世的書籍，於後五四時期誕生，展露突破五四啓蒙思想藩籬的初機；雖然書中的思想主張，任公晚年關於理想社會、國家的藍圖和實踐要法，在當時無法獲致多數人青睞，卻可能具有悠遠綿長的生命力，提供後繼者思考新政治生活的另條方向。而跨越了五四一百週年來到現在，當我們仍在探尋適合華人文化的理想政治、社會及國家型態時，梁啓超的思想、實踐與其揭櫫之難題，或許仍有值得參考的價值。

徵引書目

一、史料

《宇宙》（香港）
《昆明教育月刊》
《政論》
《時事新報・學燈副刊》
《國立北平圖書館館刊》
《晨報副鐫》
《清華週刊・書報介紹副刊》
《新民叢報》
《新政治》
《獨立評論》

丁文江、趙豐田編，《梁啓超年譜長編》，上海：上海人民出版社，2009。
王栻主編，《嚴復集》，第2冊，北京：中華書局，1986。
古斯塔夫・勒龐著、吳旭初、杜師業譯，《群眾心理》，上海：商務印書
　　館，1928。
古斯塔夫・勒龐著、馮承鈞譯，《政治心理》，上海：商務出版社，1933。
李國俊編，《梁啓超著述繫年》，上海：復旦大學出版社，1986。
沈國威編著，《新爾雅：附解題・索引》，上海：上海辭書出版社，2011。
岸本能武太著，章太炎譯，《社會學》，上海：廣智書局，1902。
胡頌平編著，《胡適之先生年譜長編初稿》，第2冊，台北：聯經出版公司，
　　1984。
胡適，《中國哲學史大綱》，上海：上海古籍出版社，1997。
胡適著、曹伯言整理，《胡適日記全編》，第3冊，台北：聯經出版公司，
　　2004。
胡適著、潘光哲主編，《胡適全集：胡適時論集》，第3冊，台北：中央研究
　　院近代史研究所，2018。
胡躍生校注，《梁啓超家書校注本》，桂林：漓江出版社，2017。
夏曉虹編，《追憶梁啓超（增訂本）》，北京：三聯書店，2009。
國立北平圖書館編輯，《梁氏飲冰室藏書目錄》，台北：古亭書屋，1970。
張公表譯，《民族進化的心理定律》，上海：商務印書館，1935。

梁啓超,《先秦政治思想史》,上海:商務印書館,1923。

梁啓勳編著,《曼殊室隨筆》,上海:上海書店,1991。

陶孟和,《孟和文存》,上海:亞東圖書館,1925。

湯志鈞、湯仁澤編,《梁啓超全集》,北京:中國人民大學出版社,2018。

歐陽鈞編譯,《社會學》,上海:商務印書館,1911。

錢基博,《現代中國文學史》,上海:世界書局,1933。

錢穆,《國學概論》,台北:聯經出版公司,1994。

韓石山編,《徐志摩全集》,第6卷,天津:天津人民出版社,2005。

羅存德原著、井上哲次郎編,《訂增英華字典》(*An English and Chinese Dictionary*),東京:藤本氏藏版,1884。

Giddings, Franklin Henry. *Principles of Sociology: An Analysis of the Phenomena of Association and of Social Organization.* New York: The Macmillan Company; London: Macmillan & Co., Ltd, 1909.

Le Bon, Gustave. *The Psychology of Peoples.* New York: The Macmillan Co., 1898.

Leang, K'i-tch'ao ; traduction, introduction et notes par Jean Escarra, Robert Germain ; préface de M. Georges Padoux, *La conception de la loi et les théories des légistes à la veille des Ts'in : extrait de l'Histoire des théories politiques à la veille des Ts'in.* Pékin : China Booksellers, 1926.

Liang, Chi-Chao. Translated by Chen, L. T. *History of Chinese Political Thoughts during the Early Tsin Period.* London: Kegan Paul, Trench, Trubner ; New York : Harcourt, Brace and co. , 1930.

Liang, Chi-Chao. Translated by Chen, L. T. *History of Chinese Political Thoughts during the Early Tsin Period.* London: Routledge, 2000.

Rivers, William Halse. *Medicine, Magic, and Religion : The FitzPatrick Lectures Delivered before the Royal College of Physicians of London in 1915 and 1916.* London : K. Paul Trench, Trubner ; New York : Harcourt, Brace, 1924.

Thomas, Elbert D. "History of Chinese Political Thought by Liang Chi-Chao." *The American Political Science Review*, 24:4 (Nov., 1930), pp. 1043-1045.

二、研究成果

王汎森,〈「客觀理智」與「主觀意志」:後五四思潮中的兩種趨向〉,收入氏著,《啓蒙是連續的嗎》,香港:香港城市大學出版社,2020,頁327-348。

_____,《思想是生活的一種方式》,台北:聯經出版公司,2017。

王東杰，〈「反求諸己」：晚清進化觀與中國傳統思想取向（1895-1905）〉，收入王汎森等著，《中國近代思想史的轉型時代》，台北：聯經出版公司，2007，頁315-351。

丘文豪，〈1920年代梁啓超往來南北的政治實踐〉，《國史館館刊》，第四十期（台北，2014），頁46-56。

丘為君，《啓蒙、理性與現代性：近代中國啓蒙運動（1895-1925）》，台北：台大出版中心，2018。

古斯塔夫・勒龐（Gustave Le Bon）著、周婷譯，《烏合之眾：為什麼「我們」會變得瘋狂、盲目、衝動？讓你看透群眾心理的第一書》，台北：臉譜出版社，2017。

＿＿＿、倪復生譯，《法國大革命與革命心理學》，北京：北京師範大學出版社，2015。

托馬斯・黎黑（Thomas Hardy Leahey）著、李維譯、莊耀嘉校閱，《心理學史：心理學的主流思潮（上、下）》，台北：桂冠圖書，1995。

江勇振，《舍我其誰：胡適【第二部】日正當中 1917-1927》，台北：聯經出版公司，2013。

＿＿＿，《舍我其誰：胡適【第三部】為學論政 1927-1932》，台北：聯經出版公司，2018。

江媚，〈從「士君子之學」到現代「人生哲學」—論五四後梁啓超對儒學與儒學史的重構及其思想意圖〉，《淡江中文學報》，期20（台北：2009），頁129-161。

余英時，《中國近代思想史上的胡適》，台北：聯經出版公司，1984。

李寧，〈《先秦政治思想史》方法論探微〉，《肇慶學院學報》，卷28期6（肇慶，2007），頁54-56。

李鋒澂，〈一代漢學家與中國法巨擘：約翰・艾斯卡拉〉，《法制史研究：中國法制史學會會刊》，第1期（台北，2000），頁265-291。

汪暉，《現代中國思想的興起》，下卷，第二部，北京：三聯書店，2008。

車文博，《西方心理學史》，台北：東華書局，1996。

林政賢，〈北洋政府時期的外籍顧問寶道（Georges Padoux）〉，花蓮：東華大學歷史學系碩士論文，2015。

姚純安，《社會學在近代中國的進程（1895-1919）》，北京：三聯書店，2006。

夏曉虹，《梁啓超：在政治與學術之間》，北京：東方出版社，2013。

狹間直樹，〈梁啓超研究與「日本」〉，《近代中國史研究通訊》，期24（台北，1997），頁44-53。

＿＿＿編，《梁啓超・明治日本・西方：日本京都大學人文科學研究所共同

研究報告》，北京：社會科學文獻出版社，2001。

高平，〈梁啟超《先秦政治思想史》中的中外文化碰撞〉，《北京教育學院學報》，1995年第1期（北京），頁25-30。

張朋園，《梁啟超與民國政治》，台北：食貨出版社，1978。

張勇，《梁啟超與晚清「今文學」運動：以梁著清學史三種爲中心的研究》，北京：北京大學出版社，2016。

陳力衛，《東往東來：近代中日之間的語詞概念》，北京：社會科學文獻出版社，2019。

陳其泰，〈梁啟超先秦思想史研究的近代學術特色〉，《北京師範大學學報（社會科學版）》，1994年第2期（北京），頁38-43，下接76。

彭小妍，《唯情與理性的辯證：五四的反啓蒙》，台北：聯經出版公司，2019。

黃克武，〈梁啟超的學術思想：以墨子學爲中心之分析〉，《中央研究院近代史研究所集刊》，第26期（台北，1996），頁69-75。

＿＿＿＿，〈梁啟超與中國現代史學之追尋〉，《中央研究院近代史研究所集刊》，第41期（台北，2003），頁181-213。

＿＿＿＿，《惟適之安：嚴復與近代中國的文化轉型》，台北：聯經出版公司，2012。

楊貞德，《轉向自我：近代中國政治思想上的個人》，台北：中央研究院中國文哲研究所，2009。

董德福，〈梁啟超與胡適關於《中國哲學史大綱》的論辯芻議〉，《復旦學報（社會科學版）》，1998年第3期（上海），頁58-64。

劉洪濤，〈徐志摩與羅素的交遊及其所受影響〉，《浙江大學學報》，卷36期6，2006年11月（杭州），頁154-160。

＿＿＿＿，〈爲要尋一顆明星：新近發現徐志摩致奧格登書信探析〉，《全國新書資訊月刊》，2007年3月號（台北），頁10-13。

鄭匡民，《梁啟超啓蒙思想的東學背景》，上海：上海書店出版社，2009。

韓承樺，〈語言、知識與政治文化：「意識」的概念史（1890-1940）〉，收入張仲民、韓承樺編，《多維視野下的思想史研究》，上海：上海古籍出版社，2019，頁118-180。

Forrester, John, and Laura Cameron. *Freud in Cambridge*. Cambridge: Cambridge University Press, 2017.

Nye, Robert. "Two Paths to a Psychology of Social Action: Gustave LeBon and Georges Sorel." *The Journal of Modern History*, 45:3 (Sep., 1973), pp. 411-438.

Richards, Graham. *Putting Psychology in Its Place: Critical Historical*

Perspectives. London: Routledge, 2010.

Sako, Teruhito, and Suzanne Steinmetz, K. eds., *Japanese Family and Society: Words from Tongo Takebe, A Meiji Era Sociologist*. New York: The Haworth Press, 2007.

Sun, Lung-Kee. "Social Psychology in the Late Qing Period." *Modern China*, 18:3 (Jul., 1992) , pp. 235-262.

Widener, Alice. *Gustave Le Bon: The Man and His Works*. Indianapolis: Liberty Press, 1979.

電子資源

中央研究院近代史研究所英華字典資料庫，http://mhdb.mh.sinica.edu.tw/dictionary/index.php（2020年12月3日檢閱）。

中央研究院近代史研究所近現代人物整合資訊系統，http://mhdb.mh.sinica.edu.tw/mhpeople/index.php（2020年12月3日檢閱）。

日本國會圖書館：Digital Collections，https://dl.ndl.go.jp/（2020年12月3日檢閱）。

Borch, Christian. "Le Bon, Gustave." In *The Wiley-Blackwell Encyclopedia of Social Theory*. December, 2017, https://onlinelibrary.wiley.com/action/doSearch?AllField=Le+Bon%2C+Gustave&ContentGroupKey=10.1002%2F9781118430873(2020/3/30).

Oxford English Dictionary: the Definitive Record for English Language, https://www.oed.com(2020/4/2).

Shi shi xin bao (時事新報),"East View Global Archive,"Late Qing and Republican-Era Chinese Newspapers, https://gpa.eastview.com/crl/lqrcn/(2020/7/20).

The *History of Chinese Political Thoughts during Pre-Qin* and Liang Qichao's thought in his later years

Han Chenghua

Abstract

Chinese society since the May Fourth movement has been an era in which knowledge, morality, politics and even human behavior all need planning. Liang Qichao's *History of Chinese Political Thought during Pre-Qin* was published in this intellectual context in 1923. At that time, with the collapse of the traditional value system, the political and social order, which was originally closely combined with the moral, ethical structure and the philosophy of life, was forced into a situation of mutual alienation. The New Culture movement and anti-traditionism, the debate between science and metaphysics, and the struggle between the Three People's Principles and Communism all reflected the process of constant attempts to seek a unified program that would organically unite philosophy, cultural characteristics, political order, and the social system. The academic field gave rise to certain philosophical positions, such as Hu Shi's, which combined Western empirical research with traditional Chinese textual research and emphasized the objective way of learning, while some left-wing social scientists tended to emphasize the social theoretical position of combining science and life on the basis of excluding traditional morality. This paper argues that the *History of Chinese Political Thoughs during Pre-Qin* is best understood in this academic context, which illuminates the characteristics and value of Liang Qichao's late research on Pre-Qin thinkers. In fact, the *History of Chinese Political Thought during Pre-Qin* is not simply a monograph in pursuit of objective, holistic learning; it is more a work in which the author seeks to promote his own ideas and resolve realistic dilemmas. Liang Qichao tried to combine traditional Confucianism with Western sociological and psychological knowledge to propose an enlightenment program centered on "human corrigibility" in response to society's quest for a coherent law of life and the political issues of the day. This kind of ideas and practice epitomized the pursuit of ideal politics and state by modern Chinese intellectuals. Although the *History of Chinese Political Thought during Pre-Qin* was not given much attention during the May Fourth period, the ideas surrounding personal virtue training and political innovation in this book may still be valuable today.

keywords: **Liang Qichao, Hu Shi, *History of Chinese Political Thought during Pre-Qin*, philosophy of life, psychology**

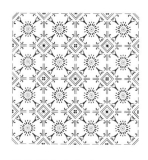

生活在主義裡：
國民黨三民主義生活化的推動（1928-1934）

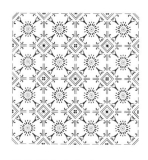

翁稷安

暨南國際大學歷史系助理教授，國立臺灣大學歷史學系博士。研究興趣包括中國近現代思想文化史、數位典藏和數位人文學、戰後台灣文化史及大眾史學等相關領域。

生活在主義裡：
國民黨三民主義生活化的推動（1928-1934）*

翁稷安

摘要

　　二十世紀政治最鮮明的特點之一，就是「主義」和權力運作的結合，即所謂「主義時代」的來臨。國民黨主政後對三民主義的推動正是時代的產物，試圖將思想打造成信仰，從抽象論理轉化現實規範，要求政府和人民一體服從，或可以「主義化」一詞概括。主義化的推行除了學理外，以主義打造生活準則，讓人民生活在主義之中的「生活化」面向更是其中關鍵。本文試圖由「街頭層次」考察主義思想的運作，在第一節中透過對各式問卷分析，試圖剖析人民對三民主義信仰的接受，以及推行主義化所遇到的困難。為了更進一步達成主義化的推動，不能只是經由口號，而是必須將主義滲入人們每日的一言一行之中。在第二、三節的討論中，可以看到主義的宣傳者試圖打造出符合三民主義的「主義時間」和「主義空間」，並經改良風俗鍛造屬於主義的生活，在過程中除了可以見得國民黨政府推行三民主義的不遺餘力，也可以見得生活慣習強烈的反彈，三民主義的詮釋和內涵也在不斷折衷下慢慢的移轉和改變。

關鍵詞：三民主義、經典化、主義

---

* 本論文以筆者博論〈主義是從——國民政府的「主義化」（1925-1937）〉部分章節內容為基礎，加以改訂和擴寫。感謝論文撰寫過程中，指導教授王汎森老師，口試委員林志宏老師、林桶法老師、陳永發老師、黃克武老師、劉維開老師的指導。並感謝《思想史》兩位匿名審查人給予的建議，指出筆者在思考和論述上的許多盲點，特此鳴謝。

前言：在主義時代信仰三民主義

　　二十世紀政治最鮮明的特點之一，就是「主義」和權力運作的結合，王汎森院士即以「主義時代」的概念，詮釋了1925年五卅慘案之後，中國近現代思想界的變化，由前期「轉型時代」的多元，逐漸趨向由政治意識型態所宰制的一元局面，信仰「主義」對思想界帶來的衝擊，「是中國近代歷史上一場驚天動地的轉變」。[1] 國民黨所高舉的「三民主義」，是主義時代的產物，也是和共產主義對抗中，不斷打磨乃至系統化的意識型態論述。如同孫中山（1866-1925）視主義為「一種思想、一種信仰和一種力量」的三段論，[2] 和政治相結合的意識型態，從來就不只是抽象的哲學討論，而是希望將思想化為信仰的過程，產生影響現實的力量。因此，如何將思想打造成信仰，從抽象論理轉化為現實規範，要求政府和人民一體服從，或可以「主義化」一詞概括。主義化的推行除了學理外，以主義打造生活準則，讓人民生活在主義之中的「生活化」面向更是其中關鍵。本文試著由這樣的視角切入，一方面理解國民黨在此時期三民主義相關舉措推行的得失，以身為政府執政者和主義推行者的雙重身份，重新思索國民黨在

1　王汎森，〈序〉，《中國近代思想史的轉型時代》（台北：聯經出版公司，2007），頁iii。王汎森，〈「主義時代」的來臨──中國近代歷史的一個關鍵發展〉《東亞觀念史集刊》，第4期（台北，2013），頁10。「轉型時代」的說法見張灝，〈中國近代思想史轉型時代〉，收於氏著，《時代的探索》（台北：聯經出版公司，2004），頁37-60。

2　孫文，《三民主義：增錄民生主義育樂兩篇補述》（台北：中國國民黨中央委員會，1985），頁1。原文為：「甚麼是主義呢？主義就是一種思想、一種信仰和一種力量。大凡人類對於一件事，研究當中的道理，最先發生思想；思想貫通以後，便起信仰；有了信仰，就生出力量。所以主義是先由思想再到信仰，次由信仰生出力量，然後完全成立」。

北伐成功後主政的得失與難題。另一方面，則從思想史研究的角度，以三民主義的推行爲對象，進一步思索思想和生活之間錯綜複雜的關係，特別又是在政治權力涉入的情況下，思想如何在生活中發揮力量，同時也因實踐的需要改變了內涵，換言之，是由「街頭層次」理解思想變化的進入。3

　　三民主義的主義化政策，一定程度近乎宗教信仰的宣教。吳稚暉（1865-1953）便主張對於孫中山身後所留下的著作和遺囑，應該「好像新舊約一般，明白遵守」，天天閱讀。4養成人們對主義的信仰，透過宣傳讓人們了解主義的內容和理念，身心服膺三民主義，接受主義的指導，變成一「主義人」。蔣介石（1887-1975）在1927年一次對政治工作人員的演講中，要求他們要時時刻刻自我要求，用「以德服人」的方式，成爲人們「信仰」、效法的模範，目標是要「軍民一律主義化——總理手創的三民主義化」，一舉一動都要不違背主義，「我們的言論行動，就要以總理的三民主義講義來做根據，要用我們的政綱政策來講話、行動，使軍民眞個黨化！眞個主義化！」。5同時期胡漢民（1879-1936）也談「主義化」，「主義化」是「『化學』的『化』」，是種近乎化學效應的內在本質轉化，將「人格化合於黨」，

3　思想和生活之間的關係，以及思想的「街頭層次」，見王汎森，〈思想是生活的一種方式——兼論思想史的層次〉，收於王汎森，《思想是生活的一種方式——中國近代思想史的再思考》（台北：聯經出版公司，2017），頁19-52。

4　吳稚暉，〈本刊創刊號之弁言〉，《中央半月刊》，第1期（南京，1929），頁1-2。

5　蔣介石，〈政工人員的責任〉，收於秦孝儀主編，《先總統蔣公思想言論總集》，冊10（台北：中國國民黨中央委員會黨史委員會，1984），頁264-268。

從此只知有黨的利益和自由，而再無個人的利益與自由。[6]

　　這種對「主義化」的重視，從北伐開始一直延續到整個南京國民政府的施政，都是國民黨人努力的標的，並且成爲國民黨訓政體制的核心。「訓政」來自孫中山的設計，起源甚早，可追溯至同盟會時期，由軍政、訓政至憲政的三階段論，亦可視三民主義不斷深化的過程，如〈制定建國大綱宣言〉中所指出：「夫革命之目的，在於實行三民主義。而三民主義之實行，必有其方法」，軍政和訓政各自具有推動三民主義的不同階段任務，訓政時期的任務正在於讓三民主義成爲人們生活的一部分：「蓋不經軍政時代，則反革命之勢力無繇掃蕩。而革命之主義亦無由宣傳於群眾，以得其同情與信仰。不經訓政時代，則大多數之人民久經束縛，雖驟被解放，初不瞭知其活動之方式，非墨守其放棄責任之故習，即爲人利用陷於反革命而不自知」。[7]「訓政」成爲落實三民主義的重要步驟，已有論者指出孫氏提出訓政的構想，是受到身處的現實環境所影響，目標是要解決當下的政治難題，特別是革命前後最常見的理論挑戰：即中國過於落後，無法適用於民主共和。[8]經由黨治的施行，「以黨領政」或「以黨統政」，[9]落實三民主義的理念。

6　胡漢民，〈軍人要懂得政治〉，收於中國國民黨黨史委員會編，《胡漢民先生文集》，冊4（台北：中國國民黨中央委員會黨史委員會，1978），頁926。

7　孫中山，〈制訂建國大綱宣言〉，收於國父全集編輯委員會編，秦孝儀主編，《國父全集》，冊2（台北：近代中國出版社，1989），頁172。

8　陳惠芬，〈抗戰前國民黨關於黨治問題的爭議（1928-1937）〉（台北：國立臺灣師範大學歷史研究所博士論文，1994年7月），頁13-14。

9　關於訓政時期黨、政之間的具體運作，可參見劉維開，〈訓政前期的黨政關係（1928-1937）──以中央政治會議爲中心的探討〉，《國立政治大學歷史學報》，第24期（台北，2005），頁85-129。

　　「主義化」推動最明顯的戰場，首先是教育的領域，然而在課本文字之外，如何打造符合主義想像或規範的日常生活，發揮潛移默化的作用，將主義「生活化」，或爲更重要的關鍵。相較於在教育界成爲風暴中心的「黨化教育」，[10]生活層面或因爲紛雜而難以捕捉，時常爲人所忽略。本文將從北伐之後國民黨執政爲起點，討論至1934年新生活運動推行前，主義化政策在日常生活中的實踐，此時期可視爲新生活運動的原型或起源，相關主義日常化的嘗試和辯論，都在日後新生活運動中得到更大規模的推動。[11]在第一節中透過對各式問卷分析，試圖剖析人民對三民主義信仰的接受，以及推行主義化所遇到的困難。爲了更進一步達成主義化的推動，不能只是經由口號，而是必須將主義滲入人們每日的一言一行之中。在第二、三節的討論中，可以看到主義的宣傳者試圖打造出符合三民主義的「主義時間」和「主義空間」，並經改良風俗鍛造屬於主義的生活，在過程中除了可以見得國民黨政府推行三民主義的不遺餘力，也可以見得生活慣習強烈的反彈，三民主義的詮釋和內涵也在不斷折衷下慢慢的移轉和改變。

---

10 關於三民主義教育的討論，可參見翁稷安，〈革命即教育，教育即革命：南京國民政府的三民主義教育政策〉收於復旦大學歷史學系、復旦大學中外現代化進程研究中心編著，《多維視野下的思想史研究》（上海：上海古籍出版社，2019），頁181-226。

11 需說明的，限於篇幅和資料，本文所採用的視角，是從國民黨政府推動的視角出發，析理出主政者如何試圖將三民主義推行至一般人的生活之中，雖是由「街頭層次」理解思想，但整體而言，仍是「由上而下」，至於「由下而上」的角度，即由一般人如何感知或理解生活中的主義元素，則將另以專文討論。

一、「你信仰三民主義麼？」

　　人們對於三民主義的信仰程度，難以估算，也造成三民主義主義化政策的成效難以評量。本節經由對數份不同地區、不同內容的問卷進行分析，試圖釐清人們面對三民主義宣傳和推行的「感受」，結果顯示著作為「思想」的三民主義，在推行上往往變成某種「口號式」的信仰，和生活多半無涉，構成了主義在「言」、「行」之間的斷裂與張力。

　　1928年中央黨部曾通令全國各省市黨部，要求於孫中山逝世四週年紀念日3月12日時，舉行「民意總檢查」作為紀念活動，藉機了解民情。浙江省黨部在接獲通知後，除傳達給轄下各黨部外，並由本部負責杭州市的調查。中央原本規畫是全體黨員主動向民眾勸填，但因黨員人數有限，浙省黨部將問卷分發給各學校與團體，設置收集箱，請學生或團體成員幫忙招募民眾；又或在紀念日當日僱用人力和黨員，在紀念大會會場進行勸填工作。地方黨部自承因為是第一次舉辦類似活動，許多人都頗為恐懼，不敢填寫，所以回收者有限，[12]但仍能大致理解當時地方對於三民主義的理解和態度。

　　這份名為「大家的意思」的問卷調查，共在杭州市六十個不同地點設置收集箱，總共回收2,852份問卷，其中身份非學術界者887份，學術單位者1,965份。在學校單位的回收數量中，前三名分別為

---

12 〈中國國民黨浙江省執行委員會訓練部辦理杭州市民意總檢查總報告〉，見
　　中國國民黨浙江省執行委員會訓練部編印，《訓練特刊》，第1期（1929年
　　6月），收錄於全國圖書館文獻縮微複製中心編輯，《民國珍稀專刊特刊增
　　刊紀念號匯編　特刊卷》，冊74（北京：全國圖書館文獻縮微複製中心，
　　2010），總頁數37506。以下引用本資料僅引篇名。

省立一中二部的219份、惠興女校的152份及警官學校的132份。非
學校單位則以開放的場地回收最多，如運動場的146份和湖濱公園的
72份，之後則為商務印書館的49份，義成皮鞋公司則以39份位居第
四。[13]「大家的意思」共十道問題，浙江省黨部將其整理並計算成百分
比，先依學生和非學生整理成兩表（見表一），再將所有結果整合於
一（見表二）。問卷並非勾選，而是上書問題，由民眾自行填寫答
案；也因此才會出現「中國近百年來最偉大的人物是誰」一題，有人
「隨意填寫」、「視同兒戲」的情形。[14]結果由浙省黨部採分類統籌統
計，將自行填寫的答案整理、歸類。

　　對於三民主義的信仰與否，無論學生或非學生，皆有超過七成比
例選擇信仰，可推測信仰三民主義是多數人的共識。進一步對比對國
民黨的評價，會發現信仰三民主義和對國民黨的信賴，兩者有近乎兩
成的落差。人民宣稱信仰三民主義，但並不是所有的信仰者都對國民
黨感到信任。在學生和非學生的接受中，學生還是比一般民眾更容易
信仰三民主義，多了約百分之五；一般民眾對國民黨持保留態度者則
明顯較多。對三民主義的信仰，在比例上和對孫中山的推崇相近，可
推測在多數人心中，三民主義信仰畫上等號的對象是孫中山，而非國

---

13 其中總工會、商協會、農整會共102份。〈中國國民黨浙江省執行委員會
　訓練部辦理杭州市民意總檢查總報告〉，頁數37506-37508。
14 〈中國國民黨浙江省執行委員會訓練部辦理杭州市民意總檢查總報告〉，總
　頁數37514-37519。另在《中央訓練部部務匯刊》中，有附上空白的統計
　表格，並特別說明下列四點：「（一）不要寫自己的姓名。（二）要寫出自
　己的真意思。（三）自己不能寫字的，可以請人代寫，但要是自己的意
　思。（四）寫好後，請就近投入設在路邊的『大家的意思收集箱』裏」。
　顯示這份問卷是填寫而非勾選。《中央訓練部部務匯刊》，第2集（南京，
　1929），頁270。

民黨。即便如此，在回覆中也還是有將近四分之一的人對三民主義或孫中山崇拜持反對或保留的態度。

問卷中也揭露了在民眾心中更關心的，是現實層面的苦惱和不滿。在學生群體「最有害於中國的是什麼？」一題中，分佈平均，未形成共識，或顯示學生的社會經驗有限。在非學生群體中，則近四成的回覆中是「土豪劣紳」和「帝國主義」為最有害中國者，「共產主義」和「鴉片」緊追其後，這四者的危害都能顯現在現實中。在「你近來有什麼痛苦的事情？」和「近來這地方有過什麼不好的事情？」二題中，這樣的傾向更為明顯。無論學生與否，「經濟壓迫」都是近來最痛苦的事情，兩組中排行第二的「苛稅太重」與「失業與失學」也都是「經濟壓迫」的變形，只是不同群體有不同偏重。在「地方上所發生的壞事」上，「盜匪」是第一危害，「失業與廠停」都是第二，前者為治安，後者為經濟，人民最關心的還是日常生活的保障。因此，當詢問人們對國民政府施政的期許：「你以為那幾種事業如果國民政府辦得到，中國便好了？」學生群體比例最高的是「普及教育」，非學生則是以「振興實業」佔了壓倒的多數。與此相對的，意識型態在一般人民心中居於次要，兩群體都僅一成左右的比例視「三民主義的推行」可以讓國家變好，至於「打倒共產黨」這個選項更是少到幾乎微不足道，在學生裡還有6.8%認為這是治國首務，在非學生的問卷裡則不及2%。此現象或顯示民眾不見得關心哪種主義勝利，而是關心生活能否溫飽，信仰主義與否往往是口頭的「虛」而非現實之中的「實」，他們對主義的關注很可能是表面、口號的，體現了一般人心中主義信仰看似重要，卻和生活無涉的矛盾。

表一　「大家的意思」問卷「各界測驗」（887份）與「學生測驗」
　　　（1965份）結果分別顯示

問題	「各界測驗」問卷結果		「學生測驗」問卷結果	
1. 你信仰三民主義麼？	信仰	72%	信仰	78.3%
	不信仰	9.3%	不信仰	8.3%
	懷疑與視念	18.7%	懷疑與觀望	13.4%
2. 你覺得中國國民黨好麼？	好	53%	好	64.7%
	不好	16.8%	不好	16.6%
	不了解與含糊	17.6%	不了解與含糊	9.8%
	相對的好	7.3%	相對的好	4.6%
	空白	5.3%	空白	4.3%
3. 你覺得國民政府好麼？	好	42%	好	65%
	不好	26%	不好	11.5%
	不了解與含糊	18%	不了解與含糊	10.9%
	相對的好	8%	相對的好	7.6%
	空白	6%	空白	5%
4. 近百年最偉大的人物是誰？	孫中山	76%	孫中山	79.7%
	其他	24%	其他	20.3%
5. 最有害於中國的是什麼？	軍閥	9%	軍閥	15.4%
	共產黨	16%	共產黨	13.5%
	帝國主義	19%	帝國主義	13.9%
	土豪劣紳	18%	土豪劣紳	12.5%
	鴉片	14.7%	惡化腐化	6%
	不平等條約	8.4%	鴉片	11.5%
	貪官污吏	9.3%	不平等條約	10.3%
	其他	5.6%	貪官污吏	12.3%
			其他	4.6%

問題	「各界測驗」問卷結果		「學生測驗」問卷結果	
6. 你以為那幾種事業如果國民政府辦得到，中國便好了？	關稅自主	7%	關稅自主	12.6%
	廢除不平等條約	10%	廢除不平等條約	11.7%
	普及教育	10%	普及教育	13.3%
	廢除苛稅	3%	廢除苛稅	9.2%
	裁兵	12%	開工會	8%
	實行三民主義	10.8%	實行三民主義	8%
	振興實業	22%	振興實業	6.8%
	打倒帝國主義	2.6%	打倒共產黨	6.8%
	打倒共產黨	1.5%	打倒貪污	6%
	打倒貪官污吏	3.4%	打倒帝國主義	5.8%
	其他	17.7%	其他	11.8%
7. 對於不平等條約廢除好呢？修改好呢？	廢除	81%	廢除	68%
	不了解與含糊	8%	不了解與含糊	22%
	修改	11%	修改	10%
8. 你以為最好用什麼方法來抵制日本？	經濟絕交	73%	經濟絕交	76%
	武力解決	8%	武力解決	5.2%
	其他	19%	其他	18.8%
9. 近來這地方有過什麼不好的事情？	盜匪	26%	盜匪	17.4%
	苛徵	13%	苛徵	11.7%
	失業與廠停	36%	失業與廠停	17%
	共黨搗亂	10%	共黨搗亂	15%
	拉夫	6%	拉夫	14.7%
	其他	9%	貪污	7.5%
			其他	16.7%
10. 你近來有什麼痛苦的事情？	經濟壓迫	48%	經濟壓迫	53.2%
	苛稅太重	26%	苛稅太重	10.7%
	失業與失學	10%	失業與失學	23.1%
	其他	16%	其他	13%

整理自〈中國國民黨浙江省執行委員會訓練部辦理杭州市民意總檢查總報
告〉，見中國國民黨浙江省執行委員會訓練部編印，《訓練特刊》，第1期
（杭州，1929），收錄於全國圖書館文獻縮微複製中心編輯，《民國珍稀專刊
特刊增刊紀念號匯編　特刊卷》，冊74，頁37508-37512。

表二　「大家的意思」問卷總統計結果

問題	問卷結果	
1. 你信仰三民主義麼？	信仰	75%
	不信仰	11%
	懷疑與觀望	14%
2. 你覺得中國國民黨好麼？	好	55%
	不好	16%
	不了解與含糊	12%
	相對的好	5%
	空白	12%
3. 你覺得國民政府好麼？	好	50%
	不好	15%
	不了解與含糊	12%
	相對的好	7%
	空白	16%
4. 近百年最偉大的人物是誰？	孫中山	82%
	其他	18%
5. 最害中國的請舉出五條來？	帝國主義	16%
	共產黨	14%
	軍閥	13%
	土豪劣紳	13%
	鴉片	13%
	貪官污吏	12%
	不平等條約	10%
	惡腐化分子及其他	5%
	盜匪	4%

問題	問卷結果	
6. 辦了那幾件事中國便好了？	普及教育	14%
	關稅自主	13%
	廢除不平等條約	13%
	振興實業	12%
	打倒軍閥	10%
	廢除苛稅	9%
	打倒貪污	6%
	裁減軍隊	6%
	打倒帝國主義	5%
	肅清共產鎮	6%
	其他	6%
7. 對於不平等條約廢除好呢？修改好呢？	廢除	76%
	不了解	14%
	修改	10%
8. 你以爲最好用什麼方法抵制日本？	經濟絕交	72%
	武力抵抗	5%
	其他	13%
9. 近來杭州市有過什麼不好的事情？	苛捐雜稅	11%
	盜匪	20%
	失業與廠停	20%
	共黨搗亂	14%
	拉夫	12%
	謠言	8%
	其他	15%
10. 你近來有什麼最痛苦的事情？	經濟壓迫	33%
	苛捐重稅	11%
	失業	10%
	沒機會讀書	10%
	其他	36%

整理自〈中國國民黨浙江省執行委員會訓練部辦理杭州市民意總檢查總報
告〉，見中國國民黨浙江省執行委員會訓練部編印，《訓練特刊》，第 1 期
（杭州，1929），收錄於全國圖書館文獻縮微複製中心編輯，《民國珍稀專刊
特刊增刊紀念號匯編　特刊卷》，冊 74，頁 37512-37514。

　　除了浙江省黨部外，其他地方也配合中央的指示做出相同的調
查，這些結果有部分如廣州第一區、九江市和上海市的結果被刊登於
《中央日報》上。[15]廣州第一區的紀錄較簡略，只報導了有 98 人信仰三
民主義，覺得國民黨好者有 86 人，有 74 人給國民政府正面評價。最
有害於中國者，鴉片 42 人、不平等條約 6 人、共產黨亦為 42 人；在
「近來這地方上發生什麼最不好的事情」這題裡，有 28 人回答「共
禍」；近百年最偉大的人物，選孫中山有 8 人，蔣介石有 4 人，馮玉祥
2 人，李宗仁 1 人，胡漢民 1 人。[16]九江市黨部共回收了 735 份問卷，
在對三民主義的信仰上，共有 678 人表示自己信仰，不信仰 23 人，懷
疑者 32 人，有超過九成以上的人都表明自己對三民主義的擁護；在
問到對國民黨的觀感時，持正面態度者 519 人，認為不好者為 172
人。在近百年最偉大中國人物的答覆中，孫中山獲得壓倒性的多數，
共 639 人選擇，其他者 96 人，佔 86%。在最有害於中國的調查中前三
順位分別是「帝國主義」、「貪污豪劣」和「新舊軍閥」，佔總比例的
五成五，共黨居第 4 位僅佔總比例的 13%。受訪者認為國民政府施政
的首要要務，在統計者的整理下僅分成五類，首位為「厲行訓政時期

---

15 刊登於《中央日報》者，僅下文提到的廣州市第一區、九江市、上海市三
　　地，前述杭州市就未被刊登，可見《中央日報》並不是一律照登。
16 〈廣州市民意總檢查結束〉，《中央日報》，1929 年 3 月 25 日，第 2 張第 3
　　版。

建設工作」約佔37%，第二位則是「剷除封建餘毒」約佔30%，第三位為「反帝及廢約」約佔18%，三者佔了絕大的比例，第四位「剿匪清共」和第五位「消滅反動份子」皆低於一成。至於近日所目睹地方上不好的現象，除「搶劫」有接近五成和「貪污」有近一成五的比例外，其他選項呈現分歧，其中佔較大比例者是對行政的抱怨，如「市政不良」、「苛捐雜稅」等，共產黨並未出現其中。受訪者近來感到痛苦的原因，則被統計者歸結成五項，依序為「政治壓迫」、「封建壓迫」、「經濟壓迫」、「軍人騷擾」和「黨員無選舉權」五項。[17]九江市的統計結果，特殊的是對「政治」的不滿，有近三成的比例，認為近來最痛苦的是「政治壓迫」，這是其他地區所未見的。

　　上海特別市執行委員會訓練部對這次的民意調查十分慎重，隸屬於機關團體的成員由專員前往調查，無隸屬團體的一般民眾則派人前往茶坊、酒肆、歌場、藝館等地進行勸說；並將表格刊登於報章，廣事徵求。在十天之內，總共發出了一萬五千份的表格，回收了八千份問卷。據該市訓練部的判斷和統計，填寫者工、農佔七成，學、商則佔了約二成。最後統計的結果，在三民主義的信仰上，有七成五的人自承自己信仰三民主義，同樣一面倒的結果也出現在最偉大的人物一題，孫中山以95%勝出。在對國民黨的評價上，六成的受訪者選擇肯定，有三成表示「好的，不過仍要整頓」，一成持負面態度。這數據和對國民政府的評價相仿，肯定者佔五成，仍需整頓者三成五，負面者15%。在危害中國最烈的五件事上，前三名分別為：軍閥、帝國主義和共產黨，三者比例相近，佔總數的一半以上。僅看此題，國民

---

17 〈九江市民意總檢查統計結果〉，《中央日報》，1929年4月22日，第2張第1版。此五項分別為（36%）、（18%）、（17%）、（16%）、（5%）。

黨的宣傳似乎收到了效用，但對照「辦了那幾件事中國便好了」一
題，卻又呈現不同的風貌，前幾名分別是：廢除不平等條約、振興實
業、普及教育、收回租界和禁奪。「清共」、「打倒帝國主義」、「打
倒軍閥」則剛好是倒數三名，各佔了7%、5%、1%。至於近來上海
發生的壞事和生活中痛苦的事兩題，受訪者認爲上海發生的壞事有
三：運土（45%）、盜匪充斥（12%）、謠言盛熾（7%）；日常生活中
的痛苦則有四項：帝國主義的壓迫（20%）、經濟壓迫（17%）、捐稅
繁重（12%）、對政黨失望（10%）。上海市黨部對這次的調查結果，
十分滿意，認爲這份問卷顯示了國民黨黨綱中所提的諸多原則都已經
被民眾廣泛接受，對三民主義和國民黨的好感已成爲多數人民的共
識，人民的痛苦在其看來，即是「三民主義不實現之痛苦」，接下來
的工作除了努力爭取尚未信仰或肯定者的改變，並要更積極促進三民
主義的實現。也因爲這份調查的結果合乎黨部的預期，上海市黨部計
畫將結果印成一萬份小冊子，讓民眾索取。18

　　綜觀這些問卷結果，呈現了主義化政策推行的雙層構造：一是在
口號層次上的大獲全勝，人人都信仰三民主義，人人都崇拜孫中山，
每個人都能把軍閥、共黨、帝國主義視爲國家當下的毒瘤；另一則是
在生活層次上，人民對三民主義所強調的抽象種種並不在意，生活中
有太多的困頓有待解決，是空泛的主義所無法觸及。一旦提問越接近
現實層面，人民的答覆便離三民主義的制式口號越遙遠。在很多類似
的調查中，也可以拼湊出相似現象。在各種調查中，對孫中山的崇拜
在當時非常普遍，吳文暉於1935年時對南京棚戶進行家庭調查時，

18〈滬市訓練部民意測驗總報告〉，《中央日報》，1929年4月15日，第2張
　第3版。

竟有一戶家中所供奉的神祇是「中山先生遺像」。[19]1934年於中央大學社會系任教的言心哲（1898-1984）對南京第一貧兒教養院220名院童進行調查，詢問院童最敬仰的人，其中有68人回答黃興，原因為：「（一）創建中華民國；（二）創辦貧兒院；（三）革命領袖；（四）救濟貧兒；（五）有大無畏精神；（六）為國　牲；（七）努力革命」。第二高者為孫中山，共有63人，原因為：「（一）創建中華民國；（二）農家子弟，能為人民謀幸福；（三）有偉大的人格；（四）創建三民主義；（五）大公無私；（六）為國家爭自由；（七）革命領袖等等」。此外，另有11名院生同時景仰兩人。[20]兩人皆為黨國元勳，黃興之所以能脫穎而出，或和他投入貧兒救濟的事業有關，南京第一貧兒教養院更是由他所創立，院童對其敬仰自不待言。[21]孫中山仍以相近的票數排名第二，說明了孫中山崇拜的推行成功；特別在原因中出現「創建三民主義」，三民主義和孫中山在一般人心中是畫上等號。人們對主義的了解，很大的部分是經由對個人的信仰來傳達的，主義最能令人理解的，不是主義深奧完備的學理，而是顯而易懂的個人崇拜。

　　抽象的主義學理，激不起人民的興趣，也無法符合人民的需要，民眾的識字教育是另一個好例子。民眾識字教育是推行主義化政策的

---

19 吳文暉，〈南京棚戶家庭調查〉，收於李文海等編，《民國時期社會調查叢編　底層社會卷》，下冊（福州：福建教育出版社，2005），頁788。

20 言心哲，〈南京貧兒調查〉，收於李文海等編，《民國時期社會調查叢編　底層社會卷》，冊上（福州：福建教育出版社，2005），頁44。附帶一提，根據言氏的紀錄，在黃興、孫中山二人外，排名第三的為愛迪生的11人，回答孔子的僅有一人。

21 黃興和南京貧兒教養院的關係，可見毛注青編，《黃興年譜》，收於熊治祁編，《湖南人物年譜》，冊6（長沙：湖南人民，2013），頁211。

重要手段之一，原本的構想是在人們學習識字的過程中，加入三民主義的相關內容，達到潛移默化的教育效果。然而，1933年鄞縣教育局針對32位使用商務印書館所出版，由沈百英所編《新時代民眾學校識字課本》的教師進行問卷調查，了解學生上課的反應。在生字嫌多的課名裡，第一名為〈國貨公司〉，前十名名單中還有〈知難行易〉、〈孫先生〉等，這些直接或間接與主義相關的課程，因為過多的生字反而造成了教學上的困擾。[22] 也在名單中的〈三民主義〉、〈打倒帝國主義〉、〈個人的自由和團體的自由〉、〈三大壓迫〉等等，以主義宣傳為主軸的篇章，皆是如此。就個別名詞而論，超過三人以上覺得深奧的名詞，便有「帝國主義」、「知難行易」、「同盟會」、「政黨」、「共和」、「專制」，甚至有教員直接覺得諸如「中國國民黨」、「主義」、「革命黨」、「民族民權民生」都是難度過高名詞。在過難的句子方面，排行首位為「日夜陶情酒色中」，其次則為「合力奮鬥以進大同」，在全部名單上則出現「三民主義吾黨所宗」、「打倒了專制」、「建立了共和」、「第一是政治的壓迫」、「第二是經濟的壓迫」，連「他是中華民國的國父」、「黨員的好道德」這樣的句子都名列其中。[23] 此次問卷最關鍵的兩題則是最後兩題「書中各課的教材內容，為學生最不感覺需要或沒有興趣的」和剛好相反者「書中各課的教材內容，為學生最感需要或最有興趣的」。前者，第一名為〈黨員

---

22 應培，〈民眾學校識字科用書問卷及答案〉，《民教半月刊》，第35期（浙江鄞縣，1933年4月），頭版。問及「平常用到而本書未列入單字」時，前十名分別是：雞、豬、妹、河、碗、狗、馬、鴨、鞋、襪，在全部名單中還包括刀、牛、東、西、床、姑、嫂等等，這些教師心中生活常用的字詞都未收入。

23 應培，〈民眾學校識字科用書問卷及答案（續三十五期）〉，《民教半月刊》，第36期（浙江鄞縣，1933年5月），第1版。

的好道德〉，前十名者中則包括〈知難行易〉、〈中國國民黨〉、〈三大壓迫〉、〈民族〉，亦有各一位教員將〈三民主義〉、〈孫先生〉選入名單中。在教員們的觀察中，學生比較感興趣的是課程，則包括像〈給弟弟的信〉、〈覆哥哥的信〉、〈儲蓄〉、〈學寫信〉、〈覆信〉、〈懶漢懶〉。[24]兩者的差別，或表現了來民眾識字班的學生，學習識字是出於實用，而非來學習主義。識字課本限於出版的目的以及受教者的教育程度，課文都十分簡短，但依舊可以依內容區分為「敘事」和「規範」兩種不同文字，[25]在和三民主義相關的課程中，幾乎全屬規範的文字，很容易讓學生喪失了學習的興趣。譬如被選為學生最不感興趣的〈黨員的好道德〉，引孫中山演講，強調黨和軍隊一樣需要服從，「所以要革命事業，完全成功，便要大家一致行動，一致行動，便是黨員的好道德」。[26]〈三大壓迫〉內容為：「中國受列強的禍害，有三大壓迫：第一是政治的壓迫，第二是經濟的壓迫，第三是人口的壓迫。有此三大壓迫，就足以亡國。我們要救中國，非解除三大壓迫不可」。[27]可以想像對一群才剛學習的學生們，「讀書好！讀書好！記帳寫信看書報，讀得書多才知道。要讀書，趁年少。錯過光陰不讀書，

---

24 應培，〈民眾學校識字科用書問卷及答案（續）〉，《民教半月刊》，第38期（浙江鄞縣，1933年6月），第1版。

25 敘事和教誨的概念，挪借自沙培德對民國時期教科書的討論，見氏著，〈敘事與教誨：教科書中的知識傳遞（1902-1937）〉，收於沙培德、張哲嘉主編，《近代中國新知識的建構》（台北：中央研究院，2013），頁231-270。

26 王鴻文、徐紹烈編、沈百英校訂，〈黨員的好道德〉，《新時代民眾學校識字課本教授法》，第4冊（上海：商務印書館，1934國難後第一版），頁80。

27 王鴻文、徐紹烈編、沈百英校訂，〈三大壓迫〉，《新時代民眾學校識字課本教授法》，第2冊（上海：商務印書館，1934國難後第一版），頁88。

一生一世苦到老」，[28]講述這些文字有多麼困難。

　　通過這些1929年至1933年之間的各種問卷，說明了對於三民主義信仰的推動有其成功和失敗之處，並間接顯現了主義化政策的性質和盲點。三民主義化政策的根本是建立在宣傳之上，建立在「言說」或「文字」，而非生活。人們可以宣稱自己信仰主義，熟記主義的標語，崇拜孫中山，但對這些「主義信仰者」來說，主義和他們的日常實距離遙遠。因此，對三民主義的推行者來說，如何打造一種主義的生活，化言說文字爲生活實踐，成爲三民主義化政策最大的目標。

二、以主義界定時間、打造空間

　　人們對於主義和生活之間的無法結合，或許在孫中山三民主義的論述中，很少提及這麼具體的生活層次，最接近者，可能在於《建國方略》中對於〈孫文學說〉的闡釋，以日常生活中的例子說明「知難行易」，但理論的討論仍是重點所在，涉及生活面的規範有限。也因此自北伐以來，在生活實踐的層次上推動主義化政策，讓人民生活在主義之中，對主政的國民黨來說，是一條在沒有指引的情況下，不斷摸索和嘗試的過程，試圖結合既有主張或資源，營造出新政府在主義之下耳目一新的「感受」。打造出符合主義「感受」的時間、空間和風俗，是國民黨政府在摸索過程中，最重要的三個面向。在「時間」變革方面，從舊曆（陰曆）換成新曆（陽曆），並設立大量的紀念日，重塑了人民生活的時間表，替之以一種新而充滿政治色彩的時間，形成一種「主義時間」。改用新曆一直是民國以來各方不斷宣導

---

28 王鴻文、徐紹烈編、沈百英校訂，〈讀好書〉，《新時代民眾學校識字課本教授法》，第2冊，頁3。

的議題，然而在和三民主義結合，從陰曆到陽曆，給予了由「舊」到「新」的革命意義，不再是單純的政策推動，而是要強力甚至暴力形式去推動的使命。《三民主義》和孫中山的演講，並未提及曆法的改革，然而一旦和「新」的概念結合，成為以「三民主義」為名的「革命」舉動，就成為貫徹主義於生活的合理基礎。

　　推行的方式分成威脅利誘兩類，一是增加國曆新年的休憩娛樂活動，二則是取締過農曆新年的舊習，[29]造成很大的衝突。山西士紳劉大鵬（1857-1942）就認為政府三申五令要求民間改行新曆，只是徒增民怨，「乃言者諄諄而聽者藐藐」，民間仍自行其是，造成民心背離，「則失民國之本旨也」。畢竟舊曆的行使已有幾千年的歷史，民國成立之後，數度想更改皆失敗，民間依舊於舊曆新年大肆慶祝，迎神祭祖，黨務人員也莫可奈何。[30]甚至陷入得要在新曆12月31日，以鳴鑼的方式告知民眾，翌日為新年，強令慶祝的窘境。[31]瑞安士紳張棡（1860-1942），紀錄在當地清明節迎神賽會活動的爭議。1928年清明節前夕，瑞安當地城隍廟傳出廟內神像被人砍去頭首及手足，地方便謠傳是國民黨黨部暗中破壞，並阻擾清明迎神繞境的活動。[32]這些舉措在張棡看來是「自詡破除迷信，妄言城隍為淫祀，不許地方人

---

29 〈屬行國曆當更求進一步努力〉，《中央週報》，第87期（南京，1930），收於中國第二歷史檔案館編，《中央週報‧中央週刊》，冊5（南京：南京出版社，1997），頁408-409。

30 劉大鵬著，喬志強標注，《退想齋日記》（太原：山西人民出版社，1990），1929年2月10日、1930年1月1日，頁380-381、401。

31 劉大鵬著，喬志強標注，《退想齋日記》，1930年12月31日；1931年2月17日、1933年1月27日，頁418、420、468。

32 張棡撰，俞雄選編，《張棡日記》（上海：上海社會科學出版社，2003），1928年3月23日，頁410-412。

迎賽」，結果原來熱鬧的賽會活動變成一片蕭索，地方人士敢怒不敢言。[33] 這些過激手段，或許和當時國共合作共產黨人手法過激有關，但政策的大方向仍爲國民政府所承繼和延續，有些地方甚至十餘年來無迎神賽事。[34] 即使首都南京，一般人對過年的觀念被戲稱是「陽奉陰違」，因爲「陽曆新年，是奉行政府的法令而過其年，對於陰曆新年，是違反政府的法令而過其年」，在政府強力宣導，並以警察進行糾舉的方式下，於元旦時只能配合慶祝；一旦官方解禁，不再干涉，立刻回歸舊習，甚至還違禁施放鞭炮。[35]

　　南京國民政府成立後，以立法設立紀念日的方式，將主義的精神灌注在常民的生活時程內。論者已指約莫 1929 年下半年至 1930 年上半年之間，經由一系列法令的頒佈，國民政府的革命紀念日建構基本上已經完成。[36] 戴季陶將紀念日區分爲三種，說明增設紀念日的目的和意義所在，分別爲「民族紀念日」、「文化紀念日」、「建國紀念日」三種，並各舉一事例說明，民族紀念日爲了表彰中華民國建國的意義和三民主義的眞諦；文化紀念日，則要表彰「中華民族祖宗萬代以來之文化」。建國紀念日的重要必須特別強調，它是所有紀念日的核心，無論民族或文化的重視，目的都是要以國家的型態維繫民族和文化的延續。[37] 每個紀念日都有相對應的儀式和宣傳要點，諸如婦女節

---

33 張棡撰，俞雄選編，《張棡日記》，1933 年 4 月 6 日，頁 487。

34 張棡撰，俞雄選編，《張棡日記》，1940 年 4 月 5 日，頁 580。

35 姚穎，〈南京的春天〉，《京話》，收於沈雲龍主編，《近代中國史料叢刊》，第 79 輯，冊 788-789（台北：文海出版社，1966），頁 41-42。

36 周俊宇，《黨國與象徵：中華民國國定節日的歷史》（台北：國史館，2013），頁 78-83。

37 戴季陶，〈致中央黨部葉秘書長書〉，收於氏著，《戴季陶先生文存》，冊 1（台北：中國國民黨中央委員會出版，1959），頁 347-348。

要宣傳國民黨政綱中關於婦女解放的章節；總理逝世紀念日要解釋遺囑、自傳；清黨紀念日則要講述改組容共的眞義、共黨的罪惡、三民主義如何打倒共產主義；勞動節則要講述實業計劃、農工政綱；濟南慘案國恥紀念日要講述民族主義；國民政府成立紀念日則要講解建國方略、建國大綱、五權憲法、民生主義的各項重要問題。[38]此外，也藉由對紀念日的紀念活動，重新詮釋了歷史事件，紀念日成爲政治導引甚或價值判斷的方式。例如將五四運動導向對國民黨和三民主義的獻身，要青年們「用三民主義的甘醴，灌注民眾」，搖動「一切權屬於黨」的旗幟。[39]又或者，戴季陶（1891-1949）曾致信當時中央黨部秘書長葉楚傖，反對設立黃興的紀念日，表面上的理由認爲黃興不能以烈士視之，設置紀念日爲名實不符，[40]進行政治的判斷和過濾。

　　在清除舊曆日和增加新紀念日兩項原則下，依原訂的計畫，國民政府希望強制將舊節日一律廢除，然而卻面臨民間很大的阻擾，成效有限。尤其在廢除舊曆上，輿論也漸漸轉向持保留的態度。1929年末中央通令各地從1930年起商民一律不准使用舊曆，禁止日曆印刷時附印舊曆標示，大公報即批評政策的不切實際，認爲中國舊曆的二十四節氣並不違反科學，符合農業社會需要，所以才會被使用數千

---

38 〈革命紀念日紀念式——十八年七月一日中央執委員會第二十次常務會議通過〉，見《中央週報》，第57期（南京，1929），收於中國第二歷史檔案館編，《中央週報·中央週刊》，冊3（南京：南京出版社，1997），頁326-331。每個紀念日都要三至四項不等的宣傳要點，限於此處僅列較特殊的部分。

39 朱公振，《本國紀念日史》，收於張研、孫燕京主編，《民國史料叢刊》，冊927（鄭州：大象出版社，2009），頁103-104。

40 戴季陶，〈致中央黨部葉秘書長書〉，收於氏著，《戴季陶先生文存》，冊1，頁348-349。

年，並和歷史文化緊密結合。舊曆反應的是民間的實務需求，即如日
本或蘇聯在推動新曆上也未取得成效，遑論中國；要求允許新曆上印
製節氣、朔望和傳統節日。[41]至1930年除夕，大公報再次重申，希望
政府在可以改用溫和的方式推動新曆，僅靠一紙命令，無視舊曆形成
的科學和歷史條件，以及和人民日常生活的結合，但憑「反革命」為
理由想要盡廢舊曆，結果必然失敗。[42]

　　面對推行上的困難，政府逐漸妥協。於1931年內政部、教育部
推出折衷的「替代節日」方案，「取漸衰漸勝之道，孰因孰革，或張
或馳，自當權衡變通，斟酌變通，以期無礙推行」。尤其當時「星期
休業制」還未有效推行，傳統假日構成人們日常唯一休息機會，將諸
如「元宵、上巳、端陽、七夕、中元、中秋、重陽、臘八」等節日廢
除，而新加入的國慶、革命軍誓師、總理逝世、七十二烈士等節日，
又多半排以宣傳活動，民間得不到休息的機會，因此建議給予前述農
曆節日對應、固定的國曆時間，並且保留各節日原本民間的慶祝活
動。在該案最後特別強調保留的慶節習俗，並不表示新的價值的潰
敗，這些被允許的活動，前提要能「不背黨義黨綱，並於風俗習慣，
公家治安無所妨害」才能留存。[43]這些折衷的作法，顯示了民間生活
習慣的強韌，不是一紙公文規定即可全數推翻，然而「黨義黨綱」仍
是節日是否合法存續的關鍵。

41〈廢除舊歷（按：應為曆）宜顧實際〉，收於國聞週報編，《論評選輯》，
　收錄於《近代中國史料叢刊》，三編第五輯，冊43（台北縣：文海出版
　社，1985），頁16-17。

42〈論舊年〉，收於國聞週報編，《論評選輯》，頁43-44。

43〈舊曆節日之替代辦法〉，《中央週報》，第92期（南京，1930），收於中
　國第二歷史檔案館編，《中央週報・中央週刊》，冊6（南京：南京出版
　社，1997），頁116-117。

　　除了時間之外，以主義打造一般人所生活空間也是主義化政策推動中重要的一環。陳蘊茜在這方面進行過十分細緻的研究，值得參考。她以「空間政治」的概念，解釋於生活之中無所不在的「孫中山符號」。其中比較具有代表性的，首先是打造出中山陵這一神聖的空間，國民黨一開始即以古代帝王的規格去打造孫中山的陵墓，無論是國葬儀式的使用，或整個中山陵在建築美學上的設計，都希望能予人崇敬的感受，將孫氏和常人生活的俗世之間做出切割。[44]打造中山陵的過程中，除了形塑孫中山符號的神聖性，同時也連帶提高了三民主義的地位，1934年馮玉祥藉由中國佛教協會發起於中山陵內捐贈藏經樓，於1935年10月完工，主樓底層四壁嵌有孫中山手書的〈建國大綱〉，碑廊則鑲砌了馮玉祥（1882-1948）捐贈的河南嵩山青石碑138塊，鐫刻〈三民主義〉全文，分別出自張乃恭(1920-1991)、葉恭綽（1881-1968）等14位國民黨元老手筆，由吳縣碑刻名家唐仲芳率弟子完成，共16講15.5萬字。[45]中山陵外也於全國各地廣設大量的中山紀念堂、中山堂、逸仙堂等紀念館，全國合計有近300多所，甚至有一縣兩座中山堂的情形發生。[46]此外，還於全國各地廣設以「中山」、主義為名，設立了各式各樣行政區、圖書館、學校、公園、道路等設施，滿足孫中山或主義「信仰」所需。[47]

　　這些空間有些新設，有些則將舊有空間賦予新的意義。三民主義

---

44 陳蘊茜，《崇拜與記憶：孫中山符號的建構與傳播》（南京：南京大學出版社，2009），頁325-332。

45 陳蘊茜，《崇拜與記憶：孫中山符號的建構與傳播》，頁331。〈藏經樓碑石不日運京〉，《申報》，1935年10月20日，第8版。

46 陳蘊茜，《崇拜與記憶：孫中山符號的建構與傳播》，頁350-357。

47 陳蘊茜，《崇拜與記憶：孫中山符號的建構與傳播》，頁362-366、390-406、311-429。

圖書館即為一例，1927年國民黨青年部便希望於各校設三民主義圖
書館，[48]1929年於上海舉辦的中華圖書館年會上，廣州中山大學圖書
館代表杜定友於致詞上亦強調圖書館發展要革命化，希望廣設三民主
義圖書館，以符合訓政時期的需要。[49]上海圖寶山縣第一小學即以創
建三民圖書館作為黨化教育的方式，不僅以三民為名，館內圖書也由
原本兒童書籍改為和革命有關之書籍，如「孫文學說、汪蔣等名
著」，派教員每日輪流駐館，館內除圖書外，牆上一邊懸掛孫中山等
革命偉人照片，另一旁則掛革命叛徒和罪人，使之「涇渭分明」。同
時該館主任也會定期出題徵求學生答案，分甲乙丙三等給予獎品，
「甲等獎品為孫蔣汪三偉人大相片，乙等獎品為磁質之國徽、黨徽及
中山紀念徽，丙等為名人照片」。[50]黨部也會採和學校合作的方式，國
民黨上海特別市二區二十六分部就曾在交通大學創設三民圖書館，其
內書籍共分十五類，以主義、社會、政治、國際最多，由學生自行管
理，在半年被借出357冊書籍，十分踴躍。[51]

　　另外定縣將民國元年所設的正俗宣講所加以改造為「三民主義演
講所」，設有一演講員負責，講題主要關於三民主義和中外新聞，每
逢集市，上午11時至12時都會舉辦演講，平均一次約三十多人聽
講，經費由縣教育經費支付。[52]除了改造舊空間外，有時則直接利用
原本空間的功能，1927年上海江灣鎮一帶，國民黨區黨部便在各茶

48〈特別市黨部消息〉，《申報》，1927年5月25日，第10版。
49〈上海圖書館協會歡迎各省代表紀〉，《申報》，1929年2月5日，第17版。
50〈寶山一小實施黨化教育之精進〉，《申報》，1927年4月21日，第12版。
51 漢士，〈三民圖書館消息〉，《交通大學日刊》第1號（上海，1929），頁1。
52 李景漢，《定縣社會概況調查》（上海：上海人民，2005），頁106。

館宣傳三民主義，「聽者頗為踴躍」。[53]1928年時任浙江省政副局長的王犖，率領職員於奉賢的鴻福茶館，宣傳三民主義，令原本的說書暫停，借一銅片，現場演唱起「革命小調、主義五更」，並用各種口技吸引民眾，全程大概二小時，結束付茶資五元給茶館，作為賠償。[54]值得注意的，民眾亦自發的利用「三民」的名號，自營生意，1927年南京北四川路一帶，新設立了一「三民照相館」；[55]蘇州公園附近則新開有「三民商店」，[56]蘇州閶門外則有「三民電影院」。[57]顯示了這種以主義命名空間是上下雙向的影響。

　　除了上述常態的空間規劃，另有以非常設的博覽會的形式宣揚主義。1928年張靜江主政的浙江省政府，為「紀念統一，獎進國產」提議籌辦西湖博覽會，花費一百二十二萬餘元，於1929年6月6日開幕，共有中外共十餘萬件的展示品，分八館二所陳列，參觀民眾人數達二千餘萬，原訂10月10日閉館，順延10天，總計128天。[58]西湖博覽會具有榮耀政府執政和宣傳主義的意圖，從開幕典禮眾多來賓的訓詞可知一二，張靜江在致詞特別強調「尤須秉承　總理遺教，使心理建設，與物質建設並重，博覽會對於各種建設，有觀摩促進之功」。[59]代表國民黨中央黨部的朱家驊，則強調西湖博覽會目的是為了

53〈國民革命宣傳運動旬餘聞〉，《申報》，1927年10月4日，第14版。

54〈財局長茶館宣傳〉，《申報》，1928年11月25日，第11版。

55〈三民照相館之新創〉，《申報》，1927年7月22日，第17版。

56 朱娥，〈蘇州公園近訊〉，《申報》，1927年7月26日，第16版。

57《申報》，1927年6月9日，第16版。

58《西湖博覽會總報告書》，收於《中國早期博覽會資料彙編》，冊5（北京：全國圖書館文獻縮微複製中心，2003），頁265-267。

59《西湖博覽會總報告書》，收於《中國早期博覽會資料彙編》，冊5，頁315。

要喚醒人們「猛烈的覺悟」:「一方面在喚醒民眾對於列強經濟壓迫的覺悟,一方面在引起民眾去振興實業和提倡國貨」,該是國人的「暮鼓晨鐘」而非「遊戲娛樂的場所」。[60]張群亦期望人民在遊玩之餘,莫忘背後的重要意義:「豈盤桓之是樂,惟改進之研求,行看舶來絕跡,國產周流,實黨國無疆之庥」。[61]

八館中特別設有革命紀念館,該館為博覽會路線規劃上最先經過的展館,地點設在西湖孤山一帶的唐莊,附近有西湖十景之一的平湖秋月,以及浙軍克復金陵陣亡將士墓等景點。為了博覽會除稍加裝修浙軍克復金陵陣亡將士墓外,另於白公堤末端建立騎街樓牌一座;於平湖秋月廳建築革命紀念塔一座,廳內設革命書籍閱覽室和販賣室各一所。唐莊則設總理紀念廳,以及一樓的黨國名人紀念室、各地黨部秘密及公開時期紀念室、革命軍過程紀念室;二樓的總理紀念廳、先烈紀念室、革命軍實紀念室等六間陳列室。[62]以總理紀念廳為中心,整片區域充滿著革命的意象,由建築師劉既漂(1900-1992)設計大門,沿路修築象徵平等的騎街牌樓。唐莊屋頂樹立黨旗,屋脊橫裝「天下為公」四字,四週圍牆架設電燈牌額,設總理和革命先烈石膏像於總理紀念廳內;平湖秋月的壁上則以藍地白字書寫標語和總理鼓勵革命之遺言。[63]革命紀念塔外圍鐵欄,塔身純用鐵骨士敏土(水

60《西湖博覽會總報告書》,收於《中國早期博覽會資料彙編》,冊5,頁316-317。

61《西湖博覽會總報告書》,收於《中國早期博覽會資料彙編》,冊5,頁321。

62《西湖博覽會總報告書》,收於《中國早期博覽會資料彙編》,冊5,頁289、487。

63《西湖博覽會總報告書》,收於《中國早期博覽會資料彙編》,冊5,頁487-489。

泥），外敷大理石粉，塔基下截爲三角形，象徵三民主義；塔身爲五
角形，象徵五權憲法。塔上有張靜江手書「三民主義」、「五權憲法」
諸字，塔底刻有總理遺囑。[64]浙軍克復金陵陣亡將士墓在四週亦漆上
青天白日標語，懸掛黨國旗。[65]

　　館內所徵集的材料，分爲人事、黨務、軍事、民眾運動，[66]最後
共徵集到3316件，[67]「凡革命紀念類，革命宣傳品，攝影，烈士遺物及
其他足供景仰者均屬之」。[68]人事所收集者，分爲三項，一是關於先
烈，有先烈的傳略、遺像、遺著、遺墨、遺物，殉難時的殉身物、殉
難地點和情形的照片，死後的各種追悼會、國家褒典、葬禮墳墓銅像
等等，還展示了「先烈生平所好讀之書籍，及其形成革命性格及革命
思想之書籍。其次是關於落伍者之醜史，包含八個部分：「落伍者名
單」、「章太炎投吳事實」、「馮自由叛黨事實」、「陳炯明叛黨經
過」、「唐繼堯叛黨事實」、「鄒魯、謝持屠殺民眾之經過」、「楊希
閔、劉振寰之叛史」、「溫樹德投吳事略」。三爲其他，有廣州商團叛
變、倫敦蒙難、五四運動、五卅慘案、袁氏竊國、護法戰爭、曹錕賄
選、國民黨秘密時期至北伐簡史等。黨務則包括各時期的革命沿革、

64《西湖博覽會指南》，收於《中國早期博覽會資料彙編》，冊4，頁289、
　《西湖博覽會總報告書》，收於《中國早期博覽會資料彙編》，冊5，頁
　487-488。
65《西湖博覽會總報告書》，收於《中國早期博覽會資料彙編》，冊5，頁
　489。
66《西湖博覽會總報告書》，收於《中國早期博覽會資料彙編》，冊5，頁
　292。
67《西湖博覽會總報告書》，收於《中國早期博覽會資料彙編》，冊5，頁
　389。
68《西湖博覽會總報告書》，收於《中國早期博覽會資料彙編》，冊5，頁
　385。

各層級的黨務工作、黨員數和質量的各種統計、各項規程條例。軍事
則包括文字如孫中山和蔣介石於軍事上的訓詞和電文、國民革命軍戰
史、黃埔軍校史等，此外展示軍器，包括旗幟、制服、兵艦和飛機模
型或標圖、槍械彈藥等。民眾運動則收藏農民、工人、商民、青年、
婦女運動的資料。特種紀念則是各種慘案的紀念。[69]

　　在《西湖博覽會總報告書》有說明西湖博覽會的目的，是要讓民
眾「覺悟」：「凡所陳列或能使民眾覺悟，而臥薪嘗膽，或示民眾以
途徑，而發奮踔厲或爲偉人烈士之遺澤，或爲黨義政綱之分解，使民
眾於參觀之餘，啓發敬仰之心，而擁護本黨之領導，於憲政實施前
途，亦復所關至重且大也」。[70]在該會官方所出版的《革命紀念館特
刊》，有李超英(1897-1982)所作的發刊詞，亦重申「本黨精神建設，
就是根據本黨的主義、政綱、政策和方略而行革命的建設。物質的建
設，就是本這箇精神而作物質的建設」。必須依據主義才能進行建
設，所以革命紀念館是整個博覽會成立的中心，不和其他各館一樣
「欣賞其物質之奇巧」而在於呈現主義「精神之燦爛」。[71]在比較通俗
的《西湖博覽會指南》中，收有〈黨化的西湖博覽會〉一文，指出西
湖博覽會，不同於南洋勸業會甚或外國的博覽會，最重要的任務是

69《西湖博覽會參觀必攜》，收於《中國早期博覽會資料彙編》，冊4，頁
　441-444。《西湖博覽會總報告書》物品整理更爲詳細，可供參考，《西湖
　博覽會總報告書》，收於《中國早期博覽會資料彙編》，冊5，頁489-
　495。另外，總報告書內還有類似導覽式的詳細介紹，見《西湖博覽會總
　報告書》，收於《中國早期博覽會資料彙編》，冊6，頁3-66。

70《西湖博覽會總報告書》，收於《中國早期博覽會資料彙編》，冊5，頁
　487。

71李超英〈《革命紀念館特刊》發刊詞〉，《西湖博覽會總報告書》，收於
　《中國早期博覽會資料彙編》，冊5，頁606-607。

「完成政府在訓政時期對於全國人民民生建設上一種工作」。用「富有熱烈的革命精神，濃厚的黨化色彩」去提倡國貨，所以是「黨化的西湖博覽會」。[72] 唯有了解這宗旨，才能正確的方式游覽，作者歸結爲：

> 游覽的方針，第一步是要本人的黨化，第二步才能接受黨的指導，考察會的陳列，才能知道怎樣吃飯、怎樣穿衣、怎樣住屋、怎樣走路，才能知道怎樣燒飯吃、怎樣做衣穿、怎樣造屋住、怎樣開路走。[73]

說明了西湖博覽會所盼望的影響，是希望經由展示，打造出屬於主義的生活方式。不只是打造一空間，更重要的是經由空間打造主義的日常。

　　由中國旅行社所創辦的《旅行雜誌》，這份介紹海內外各景點、旅遊訊息的專業雜誌，於1929年7月推出了西湖博覽會專號，在基調上認爲西湖博覽會八館二所是「以藝術提倡國產」。在革命紀念館一節，除介紹各項新建設施和裝潢，特別提及雕刻家王靜遠（1884-1970）所製總理遺像、林風眠（1900-1991）所繪〈黃花崗烈士〉和〈五三慘案〉兩幅油畫，「繪影繪聲，令人氣張而神奮」。此外還介紹館內闢有休息室，內有總理演講和革命歌曲留聲片，可供旅客聆聽。最後以「遊人於此，未有不感發革命情緒者也」結尾。[74] 然而，同期

---

72 湖傭，〈黨化的西湖博覽會〉，《西湖博覽會指南》，收於《中國早期博覽會資料彙編》，冊4，頁219-222。

73 湖傭，〈黨化的西湖博覽會〉，《西湖博覽會指南》，收於《中國早期博覽會資料彙編》，冊4，頁222。

74 潘起鳳，〈西湖博覽會八館二所概況〉，《旅行雜誌》，第3卷第7期（上海，1929），頁1。

中另收有的〈革命紀念館記遊〉，則略帶挖苦，指該館無需門票但需
簽字入館，並在簽名後對廳內中山先生遺像行三鞠躬禮，作者戲稱若
不行禮，或許會被視為「反革命」。[75]但作者還是承認，一進所看到正
殿所供之銀製孫中山遺像，上下各題有「天下為公」、「知難行易」，
可以讓參觀者知道此展覽的深意。[76]

　　生活中的常態設施，給予人最大的刺激往往不在主義的直接宣
傳，而是透過這些大型建築、設施的完成，該人間接感受到進步的氣
息。1929年陸丹林（1896-1972）赴黃花岡參觀，作為同盟會成員，
看到七十二烈士的墓碑，不時有憂國憂民的情緒。但他一入廣州最大
的印象就是四處都在大興土木，開闢馬路，不僅覺得便利，更覺耳目
一新，並有「倘若全國各省縣和商埠市鄉，都像廣東的積極拆城築
路，我相信中國的前途定有偉大的希望」。在他回程時遇到兩位福建
來祭拜七十二烈士者，兩人對廣州天空的飛機感到嘖嘖稱奇。這種象
徵新的物品，或許會比紀念式建築或路名，更能激起人們的印象。[77]
台灣人陳逸松回憶1929年時赴南京，除了被沿途四處都有麻將的聲
音嚇到外，走在街上，看到這新首都正在整頓市容，「中山路也正拆
除拓寬」，顯得朝氣蓬勃，故十分推崇蔣介石的領導，並覺得共產黨
未成氣候，完全不用在意。[78]

---

75 張寄洼，〈革命紀念館記遊〉，《旅行雜誌》，第3卷第7期（上海，1929），頁9-12。

76 鳳子，〈參考陳列所記〉，《旅行雜誌》，第3卷第7期（上海，1929），頁37。

77 陸丹林，〈黃花岡紀遊〉，《旅行雜誌》，第3卷第2期（上海，1929），頁25-28。

78 陳逸松口述，吳君瑩紀錄，林忠勝撰述，《陳逸松回憶錄：太陽旗下風滿台》（台北：前衛出版社，1994），頁132。

　　無論是時間或是空間的重新規劃和營造，除了從表象的層次宣揚主義外，更重要的就是這份「新」的感受，藉由這份朝氣和新意，塑造出主義、政府的新形象。特別在那以革命為訴求的主義年代，和「新」的形象相結合，無疑是最好的宣傳方式。革命不單只是政權的轉移，有主義的革命是以新的世界取代舊的世界，在時間、空間之外，生活習慣的改造便成為主義化政策的另一重要標的。

三、「革命即生活形態之改進也」

　　要打造三民主義的新生活，即「風俗」的改變，是革命最重要的任務。北伐成功後的國民政府，希望以主義為核心，帶來全面的變革：「革命的目的，不僅在打倒有形的軍閥和一切反動勢力，尤其在根本剷除孕育反動勢力的根株──一切舊思想，舊習慣，及迷信──然後破壞事業才能徹底，革命建設才能完成」。[79] 然而在實際執行上什麼是「風俗」？有哪些「風俗」需要改變？如何改變？更重要的，主義和風俗改良之間有什麼樣的關係？這些問題對推動者而言，十分難以定義。相對於時間、空間，在風俗的改革，更能見得要將三民主義日常化的難處，幾乎從清末以來所有被視為「陳舊」的風俗，全部被視為改革的對象，形成一種只要是推動改革，即是革命、即符合主義理念的「感受」連結。

　　廣州市風俗改革委員會1929年7月成立，於1930年初在中央訓練部的指示下，「以改革社會惡習，若直接由黨部及行政機關分別負責辦理」更為適宜，宣佈結束，總共活動約七個月。該會由蒲良柱

---

[79] 蒲良柱，〈風俗改革會工作概況〉，《風俗改革叢刊》，收於張研、孫燕京主編，《民國史料叢刊》，冊707（鄭州：大象出版社，2009），頁382。

（1905-1945）負責，因爲缺乏實際紀錄，難以具體評估其成效，但在
蒲氏的描述裡，看似經營得有聲有色，各地前來索取章程、工作計畫
者十分踴躍，也因此該會決定在《廣州民國日報》上定期發表風俗改
革的文字，於結束前編輯出版了《風俗改革叢刊》一小冊，作爲紀
念，並給有心改革風俗者參考。[80]透過該書，或許可供我們一窺時人
對改良風俗的摸索和想像。

　　由《風俗改革叢刊》的目錄可知，其所討論類別大致有迷信、宗
教、卜筮星相、婦女、舊曆、不良風俗等。前三類的討論最多，包括
佛教、道教、基督教和各式民間信仰；婦女問題則包括婢妾和纏足問
題；不良陋俗則可視爲其他，除了娼妓外，還包括如乞丐、媒婆等
等。綜合言之，大抵以宗教爲主要的對象，旁及家庭和社會議題層
面。實務上，首先徵集社會各界對改革風俗的意見，在報章上刊登啓
事徵求，並諮詢對風俗素有研究的人物。然後開始一系列改革，首先
改革廣州每年七月初的「燒衣」，以及七月七號婦女「七夕拜仙」的
迷信，「足以造成神棍斂錢」，亦會妨礙交通、導致火警，並養成婦
女奢侈的習慣，給好色之徒可趁之機。第二是改革婚喪儀式，舊式的
儀式不僅繁文縟節，也太過鋪張。第三是改革卜筮星相堪輿巫覡，此
類不僅是人們接觸迷信的媒介，也會給人們精神上的麻醉，使人們思
想上無法「獨立自尊，愛黨愛國」，接下來則是制止神棍散佈傳單和
舉行集會，然後擴大破除迷信運動，建議政府沒收寺廟廟產、廢除神
像木偶、增加香燭冥鏹捐、不准教會學會傳說、禁止販售迷信書籍、
查禁籤語神方、下令以卜筮星相堪輿巫覡爲業者轉職，以及編印《宗

80 蒲良柱，〈風俗改革會工作概況〉，《風俗改革叢刊》，收於張研、孫燕京
　　主編，《民國史料叢刊》，冊707（鄭州：大象出版社，2009），頁653-
　　654。

教問題討論》小冊子等等。大舉破除迷信之後，下一步則推動廢娼妓、禁蓄婢，希望公安局和社會局配合。最後則是推動曆法的改革，因為舊曆和迷信往往結合，可視為迷信活動的一環，除禁止刊印舊曆外，請政府令各商號機關舊曆新年不放假停工、禁燃放爆竹和售賣春聯、沒收郵遞的賀年片、請各報勿登賀年廣告和新聞。此外，已計畫而尚未執行者有：領導民眾舉行改革風俗運動、組織社會風俗考察團、籌設風俗物品展覽館、提倡節儉運動、改革婚喪制度、組織廣州市儉德會等。[81]

　　從這些活動紀錄大概可以推斷之所以後來要下令由中央統一籌辦的原因，因為多數工作都需政府的配合，在立意過高下，最後反而變成對政府施政的批評。如廢娼問題，公安局長即坦白：「廢娼確為目前急要之圖，惟社會教育尚未普遍，一時實難盡行廢除」。[82]禁止舊曆年的諸多舉措，更是失敗，發生的影響「微乎其微」，檢討原因在於「政府方面全未注意及此，致舊曆新年氣象依然不減往年」並譴責政府。[83]

　　風俗改革的諸多舉措，皆將宗教信仰視為主要的針對對象，奠都南京時，於南京城便開始雷厲風行地推動所謂的「三大取締」，針對「娼妓」、「卜筮星相」、「賭博賭具」三項社會風氣的管制，之後則又陸續再取締「誨盜誨淫」的書籍和戲曲，禁止廟宇擺放藥籤，即是針

---

81 蒲良柱，〈風俗改革會工作概況〉，《風俗改革叢刊》，收於張研、孫燕京主編，《民國史料叢刊》，冊707，頁654-662。

82 蒲良柱，〈風俗改革會工作概況〉，《風俗改革叢刊》，收於張研、孫燕京主編，《民國史料叢刊》，冊707，頁659。

83 蒲良柱，〈風俗改革會工作概況〉，《風俗改革叢刊》，收於張研、孫燕京主編，《民國史料叢刊》，冊707，頁662。

對嫖賭、迷信等不良社會風氣進行糾正，欲建立善良的社會風俗，[84]
和廣州風俗改良會的舉措相近。在四川的吳虞（1872-1949）留心到
國民政府撤銷張天師的尊號，並將其業歸給農民協會，特別在日記中
抄錄黨部原函：「天師襲專制君主之封爵，假借道術，邪說惑眾，阻
礙民智，影響社會進行甚鉅。當國民革命時代，豈能容此妖孽」。認
爲此數句大快人心，並希望日後對文昌信仰也能依此先例辦理。[85]佛
教也成爲部分地方黨部人士攻擊的目標，衡陽市縣黨部便提出打倒佛
化會口號，上呈省黨部，原因是佛化會成員有「軍閥、政客、貪官、
污吏、土豪、劣紳，及無知僧尼、無聊地痞」，除了蠱惑民眾，也會
造成革命的阻礙。長沙市黨部批評佛教爲「蠱惑人心」，「其思想是
封建時代之思想，只能行之於封建時代之人民，封建時代之社會，而
不能行之於今日人類進化之社會，革舊換新之時代」。而且「佛化以
慈悲爲本，以不 牲爲貴」，和革命強調的 牲精神相違背。[86]

　　志賀市子指出象徵迷信的民俗宗教便是改良社會風俗的主要對象
之一，但無論從地方或中央，以政府的公權力推動民俗宗教的改革，
並未取得成效，民俗宗教反而更蓬勃發展，如活躍於珠江三角洲地區
的道教與扶乩信仰，道堂設立的地點，從偏遠山崖，移入都市或市郊
成爲人們聚會、互動的社交場所。勃興的道堂運動，顯示了社會對信
仰的需要，道堂運動的領導者從清末的舉人或鄉紳，至1920年代開

---

84 賴璉，〈奠都後的南京市政——二十一年十月十日發表〉，《中央週報》，
　　第229期（南京，1932），收於中國第二歷史檔案館編，《中央週報・中
　　央週刊》，冊19（南京：南京出版社，1997），頁49。
85 中國革命博物館整理，榮孟源審校，《吳虞日記》，下冊（成都：四川人
　　民出版社，1986），1927年1月19日，頁339。
86 中國革命博物館整理，榮孟源審校，《吳虞日記》，下冊，1927年6月9
　　日，頁362。

始由商人和軍人的勢力所取代，並開始朝庶民化的方向發展，幾乎囊括了社會的各個階層。特別是陳濟棠（1890-1954）主政下的廣東，在相對穩定的政治環境，使經濟獲得穩定的成長，吸引了大量移民的遷入，形成富裕的庶民階層，成為民俗信仰開拓勢力時最好的養料與資源。87廣州民俗信仰的發達，這種官方政策和實際成效的歧異，印證了三谷孝所指出的，地方與中央在施政步調上不一致，乃至對立，受農民為主體的鄉村社會的反撲。88

　　對於許多主義的信仰者來說，宗教之惡不僅以「神的概念」影響人的精神層面，約束人們的思想，同時張揚神權也「一方面助長君主專制的權威，一方面壓抑平民自治的精神」；89基督教更是被帝國主義者用為侵略的工具，興起戰爭侵略他國。90值得注意的，雙方的論戰中，佛教和基督教信徒也開始運用三民主義的主張和詞彙為自己辯護，或引用黨綱中人民有信仰自由的規定，91或將迷信與宗教區隔，指出孫中山講構成民族的力量時，宗教即為其一，92孫中山自己又是虔誠的教徒，於演講和書信中對基督教教義多存善意，並於去世前曾

---

87 （日）志賀市子著，宋軍譯，志賀志子譯校，《香港道教與扶乩信仰：歷史與認同》（香港：香港中文大學出版社，2013），頁179-250。

88 （日）三谷孝，李恩民等譯，《秘密結社與中國革命》（北京：中國社會科學出版社，2002），頁169-207。

89 黃少耽，〈從人類進化的趨勢中討論宗教問題〉，《風俗改革叢刊》，收於張研、孫燕京主編，《民國史料叢刊》，冊707，頁470-471。

90 金真，〈迷信基督教的同胞們覺悟起來〉，《風俗改革叢刊》，收於張研、孫燕京主編，《民國史料叢刊》，冊707，頁491。

91 曾覺，〈淫祠寺觀廟產還用保留嗎？——為廣東佛教總會請維持寺觀而做〉，《風俗改革叢刊》，收於張研、孫燕京主編，《民國史料叢刊》，冊707，頁499。

92 臥芳，〈讀「破除迷信與宗教存廢問題」以後〉，《風俗改革叢刊》，收於張研、孫燕京主編，《民國史料叢刊》，冊707，頁495-497。

言「我本基督徒，與魔鬼奮鬥四十餘年。爾等亦要如是奮鬥，更當信
上帝」，說明反教者違背孫氏。[93]又或者以日本等外國爲例，說明宗教
不會阻礙「三民主義新社會的建設」，反而是促進早日完成的助力；
並指責反宗教的國民黨人和共產黨一樣是反道德的；最後並批評這些
反宗教者，「未讀過三民主義」。[94]不只在言論層次上有些宗教順應三
民主義的浪潮做出修正，甚至在儀式上亦加入主義的元素，如1906
年所創立的中國耶穌教自立會，在呈中央申請備案的總章中，關於主
日正式禮拜儀式及開會的程序爲：恭讀總理遺囑、唱黨歌、向國黨旗
及總理遺像行最敬禮，然後肅立靜默三分鐘後，才開始進行宗教程
序。[95]顯示了在面對公私各界的壓力下，宗教也順應時勢做出調整。[96]

　　許多民間宗教信仰也開始大量引用起三民主義的詞語，作爲宣教
之用，張振之在《革命與宗教》一書中，收集了許多這類題材的資

---

93 張仕章，〈中山先生的宗教信仰〉，收於張振之著，《革命與宗教》（上
　　海：民智書局，1929），頁110-125。
94 曾覺，〈我也一談「三民主義與宗教問題」〉，《風俗改革叢刊》，收於張
　　研、孫燕京主編，《民國史料叢刊》，冊707，頁501-503。少玄，〈芳草在
　　說些什麼？〉，《風俗改革叢刊》，收於張研、孫燕京主編，《民國史料叢
　　刊》，冊707，頁522。
95 〈中國耶穌教自立會申請備案呈及有關文件（1931年4月）〉，收於中國第
　　二歷史檔案館編，《中華民國史檔案資料匯編》，第5輯，第1編「文化
　　（二）」（南京：江蘇古籍出版社，1994），頁1107。
96 不同於一般民間信仰，基督教和佛教，甚至道教等主流宗教和三民主義的
　　關係十分複雜，彼此經歷著由衝突再到互相調適，乃至互相合作的過程，
　　已非本文所能討論。本文所點出的諸多現象，可視爲北伐前後國民黨政府
　　在摸索主義生活化時，和主流宗教的衝突期。侯坤宏，〈黨義與佛法：國
　　民黨訓政下的佛教〉，《台北城市科技大學通識學報》，第4期（台北，
　　2015），頁85-112。對於此時期佛教和國民黨訓政體制之互動，有著非常
　　精闢的討論，至於道教和基督教筆者尚未見得類似專論出版，尤其基督教
　　更涉及了日後兩蔣父子的信仰，是十分值得重視的議題。

料，作爲批判「邪教」之用，卻間接保留了當時民間信仰對三民主義的態度。在1928年，湖南出現了〈關聖帝君諭解三民主義〉的傳單，未留有全文，只知其中有「知識愈新，心思愈壞」一句。廣東有同善社散發〈中元氣運解三民主義挽劫文〉千餘份，該傳單把三民主義解釋爲：孝道主義、端人主義、從儉主義。同善社的負責人表示：「現在國民政府，正在提倡美德時候，故我們慈善團體，毅然出而恢復人心，提倡美德，以求太平」，對三民主義有著「頗爲狂熱」的信仰。中國佛學會也向國民黨五中全會請願，請求保留寺產，在請願書中表明：「竊先總理之三民主義，爲中國文化及近代民族之特長，尤爲今日救國救世界不刊之典，故現今中國之佛教，亦應以三民主義爲準繩，革除帝制時代之弊習，發揚大乘佛教之正義，以符合三民主義自由平等親愛互助之精神，而謀佛教之新建設。……夫佛教僧徒，同立在三民主義之全民革命聯合戰線上，一起奮鬥精進，以求中國民族之自由平等。」在北平僧界，亦有僧人呈請市黨部批准改著中山裝，遇群眾運動將自動參加。道教方面，在1928年11月12日〈中華道教會宣言〉裡則表示：「吾中華道教，何爲需聯合也，爲服膺先總理之革命精神，奉行三民主義，而覺有必需聯合以盡國民天職也。吾先總理以四十年革命精神，倡立民國，惟吾道教，最表同情，蓋中國的革命，湯武最先，故易經云，順天應人。湯武革命，實賴伊尹太公之力，而伊尹太公皆是道家，漢書所載，斑斑可考，此所以道教最具革命性，而於吾先總理者」。[97]

　　約莫1930年前後，國民政府中央內部也糾正了早期的激進手

97 張振之，〈神化佛化道化下的三民主義〉，收於，《革命與宗教》，頁281-287。

法，開始益發向傳統價值觀和生活型態靠攏，輿論界亦有與其相互呼應的支持聲音，和黨內的激進派有所辯駁。1929年4月國民黨江蘇省黨部製定摧毀封建勢力方案上呈中央，可以視爲激進路線的代表，大意有五項：「（一）以黨對政，一切權力屬於黨；（二）訓練黨部；（三）提高文化；（四）重新釐定全國政治區劃及政治組織；（五）變更財産制度」。[98] 這份被視爲出於國民黨內左派的文件，[99] 反映著北伐以來部分主義信仰者企圖扭轉舊社會的呼聲，要清除「宗法的禮教的封建餘毒」。[100] 該案中也具體指出封建的五種代表人物和五種現象，前者爲「互爭雄長割地自肥的新舊軍閥」、「投機鑽營縱橫捭闔的無恥政客」、「摧民衆阻擾革命的貪官污吏土豪劣紳」、「把持教育錮閉青年思想的學閥文妖」、「破壞黨紀分散革命勢力的各種小組織分子」，五類人物的共同特徵皆爲將私自的利益置於公利之上。值得注意的是後者，五種現象分別爲「修庵建廟，迷信鬼神」、「建祠立譜，祭祖祀宗」、「重男輕女，蓄婢納妾」、「同鄉同學，植派營私」、「婚喪酬酢，過事舖張」，要求嚴禁此五項。[101]

---

98 〈蘇省黨部製定摧毀封建勢力方案〉，《申報》，1929年4月21日，第9版。引文爲據《申報》之節略版，完整內容可參考，青山，〈附錄蘇省黨部製定摧毀封建勢力方案〉，《民意週刊》，第9期（上海，1929），頁18-20。

99 青山，〈摧毀封建勢力的幾個根本問題〉，《民意週刊》，第9期（1929），頁6-18。

100〈蘇省黨部摧毀封建勢力方案〉，《民意週刊》，第9期（上海，1929），頁18。胡適，《胡適日記全集》，冊5（台北：聯經出版公司，2004），1929年4月22日，頁575。引文主要引自《胡適日記》的文字。

101〈蘇省黨部摧毀封建勢力方案〉，《民意週刊》，第9期（1929），頁19。胡適，《胡適日記全集》，冊5，1929年4月22日，頁579。引文主要引自《胡適日記》的文字。

　　當時於上海界任職、與蔣介石互動密切的陳布雷（1890-1948）立即為文反對此案，他以「建祠立譜，祭祖祀宗」質疑蘇省黨部此案的必要和可行，認為建祠、立譜等事是農業社會型態的客觀存在，無需妄惹社會無謂的驚駭。黨部方面予以反駁，認為此案符合革命的精神，符合孫中山由宗族主義擴充至民族主義、地方自治政治與經濟組織同時改進的遺訓，指責陳氏「根本反對革命矣」。陳布雷回應「所謂於封建勢力摧毀之後，必代以革命的建設，吾人則以為苟能積極的進行革命的建設，則封建勢力將自然消除」。沒有必要採取過於激烈的手段，這樣一般人民才會接受主義，對黨治不會產生誤解和畏懼。陳氏並轉述曾聽聞某地厲行國曆、禁止沿用新曆的各種習慣，結果造成有心人冒用黨部的名義，至民家收取所供奉的祖先遺像，要人民用錢贖回。正說明了黨部不該推動和生活相斥的改革政策，不僅無效，也給有心人可趁此機。[102]

　　陳布雷所主張以建設代替破壞，於傳統生活型態和習慣中推行三民主義的儒家化路線，逐漸勝出，成為了另一股改革生活的口號和方向；傳統的「固有道德」和禮俗，以改善生活的「新」方式回魂。內政部在回顧1931年的施政時，提出在婚禮的改革上雖然參照各國習俗，但背景不見得適合中國，重新挖掘失傳的古禮會是更佳的選擇，因此特別要求考察瀏陽的禮樂局、大同樂社等古樂組織；更直言「提倡固有道德」，是改良禮俗的重要任務。1931年所頒佈的〈褒揚條例〉更直接強調「凡忠孝愛信義和平，足以保存固有之道德者」列為

102陳布雷，〈再評禁止建祠立譜祭祖祀宗案〉，收於中國國民黨中央委員會黨史委員會編，《陳布雷先生文集》（台北：中國國民黨中央委員會黨史委員會，1984），頁198-203。

褒揚對象，用鼓勵的方式間接提升社會風俗。103

　　在這樣的氣氛下，四川的東川道儒教分會公開反對廢止春秋祀
孔，要求中央讀經崇聖，指出孫中山的三民主義常引孔子之言為證，
「吾國本乎聖教，創為五倫八德，數千年來，深入人心，八德者孝悌
忠信禮義廉恥是也」，查遍主義相關論述，都無禁止祀孔。現在冒然
除去儒家經義，青年學子中心無主，將受共產黨所左右；暗指因為革
命黨人儒家道德的不夠理解，曲解了孫中山的想法，三民主義才無法
落實。104亦有人開始主張「孔子富於革命思想，而與現代潮流，本黨
主義大相吻合也」，指出〈禮運大同篇〉內的思想「悉與總理所講民
族民權民生之三大要義符節若合」，反孔子反儒教，是黨內「跨黨叛
黨分子」假借主義所包裝的思想。105孔教總會更要求全國學校一律設
經學，在政府的回覆中，雖然仍強調「恢復固有道德，以達世界大同
與學校讀經」，不該混為一談，在孫中山的主張中，「在固有道德，
則以忠孝仁愛信義和平為主，在世界大同，則諄諄注重於學習外國之
所長，以自求強盛，而與各民族並進大同。」儒家思想或有部分合於
主義，但有很大部分則不符合時代。然而也一定程度予以妥協，坦誠
目前各校的修身科，「仍宗儒經」，「雖無習經之名，尚有習經之

103〈內政部過去一年內工作之回顧及今後之計畫〉，《中央週報》，第190期
　　（南京，1932），收於中國第二歷史檔案館編，《中央週報‧中央週刊》，
　　冊15（南京：南京出版社，1997），頁442。
104〈四川省東川道儒教分會要求讀經崇聖反對廢止春秋祀孔電（1928年3月
　　24日）〉，收於中國第二歷史檔案館編，《中華民國史檔案資料匯編》，第
　　5輯，第1編「文化（二）」，頁519-520。
105〈藍文彬、饒國華等要求國民政府通電全國取消大學院廢止祀孔令的快郵
　　代電（1927年5月7日）〉，收於中國第二歷史檔案館編，《中華民國史檔
　　案資料匯編》，第5輯，第1編「文化（二）」，頁517-518。

實」。在這些反對的聲浪中，三民主義和儒家之間的關聯成為主要的立證依據，面對這樣的論證，官方也必須很謹慎的拿捏兩者之間的距離，試圖在三民主義內部的「新」與「舊」之間取得平衡。然而，主義化政策已開始朝結合儒家的傳統轉向，尤其在執政者心中，1932年9月，當時覺得心境乾枯時常失眠的蔣，與朱家驊談論教育問題，對朱家驊表示：「今日而欲挽救國家，祇有恢復民族性及注重孔孟陸王之道，以端正人心為始」。並手令各特訓班立即增加王陽明哲學一科。106 凡此，都替之後的新生活運動埋下了伏筆，也象徵著主義化政策的另一階段。

結語

　　思想和生活之間的關係錯綜複雜，與權力相結合的意識型態更加深了問題的複雜性，三民主義既是國民黨作為革命政府合法性的來源，也是施政的原則和目標，如何推動主義化政策，將思想化為信仰，進而成為統治或改革的力量，是國民黨政府在主義時代最關鍵的任務和考驗。除了經由教育機構的灌輸外，生活中的潛移默化，是宣傳三民主義的重要方法，改革生活本身也是三民主義理想的實踐。換句話說，「以主義打造生活」既是宣傳主義的工具，也是對主義政績的檢驗。主義作為思想其內容也在實際施行的過程，尤其面對傳統或既有生活規範的抵抗中，逐漸的改變內容，賦與新的詮釋。如同前引

106高素蘭編註，《蔣中正總統檔案：事略稿本》，冊16（台北：國史館，2004），頁307。關於蔣介石與陽明學的關係，可見黃克武，〈蔣介石與陽明學：清末調適傳統為背景之分析〉，收於黃自進主編，《蔣中正與近代中日關係》（台北：稻鄉出版社，2006），頁1-26。

《西湖博覽會指南》一書所提到的，進入生活之中的主義，是要教導人民「才能知道怎樣吃飯、怎樣穿衣、怎樣住屋、怎樣走路，才能知道怎樣燒飯吃、怎樣做衣穿、怎樣造屋住、怎樣開路走」。主義成為剪裁生活的標準，大至城市的規模，小至私領域的婚禮、個人價值觀，都必須受主義價值觀的重新修定，是一個以「新」完全取代「舊」的時代。主義和革命的意識型態，轉換至實際的生活之中，形成一種整齊劃一、將所有事物依據革命的道德，重新進行裁剪、標準化的過程。

　　這樣全方面的變革，符合革命的「新」的特質，也符合主義時代一元化的思想走向，只要主義正確，信仰堅定，所有的大小問題都能迎刃而接，綱舉目張。然而，生活所涉及的事物、習慣千絲萬縷，並各自緊密附著在傳統社會的脈絡，對於晚出，而且結構鬆散的三民主義而言，適必難以兼顧；再加上還有治理的考量，一旦過為激進，深怕會帶來更大的不安。這些複雜的考量背後，還要面對來自共產主義的競爭和威脅。生活的龐雜、主義內容的缺隙和來自鄉村地區共黨的挑戰，[107]最終導致三民主義的詮釋，大量挪借傳統儒家的思想資源，在一定程度上，「主義化」的推動，最後成就的是儒家思想的主義化。這是從戴季陶《孫文主義之哲學的基礎》主張將孫中山思想和儒家道統合而為一，「繼承堯舜以至孔孟而中絕的仁義道德」以來，[108]

---

[107] 從本文的討論可知，這些推行主義生活化的地區，多半為國民黨較能掌控的大城市，這些城市據點共黨勢力大半已被清除，國民黨政府能進行有效的治理，所以相關的史料也都集中在都會區，相形之下，對於鄉村的控制非常有限，成為統治的暗角，自然也無法貫徹主義的推行，成為共黨蟄伏再起的據點，也成為三民主義推行的最大威脅。感謝審查人提醒此點，特此感謝。

[108] 戴季陶，《孫文主義之哲學的基礎》（上海：民智書局，1927），頁35-53。

國民黨內主義理論家努力的目標，最後完成於1939年蔣介石的〈三民主義之體系及其實行程序〉，除了畫出孫中山思想淵源為「續承堯、舜、禹、湯、文、武、周公、孔子」的軸線，並提出「忠勇為愛國之本」、「孝順為事業之本」、「仁愛為接物之本」、「信義為立業之本」、「和平為處世之本」、「禮節為治事之本」、「服從為負責之本」、「勞動為服務之本」、「整潔為治身之本」、「助人為快樂之本」、「學問為濟世之本」、「有恆為成功之本」等十二守則，儒家思想正式經由三民主義的轉化成為革命所當遵守的信條。[109]

　　之後1934年的新生活運動，可以說是在此思想動線上的延伸，也一直到引入儒家規範，國民黨人對於主義和生活結合的摸索才正式定型，延續至1950年代蔣介石《民生主義育樂兩篇補述》中對日常鉅細靡遺的規定。若由「街頭層次」來看這樣的思想變動，日常化的另一意義，則在於主義成為日常生活的自然風景，但人們對主義的理解往往是十分粗淺的，是一種浮面、不涉高深學理層次的理解，如果日常化是主義普及的顛峰，卻同時也代表著主義內涵的流失。因此，將主義落實於生活，既是主義化的必要手段，卻也對主義本身帶來強大的反作用力，成為主義推行者不得不面對的兩難。

---

109 蔣介石，〈國父遺教概要〉，收於秦孝儀主編，《先總統蔣公思想言論總集》，第3冊（台北：中國國民黨中央委員會黨史委員會，1984年），頁124-126、113-119。關於三民主義和儒家思想的結合，可參見筆者，〈由仿效到經典——《三民主義》的成立、詮釋和經典化歷程〉，收於中央研究院中國文哲研究所編，《文化交流與觀照想像：中國文哲研究的多元視角》（出版中）。

徵引書目

一、史料

《中央日報》

《中央半月刊》

《中國早期博覽會資料彙編》，北京：全國圖書館文獻縮微複製中心，2003。

《申報》

《交通大學日刊》

《旅行雜誌》，上海：上海銀行旅行部。

中國革命博物館整理，榮孟源審校，《吳虞日記》，冊下，成都：四川人民出
　　版社，1986。

中國國民黨中央委員會黨史委員會編，《陳布雷先生文集》，台北：中國國民
　　黨中央委員會黨史委員會，1984。

中國國民黨浙江省黨部執行委員會訓練部編輯，《訓練特刊》，1929年6月
　　（杭州），全國圖書館文獻縮微複製中心編輯，《民國珍稀專刊特刊增刊
　　紀念號匯編　特刊卷》，冊74，北京：全國圖書館文獻縮微複製中心，
　　2010。

中國國民黨黨史委員會編，《胡漢民先生文集》，台北：國國民黨黨史委員
　　會，1978。

中國第二歷史檔案館編，《中央週報‧中央週刊》，南京：南京出版社，
　　1997。

中國第二歷史檔案館編，《中華民國史檔案資料匯編》，第5輯，第1編「文
　　化（二）」，南京：江蘇古籍出版社，1994。

毛注青編，《黃興年譜》，熊治祁編，《湖南人物年譜》，冊6，長沙：湖南人
　　民，2013。

王鴻文、徐紹烈、沈百英校訂，《新時代民眾學校識字課本教授法》，冊
　　2-4，上海：商務印書館，1934國難後第一版。

朱公振，《本國紀念日史》，張研等主編，《民國史料叢刊》，冊927，鄭州：
　　大象出版社，2009。

李文海等編，《民國時期社會調查叢編　底層社會卷》，冊上下，福州：福建
　　教育出版社，2005。

李景漢，《定縣社會概況調查》，上海：上海人民出版社，2005。

姚穎，〈南京的春天〉，《京話》，沈雲龍主編，《近代中國史料叢刊》，冊

788-789，台北：文海出版社，1966。

胡適著，曹伯言整理，《胡適日記全集》，第5冊，台北：聯經出版公司，
　　2004。

風俗改革委員會編，《風俗改革叢刊》，收於張研、孫燕京主編，《民國史料
　　叢刊》，冊707，鄭州：大象出版社，2009。

秦孝儀主編，《先總統蔣公思想言論總集》，台北：中國國民黨中央委員會黨
　　史委員會，1984。

高素蘭編註，《蔣中正總統檔案：事略稿本》，冊16，台北：國史館，2004。

國父全集編輯委員會編，秦孝儀主編，《國父全集》，台北：近代中國出版
　　社，1989。

張振之，《革命與宗教》，上海：民智書局，1929。

張棡撰，俞雄選編，《張棡日記》，上海：上海社會科學出版社，2003。

陳天錫編輯，《戴季陶先生文存》，冊3，台北：中國國民黨中央委員會出
　　版，1959。

陳布雷，〈再評禁止建祠立譜祭祖祀宗案〉，收於中國國民黨中央委員會黨史
　　委員會編，《陳布雷先生文集》（台北：中國國民黨中央委員會黨史委員
　　會，1984），頁198-203。

陳逸松口述，吳君瑩紀錄，林忠勝撰述，《陳逸松回憶錄：太陽旗下風滿
　　台》，台北：前衛出版社，1994。

劉大鵬著，喬志強標注，《退想齋日記》，太原：山西人民出版社，1990。

應培，〈民眾學校識字科用書問卷及答案（續）〉，《民教半月刊》，第38期，
　　（1933.6），頁。

應培，〈民眾學校識字科用書問卷及答案（續三十五期）〉，《民教半月刊》，
　　第36期，（1933.4），頁。

應培，〈民眾學校識字科用書問卷及答案〉，《民教半月刊》，第35期，
　　（1933.4），頁。

戴季陶，《孫文主義之哲學的基礎》，上海：民智書局，1927。

二、研究成果

（日）三谷孝，李恩民等譯，《秘密結社與中國社會革命》，北京：中國社會
　　科學出版社，2002。

（日）志賀市子著，宋軍譯，志賀志子譯校，《香港道教與扶乩信仰：歷史與
　　認同》，香港：香港中文大學出版社，2013。

王汎森，〈「主義」與「學問」——一九二〇年代中國思想界的分裂〉，劉翠
　　溶主編，《四分溪論學集：慶祝李遠哲先生七十壽辰》，上冊，台北：允

晨文化實業股份有限公司，2006。

＿＿＿＿＿，〈序〉，王汎森等著，《中國近代思想史的轉型時代》，台北：聯經出版公司，2007。

＿＿＿＿＿，〈「主義時代」的來臨──中國近代思史的一個關鍵發展〉，《東亞觀念史集刊》，第4期（台北，2013），頁3-88。

＿＿＿＿＿，〈思想是生活的一種方式──兼論思想史的層次〉，王汎森，《思想是生活的一種方式──中國近代思想史的再思考》，台北：聯經出版公司，2017。

沙培德，〈敘事與教誨：教科書中的知識傳遞（1902-1937）〉，沙培德等主編，《近代中國新知識的建構》，台北：中央研究院，2013。

周俊宇，《黨國與象徵：中華民國國定節日的歷史》，台北：國史館，2013。

侯坤宏，〈黨義與佛法：國民黨訓政下的佛教〉，《台北城市科技大學通識學報》，第4期（台北，2015），頁85-112。

翁稷安，〈主義是從──國民政府的「主義化」（1925-1937）〉，台北：國立台灣大學歷史學系博士論文，2015。

＿＿＿＿＿，〈革命即教育，教育即革命：南京國民政府的三民主義教育政策〉，復旦大學歷史學系、復旦大學中外現代化進程研究中心編著，《多維視野下的思想史研究》，上海：上海古籍出版社，2019。

＿＿＿＿＿，〈由仿效到經典──《三民主義》的成立、詮釋和經典化歷程〉，收於中央研究院中國文哲研究所編，《文化交流與觀照想像：中國文哲研究的多元視角》（出版中）。

張灝，〈中國近代思想史轉型時代〉，《時代的探索》，台北：聯經出版公司，2004。

陳惠芬，〈抗戰前國民黨關於黨治問題的爭議（1928-1937）〉，台北：國立台灣師範大學歷史研究所博士論文，1994年7月。

陳蘊茜，《崇拜與記憶：孫中山符號的建構與傳播》，南京：南京大學出版社，2009。

黃克武，〈蔣介石與陽明學：清末調適傳統爲背景之分析〉，收於黃自進主編，《蔣中正與近代中日關係》，台北：稻鄉出版社，2006，頁1-26。

劉維開，〈訓政前期的黨政關係（1928-1937）──以中央政治會議爲中心的探討〉，《國立政治大學歷史學報》，第24期（台北，2005），頁85-129。

Living in Ideology:
The Guomindang Promotion of the "Three People's Principles" as Life Guidelines, 1928-1934

Chi-An Weng

Abstract

The most clear-cut feature of twentieth century politics is the combination of ideology and authority. This refers to the coming of the "age of ism." The propaganda of the Three People's Principles was an outcome of the Guomingdang's rise to power in 1928. The party tried to forge ideas into a belief system, vague concepts into concrete regulations. No individual or organization had the right to deny or violate these man-made rules. These actions can be summed up as "ism-ization." "Ism-ization" contains both theoretical discussion and actual practice. It determines life guidelines to shape people living in ideology, in which daily rules are critical for prolonging its authority.

This article investigates the operation of the Three People's Principles as doctrine (or life guidelines) in daily life. In section 1, it reveals the results of various questionnaires concerning people's acceptance of the Three People's Principles and the difficulties in execution. To completely popularize the Guomindang, a slogan is never enough. It must be done by penetrating into people's daily lives without their conscious awareness. In sections 2 and 3, it indicates how the regime's propagandists attempted to ideologize time and space to build the Three People's Principles, understanding the doctrine to uplift social customs. During the campaign, it can be observed that the Guomindang spared no efforts promoting the Three People's Principles, but that this gave rise to a strong backlash from a public that generally refused to change. Thus the propagandists had no choice but to compromise by adjusting and changing the original concept of the Three People's Principles.

Keywords: Three People's Principles, canonization, ism/ideology

蘇格蘭啓蒙思想中的盧梭問題：
市民社會與政治社會的辯證

陳正國

陳正國目前擔任中央研究院歷史語言研究所研究員，以及該
院政治思想中心合聘研究員。他的興趣集中於英國十八、十
九世紀思想史，尤其關心英國思想史如何與殖民史與跨文化
歷史產生交互影響。

蘇格蘭啓蒙思想中的盧梭問題：
市民社會與政治社會的辯證

陳正國

摘要

本文的主旨是蘇格蘭啓蒙盛期中的「盧梭時刻」。蘇格蘭啓蒙作家普遍相信物質與經濟的進步對於人類社會的重要，而盧梭對文明的批判，則促使他們在擁抱物質進步的基本立場上，深化市民社會理論。本文分析了四位蘇格蘭啓蒙作家與相對應的四個觀念——休姆／奢侈、亞當史密斯／自愛、佛格森／共和精神、米勒／平等——來探討他們如何回應盧梭對文明社會或市民社會的挑戰。蘇格蘭啓蒙的市民社會想像是以歷史演化爲基本原則，反對盧梭利用非經驗以及先驗的自然狀態、契約論來理解人性與社會。這個演化思維讓他們相信，市民社會可以矯治社會的不方便與減輕不滿。政治社會或政治制度的創建，即便不是市民社會與經濟制度的直接結果，也必然深受市民社會的發展原則的影響：法律、道德與政治需要回應市民社會的進展。蘇格蘭啓蒙的思想特質之一在於思考市民社會的重要，而這項特質其實包含著深刻的盧梭因素。

關鍵字： 蘇格蘭啓蒙、盧梭、自愛、共和、平等

[盧梭]他一生極少閱讀，現在則幾乎鄙棄所有閱讀。他很少遊歷，對於觀看與評論絲毫沒有興趣的跡象：正確地說，他不太研究事物，也不做反思，而且事實上也沒甚麼知識。在他人生的全部時間裡，他就只是在感覺。從這個角度說，他的敏感度所達之高度是我此生所僅見：但他對痛苦的感受較諸快樂來得急而敏。他像是一位不只脫去衣服，也脫去了皮膚的人，以身牴觸著粗礪與滾燙的、時時攪動這低俗世界的元素。

大衛休姆致修布萊爾 25 March 1766

前言

　　由上引休姆（David Hume, 1711-1776）寫給布萊爾（Hugh Blair, 1718-1800）的信函來看，休姆直認尚-雅克・盧梭（Jean-Jacques Rousseau, 1712-1778）是一位極度善感卻鄙棄知識的人；一位精神的偉人，知識的侏儒。休姆的判斷自有一定的道理。休姆與盧梭有過一小段始於惺惺相惜卻以醜聞收場的情誼；但他一生幾乎沒有公開對盧梭的文字做出任何值得後世探討的評論。[1]休姆對盧梭作品表面上的冷淡所透露的訊息，與其說是因為盧梭的思想創造無足輕重，毋寧是因為休姆自己的世界觀與價值觀與盧梭如同兩條平行線毫無交集。休姆認為盧梭「沒甚麼知識」，有部分應該是實情。盧梭不是一位學者。

1　有關休姆與盧梭的過從與交涉可參考 Robert Zaretsky and John T. Scott, *The Philosophers' Quarrel: Rousseau, Hume and the Limits of Human Understanding* (New Haven, CT: Yale University Press, 2009). 本文能以現在如此樣貌出版，必須謝謝兩位匿名審查人的建設性意見與陳建元博士的協助。筆者對他們表示感謝。本文最初於中研院人社中心政治思想研究中心「紀念盧梭誕生三百周年學術討論會」(2013 年 6 月 10-11 日) 上發表。感謝主辦單位的邀請，楊肅獻教授的點評以及在場與會人士的意見。

除了幼時閱讀過的希臘羅馬作家，尤其是柏拉圖、亞里斯多德、西賽羅，盧梭恐怕要一直到1750年之後，才開始有意識、有目的地閱讀近代作家的著作，其中又以格勞秀斯（Hugh Grotius, 1583-1645），霍布斯（Thomas Hobbes, 1588-1679），孟德斯鳩 (Montesquieu, 1689-1755) 為主要汲取對象。[2]善感的盧梭之所以奮發埋首書堆，部分原因在於他於1749年參加迪戎學院(L'Academie Dijon)的論文競賽並拔得頭籌之後，一夕間名滿歐洲。1750 年，該文〈論工藝與科學的進步〉(*Discours sur les sciences et les arts*)出版。盧梭在論文中表示，工藝與科學的進展不只未能帶來道德的純化或進步，甚至造成了德性的污染與墮落。盧梭一出此論，立刻招致四面八方的詰難與攻擊，可謂「名滿天下，謗亦隨之」。[3]應該是受到了筆戰的刺激，盧梭開始思考如何強化自己的論述能力，因而檢讀當時重要而傑出的思想家們的作品。1754 年，盧梭再度參加迪戎學院的徵文比賽。此次雖然鎩羽而歸，但盧梭似乎毫不在意，並逕自出版其作品，即是〈論人類不平等的起源〉（Discours sur l'origine et les fondements des l'inéqalité parmi les

---

2 Richard Tuck, *The Sleeping Sovereign: The Invention of Modern Democracy*, The Seeley Lectures (Cambridge: Cambridge University Press, 2016), pp. 124-145.

3 此次的競賽主題為「科學與工藝的進步究竟造成道德的衰落，抑或淨化？」(Le progrès des sciences et des arts a-t-il contribué à corrompre ou à épurer les mœurs)。許多社會賢達在得知盧梭的反文明觀點得到狄戎學院的首肯後，紛紛在各種公私場合表示不滿。據後代史家統計，法國當時就有76篇論文針對盧梭的論點加以駁斥。其作者群不乏名流賢達，甚至包括波蘭國王斯坦尼斯瓦夫一世（King Stanislaus I）。Jan Kvêtina, "The Polish Question as a Politcal Issue within Philosophical Dispute: Leszczyňski versus Rousseau," *Oriens Aliter. Journal for Culture and History of the Central and Eastern Europe*, 2 (2014), pp. 22-43. 伏爾泰是批評者中最為活潑辛辣的一位，他說盧梭建議大家都能「用四條腿走路」。

hommes）。此一論文顯然在思想與哲學層次上鞏固，並進一步衍伸〈第一論述〉的命題，及其對文明的態度。幾乎與此同時，盧梭開始受好友狄德侯（Dennis Diderot）的邀請，為法國《百科全書》（*Encyclopédie*）撰寫詞條。這段時期的思考、閱讀與寫作經歷的成果最終展現在1761-2 年出版，影響後世深遠的《社會契約論》（*Contrat Social*）；此書代表他在1750-1760 這十年閱讀與思考人性與政治的最後成品。

　　盧梭在這十年所建構的社會批判，在相當程度上激活了歐洲啟蒙思想，尤其是蘇格蘭啟蒙思想的知識創造。即使是休姆自己，其實都直接或間接的回應了盧梭式的現代批判。自從上世紀八〇年代以來，蘇格蘭啟蒙思想與盧梭之間的關係，是許多評論家與歷史學者關注的焦點。此一主題在最近五年，益顯勃興。這些當代研究，質量精細，勝義迭出；其研究方式則幾乎都是以思想人物之間的異同，作為書寫主軸。其中，又以亞當・史密斯（Adam Smith, 1723-1790）與盧梭之間的思想比較，最為當代學者所重。[4]本文希望持續深化上述研究，

4　比較重要者包括Charles Griswold, *Jean-Jacques Rousseau and Adam Smith: A Philosophical Encounter* (London: Routledge, 2018); Dennis Rasmussen, *Promise and Problem of Commercial Society*: *Adam Smith's Response to Rousseau* (University Park, PA: Pennsylvania State University Press, 2008); Graeme Garrard, *Rousseau's Counter-Enlightenment: A Republican Critique of the Philosophes* (Albany, NY: State University of New York Press, 2003); R. A. Leigh, "Rousseau and the Scottish Enlightenment," *Contribution to Political Economy*, 5:1 (1986), pp. 1-21; N. T. Phillipson, *Adam Smith: An Enlightened Life* (New Haven, CT: Yale University Press, 2010). Ryan P. Hanley, "Enlightened Nation Building: the 'Science of Legislator' in Adam Smith and Rousseau," *American Journal of Political Science*, 52:2 (Apr., 2008), pp. 219-234 等等。其中又以洪特的遺著最為精細、深刻。Istvan Hont, *The Politics in Commercial Society: Jean-Jacques Rousseau and Adam Smith*, ed., Bela

但寫作策略與所論主旨與上述作品均有所不同。首先，本文目的並不
在比較個別思想家之間的思想差異，而是要討論共享改善
（improvement）、漸進演化（evolution）與進步（progress）等觀念與
價值的蘇格蘭思想社群，如何回應盧梭所提出的深刻議題。以思想家
為論述單位的書寫體例，本無可厚非；因為思想史的研究主體常常是
思想家。更何況在十八世紀文人共和國的理想世界裡，思想家之間的
辯詰與親身互動既是當時的常態，也是思想發展、傳遞的常見模式。
因此以蘇格蘭作家與盧梭之間的思想比較或交涉為題，實屬允洽。但
本文認為，盧梭思想的歷史意義並不侷限在對於個別思想家的刺激或
衝擊。以蘇格蘭啟蒙為例，盧梭思想其實是以對立的方式，形塑或加
深了蘇格蘭啟蒙的重要輪廓。雷（R. A. Leigh）在三十多年前的〈盧
梭與蘇格蘭啟蒙〉一文，似乎是以此為鵠的的嘗試。比較可惜的是，
雷雖然提綱挈領地分析了五位蘇格蘭啟蒙作家，他們個別在一些關懷
與思想特質上與盧梭之間有何種交涉，卻沒有像他文章標題所暗示
的，交代盧梭思想對「蘇格蘭啟蒙」作出何種整體的滲透。在雷的文
章中，「蘇格蘭啟蒙」比較像是地理與社會的指涉，至於其獨特或標
示性的思想內容為何，與盧梭思想的關係何在，並不容易掌握。[5]

Kapossy and Michael Sonenscher (Cambridge, Mass: Harvard University Press,
2015). 本文的標題正是受洪特（Istvan Hont）遺著第一章〈盧梭問題〉的
啟發。本文在幾個最重要論點上與洪特頗有殊異之處，甚至截然相反。
2007年洪特教授訪台，筆者有機會請益關於蘇格蘭啟蒙的問題。謹以此文
紀念洪特教授。有關洪特的簡介，可參考蔡孟翰，〈紀念洪特伊凡斯先生
（Istvan Hont）學思—待續的志業〉，《思想史》，1（台北，2013），頁427-
432。

5　R. A. Leigh, "Rousseau and the Scottish Enlightenment." 這幾位蘇格蘭思想
　　家包括坎姆勳爵亨利‧霍姆（Henry Home, Lord Kames, 1696-1782）、史
　　密斯、佛格森、蒙博多勳爵詹姆斯‧柏奈特（Lord Monboddo, James

　　蘇格蘭啓蒙思想的重要特色在於相信人類的政治與社會制度係歷史演化的結果，所以他們企圖從十七世紀強調本質論、原始契約論等等知識風氣中，另闢蹊徑。蘇格蘭作爲十八世紀的後進之國，在短短三、四十年之間經歷相對快速的物質進展，因此較諸許多歐洲國家更加深刻體會進步的意義。但就在他們即將把社會進化，物質文明進展的普遍感受形諸文字或理論化之初，他們就面對了盧梭對文明的精巧質疑。馬克・胡爾梁（Mark Hulliung）在最近一篇文章中提到，我們不該誇大盧梭與蘇格蘭啓蒙的關係，畢竟他們彼此間相互引用的實例並不多。此外，在強調蘇格蘭啓蒙是在回應盧梭的同時，我們也應該注意盧梭如何回應蘇格蘭啓蒙。6 胡爾梁的提醒與顧慮值得注意，但其實不難加以說明。首先，十八世紀中葉的作者不常直接說明他們是在引用何人的觀點，或在批駁何人的見解。此時的註腳並未標準化，呈現相當任意的現象。7 例如孟德斯鳩對於蘇格蘭啓蒙思想的影響

Burnet, 1714-1799）、約翰・米勒。其中史密斯、佛格森、米勒三人也是本文所欲分析對象。但本文認爲，休姆在蘇格蘭啓蒙與盧梭思想之間，同樣佔有極爲關鍵的參照角色，值得重視。

6　Mark Hulliung, "Rousseau and the Scottish Enlightenment: Connections and Disconnections," in Maria Pia Paganelli, Craig Smith, and Dennis C. Rasmussen eds., *Adam Smith and Rousseau* (Edinburgh: Edinburgh University Press, 2018), pp. 32-51.

7　格拉夫頓稱十八世紀的歷史著作裡出現大量或「豐盛的」(prolific) 註腳。當然，相較於十七世紀，十八世紀的註腳文化的確更加明顯，但恐怕在十九世紀專業史學出現之前，註腳的使用與否有極大的隨意性，更談不上大量。例如佛格森的《文明社會史論》（*An Essay on the History of Civil Society*, 1766）全書只有100個註釋。至於哲學論著與時論，註釋就更爲少見。格拉夫頓的例子主要是英格蘭的愛德華・吉本以及日耳曼學者尤斯圖斯・默澤爾（Justus Möser）。他們應該算是比較特別的例子，原因應該與他們強調古物學與史料有關，參見 Anthony Grafton, *The Footnote: A Curious History* (Cambridge, Mass: Harvard University Press, 1997), pp. 107-

幾乎已經是學界共識，但仔細閱讀休姆或史密斯的著作，直接引述孟
德斯鳩的文句其實不多。8 因爲實名引述的例子不多，當時文人又經
常聚會辯論、交換想法，因此經常出現獨到想法被剽竊的抱怨。此
外，揆諸當時的歷史情境，諸如所謂「文人共和國」等說法，盧梭在
1750 年代的著作以及他對文明與進步的態度必然廣爲蘇格蘭知識圈
所熟知，恐怕無人會加以懷疑。9以休姆爲例，儘管他對盧梭個人與文
章極爲熟稔，他也應該非常清楚他對政治、文明與社會的看法與盧梭
是南轅北轍，但他幾乎不曾點名盧梭作爲討論的對手——因爲在「文
人共和國」裡，引述其實是多此一舉。最後，除了約翰・米勒
（John Millar, 1735-1801）以外，本文所討論的諸家若不是與盧梭有親
密過從，就是曾經直接討論過盧梭，或引述過盧梭。不過，正如前
述，本文所措意者，並不在對於個別作家如何回應盧梭這位特別的作
家，換言之，本文所要深究的問題，並不侷限在蘇格蘭啓蒙作家如何
針對盧梭的著作提出商榷與批評，而是擴而充之，指出這些作家自覺
處與歷史轉向的當口而（集體的）回應「盧梭式」的文明批判。隨著
以下的討論，本文將證明蘇格蘭啓蒙的「盧梭時刻」確實存在。此
外，胡爾梁提議學者應該關注盧梭如何回應蘇格蘭啓蒙，本該是應有
之義。可是盧梭本人似乎不闇英語，所以他對於同時代的蘇格蘭作家
的著作應該沒有太多機會咀嚼，遑論回應。此外，盧梭堅信，欲建立

121.

8　Karen O'Brien, *Narratives of Enlightenment Cosmopolitan History from Voltaire to Gibbon* (Cambridge: Cambridge University Press, 1997).

9　Ian McDaniel, "Philosophical History and the Science of Man in Scotland: Adam Ferguson's Response to Rousseau," *Modern Intellectual History*, 10:3 (Oct., 2013), pp. 543-568.

健康的政治社會，必須對於市民社會加以抑制或扭轉。出於這樣的信念，他對本文所討論的市民社會觀點的摒棄態度不難想像，也就沒有雙向的理念交流了。

　　伊凡斯・洪特（István Hont, 1947-2013）身後出版的《商業社會的政治：盧梭與亞當史密》[10]分析精細，且充滿許多個人「非常」獨特的見解。洪特指出盧梭與史密斯兩人的著作皆涉及同時代的商業社會與歷史演化論述。[11]與本文較為相關的部分在於洪特認為，正如史密斯提出了「共感」（sympathy）的自然史，盧梭也提出了「自愛」（amour propre）的自然史。從此一角度而言，史密斯其實是盧梭理論的繼承者，而非批判者。[12]洪特接著論道，施密特（Carl Schmitt）、科賽列克（Reinhardt Koselleck, 1923-2006）等人批判啟蒙思想，認為這是西歐思想之去政治化的近代源頭，原因是盧梭與史密斯都企圖建構一種「歷史化的道德與政治哲學」。而此種「歷史化」一直被當時與現代的批評者視為伊比鳩魯主義或自我主義。令洪特感到納悶的是，為何長久以來世人始終見不到「盧梭與史密斯對於社會自我的歷史構想有著完全一致的發展徑路」？[13]洪特的見解值得重視與咀嚼，但他的比較觀點其實是從後設的角度詮釋得出，可聊備一說。正如洪特自己在文章稍後所自解的，在〈第二論述〉中，社會與愛己的自然史呈現都相當稀薄，所以人們不容易覺察盧梭與史密斯之間的相似性。[14]本文認為，所謂「稀薄」云云，其實是盧梭有意為之。綜觀盧梭在

10　Hont, *The Politics in Commercial Society*.

11　Hont, *The Politics in Commercial Society*, pp. 42-57.

12　Hont, *The Politics in Commercial Society*, p. 42.

13　Hont, *The Politics in Commercial Society*, pp. 42-43.

14　Hont, *The Politics in Commercial Society*, p. 47.

1761年之前的著作裡所提示的「歷史」（historicity），其實只是「原初」（origins）的它者[15]；而後者才是他再三致意，想要追慕、理想化、並作爲當代規範的終極參考座標。相對而言，「蘇格蘭啓蒙思想」的思想特別注重從時間、歷史、演化的角度來詮釋人類生活與制度。對本文所討論的四位作家而言，「歷史演化」代表一定的理性──吾人若欲探究人文學是否有原則甚至定律，必然要從過去到現在的長時間歷史演化的觀點來捕捉。因此歷史演化是極爲關鍵的概念，它是界分盧梭與蘇格蘭啓蒙主要作家對文明的不同態度的重要元素。[16]對活躍於1750-60年代的「蘇格蘭啓蒙」作家而言，盧梭對現代文明的觀察相當深刻，他所提倡的一些傳統價值也值得繼續守護，但是盧梭的分析方法卻藏有關鍵性的缺點，亦即欠缺必要的歷史演化觀點──儘管盧梭也認知到歷史有階段性的進展。對蘇格蘭啓蒙作家而言，盧梭在思考人性、社會、政治等議題時，不時回到從人類原始狀態這個基本參照點；然而，對於歷史演化論者而言，所謂「原始狀態」最多只能扮演歷史演化的起點──一閃即過，卻完全不具有意義與價值的參照地位。

　　本文宗旨在於論述蘇格蘭啓蒙作家們很有意識地沿著歷史演化這條脈絡來面對盧梭對現代文明所提出的高亢意見；希望以歷史進化或演化的觀點，重新理解盧梭所代表的時代課題，諸如人性、自我、平

---

15 Origins 固然是講「起源」，所以可以與「發展」相關聯。但考量來自日內瓦的盧梭具強烈的正統卡爾文教派背景，他的自然狀態有可能指涉創世紀般的美好「原初」。

16 關於蘇格蘭啓蒙思想與英國社會演化論的關係，可參考 J. W. Burrow, *Evolution and Society: A Study in Victorian Social Theory* (Cambridge: Cambridge University Press, 1966), chap. 1. 此書出版至今雖然已經超過五十年，依然值得參考。

等、共和精神等等。當然，人不會因為採取了演化觀點就無條件地讚揚現代文明。如何在盧梭問題的提醒下，努力調和物質進步與道德墮落的兩難，同樣是蘇格蘭啟蒙思想的精華所在；而這也正是蘇格蘭啟蒙作家邂逅盧梭的重要歷史意義。本文希望透過對盧梭與蘇格蘭啟蒙兩套截然不同的世界觀的對照，分析他們對於上述課題的理解與解答，藉以增加我們對蘇格蘭啟蒙思想的理解。

一、盧梭的（反）文明論及其對蘇格蘭啟蒙的意義

（一）蘇格蘭啟蒙作家與盧梭的詮釋學關係

　　洪特採取了後設的觀點，因此他能夠將盧梭、史密斯、科賽列克等人一律放在同一面知識論水平或判準上來評議。本文的寫作策略與洪特這種政治哲學批判的解讀方法不同。本文是蘇格蘭啟蒙史的一篇嘗試之作。從蘇格蘭思想史的角度來說，盧梭對蘇格蘭啟蒙的意義在於他是同時代中值得回應的異質聲音。「同時代性」這層關係，至少有兩個思想史研究上的關鍵意義。第一，既為同時代作家，蘇格蘭作家就不會企圖以歷史的同情理解或脈絡化方式來看待盧梭，反而容易蹈入當時人的一般看法或偏見——其中「偏見」之一就是認為盧梭對於社會與政治的考察是非歷史的——也就是洪特教授納悶之所在。今人所談論的盧梭，其實是過去三百年知識史的層累建構的結果。這些結果在極大層面上受到法國大革命、馬克思主義、二十世紀集權主義發展的重大影響；易言之，是盧梭思想的正典化過程。[17] 正如所有被

---

17 誠如海倫娜・羅森布拉特（Helena Rosenblatt）言簡意賅地表示，幾乎所有的政治意識形態或價值擁護者都可以將盧梭視為同伴，他們的稱呼包括「集權主義、民主、反動、進步主義、個人主義、集體主義、保守主義、

正典化的思想家一樣，後世對盧梭思想的詮釋也常常存在著歧異，甚至南轅北轍的衝突觀點。例如盧梭在十八世紀末以後普遍被認爲是支持革命的思想家。但誠如葛瑞姆・杰拉德（Graeme Garrard）所說，盧梭自己都親口表示他對革命完全不抱同情。許多研究者認爲盧梭是早期原始主義（primitivism）的倡議者。但也有研究指出，盧梭其實非常肯定文明社會對於人性的展現。[18] 黑格爾與馬克思都認爲盧梭是個人主義者。洪特一方面認爲盧梭反對人天生具有親社會性格，一方面認爲他的哲學立場與思路都與霍布斯的契約論、個人主義有可比較性。[19] 但儘管這些歷年詮釋後出轉精，卻不是盧梭同時代人的一般看法。對蘇格蘭啓蒙而言，盧梭的重要性不在於所謂個人主義。如果從個人主義角度來分析，恐怕蘇格蘭啓蒙作家們與盧梭之間並無本質上的差異。盧梭之所以重要，在於他的異質——他對文明的批判以及思考文明的方式，尤其是原始契約論、自然狀態的基本預設。

　　幾乎與盧梭出版〈第一論述〉同時，蘇格蘭啓蒙作家發展出所謂「四階段論」的歷史社會學，認爲人類社會處於漁獵、游牧、農業、手工業等不同的生產方式下會發展出相對應的政治與法律制度。四階段論不一定預設文明的進展必然朝向完美，卻必然是進步的而且是結

　　革命使徒」等等。這正是政治哲學家被正典化的結果之一。Helena Rosenblatt, *Rousseau and Geneva: From the First Discourse to the Social Contract 1749-1762* (Cambridge: Cambridge University Press, 1997), p. 1.

18 Dennis Rasmussen, *Promise and Problem of Commercial Society*, pp. 40-48; Graeme Garrard, *Rousseau's Counter-Enlightenment*, pp. 29-40.

19 霍布斯認爲在自然狀態中，人與人之間有無止盡的爭奪與戰爭；雖然盧梭一方面否定霍布斯對人性的基本預設與對自然狀態的描述，一方面卻援用霍布斯式的語言，認爲人在進入社會之後，才開始了無止盡的爭奪與彼此奴役。參見Istvan Hont, *Politics in Commercial Society: Jean-Jacques Rousseau and Adam Smith*, pp.1-24.

構性的——至少從物質成就而言。[20]在四階段論的發展背景下，盧梭
文本以雄辯、強勢而且逆勢的當代「意見」出現，這是許多蘇格蘭啓
蒙作家必須面對或迴避的時代意見。[21]但也僅僅是一種「意見」，而未
必是不可迴避的重要文本，遠非經典，更不是眞理。[22]盧梭與蘇格蘭
作家彼此的地位是平等的、筆尖是相抵的；他們不是從遠且下的位
置，企圖接近處在上位的文本或思想——這是後代思想史家常扮演的
角色。

　　第二，蘇格蘭作家對盧梭的掌握，常常不是進行歷史學的理解。
雖然他們未必會刻意誤解盧梭，但他們常無意於脈絡化盧梭思想，無
意，也無能將盧梭的書視爲一個整體來理解。同理，本文也不預設蘇
格蘭啓蒙思想是個可操作的整體。事實上蘇格蘭啓蒙作家彼此之間的
詰難甚至對立所在多有。休姆反對佛格森的共和主義是眾所周知的
事。史密斯對於休姆的人性與宗教觀都相當保留，佛格森對休姆的樂
利主義傾向頗有微詞等等，也都已經是學界的常識。但是，如果「蘇

---

20 有關四階段論的介紹可以參考 Ronald L. Meek, *Social Science and the Ignoble Savage* (Cambridge: Cambridge University Press, 1976).

21 例如另一位重要的蘇格蘭作家坎姆似乎就只是純粹套用四階段論來書寫人類歷史，卻沒有任何指涉盧梭著作。Home Henry, Lord Kames. *Sketches of the History of Man: In Three Volumes*, ed. James Harris. Indianapolis, IN: Liberty Fund, 2012.

22 盧梭的思想於十九世紀晚期傳入亞洲之後，就披上了深重紫紅的經典外衣。亞洲智識份子對於盧梭的詮釋方式、目的、位階、心態都迥異於蘇格蘭啓蒙作家。有關亞洲智識份子如何傳播、使用盧梭思想，可參考王曉苓，〈盧梭「普遍意志」概念在中國的引介及其歷史作用〉、范廣欣，〈盧梭「革命觀」之東傳：中江兆民漢譯《民約論》及其上海重印本的解讀〉、蕭高彥，〈《民約論》在中國：一個比較思想史的考察〉等精彩研究。以上諸文均收於《思想史》，3（台北，2014），頁數分別爲頁1-66，67-104, 105-158。

格蘭啓蒙」這概念有思想史上的意義，而不是爲了學術研究的方便所使用的夾槓，或只是代表歐洲十八世紀思想潮流中的地理劃分——「蘇格蘭地區」，那麼「歷史演化」應是該啓蒙極具特徵意義的思考方式，甚至是可以用以定義該啓蒙的思想特徵。[23] 退一步說，至少本文所分析的四位啓蒙作家所賴以闡明其道德與政治態度的關鍵方法正是讓他們得以捍衛盧梭所不屑的文明的「歷史演化」。因爲這些蘇格蘭作家並未以「盧梭思想之整體性」這樣的預設來回應盧梭，所以他們對盧梭的再現與論斷顯得隨意與發散。因爲這一層考量，本文不擬重建一個「蘇格蘭啓蒙中的盧梭思想」這樣的全稱性對象：有關盧梭思想的重點與討論，會分散在不同蘇格蘭作家的討論中。總之，在蘇格蘭啓蒙裡，盧梭思想其實是複數的。只是從比較與對照的角度而言，盧梭激發了蘇格蘭啓蒙作家對於自然／歷史以及市民社會／政治社會的二元思考。

---

23 Nicholas T. Phillipson, "Towards a Definition of the Scottish Enlightenment," in *City and Society in the Eighteenth Century,* eds. Paul Fritz and David Williams (Toronto: Hakkert, 1973), pp. 125-147. 值得一提的是，在多位著名的十八世紀蘇格蘭作家中，蒙博多勳爵應該是最能接受盧梭自然狀態的作家。他受到盧梭所著〈論語言的起源〉啓發，致力於研究「野蠻」時代的文明跡象。從1773至1792年總共出版六冊的《論語言之起源與發展》（*Of the Origin and Progress of Language*）。Arthur Lovejoy, "Monboddo and Rousseau," *Modern Philology*, 30: 3 (Feb., 1933), pp. 275-296. 學界迄今對蒙博多有較深入研究的學者應該是西維婭‧賽巴斯提雅妮（Silvia Sebastiani）。但是，即便我們企圖複雜化蘇格蘭啓蒙，蒙博多在嚴格意義上是否能被歸類爲蘇格蘭啓蒙思想家，仍有待進一步的研究。Silvia Sebastiani, "A 'Monster with Human Visage': the Orangutan, Savagery and Borders of Humanity in Global Enlightenment," *History of Human Sciences*, 32:4 (July, 2019) , pp. 80-99.

（二）蘇格蘭啓蒙中的盧梭文本

　　盧梭思想的底蘊與意涵固然相當廣泛，從美學、語言學、宗教、政府論、憲法理論到人類學、歷史哲學、教育學等等不一而足。但這些後世所建構的「盧梭們」其實都不在蘇格蘭啓蒙作家的視野內。對蘇格蘭啓蒙作家而言，盧梭作品的核心意義在於對歷史發展、文明、現代性提出警語與憂慮，甚至批判。盧梭，更精確的說，盧梭文本在1750年代闖入蘇格蘭知識團體。此時正好是蘇格蘭啓蒙盛期，格拉斯哥、亞伯丁、愛丁堡等地紛紛成立俱樂部、辯論社、文人團體；同時以蘇格蘭、英格蘭、愛爾蘭以及北美十三州爲腹地的蘇格蘭作家開始書寫膾炙人口的各類文體。[24]蘇格蘭乃至於蘇格蘭作家的經濟、文化與社會生活既得益於市民社會的進展，他們的知識活動積極倡議市民社會的重要與意義，也就不足爲奇，是以他們經常援引四階段論來說明文明進展與制度變遷的重要基礎。也就是在此時，盧梭正好出版〈論科學與工藝〉、〈論人類不平等起源〉以及〈政治經濟學〉等三篇文章批判文明與市民社會的弊端。[25]蘇格蘭市民社會上升的「態勢」

---

24 Jeng-Guo S. Chen, "William Lothian and the Belles Lettres Society of Edinburgh: Learning to Be a Luminary in Scotland," *Journal for Eighteenth-Century Studies* 27:2 (2004), pp. 173-187; Roger L. Emerson, *The Philosophical Society of Edinburgh: 1768-1783* (Keston: The British Society for the History of Science, 1985); Roger L. Emerson, "The Social Composition of Enlightened Scotland: the Select Society of Edinburgh 1754-1764," *Studies on Voltaire and the Eighteenth Century*, 114 (1973), pp. 291-329.

25 第一論文爲〈論科學與工藝〉（*Discours sur les sciences et les arts*），出版於1751年。第二論文爲〈論人類不平等的起源與基礎〉（*Discours sur l'origine et les fondemtaments de l'inégalité parmi les hommes*），出版於1755年。第三論文爲1754年發表於《百科全書》的〈政治經濟學論述〉（Discours sur l'economie politique）。有關第三論文的說法可參考 Donald A.

與盧梭批判文明的氣勢形成一股知識氣流。在這些蘇格蘭啓蒙作家的眼中，這股知識氣流是歷史演化觀點與自然狀態學說的碰撞。從市民社會的關懷出發的蘇格蘭啓蒙作家對於盧梭論商業社會的道德、平等、自然狀態、契約論的意見感到興趣，但對於普遍意志（volonté general）這個幾乎與盧梭政治哲學畫上等號的概念卻幾乎沒有回應，對於盧梭在文學史上佔有一席地位的著作如《愛彌爾》（*Émile*）、《懺悔錄》（*Confession*）等也極少述及。26

　　盧梭在〈論科學與工藝〉中表示，科學、工藝、藝術或文明造成了人類品德的墮落；最主要的原因是科學與工藝的進展與奢侈（luxury, luxe）如影隨形。盧梭論道，當代學者、文人、藝術家們汲汲營營從事論辯、研究、藝術創作，所思所想不外是世俗的讚賞而非德性（virtue, vertu）。而此種外鑠之求，只會帶來媚俗的結果，最終反而敗壞了眞正的品味。他甚至挑明了說，如果伏爾泰不是念茲在茲於取悅大眾讀者，以他的才能，必定能寫出更優秀，眞正偉大的作品。現代文人爭奇鬥艷，純粹只是爲了展現才華，擭獲社會讚美，而

Cress trans. & ed., *Basic Political Writings: Discourse on the Science and the Arts, Discourse on the Origin of Inequality, Discourse on Political Economy, On the Social Contract* (Indianapolis: Hackett Publishing Company, 1987), p. 111; 以及 Ryan Patrick Hanley, "Political Economy and Individual Liberty," p. 34. 此文在傳統的盧梭研究中本不受到特別的關注，部分原因是本文被認爲是從第二論述到《社會契約論》中間的過度。Maurice William Cranston, *The Noble Savage: Jean-Jacques Rousseau, 1754-1762* (Chicago, IL: University of Chicago Press, 1991), p. 11.

26 Jonathan I. Israel 將蘇格蘭啓蒙放在整個歐洲的脈絡下理解，承認它是典型的溫和啓蒙。此說應該是學界共識。「溫和啓蒙」應該與「普遍意志」討論的關如可以相互説明。Jonathan Israel, *Democratic Enlightenment: Philosophy, Revolution and Human Rights, 1750-1790* (New York: Oxford University Press, 2011).

非致力於有用的知識。對盧梭而言，有用的知識內容，只能有關如何培養公民素質並據此成就社群或國家的和諧安定。此處，盧梭已經隱隱然將市民社會與政治社會做對立，前者建立在奢侈品的創造與消費，以及對於社會名聲的追求；後者則是建立在對社會安危的保障之上。盧梭寫此論文時年屆三十八歲；在往後的二十八年的寫作裡，盧梭的作品，尤其是有關文明與政治議題的著作，均環繞此一基調繼續擴展，直到他於1778年過世。1755年出版的〈論人類不平等起源〉擴大並複雜化了第一論文中的政治面向——談論政府與正義的問題。我們需要注意，盧梭本人其實不像現代學者如洪特所言，具有明顯的商業社會概念。將盧梭視爲商業社會的批判，這本身其實就是從蘇格蘭啓蒙，也就是「後盧梭」的閱讀與觀點——經過曲折的進路而傳遞到今日吾人的世界觀。其實盧梭所要批判的對象是文明（概念），而非商業社會。[27]對盧梭而言，文明出現的關鍵是早在所謂商業社會出現之前就已經存在的財產觀念與制度。此制度最大的影響是產生了人類個體之間的不平等，以及人性的扭曲。爲了維護財產制度，人類發明了法律與政治組織，結果卻是進一步鞏固了人類自己創造的不平等社會。[28]盧梭以「市民社會」來指稱文明的載體。人在文明社會中，逐漸學會展現環繞在財產優越的各式行爲，而且以爲這些行爲規矩就是美好、正確、道德。盧梭在〈論人類不平等起源〉有句名言：「當第一個人出現，圈了一塊的冠上自己的頭銜名號說，這是我的，卻發

---

27 此二者之間當然有極爲親近的組成語彙與意識。以下將細辯此中差異。

28 相對而言，蘇格蘭啓蒙作家多半認爲，人類創造法律以維護財產權，進而成立政府體制，既是人性之必然，也是社會演化的結果。對於他們而言，順應人性與歷史演化才是政治體制應該的終極目的。以下將對此分別細論。

現人們很容易的就相信了他，這個人就是市民社會的真正締造者」。[29] 在盧梭的語彙裡，定義文明或市民社會的的概念就是擁有財產或土地，相對於此就是沒有佔有概念的自然人。

　　大約與〈論人類不平等起源〉發表的同時，盧梭受狄德侯（Dennis Diderot, 1713-1784）之邀，幫正如火如荼進行的《百科全書》撰寫詞條，其中一則為〈政治經濟學〉。盧梭延續了這一時期的思考，將論述的重點擺在文明的制度化與不平等社會的出現。也是在這篇著作中，盧梭首次提出「普遍意志」這個概念。這標示盧梭思想的重要轉向，從批判文明到提出抑制文明腐化的藥方，也就是建立平等、足以陶冶愛國情操、實在、拒絕享樂的政治社會。[30] 盧梭這個思想轉向一直到《社會契約》的出版達到高峰，或者說，完成。從〈第一論述〉到《社會契約》，盧梭的著作論及幾個重要的核心觀念，包括人的墮落、奢侈、自私與自愛的異同、實用的知識、愛國情操、自由、人民主權等等。其中，蘇格蘭作家對於奢侈、自愛、愛國或共和以及平等等四端特別在意。我們固然不能說蘇格蘭啟蒙作家關注這些議題完全來自盧梭的刺激或啟發。但盧梭無疑是當時對這些相關課題提出有代表性意見的人物。

　　誠如以下所要討論，蘇格蘭啟蒙作家想要積極論證，人類物質生活的進步對於人性與政治生活等等面向都有全面且正面的意義——健全的市民社會是政治社會的基礎。與盧梭看法不同，他們認為人類的

29 Jean-Jacques Rousseau, *The Social Contract, and the First and Second Discourses*, ed. Susan Dunn (New Haven: Yale University Press, 2002), p. 113.

30 Jean-Jacques Rousseau, "Discourse on Political Economy," in *Rousseau: The Discourses and Other Early Political Writings*, ed. Victor Gourevitch (Cambridge: Cambridge University Press, 2019), pp. 1-38.

光明未來不是坐落在以契約論爲哲學基礎的政治社會中，而是正在生成的商業社會。商業社會的出現，是長期歷史演化的結果；這個演化論暗示了所謂主權、權力、制度、法律、政府都從歷史演化而來，同時會持續變化。人類社會的出現，並無所謂契約的存在；同理，法律與政治制度的起點不是來自人類理性或先驗的假設如契約論，而是出於人類在歷史中所產生的需要以及社會條件的配合。甚者，既然「演化」被認爲是自然的過程，演化的結果本身就具有一定的合理性——人終究不能違反自然的發展規律。如果商業社會中有所缺陷或不滿，這不會是自然演化這過程的錯誤，而是演化不完全或摻雜了人類的錯誤安排的結果。總之，自然狀態裡的人類情境並不能有效成爲考察商業社會弊端的參照點。文明的問題依然要依據文明化原則來理解、排除。一言以蔽之，蘇格蘭啓蒙作家從歷史演化觀點出發，深化了盧梭所提出的挑戰，從而將市民社會理論作更細緻的分析與論證。

　　本文發現，幾位蘇格蘭啓蒙代表人物如休姆、史密斯、亞當‧佛格森（Adam Ferguson, 1723-1816）、約翰‧米勒（John Millar, 1735-1801）等等，分別對上述主題有相當深刻的反省；而且，更重要的，共譜出一張寬闊的演化史圖像。上述四個議題其實很難切割；對盧梭而言，它們不只彼此鄰近，而且相互影響，甚至共生。但本文之所以暫時予以甄別開來，主要是從蘇格蘭啓蒙作家的角度出發。休姆、史密斯、佛格森、米勒的著作所涵蓋的議題當然也相當廣。正如現代史家麥克菲（A. Macfie）所說，蘇格蘭啓蒙思想家都非常宏觀，都是屬全才型人物。[31]但即使麥克菲的話有其道理，筆者仍舊認爲，

---

31 A. L. Macfie, "A Bridge Between Adam Smith and Nineteenth Century Social Thinkers?" *Scottish Journal of Political Economy*, 8:3 (Nov., 1961), pp. 200-210.

多數蘇格蘭啓蒙作家的論述仍有相對的重點；即使所論都是政治或社
會哲學，但是論證路徑，參照觀點仍有明顯差異。本文所列舉四位作
家，代表了四種蘇格蘭啓蒙思潮對盧梭式議題的回應、補充、折衝、
妥協、推展。前述，盧梭著作觸及了「奢侈、自愛、愛國或共和以及
平等」等四大端。本文認爲，針對這些主題，蘇格蘭啓蒙分別以「奢
侈的歷史分析」，「社會演化下的自愛」，「文明論的共和主義」，以
及「歷史論的政府權威」等方式回應盧梭式的文明課題，進而強化演
化蘇格蘭啓蒙的歷史主義觀點。

二、休姆與奢侈的歷史分析

　　休姆只比盧梭大一歲，也是少數蘇格蘭作家中與盧梭有過親近接
觸的人，所以稱得上是完全的同時代人。但休姆的知識活動及生產與
盧梭的寫作生涯呈現相當不同的發展曲線。相較於盧梭約莫自四十歲
才開始執筆爲文，休姆則早在28歲就已經出版(1738-9)《人性論》(*A
Treatise of Human Nature*)，其心智哲學與道德哲學的基礎已趨完成。
從1738年到1751年間，他經歷了許多不同階段的人生閱歷與工作，
包括錯失兩次大學哲學教席的申請。但也因爲他的啓蒙哲士
(philosophe)或文人(literati)的身分，休姆得以從1740年代初開始
面向閱讀人眾撰寫短篇文論，主題橫跨政治、文學與道德哲學。當盧
梭成爲巴黎文壇的著名人物之後，他對文明的態度造成了身邊作家朋
友們對他的疑慮與疏遠。盧梭的激烈共和主義政治思想不見容於法國
當局，而他接近自然宗教的神學意見則成爲天主教教會與正統卡爾文
教派民眾攻訐的對象，甚至受到一般民眾的暴力攻擊。似乎走投無路
的盧梭在休姆的提議下，於1766年1月避居英格蘭。因爲盧梭猜疑的

天性以及不諳英文，讓他在英格蘭的生活備感不適，而於隔年5月返回法國。32

　　盧梭發表第一論文時，蘇格蘭啓蒙正踏進它的輝煌時期。如果我們以哈奇森 (Francis Hutcheson, 1694-1746)爲第一代蘇格蘭啓蒙思想家的代表性人物，休姆就是該啓蒙第二代作家中的佼佼者（出生於1710年代至1720年代）。也正是在蘇格蘭啓蒙運動的第二代文人身上，歷史的演化觀逐漸成形、茁壯。從1751年開始，休姆同時寫了一系列有關政治經濟學的論文。我們固然不易證明這些論文全是針對盧梭的〈第一論文〉而寫，但休姆論文在兩層意義上，直接與盧梭〈第一論文〉的核心關懷與命題對峙，值得關注。第一是他以歷史階段或歷史演化的觀點，解釋商業社會的歷史意義。第二是他以演化觀點，將奢侈概念加以複雜化，並且相對化。

　　盧梭發表〈第一論文〉兩年後（1752），休姆發表〈論商業〉陳述商業的重要性。這篇重要文章是以歷史演化與樂利主義兩種原則撰述而成。休姆意有所指的表示，盧梭式的「野蠻階段」必然會過去，從此，人類社會就一直朝分化（分工）模式演化而進。今日的「工藝」、「奢侈」是演化的結果。而從樂利主義的角度看，「工藝」與「奢侈」既養活更多人口，也讓群體的幸福感增加。雖然現代史家不太在乎、仔細分梳休姆的歷史進步觀點，但是休姆具有歷史階段論的看法，其實是顯而易明的事實；儘管它的階段論不像後來史密斯與米

---

32 E. C. Mossner, *The Life of David Hume* (Oxford: Oxford University Press, 1980), pp. 507-532. David Edmonds and John Eidinow, *Rousseau's Dog: Two Great Thinkers at War in the Age of Enlightenment* (New York: Harper Perennial, 2007).

勒的版本一樣系統化，[33]其中明顯交代了現代社會如何從農業而演變
成工商業社會：

> 一旦人類離開野蠻階段，也就是靠打獵與捕魚維生的生
> 活，他們就會分化成這兩種類別（classes，作者案──指
> 農人與手工業者）；雖然在一開始的時候，農業人口會佔
> 大多數。時間與經驗造成這些工藝的進步；農業生產所得
> 可以養活比從事農業者更多的人，工業人口所製作也超過
> 工業人口之所需。如果這些過剩的人口（superfluous
> hands）讓自己投入更精緻的工藝，也就是人們普遍認知
> 下的奢侈的工藝，他們就是在增進國家（state）的幸福
> （happiness）；因為他們為許多人提供了享受的機會。沒有
> 他們，這些人無從認識這些享樂。[34]

休姆使用（隱晦的）階段論，目的固然在於為商業辯護，但是他未必

---

[33] 大衛・斯帕達福拉（David Spadafora）的 *The Idea of Progress in Eighteenth Century Britain* 依然是迄今討論十八世紀蘇格蘭歷史觀念，尤其是歷史進步觀最全面的著作。但是他幾乎沒有處理蘇格蘭啟蒙作家對於歷史階段論的見解。David Spadafora, *The Idea of Progress in Eighteenth-Century Britain* (New Haven, CT: Yale University Press, 1990), pp. 277ff. 佛布（Duncan Forbes, 1922-1994）、米克（Ronald Meek, 1917-1978）與洪特是少數對蘇格蘭歷史階段論有專門著作的當代史家。但他們的論述幾乎都只限於討論亞當史密斯，並略及於米勒（John Millar）。可參考 Duncan Forbes, "Scientific Whiggism: Adam Smith and John Millar," *Cambridge Journal*, 7(1954), pp. 643-670; Istvan Hont, *The Jealousy of Trade: International Competition and the Nation State in Historical Perspective* (Cambridge, Mass.: Harvard University Press, 2005), pp. 159-184; Ronald Meek, *Social Sciences and the Ignoble Savage*.

[34] David Hume, "Of Commerce," in *Essays: Moral, Political, and Literary*, ed. Eugene F. Miller (Indianapolis, IN: Liberty Fund, 1985), p.256.

像史密斯一樣，確認英國已經是個商業社會。休姆的論述重點毋寧在於點出從農業社會到商業社會的動態過程。其中「剩餘」以及「改善」或「進步」這兩個觀念特別值得關注。「剩餘」與「進步」可以形成相輔相成的關係，但前提必須有人，尤其是使用智力的有閒階級或管理階級來消費這些成果。農業的剩餘轉化成工藝、行政、法律、藝術的活動。休姆將這種轉化稱爲享受與幸福，這就牽涉到關鍵的價值觀：奢侈的享受對國家與個人幸福都具有正面意義。這大概是當時對商業社會最積極而雄辯的說帖了。無論盧梭是否如世人所言，是在緬懷高貴野蠻人的生活，至少可以確定的是，他的〈第一論文〉正是在批評工藝過度細緻發展的弊病。甚至對盧梭而言，這個弊病在農業社會裡就已經很明顯。相對而言，休姆的論文是在論證人類社會從農業社會過度到商業社會的基礎。休姆此文又正好是在盧梭的〈第一論文〉發表的隔年出版，這應該不是純粹的偶然。無論如何，休姆的辯護方式才是我們應該注意的重點。

　　休姆與盧梭對於文明的態度之所以南轅北轍，在於休姆相信文明落實在歷史演化中，確實有極深遠的正面意義。休姆依據培根、洛克與牛頓科學的啓示，認爲從感官、慟感（passions）自利等前提仔細推導，現代哲學可以建立起人的科學（the science of man），清晰地描繪出人的道德原則，而無須再借助譬喻、神啓等含混語言來表述。盧梭則認爲，上帝之所以遮掩了自然，或者說，只給人類極爲有限的理性，就是不希望人類花費精力在徒勞無功的探究上。盧梭進一步說，人的自私或自愛可以分爲 amour de soi 與 amour-propre 兩者。前者是自然而然的需要或自我照顧，尤其是物質上的滿足。一旦滿足，就完全滿足，無關乎他人。而後者則是在社會鏡像化中造成的自愛或自私。它肇因於人與人之間的模仿與競爭。社會越是複雜，工藝文學

越是細緻進步，模仿就越普遍，而人的德行就越墮落。[35]對休姆而言，社會之所以可能，正是因爲人天生有同感的能力（sympathy）。這個同感能力，使得人有「有爲者亦若是」的懷抱，也就是盧梭所批評的模仿與墮落。簡言之，休姆所稱讚的社會美德如文雅（politeness）、修飾（decorum）、禮貌（manners），對盧梭所追求的內心與純粹來說，反而是虛僞、不眞實的人的互動。從共和主義與共同體主義的觀點來看，這種文雅文化的後果，就是我們無法承認彼此是兄弟、親密的伙伴、戰友，因爲我們無法從對方外在的表現看出他眞正的認同，因此無法信任他。[36]至於在宗教立場上，盧梭雖然一度改宗羅馬公教，但中年之後，則以卡爾文隨從者自居，雖然他不接受卡爾文的前定論或預選說。相反的，隨著歲月的增長，休姆越發堅持他的懷疑論，甚至是無神論立場。

　　但是，從本文的主題而言，盧梭與休姆最遠的距離，是兩者對於物質生活與文明的態度。如果我們越過稠密的修辭與激情的文藻，我們不難得出盧梭第一論文的主旨：人類在自然狀態中的生活不一定是天堂或世上最美好的事物，但它絕對是一把心靈的溫度計，讓我們知道，現代社會所進行的複雜交易、知識追求、表演都超過人類的眞正需要。這是一種時間與道德的雙重浪費。盧梭將這種浪費、追求非必要事物的時間精神與過度耽溺、精細的事物本身稱之爲奢侈（luxury）。而奢侈造成德性的敗壞，終至於對於人的理解出現了工具化的傾向。盧梭後來在《社會契約論》中將這個一以貫之的態度以更

---

35 關於盧梭的 amour de soi 與 amour proper 之分辨，將在下一節有關亞當史密斯的討論中進一步分析。

36 Jean-Jacques Rousseau, *The Social Contract, and the First and Second Discourses*, ed. Susan Dunn, p. 50.

明確的語言表述了出來：

> 虛擲光陰是一個大惡。其他更爲嚴重的惡隨著文學與藝術
> 而來。奢華就是如此，它像其他的惡一般，生成於人們的
> 遊手好閒與虛榮。奢華很少不伴隨科學與藝術一同發展，
> 而科學與藝術的發展，也絕少不了奢華。……古代的政治
> 家們不停地在談論倫理風俗與德行，而我們的政治家們卻
> 只談論交易與金錢……他們以計算家畜的方式評價人。依
> 據他們的看法，一個人對國家的價值，就是他在此所做的
> 消費。37

奢侈是盧梭對於現代社會的首要批評原因之一。奢侈作爲道德議題已
有一段極長的歷史。從柏拉圖到最晚近的孟德斯鳩都曾對此寫過深刻
論述。38 但從十七世紀末以來，奢侈開始被放在兩條不完全悖離的脈
絡下加以理解。一條是共和主義，另一條則是政治經濟學。粗略的
說，共和主義論者認爲，民族（國家）的存續，依賴公民的自覺與政
治參與；而其前提，則是公民必須具有美德（virtue），才能承擔上述
政治責任。拜早期近代的商業發展之賜，商品化逐漸成爲日常的現
象，外國奢侈品如香料、上癮性飲料、珠寶，以及細緻卻非生存必要
的經濟商品如絲綢等（當時就被稱作是奢侈品，luxuries）成了中上
之家，有舊式傳統政治責任承擔者們，競相追逐之物。共和主義者認

---

37 Jean-Jacques Rousseau, *The Social Contract, and the First and Second Discourses*, ed. Susan Dunn, p. 58. 中文翻譯引用自盧梭著，苑舉正譯註，《德行墮落與不平等的起源》（台北：聯經出版公司，2015），頁84-85。

38 Christopher Berry, *The Idea of Luxury: A Conceptual and Historical Investigation* (Cambridge: Cambridge University Press, 1992).

爲，這些奢侈品會帶來男性美德（virtue）的羸弱化（effeminacy）[39]，從而使得男性公民無法承擔保鄉衛國所需要的勇氣、時間、與專注力。孟德斯鳩在《論法的精神》中說，君主國的人民可以從事貿易，但其中的貴族則不適合，而共和國的海港適合貿易，內地則不適合。孟德斯鳩的貿易理論，其實是緊緊依據他的共和理論而來，其中的關鍵，就是將國際貿易視同奢侈品與奢侈風尚的傳布。

　　相對於共和主義者，十七世紀末開始有作家以政治經濟學的角度對待奢侈。重商主義開啓了西歐近代的政治經濟學。重商主義強調出超，目的在於增加國庫稅入，以爲是富強的標的，也因此並不重視個人的消費、享受或國與國之間的互利。十七世紀晚期巴本（Nicholas Barbon, 1640-1698）開始認爲奢侈可以是一國經濟發展的動力，成爲近代歐洲對奢侈加以去道德化的先驅。[40] 休姆延續了政治經濟學奢侈去道德化的傳統，並與他的政府論、文明演化觀點融合在一起。自1752年起，休姆發表了一系列政治經濟學的論文。1752這年，休姆陸續發表〈論錢〉、〈論利息〉、〈論稅〉、〈論公債〉、〈論古民族之人口〉等文。而與本文最爲相關者，則是〈論商業〉（of Commerce）。〈論商業〉一文有許多理論的底蘊，其基本而重要的概念包含了勞

---

39 此處將德性與男性做語意學上的親密勾連，是馬基維利以來的傳統。根據 Pocock 的說法，這個男性共和主義的傳統在十七世紀的英格蘭與歐陸，十八世紀的北美與蘇格蘭流佈極廣，影響極深。J. G. A Pocock, *The Machiavellian Moment* (Princeton, NJ: Princeton University Press, 1974)。有關共和主義論述中，男性美德與羸弱憂慮之間的關係，可參考 Jeng-Guo S. Chen, "Gendering India: Effeminacy and the Scottish Enlightenment's Debates over Virtue and Luxury," *The Eighteenth Century*, 51:1 (Mar., 2010), pp. 193-210.

40 Christopher Berry, *Idea of Luxury: A Conceptual and Historical Investigation*, pp. 108-116.

力、商業、奢華、個人（消極）自由、歷史的階段進步、功利主義等
等。簡單說，此文可以看作是休姆對共和主義商業觀的批判，它對商
業與文明的態度，與盧梭的第一與第二論文，不啻南轅北轍。誠如前
述，共和主義認爲，（國際）貿易（trade）所進口之物，也就是奢侈
品，造成公民德性的墮落，因而危及民族國家的存續。盧梭一方面批
評商業文明對個人與社會集體的腐蝕力量，一方面讚頌自給自足的經
濟社會。他在1755年出版〈第二論文〉的獻詞中，讚美日內瓦道：
「你不會富裕到因追求膚淺的快樂，而在舒適鬆軟中耗損精氣，並失
去感覺真正的快樂與堅定美德的品味；你也不會窮到需要陌生人的幫
助，你只靠自己的勤奮就可以自足」。[41] 這裡所謂的「陌生人的幫助」
就是指國際貿易。在1750年代，國際貿易已經是西歐經濟社會的重
要支柱。現代國家從中獲取重大稅入，維持國家行政與軍事的需要，
史稱財政革命（Financial Revolution）。對休姆而言，盧梭最大的問題
不是對於現代國家對貿易的依賴與權力共生缺乏理解，而是忽略了人
性對舒適的自然需求。休姆鄭重地說，共和主義或盧梭式政治原則與
人性相抵牾。相反的，如果跟另一套原則——也就是依比鳩魯哲學原
則——讓人們可以依據心理與物質的需要來增進工藝，勤勞工作，反
而可以達到社會和諧與進步的效果。他寫道：

> 我們能不能把一座城市變成一種堅固的營地，在每個人的
> 心中注入一種軍事天才和一種爲公眾利益而奮鬥的慟感，
> 使每個人都願意爲了公眾的利益而忍受最嚴峻的困難呢？
> 就像在古代一樣，現在單憑這種感情就足以刺激勤勉，支

---

41 Jean-Jacques Rousseau, *The Social Contract and the First and Second Discourses*, p. 76.

> 持社會。那樣的話，摒棄一切藝術和奢侈，就像是軍營生
> 活一般，是有利的；同時，與之前軍隊中充滿了大量無用
> 的冗員相比，透過限制裝備和軍糧，相同糧秣可以支撐更
> 長的一段時間。但是，由於這些原則太過無私，而且太不
> 容易維持下去，我們就必須用其他的慟感來管理人們，並
> 用追逐貪婪、勤奮、技藝和奢侈的精神來激勵他們。42

休姆認為，從歷史上來看，共和國的精神來自於無依賴的自由
（freedom）。這種精神在小國寡民中更顯重要。為了追求這個無依賴
的自由，人民隨時警戒，隨時要捍衛自己的家鄉。「不斷的戰爭使得
所有公民都成了士兵」。非戰爭期間，他則務農以支持自己的需要。
休姆結論道，「這樣的服務，其實相當於支付了沉重的稅」。但「那
些沉湎於戎旅，為榮譽與復仇而戰」且「不知收益、辛勤、歡樂為何
物」的人，其實不容易察覺到這隱藏的稅。43 不無諷刺的，共和精神
反而成就了苛稅暴力政策，而與「更自然，更有用的事物之理（more
natural and useful course of things）相違背」。44

　　共和國，尤其是農業共和的理想，其實是以外在力量壓抑個人的
激情或慟感為手段。休姆認為，這種政治既不符合人性且效果有限。
所謂人性，就是休姆所說的驕傲、羨慕、模仿等透過共感而產生的人
的親社會天性。所謂無效，是因為休姆認為，工商業發達的社會與國
家，更能有效捍衛自己安全。休姆認為，經濟社會的出現與進展，關
鍵在於勞力的付出。而人之所以願意出勞力，純粹是因為他預期可以

---

42 David Hume, "Of Commerce," in *Essays: Moral, Political and Literary*, pp. 262-263.
43 Davie Hume, "Of Commerce," p. 259.
44 Davie Hume, "Of Commerce," p. 259.

享受到勞動的結果，「世上所有物品，都是勞力來購買的，而我們的慟感則是勞動的唯一原因」。[45] 休姆在許多地方反覆強調，照顧人民勞動的果實，也就是建立穩定、能有效執行司法的政府，是社會發展的前提，也是政府的正當性的來源。這些論述當然是洛克主義的政府論。但本文在此要強調的是休姆的政治經濟學從此一洛克原則出發，從而導出商業社會的意義與益處。首先，在《人性論》第二部中，休姆分析了人類的慟感（passions）。其中他特別強調驕傲（pride）與財產的關係。1757年，休姆出版《慟感論》（*Dissertation on the Passions*），我們可以將此著作看成是在後盧梭共和主義下，休姆強化其政治經濟學中道德哲學基礎的努力。但無論如何，洛克－休姆的勞動命題，表面上只是一個靜態的陳述。直到休姆將剩餘以及奢侈這兩個概念加進去之後，一個演化的經濟社會才浮現出來。

農業的勞動剩餘（休姆用的是superfluity 一詞）固然可以儲存起來，以備戰時或災荒時之所需。但更有利的做法，則是在國內進行交換──「人們的奢華之心現在渴望得到的商品」──從而支持工業與藝文活動的進展。[46] 同時，它們也應該進入國際市場與他國交換不同的物資。交換會帶來模仿，也會因此造成本國工商業的精進。一個社會有越多人從事非生活必需的生產部門，就表示這社會有越多的生產剩餘。再加上這些工業部門的人與生產，可以在戰爭期間很快變成士兵，而不影響生活必需的生產，這就證明，工商社會的國勢較諸農業或遊牧社會強盛。以工商業或奢侈作為國勢的標準，認為工商業大國

---

45 David Hume, "Of Commerce," p. 261.
46 休姆早在1742年就寫過關於藝文與工藝的進步（refinement）的論文。David Hume, "Of the Rise and Progress of the Arts and Sciences," in *Essays: Moral, Political and Literary*, pp. 111-137.

終究可以抵禦游牧或農業國家的侵犯，這種論述在十八世紀上半葉之
前，極為少見。史密斯在《國富論》中，承襲了休姆的論點，認為工
商社會制度下的常備軍，較諸共和主義所倡議的民兵，更有戰鬥力，
更能承擔國防重任。只是史密斯以他著名的勞力分工，為這場共和主
義 vs. 政治經濟學的軍事觀，提供一個更原則性，更有效的理論基
礎。47

　　更進一步講，奢侈是勞動成果的轉化形式，只有在奢侈可以繼續
轉化勞動剩餘時，奢侈才有意義。1760年，休姆發表〈論工藝之精
緻〉（*Of Refinement in the Arts*）。休姆說，奢侈可以分為純善的奢侈
（innocent luxury）與邪惡的奢侈（vicious luxury）兩類。所謂邪惡的
奢侈在概念上指過度的奢侈。如果依照休姆的政治經濟學，應該是指
負債的概念，亦即非該社會之勞動力可以供應的奢侈品或行為。所
以，奢侈是個相對且浮動的概念，它相應於社會中的勞動力與購買
力。休姆的論述焦點，當然不在於邪惡的奢侈，而是純善的奢侈。對
休姆而言，嚴格道德主義論者，也就是清教徒與蘇格蘭的正統派長老
會牧師，對於奢侈的批評與戒心，完全無法探觸現代政治經濟學的核
心。盧梭中年之後回歸卡爾文教派，並且極力批評工商社會，應該也
是休姆所要辯難的主要對象。48休姆認為，既然奢侈來自於剩餘，而
剩餘越多，技術工人與競爭就會隨之增加，因此，純善的奢侈，就是

47 Richard Sher, "Adam Smith and Adam Ferguson on National Defence,"*The
　Journal of Modern History,* 61:2 (Jun, 1989), pp. 240-268.
48 眼尖的讀者應該會立刻想到韋伯的新教倫理與資本主義精神命題。筆者的
　確認為韋伯的理論需要大大加上限定：至少在十八世紀蘇格蘭思想史中，
　這命題經常與事實扞格不入。此議題已遠超出本文主旨，留待以後有機會
　再做細論。

工藝的進展。而工藝的進展同時就是心智的進展。在促進工藝精緻化的過程中，心智專注於讓身體與心靈快樂的工作。而工藝的精緻化，其實只是精緻社會的第一步。法律、政治、哲學人才與精緻化，只有在工藝精緻化的社會才可能出現。換言之，奢侈只是精緻社會的組成之一——除非要非難精緻社會，否則奢侈不應當成爲眾矢之的。他指出：

> 勤勞、知識和仁愛就這樣被一條牢不可破的鎖鏈聯結在一起了，人們根據理智和經驗認爲，這三者正是比較高雅的時代，亦即通常稱爲比較奢侈的時代所特有的。（Thus, *industry, knowledge,* and *humanity,* are linked together by an indissoluble chain, and are found, from experience as well as reason, to be peculiar to the more polished, and what are commonly denominated, the more luxuries ages.）[49]

更重要的是，休姆在〈論工藝之精緻〉一文，舉出奢侈的社會功能，認爲正是奢侈，社會的自由才能逐漸擴大，因爲奢侈創造出工商社會，使得許多人脫離土地，終至形成中富階級。他們不是奴隸，也不像貴族一樣，傾向統治、宰制人群。他們所代表的下議院，就是英國自由的表徵：

> 設若一地因奢侈品而得以滋養商務與工藝，其農民若好好耕作就能富裕與獨立，國際貿易商與國內商人可以獲得土地，讓維繫公共自由（public liberty）最佳與最堅實的基礎的中產之家，可以獲得政治[力量如]權威與選任。與農人不同，這些人[商人]不會因爲貧窮與意志薄弱而屈

---

49 David Hume, "Of Refinement in the Arts," p. 271.

> 從於奴役。他們也不像領主，不會想要君臨他人。他們會
> 為了奢侈品所帶來的享樂而不願臣服於主權者的專制淫
> 威。他們渴求平等的法律，讓他們的財產得在王權或貴族
> 制度下的政府統治中受到保護。50

從歷史演化觀點來看，奢侈（品）不再是敗壞人性的淵藪，而是新時
代力量的催生者。

三、史密斯與社會演化下的「愛己」（self-love）51

1753 年，狄戎學院再次以「人類之不平等的起源爲何，又此不
平等是否爲自然法之命論？」（Quelle est l'origine de l'inégalité parmi
les hommes et si elle est autorisée par la loi naturelle？）爲題，舉辦徵文
比賽。盧梭以〈論人類不平等的起源與基礎〉（Discours sur l'origine
et les fondemtaments de l'inégalité parmi les hommes）作爲回應。此文
對後世影響雖較諸〈論科學與工藝〉爲巨，卻不受當時學院所青睞。
盧梭後於1755年出版該文，其主要論點之一，在於將「人類品德的
墮落」歸諸財產制度的出現。盧梭認爲，財產權概念是人類從人人平
等的自然狀態進入文明與社會的大門，從此人類開始了眞正或社會不

---

50 David Hume, "Of Refinement in the Arts," pp. 277-278.
51 本節有關史密斯的「自愛」與「公正旁觀者」的討論，與筆者先前的研究
　　有部分重疊與重複。尤其是〈陌生人的歷史意義：亞當史密斯論商業社會
　　的倫理基礎〉《中央研究院歷史語言研究所》，83：4（台北，2012），頁
　　779-835；"'The Man within': Adam Smith on Moral Autonomy and Religious
　　Sentiments," *The Journal of Scottish Enlightenment*, 15: 1 (Mar., 2017), pp. 47-
　　64. 但是本文此處討論的重點在於將史密斯的思想與盧梭的第二論述做仔
　　細的對照來彰顯兩人的思考特質與對道德、自我、社會的態度差異。此與
　　前述舊作迥異。

平等的新狀態。源於財富，現代人，也就是十八世紀歐洲人在（文明）社會互動中，離自我之本眞或自然越來越遠；另一方面，人與人之間不只猜忌增加，不平等與相互壓迫的情況也越趨明顯。最後，人乃失去了自然所賦予的能力去捍衛自己的社群或國家。關於平等與政治制度的關係，佛格森與米勒有相關的討論。此節我們將著重在盧梭討論社會不平等的道德因素以及道德後果。盧梭以「愛己」以及「自愛」兩個貌似而其實極爲不同，甚至相對的概念來說明文明社會的道德後果。他用對比的方式指出，人在自然狀態下行事均以「愛己」（amour de soi-même）爲原則。所謂「自愛」，是指人在自然界中爲了生存而存有的情感與思想，它只關乎自身。只要自己滿足了自身之需要，這情思就能得到滿足。換言之，「自愛」表示人的獨立性與自足。相對的，在文明社會中，「愛己」扭曲或降格至「自愛」（amour-proper）。「自愛」是個社會化概念，它的滿足條件必須是來自別人的讚美，從別人的眼光來評價自我。因此，「自愛」是個自我悖反的情思，因爲「自愛」就表示同時去了自我（「愛己」），失去了獨立人格。在〈不平等的起源〉中，盧梭進一步討論前述原始的、自然的、直覺的愛己如何變成理性的、計算的自愛或自利。

> 我們切不可將自愛（l'amour-propre）與愛己（l'amour de soi-même）混爲一談，因爲無論是從本質上，或後果上而言，此二者都是非常不同的慟感（passions）。愛己是自然的情感，它促使所有物種注意自身的保存；此一慟感會受到人類理性的主導，以及人類憐憫心的調整，從而產生人倫與德行。但是「自愛」則生成於社會之中，是具相對性且刻意人爲的情感，它讓每個個體都自認爲比其他人重要而造成所有人的齟齬，同時也是我們所謂榮譽的眞正起

源。52

盧梭其實已在〈論科學與工藝〉中表達過類似的看法：德性隨著文明
之進展而墮落，原因是文明所伴隨的禮貌、客套，使得人遵循同一種
表述方式、思維，因而喪失了自我。53

　　史密斯雖然沒有在語詞上使用「愛己」（amour de soi-même）與
「自愛」（amour-proper）這樣的差別，但他一方面接受了盧梭的洞
見，認爲「自愛」會隨著社會情境的改變而改變。另一方面卻完全排
斥自然狀態的假說，當然也就不認爲自然狀態下的自愛或amour de
soi-même 是可欲的人性，更遑論依此爲道德原則的參照點。史密斯
的出發點不是自然，而是社會，因此他認爲，關於自愛這件事，都必
須放在社會條件下來考量。從盧梭出發，史密斯認爲自愛有兩種不同
的道德意涵（儘管有含意之不同，但史密斯幾乎刻意不加分別，均以
self-love 一詞來表達）。其中一種是簡單的「自愛」，其實就是盧梭所

---

52 Jean-Jacques Rousseau, *Discours sur l'orgine et les fondements de l'inégalité
　parmi les hommes* (Paris: Editions Gallimard, 1969), p. 149. 中文翻譯也可參
　考盧梭著，苑舉正譯註，《德行墮落與不平等的起源》，頁330-331。此
　處，苑舉正將amour de soi- même 譯爲「自保之愛」，amour proper 譯爲
　「自重之愛」。苑氏的翻譯有可取之處，尤其是盧梭認爲，所謂amour de
　soi- même 的確起源於人類爲求生存這自然原則所產生的對自己的保護之
　情，因此以「自保」來延伸說明，非常洽當。只是如此一來，就有了增文
　補義的「義譯」而非直譯的味道。筆者建議譯爲「愛己」，取自「古之學
　者爲己」之意。這種爲己（或愛己）在中文語境中原本就有強調其非社會
　化或純眞的意思。amour proper 譯爲「自愛」取自中文語境中，做人要懂
　得「自愛」的涵義。懂得自愛，係指要得到社會的認可與讚賞，是種外爍
　的表現，與盧梭的本意──驕傲的自我再現──接近。當然，翻譯無完善
　可言，本文只是提供一種建議。

53 Jean-Jacques Rousseau, *The Social Contract, and the First and Second
　Discourses*, ed. Susan Dunn, p.50. 中文翻譯引用自盧梭著，苑舉正譯註，
　《德行墮落與不平等的起源》，頁64。

謂的 amour-proper。另一種是具有反思性的「自愛」，我稱之爲「社
會化後的自愛」。而史密斯與盧梭最明顯的差異在於史密斯認爲，反
思性的或社會化的自愛，是從簡單的自愛 (amour-propre) 提升到德性
的層次：肯認每個人都天生有此種自愛，因此，在進入社會之後，每
個人的自愛都應該自制，並且能欣賞別人的自愛得到滿足，甚至從中
得到快樂。因此，社會成了簡單自愛的鏡子，以及陶冶昇華的自愛的
唯一場域。

　　史密斯的道德哲學裡有個重要的概念，公正旁觀者（impartial
spectator）：人利用與生俱來的想像力，想像自己若處在行爲者的處
境時，當如何行動或反應。我們一方面依據此種劇場式的觀看來判斷
他人的情操是否合宜，同時也內化此種劇場式的觀看，成爲我們自己
行動之前或行動之時的自律來源。對盧梭而言，只有在自然狀態下，
人才是自由且平等的。但對史密斯而言，平等只有在社會中才有意
義，因爲平等的前提是人與人彼此互相承認其道德自主，承認自己與
他人之道德位階並無不同。

> 雖然，根據諺語所言，每個人都自以爲是世界的中心，但
> 對其他人而言他其實是這世界中最不重要的成分。雖然他
> 把自己的快樂看得無比重要，但對別人而言，他的快樂無
> 足掛齒。雖然每一個人在內心深處都愛自己甚過於其他
> 人，可是終究不敢在人前宣告，他的行爲處世都依循這個
> [自愛] 原則。他感覺到，假若是這樣，人們將無法苟同，
> 人們將感受到囂張跋扈。如果他以別人的眼光看待自己，
> 他將發現，他自己不過是眾人之中的一員，與其他所有一
> 樣平等。如果他時時以公正旁觀者爲念，以他的眼光來衡
> 斷自己的行爲準則，他就會時時壓低自愛的驕傲，將自愛

　　　　壓低到別人可以認同的程度。54

史密斯可以接受盧梭的論點，人在文明社會中，可能會顯得自私、作態、以爭取他人讚賞爲行動的動機。但史密斯同時強調，在另一方面，文明的進程其實具備純化、昇華這種自私話愛自己的激情的動能——在我們相望、彼此觀察之中，內化他人的眼光而展現謹慎與自律。簡言之，文明提供新的條件，讓個體能夠自我提升或純化道德。

　　史密斯對盧梭自愛命題的辯證性思考，關鍵在於他將自愛放在歷史演化中來觀察，認爲只有認識到人性如何經歷生產方式的改變與社會的複雜化，我們才能理解自愛的侷限以及可能。史密斯應該是蘇格蘭啓蒙運動中將歷史主義發揮地最淋漓盡致的作家。在此，他與盧梭形成了最精緻的對比。史密斯在 1747 年，以非受聘教授的身分在愛丁堡大學開設修辭學課程。當時他就已經顯露歷史演化的思維傾向。同時期，歐洲也正醞釀著進步觀的思維。1750 年，也就是盧梭發表〈論科學與工藝〉那年，安內－羅貝爾－雅克・涂高（Anne Robert Jacques Turgot, 1727-1789）發表了〈人類心智持續進展之哲學式回顧〉（*Tableau philosophique des progress succesifs de l'esprit humain*）一文。文章回顧了希羅古典時期的興衰更迭，以及埃及、中國的停滯，最後則對當時科學的興盛獻上禮讚，並期待路易十六效法義大利佛羅倫斯的麥蒂奇家族，成爲科學與文藝的偉大贊助者。在此文當中，涂高除了使用「進步」（progrès）一詞，也經常襲用喬爾喬・瓦薩里（Giorgio Vasari, 1511-1574）在《偉大畫家、雕塑家、建築師之傳記》（*Lives of the most Excellent Painters, Sculptors and Architects*）（1550）中所經常使用的「完美」（perfection）概念來表述進步。瓦

---

54 Adam Smith, *The Theory of Moral Sentiments*, p.83.

薩里此書，就是獻題給佛羅倫斯的麥蒂奇家族統治者 Cosimo de Medici（1519-74）。涂高自己顯然有意延續文藝復興的文臣與贊助者關係，同時也將自己的時代上承文藝復興，視爲歐洲第二次的文明復興。他在文章最後期待路易十六能將現代科學與文藝的昌明之火，永遠傳遞下去。全人類都能「持續地更加美好與快樂」。[55] 仔細說來，涂高此處對進步的信念尚未如十八世紀末那般堅信不疑，而毋寧是一種期許。但是，正如當時許多中上階級所感受的，他們正處於理性昌明，因而朝向「越來越好」、「越來越快樂」的道路邁進的時代。盧梭對其所處時代與社會的感覺則顯然背道而馳；我們甚至可以合理猜測，他的〈論科學與工藝〉很可能有意與當時路易宮廷中竄起的政壇新秀涂高等人的歷史樂觀論相抗。

　　史密斯在1756-7年間對〈論人類不平等的起源〉做了相當程度的介紹，甚至翻譯其中三段文字以饗讀者。[56] 盧梭此作其實有很強的政治哲學底蘊，他對人類不平等的思考，聯結了他對普遍意志、普遍政治權力的關懷。但是史密斯卻只強調了其中道德哲學的部分，對於不平等一事，則隻字未提。在史密斯看來，盧梭的論點對於市民社會或文明社會有關鍵性的誤解。他總結道，盧梭道德哲學有兩大命題：（1）社會之出現並非人類天性所使然；（2）社會之出現，造成原本在自然狀態下的自然美德受到斲喪與損害。史密斯表示，盧梭與曼德維爾都相信、預設了自然狀態下人類的生活情況，並據此衍伸出他們

---

55 Anne Robert Jacques Turgot, *The Turgot Collection: Writings, Speeches, and Letters of Anne Robert Jacques Turgot, Baron de Laune*, ed. David Gordon, trans. Peter Groenewegen (Auburn: Ludwig von Mises Institute, 2011), p. 343.

56 Adam Smith, "A Letter to the Authors of the Edinburgh Review," in *Essays on Philosophical Subjects*, pp. 242-256.

對社會興起的論述。曼德維爾認為，人在自然狀態下的生活自然極為悲慘，因此而不得不勉強自己甚至違背天性以利形成社會。盧梭則認為，人在自然狀態下其實甚為自得，只是因為某些突發的歷史事件，造成人性的扭曲或改變，因而造成社會的出現。曼德維爾認為人並無利他的天性，故無自然或天生之美德可言。而盧梭則認為，在自然狀態下，人與人之間的同情、互助是自發且自然的現象，因此不能稱之為美德，儘管此本能似的能力，較諸文明社會中為了榮耀而追求的美德，此種情操更值得讚賞。

> 曼德維爾博士把人類的原始狀態描繪成所能想像到的最痛苦、最悲慘的狀態，而盧梭卻把它描繪成最幸福、最符合人性的狀態。然而，這兩個人都假定，人的天性中沒有一種必然會讓他為了社會所帶來的利益而加入社會的強烈本能；但是根據前者，人的原始狀態的痛苦仍迫使他必須求助這種本來不愉快的補救辦法；後者的說法則是，由於一些不幸的因緣巧合，使人產生了野心這種不自然的慚感，也就是種盧榮的優越感，這種慚感造成了同樣不幸的影響，即便他過去對這種慚感相當陌生。57

換言之，在這些道德哲學家的心目中，社會之出現如果不是出於理性計算，就是違反天性。

史密斯點出盧梭思想中的自然狀態假說以及社會對人性的扭曲兩節，正是他此後思想發展的重要參照，也是他與之批判性的對話、甚至駁斥的兩項觀點。史密斯的方法可以類歸為歷史主義。相對於涂高

---

57 Adam Smith, "A Letter to the Authors of the Edinburgh Review," in *Essays on Philosophical Subjects*, p. 250.

等法國作家們強調心智、科學與工藝的進展係歷史進步的明證，史密斯與某些蘇格蘭啓蒙作家們則強調人類從漁獵與採集、游牧與畜牧、農業到工商業生產的模式演化表示了物質或經濟上的進步。[58] 從生產結構的角度來看，社會演化是大寫的歷史的動向。所以，從漁獵到畜牧，乃至農業、商業，這條生產線性的發展，既是自然的歷史，也是人的歷史。在十八世紀啓蒙思想家的觀念裡，自然具有極高的道德位階，因爲她的產生是直接從上帝的權威與智慧而來；雖然人被賦予在自然界中極爲特殊的位置，但人的道德與行爲必須符合自然律法，猶如自然法的位階必然高於人的成文法。於是，如果自然有個歷史，而此一歷史與人的歷史緊密相關，甚至同步發展，不可切割，那人類歷史的動向，就有了「自然」的道德性。換言之，人類必須，至少在道德上，接受歷史的動向作爲一切人爲制度的前提。盧梭完全同意自然的崇高道德位階；但他不認爲社會、文明、歷史等等可以傳遞自然的道德位階。恰恰相反，社會、文明、歷史等是自然的對立。這種人爲與自然的對立假設，正是蘇格蘭啓蒙思想中的歷史主義所要加以挑戰的觀點。

　　史密斯指出，盧梭的修辭策略將人的自然狀態過度美化。此一美化的或柏拉圖化的自然狀態固然可以吸引年輕人的想像，但如果盧梭想藉此描述他的共和思想，顯然推論太過：

> 盧梭先生傾向將蠻荒初民生活描寫成最快樂的生活方式，
> 只是就其閒逸面相而言之；他的確用最美麗、最令人愉快
> 的色彩來展示這種生活。他的風格雖然辛苦而又勤奮優

---

58 關於蘇格蘭以及英格蘭十八世紀的進步觀念，可參考 David Spadafora, *The Idea of Progress in Eighteenth Century Britain*.

　　雅，但卻處處透著緊張，有時甚至是崇高和悲哀。放蕩不
　　羈的曼德維爾的原則和思想，在這種風格以及些許哲學思
　　維的轉化過程下，在他身上竟然顯得具有柏拉圖式的道德
　　極度純潔和崇高，但若用此只是要描繪一個共和主義者的
　　精神，其推論就有點過頭了。[59]

　　如果說史密斯對盧梭所渲染的自然狀態之醇美採取了直接了當的
質疑與排斥，他對盧梭的社會觀則同時有極為複雜隱微的接受與拒
斥。史密斯最早接受的道德哲學體系來自他的業師哈奇森 (Frances
Hutcheson, 1694-1646)。哈奇森認為，親社會（sociability）乃人之天
性。史密斯在《道德情操論》中根據哈奇森的親社會哲學駁斥了曼德
維爾的自利論，並且沿著哈奇森的論述主軸，發展出他的認同理論。
史密斯認為族群構成的最根本理由是自然而然的。這一點，顯然與盧
梭的獨立、自由的原始人基調不同。[60] 另一方面，盧梭的人性論與非
社會態度存在著矛盾。例如盧梭認為人並不需要社會，卻又一方面信
誓旦旦地說，人具有同情他人的能力。盧梭提出善良人性論，其目的
是要駁斥霍布斯的所有人與所有人戰爭的自然狀態說。盧梭在〈論人
類不平等的起源〉這麼說：

---

59 Adam Smith, "A Letter to the Authors of the Edinburgh Review," p. 251. 史密
　　斯此處評論值得稍加解釋。在1760年，詹姆斯‧麥可佛森 (James
　　Macpherson , 1727-1784) 出版了 *Fragments of Ancient Poetry Collected in the
　　Highlands of Scotland, and Translated from the Galic or Erse Language*,
　　electronic resource (Edinburgh: printed for G. Hamilton and J. Balfour, 1760).
60 有關哈奇森與史密斯的社會觀可參考 Jeng-Guo S. Chen, "Ethic and Aesthetic
　　Friendship: Francis Hutcheson and Bernard Mandeville's Debate on Economic
　　Motivation," *EurAmerica: A Journal of European and American Studies,* 38:2
　　(Taipei, 2008), pp. 211-242. 陳正國，〈從利他到自律：哈其森與史密斯經濟
　　思想間的轉折〉，《政治與社會哲學評論》，10（台北，2004），頁 1-31。

霍布斯忽略了另一個原則。在某些情況中，這原則提供人
們用來軟化那種因為保護自己所展現那兇猛的自重之愛
（l'amour propre），或降低那種在出世前即有的自我保存
之強烈慾望，即以一種天生感覺，憎恨同伴所遭受的苦
難，限制為己謀福的熱情……這就是先於一切反省的自然
情感。這就是自然憐憫心所發揮的力量，連最敗壞的道德
都無能摧毀它。這種情感的發揮，是我們每天在戲劇都可
以看到的，因為人們總是同情劇中這樣不幸的人，甚至為
他落淚，但一旦他們自己是暴君的話，他們只會加深對敵
人的傷害。……曼德維爾正確地感受到，縱使有各種道德
伴隨人們，但若不是因為自然賦予人們憐憫的天性以支持
理性，人較諸怪相去無幾。然而，他卻沒有察覺所有他所
反對的社會德行通通發展自這一種特質……如果這些都是
真的，也就是說同情他人的感覺，其實就是將自己當成受
苦者，這種感覺在原始人身上，雖然模糊，但是強烈，在
文明人身上，雖經發展，但轉趨弱。這些說法除了讓我的
論證變得更為有力之外，會產生什麼不同嗎？實際上，憐
憫心會在有感知動物將自己密切地與受苦動物強烈地連結
在一起的時候變得更為強烈。現在，我們很確定的是這種
連結在自然狀態中，比在理性狀態中要緊密多了。61

盧梭歌頌自然與直覺，認為理性是蒼白的，文明會讓人的同情能力下
降。但是，為何備自然而然的同情能力、自足、自得且「高貴」的個

---

61 盧梭論證可參考 Jean-Jacque. Rousseau, *The Social Contract and the First and Second Discourses*, pp. 106-107. 此三段中文翻譯引用自盧梭著，苑舉正譯註，《德行墮落與不平等的起源》，頁251-253。

體，卻沒有能力立起良好的社會？[62]如果同情能力是與生俱來的，為何人不會自然的傾向形成社會？史密斯的道德哲學有一部分就是要回答這個盧梭式問題。史密斯在〈致愛丁堡評論〉一文中，其實已經有意無意地探觸到了問題的關鍵。[63]而史密斯與盧梭之間最大的差別，同時也是史密斯道德哲學的出發點，就在於史密斯相信，德性是理性活動的結果，而文明、複雜社會生活可以提高吾人的理性。

　　誠如前述，史密斯認為「自然的」自愛或自私，只有在社會情境下，才會受到拘束或甚至昇華，成為德行。才會學習到「他人」的眼光，認清「自己不過是眾人之中的一員，與其他所有人一樣平等」。但是史密斯很有意識地強調，真正的平等，在於對他人的責任，也就是對別人的福祉與對自己的福祉保持同樣的關心。這意思是說，我們

---

62 盧梭的解釋之一是認為人在文明中起了分別心，從而建立起不平等的社會。「唱得與跳得最好的人，就是最美與最強的人，最靈巧與最流暢的人，也就變成最受矚目的人。這就是朝向不平等的第一步，同時也是朝向惡的第一步。從這初步的偏好，一方面發展出虛榮與蔑視，另一方面發展出羞恥與嫉妒。這些新的因素所發展出來的結果，最後生成那些對幸福與天真有害的組合」。盧梭此處的論證顯然把個人的道德與態度以及社會條件、權利關係兩相混淆了。Jean-Jacques Rousseau, *The Social Contract, and the First and Second Discourses*, p. 118. 中文翻譯引用自盧梭著，苑舉正譯註，《德行墮落與不平等的起源》，頁267。

63 「根據他們倆人 [盧梭與曼德維爾] 的說法，維持現在人類的不平等的法律，肇始於有權有勢者的狡獪發明，以便維持或奪取凌駕其他人的非自然權威。但是盧梭批評了曼德維爾；盧梭認為，那位英語作家 [曼德維爾] 所承認的唯一美德，也就是同情（pity）其實可以產生所有的美德，但曼德維爾醫師卻不願意承認此一事實。盧梭先生似乎認為，同情本身不是美德，但是蠻荒野人與最粗俗無文者都具備此種情操，甚至他們身上所流露者較諸文雅飽學之士來得圓滿；就此點而言，他與諸位英語作家不謀而合」。Adam Smith, "A Letter to the Authors of the Edinburgh Review," in *Essays on Philosophical Subjects*, p. 251.

在市民社會中更容易實踐實質意義的平等，因爲隨著市民社會的發展，個人的慾望與財產的形式與類型越加複雜，這使得我們對於別人權利的尊重成了日常生活中的實踐，而甚至無所不在。史密斯在《國富論》中說過一句常被引用的話——「我們不是訴諸麵包師傅、肉商、釀酒師的慈悲」，而是訴諸對方的「自愛」（self-love）來張羅我們的晚餐。[64] 這裡的自愛，當然是盧梭的「自愛」。但史密斯強調的重點是「我」對「他人」自愛的尊重與肯認，而不是放任「我」的自愛無限擴大。在理解與接受他人自愛的背景下，自愛不是文明墮落的淵藪或結果，而是文明社會之所以能夠運作的基石。商業社會較諸游牧與農業社會更能彰顯盧梭式「自愛」的道德意涵。在交換中，我們必須設身處地考慮他人的需求，否則就淪爲掠奪。商業社會中不斷的交換讓所有人成爲相互依賴的個體，頻繁而日常的交換，讓人習慣將「自愛」社會化。「自愛」本身不是德性，但是社會化的自愛必須透過公正旁觀者這個機制的反思自愛，這讓自愛透過理性的馴化之後，成爲謹慎與自制，成爲德性。

　　史密斯晚年進一步論證，公正旁觀者不只能讓盧梭式的自愛成爲更謹慎的社會化自愛，同時也可以讓道德主體進一步分別讚美（praise）與「讚美的本質」或「讚美之所由」（praise-worthiness）。他說，如果我們接受沒有事實基礎的讚美，那就是「虛榮，〔也就〕是最可笑與可恥的罪惡的基礎」。[65] 這句話彷彿就是在回應盧梭，因爲盧梭批評道，所謂文明就是人們汲汲營營想獲取名聲的競相表演。史

---

64 Adam Smith, *An Inquiry into the Nature and Causes of the Wealth of Nations* [1776], ed. R. H. Campbell, A. S. Skinner, and W. B. Todd, vol. 1, 2 vols (Indianapolis, IN: Liberty Fund, 1981), p. 22.

65 Adam Smith, *The Theory of Moral Sentiments*, p. 115.

密斯認為，表現的背後存在著真正的道德原則，認知到並實踐公正的
旁觀者，可以讓我們明白被讚美的行為，其實是基於那些道德原則，
而不是表演（performances）本身。

> 在不該被贊美的地方渴望甚至接受讚美，只能是最可鄙的
> 虛榮心的結果。在真正應該得到贊美的地方渴望讚美，不
> 過是渴望一個最基本的正義行為應該發生在我們身上。愛
> 正當的名譽，或真正的榮耀，即使是為了它本身，而不去
> 考慮於他能從它們得到的任何好處，即使對一個明智的人
> 來說，也並非不值得去追求。然而，他有時會忽略，甚至
> 不理會讚美；而當他自己的行為的每一部分都恰如其分，
> 有了最充分的把握時，他就最容易視讚美為無物。他的自
> 我認可，在這種情況下，不需要從其他人的認可中得到確
> 認。他只需要自我認可自己便足夠了，他對此也感到滿
> 意。這種自我認可，即使不是他可以或應該對此感到焦慮
> 的唯一對象，也至少該是主要的對象。對這種自我認同的
> 愛，就是對德行的愛。66

對史密斯來說，自愛不必然在社會出現之後成為自私。正好相反，自
愛要成為德性，必須在社會的脈絡中才有可能。與自然狀態下的自愛
正好相反，社會化的自愛需要自律的協調。但是，自律的內容則來自
「公正旁觀者」所代表的特定社會的共同標準。67

---

66 Adam Smith, *The Theory of Moral Sentiments*, p. 117.
67 史密斯並沒有說明這個共同標準為何。他只是提出尋求或感覺這共同標準
　的機制。他的見解猶如習慣法法庭上的陪審團意見之形成—不是根據成文
　法或戒律來形成判斷意見，是根據一時一地的共同感受與見解。

四、亞當佛格森的文明論的共和主義

　　佛格森的共和主義傾向早爲學界所熟知。許多學者也已經發現佛格森思想與盧梭思想之間的親近性，[68] 但其實他們兩人的共和主義存在著一道不可跨越的鴻溝。盧梭的共和主義建立在自然狀態與契約論基礎上，而佛格森建立在歷史演化上。進一步講，盧梭的共和理念建立在人天生自由且完全平等的假設之上，共和目的就是要（部分）回復到前社會條件中的自由與平等狀態。佛格森的共和主義是以不平等爲基礎。他認爲，宇宙之間有一種秩序，此秩序的表現，就是類別與等差。物種與物種之間有類別，而同物種之內有等差。人類社會的演化，造成等差的出現與細緻化。在很大的程度上，佛格森於1767年出版的《文明社會史論》，似乎是回應盧梭的著作。[69] 佛格森所思考的問題是，如何在文明或商業社會中維持共和精神，以保持民族國家於不墜。

　　盧梭的共和主義有其複雜之處，必須有專文仔細交代。在此只能就本文主旨勾勒其要。盧梭在〈論人類不平等的起源與基礎〉中強調，政治上的不平等起於法律的制定與財產權的出現，接著是行政體系對此制度的維持，最後法律成了任意無度的權力（arbitrary

---

68　Rudmer Bijlsma, "Alienation of Commercial Society: Republican Critiques of Commercial Society of Jean-Jacques Rousseau and Adam Ferguson," *Southern Journal of Philosophy*, 57:3 (Sept., 2019), pp. 347-377.

69　就像十八世紀的多數作家一樣，佛格森並不經常在書中交代對話對象。在《文明社會史論》中，佛格森只有一次明確表示他係在引述盧梭。但現代學者對盧梭在佛格森作品中的重要性幾乎沒有異議。Adam Ferguson, *An Essay on the History of Civil Society* (Cambridge: Cambridge University Press, 1995), p. 116.

power）。之所以獨裁或專制政治能出現，在於世襲的政治家族有效
地使其他公民習於安逸、依賴，最終成爲奴隸：

> 領導人物的野心期望立即從環境中獲利，以圖永久維持職
> 位在他們的家族勢力中。習慣於依賴，休閒與生活舒適的
> 人民，再也無法脫離枷鎖，而滿意於安寧，任由奴役狀態
> 擴大。70

盧梭進一步論道，人類政治不平等的緣由，來自於社會出現之後，各
種不當的慟感或激情（passions）被燃起，以至於人投入於追求名
聲、榮譽、偏好，製造無盡的爭奪、比較、競爭。在1765年出版的
《科西嘉憲政芻議》（*Constitutional project for Corsica*）中，盧梭似乎
不特別標榜自然狀態理論，而務實地承認農業文明的優點。相對於農
業對於人口增長的需求、培養出對鄉土的親近，商業顯得蒼白無力。
盧梭直言：「土地的耕耘能陶冶精神」（cultivation of the land
cultivates the spirit）。相較之下，商業與貿易的進行，無可避免地將
破壞性的邪惡因子帶進國族之內。71 盧梭此處的共和國典範應該是斯
巴達，以農耕自給自足的農戰團體，與商業貿易相對繁盛的雅典城邦
或後來的雅典帝國成形成對比。

　　佛格森受到蘇格蘭啓蒙思想如休姆、侃姆子爵（Lord Kames）、
史密斯等人的影響，基本上接受進步觀。佛格森的歷史觀念存在一種
辯證性，其辯證的源頭是因爲他斷言，人爲或加工，對人來說是極爲

---

70 Jean-Jacques Rousseau, *The Social Contract, and the First and Second Discourses*, pp. 132-133. 中文翻譯引用自盧梭著，苑舉正譯註，《德行墮落與不平等的起源》，頁285。

71 參見 Graeme Garrard, *Rousseau's Counter-Enlightenment: A Republican Critique of the Philosophes*, p. 64.

自然之事。人文與自然其實都是演化的一部分，彼此很難分開。[72]因此，人類社會之所以會出現、文明會進展、物質會進步都是自然而然的過程。[73]但是人類歷史上卻也充滿了社會與民族的衰敗、滅亡的例子。換言之，人類社會之自然進程，隱含著自我毀滅的因子。那麼，這些因子爲何？如何避免？盧梭強調普遍的政治社會的出現或重塑，可以減緩甚至治癒德性的匱乏，佛格森則強調文明社會自我的矯正，以及菁英群體的自覺。簡言之，所謂文明的自我矯正，是指文明社會或市民社會應該在現代商業文化中持續保有前商業社會，尤其是遊牧社會的熱情、警醒、精力、堅忍。但在社會分工發達的社會，要求社會成員普遍具備偉大德性已經渺不可覓；因此佛格森的論述傾向對貴族或政治領導階級發出警語，希望他們自主地在國家，尤其王權之外，形成強大的尚武團體，避免王室因爲軍權而擴張其行政與憲政權力。[74]

在反對正統長老教的禁戲論戰中，佛格森強調，戲劇產業造就更多的就業人口，因此有利於市民社會。佛格森此論，一方面支持了普芬多夫（Samuel Pufendorf）的觀點，認爲城市手工業幫助農村遊民，使得失去土地的人口也可以養活自己。另一方面，戲劇產業是社會階層分工具體而微的展現。劇作家、舞台設計、戲服製作、觀眾、劇場老闆等等共同完成戲劇產業；這些人有勞心者，有勞力者，有生

---

72 Adam Ferguson, *An Essay on the History of Civil Society*, p. 12.

73 佛格森的進步觀念帶有濃厚的神學意涵，尤其是上帝的神恩預設 (providential design or order)。此處無法對此開展討論。

74 Iain McDaniel, "Ferguson, Roman History and the Threat of Military Government in Modern Europe," in *Adam Ferguson: History, Progress and Human Nature*, eds. E. Heath & V. Merolle (London: Pickering & Chatto, 2008), pp. 115-130.

產者，也有消費者。也是基於對產業的觀察，佛格森在《文明社會史論》寫下，社會分工就是人彼此依賴、彼此需要。但是分工的結果會造成人類心智的遲鈍，因此，具備公民德性的人，就必須扮演政治事務的積極參與者。

　　佛格森非常清楚歐陸共和主義者對商業文明的批評，尤其是盧梭對商業的全面拒斥。他的《文明社會史論》寫作時間正好是盧梭發表《科西嘉憲政芻議》的前後。但英國作為當時最重要的商業帝國，佛格森必須思考共和精神或共和主義是否可以與商業並存。他嘲諷道，歐洲的教士們不分時代地批評所有時代的流行服裝。那些批評「生活之必需」以外事物的意見，「一樣很適合從野蠻人的口中說出來」。[75]佛格森甚至引用孟德斯鳩的政體分類以及政治經濟學，支持混和政體與奢侈、文明之間的相容性。他說，民主政體固然需要避免奢侈，但「在社群成員之間的階級身份不同，公共秩序依賴規律的服從而生成的」「社會狀況」下，奢侈「可以安心地被容許」；甚至在君主制或混和政體中，「高度的奢侈顯得健康，甚至必要」。[76]一如許多蘇格蘭啟蒙作家與輝格黨人士，佛格森支持當時英國式的混和政體。因此，他的共和主義也替商業文明或奢侈找到了政治上的合理性。而此一政治合理性，又同時與他對歷史主意思維息息相關。佛格森說，商業或物質文明之進展之所以會對社會造成傷害，不在於物質或商業文明本身，而在於生活於其中的個人與團體對於社會危機是否夠警醒，不會耽溺在物質生活中而無視於社會或民族必要的召喚。

　　若說從公共危險和麻煩中解脫出來，使人們可以有時間從

---

75 Adam Ferguson, *An Essay on the History of Civil Society*, p. 233.

76 Adam Ferguson, *An Essay on the History of Civil Society*, p. 235.

事商業藝術的活動，而當這些商業活動繼續發展或是增強後，會讓人不再爲了國家而努力；如果個人沒有被要求與國家利益要一致，而任由他去追求個人利益；我們會發現他變得羸弱、好利、喜歡聲色犬馬；這並不是因爲享樂和利益變得更加誘人，而是因爲他少了關注其他事物的需要；因爲他更被鼓勵去鑽營他的個人好處，追求他自己的利益。[77]

佛格森說，每一項新的工藝發明，甚至商業文明本身的進展，都必然會一步一步讓人們的注意力從公眾事務中抽離出來。[78]這意見顯然呼應盧梭在〈論科學與工藝〉中的批評。盧梭認爲，現代社會有太多不重要且虛榮的發明、寫作與模仿，使得有用的知識 —— 指政治 —— 越來越乏人問津。[79]但是佛格森同時相信，歷史的進展就是人有能力解決自身的問題─雖然是在一邊學習一邊摸索中進行。佛格森甚至似乎有意地以盧梭式的語言來反對盧梭式的命題。他說，儘管有些人可能因爲野心、追求榮譽而犯罪，但野心其實保有「人類靈魂最偉大的素質」。兩種野心的關鍵差異在於，此野心是否與民族或公共事務相關。在物質文明與商業社會發達的地區，因爲個人的利害考量與追求容易填滿胸臆，而分工的結果容易使人心智魯鈍，所以（在混和政體裡），人尤其是政治領導階級需要心智的提升（elevation of mind）。佛格森不相信史密斯的文雅文化或市場小人物可以承擔建造社會秩序，乃至於社會存續的重責大任。同時他也不訴諸盧梭的普遍公民意志，而是訴諸菁英或大人物的警醒與夙夜從公。

---

[77] Adam Ferguson, *An Essay on the History of Civil Society*, p. 237.

[78] Adam Ferguson, *An Essay on the History of Civil Society*, p. 241

[79] Adam Ferguson, *An Essay on the History of Civil Society*, p. 241.

> 在這樣一場風俗革命的前夕，每一個混合君主制政府的高
> 層都需要照顧好自己。在中下層社會的商業或工業人士，
> 都要保守著自己的職業，並且基於某種必要性，一定要把
> 自己的習慣牢牢地掌握在手中，因為這是他們賴以獲得平
> 靜並且擁有適度的生活享受的基礎。但是，那些上層人物
> 原先是社會中外表上地位最優越的人物，如果他們放棄了
> 家國，如果他們不再擁有那種勇氣和昂然的精神，不再運
> 用那些用來保衛和治理國家的才能；那麼他們將成為這個
> 社會的棄物；將從最值得尊敬、最幸福的成員變成了最不
> 幸、最墮落的人。[80]

對佛格森而言，政治菁英之所以必要，原因在於文明或市民社會乃是
歷史發展的自然結果，非但不可逆轉，甚至是符合神恩計畫與政治經
濟學的「理論」——分工。這證明了盧梭想要以政治社會取消或凌駕
市民社會的想法，不切實際。在佛格森的構想裡，市民社會與政治社
會應該並列，前者提供物質、稅收與富裕，後者承擔興亡的責任。

五、米勒的市民社會平等觀

　　盧梭在1755年為狄德侯（Denis Diderot, 1713-1784）與達朗博
（Jean le Rond d'Alembert, 1717-1783）所編輯的《百科全書》
（*Encyclopédie*）撰寫「政治經濟學」(economie politique) 一詞的條
目，也就是〈論政治經濟學〉（Discours sur l'economie politique）一
文。在此文，盧梭首次使用「普遍意志」（general will, volonte

---

80 Adam Ferguson, *An Essay on the History of Civil Society*, pp. 245-246.

generale）一詞，作爲他共和政治理念的理論核心。1761年，盧梭發表《社會契約論》，則更細緻地討論了個人自由、普遍意志、國家之間的關係。蘇格蘭啓蒙被認爲是溫和啓蒙，其中一項重要原因，就是對於國家主權與人民主權的課題較少著墨。因此，普遍意志此一詞彙在蘇格蘭啓蒙文獻中，幾乎全不見蹤影。但這並不表示蘇格蘭啓蒙作家對於政治權威與人民自由的課題毫不關心。米勒於1771年出版《對社會階層的觀察》（*Observations concerning the Distinction of Ranks in Society*），1787年出版《英格蘭政府的歷史考察》（*An Historical View of English Government*）。[81] 米勒的作品，尤其是《對社會階層的觀察》一書中對於父親在家庭中的權威的分析，相當程度上可以視爲與盧梭的〈論政治經濟學〉與《社會契約論》的對話。當然，所謂「對話」也是個比喻性的說法。比較精確的說法應該是，米勒代表了蘇格蘭啓蒙對於盧梭式的「人民主權」的回應。米勒著作強調，政治與社會關係都受到經濟條件的影響；統治方式或權威會隨著社會變遷而不同。米勒著作對本文的重要性在於它們表現出典型蘇格蘭啓蒙思想的特色—均反對以社會契約論來構想（人民）主權。蘇格蘭啓蒙中的政治思想的主線之一，是想從理解市民社會與市民自由的結果來瞭解人民政治權力的可能與邊界。以此而論，米勒的著作較諸其他蘇格蘭啓蒙作家的作品，更能精確掌握這項義理。

對米勒與其他蘇格蘭啓蒙作家而言，霍布斯、洛克、盧梭依據自然狀態與社會契約所構想出來的主權概念，都是先驗的概念。米勒跳

---

81 *Observations concerning the Distinction of Ranks in Society* 一書於1806年，由米勒的外甥編輯再版，並更名爲《社會階層的起源》是目前學界常用的版本，也是本文引文均來自此一版本。John Millar, *The Origin of the Distinction of Ranks* (1806; Bristol: Thoemmes Press, 1990).

過主權這個（虛構）概念，採取歷史社會學式的分析來論證統治者與
被統治者之間的權威關係會隨著社會條件的改變而改變。在這個上下
階級的政治權力演化史裡，關鍵的分析概念不是主權而是平等。盧梭
以契約論為基礎的普遍人民主權要能成立，必須假設人是天生平等。
但米勒卻雄辯的認為，「平等」並非天生或自然的，而是歷史的、演
化的。所以即便米勒並未直接討論主權，但他的作品確實暗示「人民
主權」必須放在歷史情境中來理解；其實現也必然有一社會演化的過
程，而不是一個固有之物，也不是暴君或僭主從人民之處剝奪的天賦
人權。[82]

　　米勒是史密斯在格拉斯哥教書時的早期學生，畢業後留校擔任法
學教授。他接受史密斯歷史主義的思維，將社會與人類制度都視作歷
史演化的結果。他反對盧梭契約論，卻企圖從歷史主義觀點回應盧梭
所關心的課題——平等如何可能。盧梭論道，要理解人類不平等的起
源，不該從史實或歷史淵源上去尋求，而應該就理論或假設上去理
解。盧梭的自由與平等觀強調的是個人的意志與獨立，並且獨立於歷

---

[82] 雖然米勒的重要性不容忽視，但相關研究依然不可為豐富。尤其是極少數
的此種作品如 William C. Lehmann 的 *John Millar of Glasgow, 1735-1801 His
Life and Thought and His Contribution to Sociological Analysis* (Cambridge:
Cambridge University Press, 1960) 以及 Nicholas B. Miller, *John Millar and
the Scottish Enlightenment: Family Life and the World History* (Oxford:
Voltaire Foundation, 2017) 都集中在《社會階層的起源》的分析，對其《英
格蘭政府的歷史考察》的著墨若非有限，就是付諸闕如，仍有待後來者補
述。相較之下，米勒對於女性性別的角色與社會地位的見解近年頗引起學
界注意。可參考 Karen O'Brien, *Women and the Enlightenment in Eighteenth
Century Britain* (Cambridge: Cambridge University Press, 2009), pp. 68-109.
Richard Olsen, "Sex and status of Scottish Enlightenment Social Science: John
Millar and the Sociology of Gender Roles," *History of the Human Sciences*, 11:
1 (Feb., 1998), pp. 73-100.

史或時間。換言之，盧梭的自由與平等，都是高度規範性的概念。米勒的觀點正好相反。米勒認為，平等其實是歷史產物。或者更精確地說，平等是歷史中所產生的社會事實，我們不能主觀地將之構想為規範性概念，只能做後設描述以及做歷史性的分析與理解。正如盧梭也同意的，米勒認為，歷史的進程造成人與人之間的相互依賴加深。但其結果，不是盧梭所謂的獨立性的消失以及伴隨而來的奴隸狀態，而是平等與自由的可能。例如盧梭在許多地方提到父親對兒子的權威；其目的在於反對菲爾默（Robert Filmer, 1588-1653）等人的父權政治。盧梭斷言，雖然父親對於子嗣有絕對的權威，但是該權威只在該子嗣需要（need）父親的時候才存在。一旦需要的關係終止，他們就彼此回獨立生活與狀態。[83] 換句話說，自由與獨立是人的天然狀態；自由與獨立的暫時消失是條件與環情境使然；既是出於當事人的需要，也有益於當事人。在此種特殊情況下失去自由，並不會，也不該令當事人成為奴隸；一旦情境消失，人就應該回復其自然的自由與獨立狀態。盧梭雖然在此談到家庭裡的（管治）權威，但事實上此處的家庭成員與其他物種的自然關係無大差別。相反地，米勒則是以社會來涵化家庭─家庭成員的關係會受到社會變遷而隨之變化。米勒說，國家越富裕（市民），社會活動與社會關係就會越活絡、複雜。而活絡的社會生活也反過回饋家庭成員的關係，其中最關鍵而顯著的發展，就是丈夫對妻子，父親對子女的權威的逐漸軟化。

　　在《社會階層的起源》一書，米勒並不反對人類的原始獨立性以及對自由的熱愛。但是他強調，該獨立或自由之獲致，實以悲慘之生活為代價。一旦人類進入游牧社會，財產權出現，扈從現象就產生

83　Jean-Jacques Rousseau, "Discourse on Political Economy," p. 5.

了，人也就失去所謂的獨立自主。[84]但是，文明其實是造成人類更大的自由與保障。首先，所謂文明，就是財產權與政府出現的開始。對盧梭來講，財產權的出現是人開始失去自由以及陷入不平等狀態的開始；而米勒則看到所有人民在財產權出現後，其實是弱者開始受到保護而享有「自由」。更重要的是，隨著社會持續進展，手工業持續發達，自由人逐漸增多，古代（也就是封建時代）的領主權威漸漸不再佔據主流。歷史潮流突然在某個時間點，由量變造成質變，開始項背向封建制度的領主權威。所謂「公民的自然權利」是在這個歷史時刻才成為人們的政治態度與言說。換言之，「自然權利」其實不是自然的，而是市民社會進展到一定程度之後才出現的政治修辭。

> 一個國家的居民在正規政府建立後就受到限制，不能互相掠奪；而且，在治安官的權威下，最低等級的個人可以充分保障不受壓迫和傷害。隨著商業和製造業的發展，對勞動力的需求也相應增加，對工業也給予了更大的鼓勵。窮人有更多的資源或通過從事那些很少需要接受奴役或是依賴他人的工作來謀生。因此，條件較差的人逐漸地從為獲得生存而成為奴隸的不得不必要性中解脫出來；古代那種自由人放棄自由而被置於主人權威下的協議，由於變得越來越不尋常，最終被認為是與公民的自然權利不一致。[85]

透過歷史分析，在市民社會脈絡下，米勒可以一方面批判菲爾默的父權理論過時，同時批評盧梭的契約論與事實不合。[86]

---

84 John Millar, *The Origin of the Distinction of Ranks*, pp. 240-241.
85 John Millar, *The Origin of the Distinction of Ranks*, p. 252.
86 我們或許可以進一步推論，在歷史演化分析中，盧梭或霍布斯等人的「主權理論」都不是蘇格蘭啟蒙思想關心的重點，甚至可能排斥。此題雖然值

　　盧梭的普遍人權與人民主權似乎未包含女性。有關盧梭對於女性地位的態度，近來頗受學界關注。[87]保羅・湯瑪斯（Paul Thomas）與喬伊・施瓦茲（Joel Schwartz）等現代學者認爲，盧梭並無厭女情結，只是盧梭認爲女性的領域在於家務與私人領域，公共與私人領域其實是相輔相成的領域。[88]米勒對於女性地位的歷史分析，顯示了蘇格蘭啓蒙智識上的特色與成就。米勒認爲市民社會對於人類的權力運作與發揮了溫和化的重大作用，不只父親對於子女的權利如此，丈夫與妻子權力關係也是如此。因爲所謂市民社會的經常風景就是溝通與社會交際。透過不斷的對話，使用語言，使得人變得溫和。「因爲生活在富裕與安全的環境中，他更有餘裕實踐社會情感，陶冶出各種目的在怡情養性的藝術」。[89]米勒同意盧梭，在早期社會中，女子的確是被框限在家務之中。女人此時只能提水、掃地、挑柴、照顧小孩。同時，男人如果不在行伍或戰場，就只會遊手好閒，而將家務全數交付給女人。[90]但隨著物質條件逐漸改善，手工業逐漸發達，商業活動越來越頻繁，社會生活越形重要之後，心智與知識成就的重要性逐漸取代以往的武力或軍事成就，這使得女性的特質與智能上的能力開始被讚賞。米勒認爲，社會物質文明越進步，市民社會越發達，女性的社會地位就越高。使得妻子不再像是游牧社會或許數農業社會一樣，是

得單獨研究，但已經超出本文關心的核心命旨，故不贅論。

87　Helena Rosenblatt, "On the 'Misogyny' of Jean-Jacques Rousseau: A Letter to d'Alembert in Historical Context," *French Historical Studies*, 25:1(Winter, 2002), pp. 91-114. Paul Thomas, "Jean-Jacques Rousseau, Sexist?," *Feminist Studies*, 17:2 (Summer, 1991), pp. 195- 217.

88　Paul Thomas, "Jean-Jacques Rousseau, Sexist?" pp. 202-204.

89　John Millar, *The Origin of the Distinction of Ranks*, p. 129.

90　John Millar, *The Origin of the Distinction of Ranks*, p. 193.

丈夫的奴隸，而是他的朋友與同伴。[91]當然，這裡所謂「朋友與同伴」指的是在公共領域（但不是政治領域）中成爲同伴，而這裡所謂社會地位的提高不表示政治權力的獲得。我們大概可以確認米勒論述中的蘊意——性別或「階級」的差異，是可能透過市民社會的進展而趨向平等。事實上，米勒也的確描述每一代的年輕人越來越容易獲得獨立與自由。相對於封建社會，城市工商業讓子女更容易脫離家族而獨立生活。所以，不只社會因爲文明化而降低嚴格管教的頻率，更多人會關心兒童的福祉，青年人也更容易擺脫管束，獨立自主：「藝術和製造業的進步將有助於破壞和削弱他[父親]的權力，甚至將他的家庭成員提高到自由和獨立的狀態」。[92]

　　米勒的《英格蘭政府的歷史考察》也是以市民社會的發展爲線索，考察英國政府的統治。對米勒以及他的同鄉前輩如史密斯與佛格森而言，與其用先驗的概念如「主權者」來規範政治權威的所在，不如視權威爲宰制/強勢者/管理者對於被宰制/弱勢者/被管理者之間的權力使用與接受方式。政治史的一大領域就是對於「權力使用與接受方式」的歷史考察。前面提到父親對子女以及丈夫對妻子的對待方式，著重在「權力使用」，而其《英格蘭政府的歷史考察》則相對著重在「權力接受方式」或對待權力或宰制的態度。米勒在《英格蘭政府的歷史考察》（1787）的初版，曾經熱情的擁護人民對於教會與王權壓迫的抵抗。特別值得注意的是，米勒在描述國民的自由精神是如何透過工藝與社會物質生活的改變而產生，彷彿是提出英格蘭內戰與光榮革命的「經濟決定論」。他認爲人民對於上位者的政治權力之所

91　John Millar, *The Origin of the Distinction of Ranks*, p. 100.

92　John Millar, *The Origin of the Distinction of Ranks*, p.129.

以會感到妒忌與忌諱，其實是物質或工藝技術的進步所帶來的迂迴結果。技術進步使得領主無須雇用過多人力。這些原先可能注定要過佃農或類奴隸生活的人因此（被迫）進入（城市）工商業習得謀生之長。進入城市之後的下層人士因無須再像之前一樣仰賴上位者，因此開始有了「自由精神」。這使得他們觀看政治權力關係的角度發生重大轉變。原本身爲佃農時會視爲理所當然的權威者的作爲，從市民的角度看，反而變成了「造次」與「濫權」。

> 工藝的進展使得高高在上的神職人員以及封建領主不得不讓低下階級的人，合法的以不同的方式謀生，例如從事特殊行業或技能。藉由這種生活方式，他們的處境讓他們不再那麼依賴上位者，同時傾向願意抵抗各種來自教會或市政（civil）的暴政。從如此的情境開始，自由的精神逐漸注入全體人民的身體裡，開始抵抗教會的造次以及國王的濫權。[93]

米勒所謂「這種生活方式」指的是以四階段論爲基礎所構築的歷史演化論——它清楚的說明，市民社會是政治社會的基礎，其發展帶動政治社會的結構性變化。米勒的演化論不啻與盧梭的契約論形成鮮明對比。在米勒寫下這些評論後兩年，法國大革命爆發。他似乎立即對該書做了一定程度的修改，並於1790年再版。或許是爲了避免蹈犯大革命時期英國所新立的煽動罪，米勒在《英格蘭政府的歷史考察》第二版中刪節了上述引文，但保留了市民社會的生活規範與實踐，是（政治）自由的源頭的基本學說。他簡潔扼要地結論道：

93　John Millar, *An Historical View of the English Government in Four Volumes* (London: printed for J. Mawman, 1818), vol. ii, p. 431.

> 在習慣商業互動的國家，自由的精神主要表現在兩個情境
> 之下。第一，要看人民如何分配處置財產，以及主要生產
> 方式的條件爲何。第二，社會成員藉由何種機制與條件來
> 組會、協作。[94]

以處置財產權的權利（right/dominance）來喻解政治權利（力）至少
從洛克開始就已經頗爲人所熟知。但是將這想法重置於歷史演化與
「主要生產方式」的脈絡中，則是蘇格蘭啓蒙思想的特色。誠如前
述，在這一論述傳統中，盧梭的自然狀態、原始契約論扮演了重要的
對話角色。

六、結語

　　對休姆、史密斯、佛格森、米勒而言，「演化」是思考人性、社
會、政治、歷史的重要視角。盧梭的文明批判在十八世紀中葉一開
始，就如同一陣颶風向樂觀的西歐知識人襲來。寧靜優雅的巴黎沙龍
的燈火與爭奇鬥艷的倫敦商家的窗櫺開始搖晃。這些蘇格蘭啓蒙作家
以宏觀卻又不失理論精緻度的歷史書寫，接應了盧梭的世紀挑戰。有
些現代學者，諸如施密特、科賽列克認爲英國啓蒙有去政治的傾向，
而Jonathan Israel 則認爲蘇格蘭啓蒙具有保守性格。[95]但通過本文，我

---

94 John Millar, *An Historical View of the English Government*, vol. iv, p. 114.

95 請參考Carl Schmitt, trans. by Mathias Konzett and John P. McCorrnick, "The Age of Neutralization and Depoliticizations (1929)," *Telos*, 96 (June 1993), pp. 130-142; Timo Pankakoski, "Conflict, Context, Concreteness: Koselleck and Schmitt on Concepts," *Political Theory*, 38: 6 (Dec, 2010), pp. 749-779. 雖然施密特在 "The Age of Neutralization and Depoliticizations" 一文以「去政治化」爲篇名，但他其實並未明言啓蒙思想與去政治化的關係。科賽列克在《批判與危機》（*Critique and Crisis*，此書最早形式是科賽列克於1954年撰

們可以理解，對許多蘇格蘭啓蒙作家而言，政治規範並非先驗的存在。此外，即便政治社會不是因果式的受到市民社會的形塑，我們終究應該認識到，政治社會與市民社會之間必然的連動關係。在蘇格蘭啓蒙作家眼中，盧梭希望繞過市民社會而建立起美好政治社會的想像，其知識上的重大錯誤的根源，在於對歷史演化的無視。對這些啓蒙思想家而言，歷史演化不是反自然的，而毋寧是自然的。

　　米勒在格拉斯哥上過亞當史密斯的法理學課，他的社會與政治演化史直接承襲自史密斯。96他也將歷史主義的政治與法律理解傳承了下去。米勒的一位學生格蘭特（James Grant）在 1785 年出版《論社會、語言、財產、政府、司法、契約、婚姻的起源》。雖然書名看似作者對「原初」社會有著盧梭式的興趣，其實整本書充滿米勒式的社會演化語言。就如同米勒一樣，格蘭特強調社會的物質進展有助於女性地位的提升，在富裕社會，「女性受到相當高的尊敬

寫的博士論文－Kritik und Krise）一書中表示歐洲十八世紀思想志於構想市民社會或市民的世界(die Bügerliche Welt)，明顯具有去政治的傾向。喬納森‧伊斯瑞爾（Jonathan Israel）認爲歐洲啓蒙可以分爲兩條主流思潮，一是十七世紀荷蘭思想家史賓諾莎所創立的激進傳統，強調理性以及民主。而另一條則可稱之爲溫和或保守啓蒙，是以蘇格蘭啓蒙爲主。參見 Reinhart Koselleck, *Critique and Crisis: Enlightenment and the Pathogenesis of Modern Society* (Cambridge, Mass.: MIT Press, 1988); Jonathan Israel, *Democratic Enlightenment: Philosophy, Revolution and Human Rights, 1750-1790*, pp. 209-269. 本文並不完全反對蘇格蘭啓蒙有去政治化的面向，或者具有「溫和」的特質。但本文所要強調的是，對蘇格蘭啓蒙而言，政治與民生，政治社會與市民社會的關係是共生的，或至少是相互連動的。尤其是市民社會的發展，可以深刻的影響了政治社會的發展。

96 Adam Smith, *Lectures on Jurisprudence*, ed. Ronald L. Meek, D. D. Raphael, and Peter Stein (Indianapolis, IN: Liberty Fund, 1982); Dugald Stewart, *Account of the Life and Writings of Adam Smith, LL. D: From the Transactions of the Royal Society of Edinburgh* (Edinburgh: S.N., 1794).

（reverence）」。[97] 值得一提的是，1790年代之後，歷史主義的制度史書寫與詮釋似乎就暫時銷聲匿跡了。其中一部分的原因應該是受到法國大革命的思想氣氛所影響。對理想層次的自由、平等、博愛的擁抱與信心，瀰漫在法國與蘇格蘭知識圈中。許多人幻想著，一旦美好完善的政治社會建立了，個人的德性就會彰顯，社會的惡也終將得到解決。[98]法國大革命當然是盧梭思想上位的時代。從盧梭因素的角度來看，對道德、平等、自由、政治的歷史主義詮釋的退潮，預示蘇格蘭啓蒙盛期已經進入了尾聲。

---

97 James Grant, *Essays on the Origin of Society, Language, Property, Government, Jurisdiction, Contracts, and Marriage: Interspersed with Illustrations from the Greek and Galic languages* (Edinburgh: C. Elliot, 1785), p. 201.

98 法國大革命爆發初期，許多蘇格蘭知識階層表示欣賞與信服，中間包括當時學界極富聲望的愛丁堡道德哲學教授杜爾加・史都華（Dugald Stewart, 1753-1828）。年輕的亞伯丁學者詹姆斯・麥金塔 (James Mackintosh, 1765-1832) 於1791年出版 *Vindiciae Callicae: A Defence of the French Revolution and its English Admirers* (London: Printed for G. G. J. and J. Robinson, 1791) 積極呼應法國大革命的政治原則與理想，反駁柏克在《對法國大革命的反思》（*Reflections on the Revolution in France*）一書中的「保守主義」觀點。大革命爆發時，蘇格蘭啓蒙盛期的作家們已經幾乎都已封筆。休姆早已於1776年過世。1790 年過世的史密斯當時也已經身體欠佳。唯一身體依舊健康，而且同情共和精神的佛格森其實對大革命未曾發表任何重要的評論。他（們）的沉默或許可以當作是他們與盧梭政治哲學的重大分歧的另一個佐證。因爲實際上蘇格蘭思想界對大革命評論不多，相關研究也就寥寥無幾。比較全面的近人著作可以參考 Anna Plassart, *The Scottish Enlightenment and the French Revolution* (Cambridge: Cambridge University Press, 2015).

徵引書目

一、史料

盧梭著，苑舉正譯註，《德行墮落與不平等的起源》，台北：聯經出版公司，
　　2015。

Ferguson, Adam. *An Essay on the History of Civil Society*, ed. Fania Oz-
　　Salzberger. Cambridge: Cambridge University Press, 1996.

Grant, James. *Essays on the Origin of Society, Language, Property, Government,
　　Jurisdiction, Contracts, and Marriage: Interspersed with Illustrations from
　　the Greek and Galic languages*. Edinburgh: C. Elliot, 1785.

Home Henry, Lord Kames. *Sketches of the History of Man: In Three Volumes,* ed.
　　James Harris. Indianapolis, IN: Liberty Fund, 2012.

Hume, David. *Essays, Moral, Political, and Literary,* ed. F. Miller. Indianapolis,
　　IN: Liberty Fund, 1985.

Mackintosh, James. *Vindiciae Callicae: A Defence of the French Revolution and its
　　English Admirers* (Lodon: Printed for G. G. J. and J. Robinson, 1791).

Macpherson, James. *Fragments of Ancient Poetry Collected in the Highlands of
　　Scotland, and Translated from the Galic or Erse Language*. Edinburgh:
　　printed for G. Hamilton and J. Balfour, 1760.

Millar, John. *An Historical View of the English Government in Four Volumes*.
　　London: printed for J. Mawman, 1818.

Millar, John. *The Origin of the Distinction of Ranks*, 1806; Bristol: Thoemmes
　　Press, 1990.

Rousseau, Jean-Jacques. *Discours Sur l'origine et Les Fondements de l'inégaliteé
　　Parmi Les Hommes*. Paris: Gallimard, 1969.

＿＿＿＿. *Rousseau: The Discourses and Other Early Political Writings,* ed. Victor
　　Gourevitch. Cambridge: Cambridge University Press, 2019.

＿＿＿＿. *The Social Contract, and the First and Second Discourses*, ed. Susan
　　Dunn. New Haven, CT: Yale University Press, 2002.

Smith, Adam, *An Inquiry into the Nature and Causes of the Wealth of Nations*
　　[1776], 2 vols, eds. R. H. Campbell and A. S. Skinner. Indianapolis, IN:
　　Liberty Classics, 1981.

＿＿＿＿. *Essays on Philosophical Subjects*, eds. W. P. D. Wightman and J. C.

Bryce. Oxford: Clarendon Press, 1980.

_____. *The Theory of Moral Sentiments,* eds. D. D. Raphael and A. L. Macfie. Indianapolis, IN: Liberty Classics, 1982.

Stewart, Dugald. *Account of the Life and Writings of Adam Smith, LL. D: From the Transactions of the Royal Society of Edinburgh.* Edinburgh: S. N., 1794.

Turgot, Anne Robert Jacques. *The Turgot Collection: Writings, Speeches, and Letters of Anne Robert Jacques Turgot, Baron de Laune,* ed. David Gordon. Translated by Peter Groenewegen. Auburn: Ludwig von Mises Institute, 2011.

二、研究成果

王曉苓，〈盧梭「普遍意志」概念在中國的引介及其歷史作用〉，《思想史》，3（台北：聯經出版公司，2014），頁1-66。

范廣欣，〈盧梭「革命觀」之東傳：中江兆民漢譯《民約論》及其上海重印本的解讀〉，《思想史》，3（台北：聯經出版公司，2014），頁67-104。

陳正國，〈從利他到自律：哈其森與史密斯經濟思想間的轉折〉，《政治與社會哲學評論》，10（台北，2004），頁1-31。

_____，〈陌生人的歷史意義：亞當史密斯論商業社會的倫理基礎〉，《中央研究院歷史語言研究所》，83:4（2012），頁779-835。

蕭高彥，〈《民約論》在中國：一個比較思想史的考察〉，《思想史》，3（台北：聯經出版公司，2014），頁105-158。

蔡孟翰，〈紀念洪特伊凡斯先生（Istvan Hont）學思——待續的志業〉，《思想史》，1（台北：聯經出版公司，2013），頁427-432。

外文資料

Berry, Christopher J. *The Idea of Luxury: A Conceptual and Historical Investigation.* Cambridge: Cambridge University Press, 1994.

Bijlsma, Rudmer. "Alienation in Commercial Society: The Republican Critique of Jean-Jacques Rousseau and Adam Ferguson." *The Southern Journal of Philosophy*, 57:3 (Sep., 2019), pp. 347-377.

Burrow, J. W. *Evolution and Society: A Study in Victorian Social Theory.* Cambridge: Cambridge University Press, 1966.

Chen, Jeng-Guo S. "Ethic and Aesthetic Friendship--Francis Hutcheson and Bernard Mandeville's Debate on Economic Motivation." *EurAmerica*, 38:2 (Jun., 2008), pp. 211-242.

_____. "Gendering India: Effeminacy and the Scottish Enlightenment's Debates over Virtue and Luxury." *The Eighteenth Century*, 51:1 (Mar., 2010), pp. 193-210.

_____. "William Lothian and the Belles Lettres Society of Edinburgh: Learning to Be a Luminary in Scotland." *Journal for Eighteenth-Century Studies*, 27:2 (Oct., 2004), pp. 173-187.

_____. "'The Man within': Adam Smith on Moral Autonomy and Religious Sentiments." *The Journal of Scottish Enlightenment*, 15:1 (Mar., 2017), pp. 47-64.

Cranston, Maurice William. *The Noble Savage: Jean-Jacques Rousseau, 1754-1762*. Chicago IL: University of Chicago Press, 1991.

Cress, Donald A. trans. & ed.. *Basic Political Writings: Discourse on the Science and the Arts, Discourse on the Origin of Inequality, Discourse on Political Economy, On the Social Contract*. Indianapolis: Hackett Publishing Company, 1987.

Edmonds, David, and John Eidinow. *Rousseau's Dog: Two Great Thinkers at War in the Age of Enlightenment*. New York: Harper Perennial, 2007.

Emerson, Roger L. *The Philosophical Society of Edinburgh: 1768-1783*. Keston: The British Society for the History of Science, 1985.

_____. "The Social Composition of Enlightened Scotland: The Select Society of Edinburgh, 1754-1764." *Studies on Voltaire and the Eighteenth Century*, 114 (1973), pp. 291-329.

Forbes, Duncan. "Scientific Whiggism: Adam Smith and John Millar." *Cambridge Journal*, 7 (1954), pp. 643-670.

Garrard, Graeme. *Rousseau's Counter-Enlightenment: A Republican Critique of the Enlightenment*. Albany, NY: State University of New York Press, 2003.

Grafton, Anthony. *The Footnote: A Curious History*. Cambridge, Mass: Harvard University Press, 1997.

Griswold, Charles L. *Jean-Jacques Rousseau and Adam Smith: A Philosophical Encounter*. London: Routledge, 2018.

Hanley, Ryan Patrick. "Enlightened Nation Building: The 'Science of the Legislator,' in Adam Smith and Rousseau." *American Journal of Political Science*, 52:2 (Apr., 2008), pp.219-234.

Hont, Istvan. *Jealousy of Trade: International Competition and the Nation-State in Historical Perspective*. Cambridge, Mass.: Belknap Press of Harvard University Press, 2005.

_____, Bela Kapossy and Michael Sonenscher eds. *The Politics in Commercial Society: Jean-Jacques Rousseau and Adam Smith*. Cambridge, Mass: Harvard University Press, 2015.

Hulliung, Mark. "Rousseau and the Scottish Enlightenment: Connections and Disconnections." In Maria Pia Paganelli, Craig Smith, and Dennis C Rasmussen eds., *Adam Smith and Rousseau,* Edinburgh: Edinburgh University Press, 2018, pp. 32–51.

Israel, Jonathan I. *Democratic Enlightenment: Philosophy, Revolution, and Human Rights, 1750- 1790*. New York: Oxford University Press, 2011.

Koselleck, Reinhart. *Critique and Crisis: Enlightenment and the Pathogenesis of Modern Society*. Cambridge, Mass.: MIT Press, 1988.

Květina, Jan. "The Polish Question as a Political Issue within Philosophical Dispute: Leszczyński versus Rousseau." *Oriens Aliter. Journal for Culture and History of the Central and Eastern Europe* 2 (2014), pp. 22-43.

Lehmann, William Christian. *John Millar of Glasgow: His Life and Thought and His Contributions to Sociological Analysis, 1735-1801*. New York: Arno press, 1979.

Leigh, Ralph A. "Rousseau and the Scottish Enlightenment." *Contributions to Political Economy*, 5:1 (Mar., 1986), pp.1-21.

Macfie, A.L. "A Bridge Between Adam Smith and Nineteenth Century Social Thinkers?." *Scottish Journal of Political Economy*, 8:3 (Nov., 1961), pp. 200-210.

McDaniel, Iain. "Ferguson, Roman History and the Threat of Military Government in Modern Europe." In Eugene Heath and Vincenzo Merolle eds., *Adam Ferguson: History, Progress and Human Nature*. London: Pickering & Chatto, 2008, pp.116-130.

_____. "Philosophical History and the Science of Man in Scotland: Adam Ferguson's Response to Rousseau." *Modern Intellectual History*, 10:3 (Oct., 2013), pp.543-568.

Meek, Ronald L. *Social Science and the Ignoble Savage*. Cambridge: Cambridge University Press, 1976.

Miller, Nicholas B. *John Millar and the Scottish Enlightenment: Family Life and World History*. Oxford: Voltaire Foundation, 2017.

O'Brien, Karen. *Narratives of Enlightenment: Cosmopolitan History from Voltaire to Gibbon*. Cambridge: Cambridge University Press, 1997.

Olson, Richard. "Sex and Status in Scottish Enlightenment Social Science: John

Millar and the Sociology of Gender Roles." *History of the Human Sciences*, 11:1 (Feb.,1998), pp. 73-100.

Pankakoski, Timo. "Conflict, Context, Concreteness: Koselleck and Schmitt on Concepts." *Political Theory*, 38: 6 (Dec, 2010), pp. 749-779.

Phillipson, N. T. *Adam Smith: An Enlightened Life*. New Haven, CT: Yale University Press, 2010.

Phillipson, Nicholas T. "Towards a Definition of the Scottish Enlightenment." In Paul Fritz and David Williams eds., *City and Society in the Eighteenth Century* Toronto: Hakkert, 1973, pp. 125–47.

Plassart, Anna. *The Scottish Enlightenment and the French Revolution*. Cambridge: Cambridge University Press, 2015.

Pocock, J. G. A. *The Machiavellian Moment: Florentine Political Thought and the Atlantic Republican Tradition*. Princeton, NJ: Princeton University Press, 1975.

Rasmussen, Dennis. *The Problems and Promise of Commercial Society: Adam Smith's Response to Rousseau*. University Park, PA: Pennsylvania State University Press, 2008.

Rosenblatt, Helena. "On the 'Misogyny' of Jean-Jacques Rousseau: A Letter to d'Alembert in Historical Context." *French Historical Studies*, 25:1(Winter, 2002), pp. 91-114.

_____. *Rousseau and Geneva: From the First Discourse to the Social Contract, 1749-1762*. Cambridge: Cambridge University Press, 1997.

Schmitt Carl, trans. by Mathias Konzett and John P. McCorrnick. "The Age of Neutralization and Depoliticizations (1929)." *Telos*, 96 (June 1993), pp. 130-142.

Sebastiani, Silvia. "A 'Monster with Human Visage': The Orangutan, Savagery, and the Borders of Humanity in the Global Enlightenment." *History of the Human Sciences* 32:4 (Jul., 2019), pp. 80–99.

Sher, Richard B. "Adam Ferguson, Adam Smith, and the Problem of National Defense." *The Journal of Modern History*, 61:2 (Jun., 1989), pp. 240-268.

Spadafora, David. *The Idea of Progress in Eighteenth-Century Britain*. New Haven: Yale University Press, 1990.

Thomas, Paul. "Jean-Jacques Rousseau, Sexist?." *Feminist Studies*, 17:2 (Summer, 1991), pp. 195- 217.

Tuck, Richard. *The Sleeping Sovereign: The Invention of Modern Democracy*, The Seeley Lectures. Cambridge: Cambridge University Press, 2016.

Zaretsky, Robert, and John T. Scott. *The Philosophers' Quarrel: Rousseau, Hume, and the Limits of Human Understanding*. New Haven, CT: Yale University Press, 2009.

The Problem of Jean-Jacques Rousseau in the Scottish Enlightenment:

The Dialectics of Civil Society and Political Society

Jeng-Guo S. Chen

Abstract

"The Rousseauean Moment" forms the motif of this article. The Scottish Enlightenment's thinking about civil society would certainly have been different if it had not been confronted with Rousseau's powerful critiques of civilization. To illustrate the Rousseauean moment, four Scottish luminaries and their respective ideas concerning the characteristics of civil society are closely examined in this paper: Hume and the idea of luxury, Smith and the idea of self-love, Ferguson and the idea of republicanism in history, and Millar and the idea of equality. These four luminaries conceived their ideas in both temporal and spatial dimensions, in contrast to Rousseau, who took them as givens originating in the state of nature or quintessential condition. In the dispute of the Scottish Enlightenment and Rousseau, by default, the luminaries tended to believe that human predicaments can be better solved by a healthy civil than through political society. As a bastion of civil society, the Scottish Enlightenment is, nonetheless, embedded in the Rousseauean elements.

Keywords: Scottish Enlightenment, Rousseau, self-love, republicanism, equality

【近代中國核心文本專欄】
Three Key Texts in Modern Chinese Political Thought:
Introduction

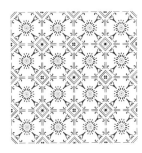

Peter Zarrow（沙培德）

Thomas Fröhlich（范登明）

Peter Zarrow is professor of History at the University of Connecticut and an adjunct research fellow, Institute of Modern History, Academia Sinica. His research focuses on the intellectual and cultural history of modern China. His most recent publication is *Abolishing Boundaries: Global Utopias in the Formation of Modern Chinese Political Thought, 1880-1940* (State University of New York Press, 2021).

Thomas Fröhlich is Professor of Sinology at Hamburg University. His research focuses on modern Chinese philosophy, political thought, and intellectual history. Recently, he has authored the monograph *Tang Junyi. Confucian Philosophy and the Challenge of Modernity* (Brill, 2017), and edited, together with Axel Schneider, *Chinese Visions of Progress, 1895 to 1949* (Brill, 2020). He is the editor, together with Kai Vogelsang, of the journal *Oriens Extremus*.

Three Key Texts in Modern Chinese Political Thought:
Introduction

Peter Zarrow　　Thomas Fröhlich

The study of modern Chinese political thought depends on both specialized studies of particular thinkers, concepts, and intellectual movements, and on narrative and analytical overviews.　Research on key texts can raise new questions and open up new perspectives.　A focus on key texts may be especially helpful as one approach to conducting research on political science and philosophy, as well as global intellectual and conceptual history. Interpretations of key texts may thus be used both for comparative purposes and to trace the transnational circulation of ideas. Generally speaking, key texts may fit into either of two categories: historical importance as defined by the text's reception and influence (at the time it was disseminated or later); and intrinsic interest as defined by the text's originality and argumentation.[1] Key texts in modern Chinese political thought are often characterized by an amalgamation of Chinese and non-Chinese, mostly Western, political theories and concepts from a

---

[1] Key texts need not be limited to political essays and books, but may conceivably refer to political fiction, photos, films, television, maps, architecture, and today even social media such as WeChat.　In this broad sense of "text," the term refers not just to a situated use of language, but to all representational media.

particularly broad range. In describing the political language on display here, one might tentatively refer to J. G. A. Pocock, who holds that political languages are by definition open "for all purposes," and typically consist of "a plurality of specialized languages," for example scientific or legal languages. Pocock also points to the fact that political languages can simultaneously entail "many paradigmatic structures," and tend to produce a very high degree of rhetorical elements.[2]

Much work on "intellectual history," especially that of the modern period, has essentially focused on political thought. Chinese scholars have repeatedly returned to the developments of their country's modern political thought since Guo Zhenbo's pioneering work of the 1930s.[3] However, Western scholars of modern China have tended to adopt a limited historical perspective that focuses on the periods after 1949. Although interest in Chinese politics and political thought has dramatically increased in Western media and academia, it remains challenging, to say the least, for the non-specialist to gain an overview over the many discourses and controversies that reflected, but also shaped and deepened China's political and social transformations in the first half of the twentieth century.[4] To

---

2   J. G. A. Pocock, *Politics, Language and Time. Essays on Political Thought and History* (Chicago: University of Chicago Press, 1989), p. 22.

3   For example, Guo Zhanbo 郭湛波, *Jin wushinian Zhongguo sixiang shi* 近五十年中國思想史 (Beijing: Renwen shudian 1936).

4   Single-volume overviews are largely limited to Chester C. Tan's pioneering but by now dated *Chinese Political Thought in the Twentieth Century* (Garden City, NY: Doubleday) from 1971; Jerome B. Grieder's 1981 *Intellectuals and the State in Modern China: A Narrative History* (New York: Free Press), which

make things worse, there is also a considerable lack of in-depth examinations of political key texts that were produced in earlier periods of modern China. It is therefore difficult, even for specialists, to become truly familiar with the worlds of thought that evolved from major discourses, the political languages in which ideological shifts occurred, and the signalling effects of crucial political concepts. It is through a study of key texts that we can see how the building blocks of modern Chinese political thought were put together. Of course, it should be emphasized that there can be no final, definitive list of the key texts of a country, culture, or tradition. The study of key texts is not intended to construct a canon.

The three articles in this issue examine written key texts from the first half of the twentieth century.[5] These texts thus belong to the formative of modern China. Since the late nineteenth century, a string of political events had greatly changed the face of Chinese society. Chinese political thought and language, too, underwent massive transformations, including the rapid adaption of Western political theories and concepts. This fundamental shift constitutes without doubt a milestone in the formation of modern China.

It will be seen from the articles below that a focus on key texts can

---

focuses on the rise of various strand of anti-traditionalism; and Timothy Cheek's recent *The Intellectual in Modern Chinese History* (Cambridge, UK: Cambridge University Press, 2015), half of which focuses on the post-49 period.

5　The articles here were first presented at a conference on "Key Texts in Modern Chinese Political Thought: Late Qing to Republican China" held at the University of Connecticut in September 2019, held with the support of the University of Connecticut and the Chiang Ching-kuo Foundation.

take many different forms. First, Shellen Wu takes a relatively short book on geography written by the historian and oracle bone expert Ding Shan (1902-1952), emphasizing how Ding's work brought together various strands of geopolitical thought in the late Qing-Republican period and synthesized a certain reconceptualization of territoriality. Though Ding was not a geographer himself, his *Geography and the Rise and Fall of Chinese Civilization* (*Dili yu Zhonghua minzu zhi shengshuai* 地理與中華民族之盛衰) of 1948 highlights how Chinese geographers shaped their discipline into a tool for Chinese nation-building. Wu thus situates Ding's work in a tradition that stretches back to Liang Qichao and his Japanese (and ultimately Western) sources through Zhang Qiyun, Zhu Kezhen, Gu Jiegang, and others querying China's nature as a multi-ethnic national state as it faced invasion by Japan. Their work has also deeply influenced history-writing in both the Mainland and Taiwan even as the field of geography faced new challenges. Wu concludes that Ding's work demonstrates a particular type of key text: "the key text as the most succinct summary of various intellectual threads of its contemporary period."

Second, Gu Hongliang examines a larger and arguably representative collection of essays, published in book form, by a major twentieth-century philosopher, Liang Shuming. Gu argues that in his 1932 *The final awakening of the self-salvation movement of the Chinese nation* (*Zhongguo minzu zijiu yundong zhi zuihou juewu* 中國民族自救運動之最後覺悟), Liang was feeling his way toward "Confucian democracy." This concept was not explicitly named in the text, but emerges as a way to

understand Liang's ideas about rural reconstruction (鄉村建設). Seeking
to synthesize Confucian moral views with Western political ideals, Liang
saw the democratic community as based on responsibilities rather than
rights. Gu thus situates Liang's text generally in Chinese attempts to
selectively adapt Western institutions to Chinese conditions, and
specifically in the highlighting of commonalities in the Western and
Chinese traditions. In Gu's view, Liang's notions of national awakening
remain relevant today.

And third, Thomas Fröhlich goes the farthest of these three articles in
exploring the key text studies format. Fröhlich thus offers a model for
presentations of key texts, organizing his discussion of Luo Longji's well-
known 1929 essay "On human rights" ("Lun renquan" 論人權) in six
sections: editions, biography, context, content summary, interpretation, and
reception. The first two sections are brief and straight-forward accounts,
while the third section on "context" sets up one of Fröhlich's interpretive
arguments: that Luo's text was a political "intervention" as much as an
academic argument. The fourth section of "content summary" further
allows Fröhlich, in outlining the basic organization of Luo's text, to
highlight how Luo positioned the text vis-à-vis contemporary issues such
as leftist critiques of human rights, state discourse and utilitarianism, and
the historical evolution of human rights. The heart of the article may be
found in the fifth section on "interpretation," where Fröhlich argues Luo's
conception of human rights was not based on metaphysical principles
(such as "natural rights") but a progressivist sense of a globally shared
history that had produced constitutional states. Finally, in the sixth section

on reception, Fröhlich discusses the debates aroused by Luo's essay.

These three articles, then, offer three approaches to three kinds of key texts. One is heavily invested in the whole construction of geopolitics as a field and a discourse; one explores the inner logic of a collection of essays whose themes about politics and culture echo throughout modern Chinese thought; and one systematically explains how an essay on human rights marked a political intervention and what it meant.

The full meaning of a key text (or perhaps any text) cannot be found solely in the author's intentions or originality, nor derived solely from its various contexts, nor rest solely on its reception, but rather is a function of all these elements. The articles below can themselves be seen as part of an ongoing process of the reception of the texts in question, and are both dialogic and documentary to varying degrees.

中國近代政治思想的關鍵文本專欄：
導論

沙培德、范登明

　　關於近代中國政治思想的研究有賴於兩個部分，一種是對特定的思想人物、觀念與知識行動的研究，另一種則是對整體趨勢的描述與分析。對關鍵文本的研究可以讓我們提出新的問題以及開拓新的視野。聚焦在關鍵文本或許特別對我們從事政治學與哲學，以及全球視野下的思想史與概念史的研究有所幫助。這樣一來，對關鍵文本的詮釋既可運用於比較之目的，也可用於追溯思想的跨國傳播。一般而言，關鍵文本可分為兩類，一類是由文本（在傳播當時或是在後來的時代）的接受與影響力所定義的歷史重要性；一種是文本的原創性與論證方式所蘊含的內在趣味。6 中國近代政治思想的關鍵文本的一個重要特質是，它往往從極為大量的各式思想源頭中，融合了中國與非中國（主要是西方）政治理論和概念。關於這種政治語言，我們不妨引用約翰·波考克（J. G. A. Pocock）的看法，他認為政治語言的定義就是能夠「為所有目的」所用，而且通常由「多種專業語言」所組成，例如：科學用語或法律用語。波考克還指出，政治語言同時亦包

6　關鍵文本不必設限在政治性的文章和書籍，而許多有關政治的小說、圖片、影片、電視、地圖、建築，甚至和今天使用的社群媒體，例如微信也適用。在廣義的「文本」下，這個術語不僅指各種情境的語言使用，而且包含所有再現的媒體。

含了「許多典範結構」，並且常常會產生出具備高度修辭性的文字。[7]

　　許多關於「思想史」的研究，特別是關於近代思想史的研究，基本上都集中在政治思想。自1930年代郭湛波的開創性著作以來，一代代的中國學者不斷重新爬梳中國近代政治思想的起源發展。[8]然而，研究近代中國的西方學者則往往採取限定在某段時期的歷史觀點，其主要關注的是1949年之後的階段。儘管西方媒體與學界對中國政治與政治思想的興趣有顯著的提升，不過至少對於那些非專家的人而言，要全面性地瞭解反映、塑造和深化了20世紀上半葉中國政治和社會變革的許多話語和爭議仍相當困難。[9]更糟的情況是，對近代中國早期政治文本的深入研究也是鳳毛麟角。因此即使是這一領域的學者專家，也很難完全熟悉這個思想世界中主要論述的演變、因意識型態轉變而產生的政治語言，以及重要政治概念所發揮的關鍵影響力。正是通過對關鍵文本的研究，我們方能理解近代中國政治思想的基石是如何堆砌而成的。當然，在此必須強調，任何一個國家、文化或傳統的關鍵文本都不可能有最終與明確的清單。對關鍵文本的研究也不是企圖建立一套新的正典。

7　見 J. G. A. Pocock, *Politics, Language and Time. Essays on Political Thought and History* (Chicago: University of Chicago Press, 1989), p. 22.

8　例如，郭湛波，《近五十年中國思想史》（北平：人文書店，1936）。

9　單卷概述性論著主要只有1971年出版 Chester C. Tan 的開創性著作，但如今已顯過時的 *Chinese Political Thought in the Twentieth Century*(Garden City; New York: Doubleday & Company, 1971)；格里德（Jerome B. Grieder）於1981年出版的 *Intellectuals and the State in Modern China: A Narrative History*(New York: Free Press, 1981)聚焦在多股不同反傳統主義思想的興起；以及齊慕實（Timothy Cheek）最近在2015年出版的 *The Intellectual in Modern Chinese History* (Cambridge, UK: Cambridge University Press, 2015)，其中有一半的篇幅集中在1949年之後。

　　本專欄的幾篇論文考察了20世紀上半葉的幾個關鍵文本。[10]這些文本都屬於近代中國的形塑階段。自從19世紀晚期以來，一連串的政治事件劇烈地改變了中國社會的面貌。中國政治思想與語言也經歷重大轉變，包括對西方政治的理論與概念的快速吸收與闡釋。這個根本性轉變無疑是近代中國形成過程中的劃時代發展。

　　從以下幾篇論文中可以清楚看出，研究關鍵文本可以採取許多不同形式。首先，吳曉的文章以史學家、甲骨文學者丁山（1902-1952）所撰寫的一本篇幅不長的地理學著作為例，強調丁山的著作如何將清末民國時期的各種地緣政治思想匯集在一起，並且綜合這些材料發展出對領土觀念的一套新認識。雖然丁山本人不是地理學家，他於1948年出版的著作《地理與中華民族之盛衰》中，特別關注中國的地理學家是如何將這門學科塑造成一種中國建設民族國家的工具。因此，吳曉從學術傳統的脈絡來探討丁山的著作，丁山一書所屬的這個傳統可以追溯從梁啓超和他的日本思想（或者說西方思想）淵源，而梁的思想傳統再由後繼學者所承繼，像是張其昀、竺可楨、顧頡剛以及一群在中國面臨日本侵略之時，探討中國的本質是否為一個多元民族國家的諸多學者。即使地理學領域在當時正面臨著新的挑戰，他們的著作仍然深深影響了大陸與台灣的歷史寫作。吳曉的結論是，丁山的著作深刻體現了這是一種特殊類型的關鍵文本，而這種「關鍵文本是對當代各種思想線索最為言簡意賅的總結」。

　　在本專號的第二篇文章中，顧紅亮考察了另一本由二十世紀著名哲學家梁漱溟撰寫，篇幅更長，而且普遍被認定具有代表性的論文

---

10 這些文章首先發表在2019年9月由康乃狄克大學主辦與蔣經國國際學術交流基金會協辦的「近代中國政治思想的關鍵文本：晚清到民國」的研討會上。

集。顧紅亮認爲梁漱溟在1932年的著作《中國民族自救運動之最後覺悟》是在摸索著如何走向「儒家式民主」。這個概念在書中並未被明確定義，而是後來爲了理解梁漱溟鄉村重建思想而被提出的。梁漱溟試圖將儒家的道德觀與西方的政治理想結合起來，他認爲民主共同體的建立基礎乃是義務而非權利。因此，顧紅亮是將梁氏的文本置於中國試圖選擇性地吸收西方制度，並且使其適應中國國情的脈絡之中，而且特別強調梁漱溟凸顯西方與中國傳統共通性的這一面。在顧紅亮看來，梁漱溟的民族覺醒觀念在今天仍然具有現實意義。

　　第三篇爲范登明的文章，本文是本專號三篇文章中探討關鍵文本的格式層面最爲深刻的。范登明一文可以說是如何呈現關鍵文本的模範。他將羅隆基1929年著名的論文〈論人權〉分成六個部分來討論：版本、傳記、語境、內容摘要、詮釋和接受。開頭的兩個部分是扼要的直截敘述，而范登明在關於「語境」的第三部分則提出具自己詮釋的論點：羅隆基的文章既是一種政治「干預」，也是一種學術論證。范登明在第四部分「內容摘要」則是在勾勒羅隆基文本的基本組織架構的同時，進一步強調羅隆基如何藉由當代議題來定位自己的著作，例如左派對人權的批判、國家話語、功利主義，以及人權的歷史演變。文章的核心部分是第五部分的「詮釋」，范登明認爲羅的人權觀點並不是基於形而上的原理（像自然權利），而是基於全球共同的歷史已經產生了憲政國家的這種進步主義意識。最後，范登明在關於「接受」的第六部分則討論了羅隆基文章所引起的辯論。

　　這三篇文章對三種關鍵文本提供了三種研究取徑。第一篇是深入討論地緣政治如何被建構成爲一個研究領域以及一種論述；第二篇文章則探索一篇論文集的內在邏輯，以及政治和文化主題如何在近代中國思想中不斷引發迴響；第三篇文章則是系統地解釋一篇關於人權的

論文如何清楚地體現出一種政治干預以及背後的意義。

　　一份關鍵文本（或任何文本）的完整意義不能只從作者的意圖或原創性之中來理解，也不能僅從它的各種背景脈絡來理解，亦無法完全建立在這份文本是如何被接受，而是建立在所有這些要素的協同運作之上。這三篇論文本身便可被視為是相關文本不斷被接受的過程中的一部分，而且在不同程度上既是一種對話，同時也是一種紀錄。

Ding Shan and the Resilience of Chinese Historical Geography

Shellen Xiao Wu（吳曉）

Shellen Xiao Wu（吳曉）is associate professor of history at the University of Tennessee, Knoxville. Her first book, *Empires of Coal: Fueling China's Entry into the Modern World Order, 1860-1920* was published with Stanford University Press and the Weatherhead East Asian Institute Publication series in 2015.

Ding Shan and the Resilience of Chinese Historical Geography

Shellen Xiao Wu

Abstract

During the Republican period, geographers distanced themselves from the humanistic tradition in Chinese geography to promote the field as a science. Nevertheless, the field remained deeply entangled with history and civilizational discourse dating from the late Qing. This article argues that the historian Ding Shan's 1948 work, *Geography and the Rise and Fall of Chinese Civilization* (*Dili yu Zhonghuaminzu zhi shengshuai* 地理與中華民族之盛衰) represented the culmination of decades-long interest in geography among the humanists, which during the war years combined with a growing interest in geopolitics to inform a new Chinese territoriality based on the inclusion of the imperial territorial expanse in the nation-state.

Keywords: Ding Shan, geography, geopolitics, World War II, frontiers

In 1948 the historian and oracle bone expert Ding Shan 丁山 (1902-1952) published a slim volume entitled *Geography and the Rise and Fall of Chinese Civilization* (*Dili yu Zhonghuaminzu zhi shengshuai* 地理與中華民族之盛衰). At first glance, the work appears to be an outlier. Since the 1980s mainland Chinese scholars have shown renewed interest in Ding Shan's research on oracle bones, epigraphy, and ancient folk myths. In 2018, the Chinese National Library published a limited edition of Ding's handwritten diaries from 1936-1951. This revival of interest, however, has not extended to *Geography.* Ding was not known for his collaboration with historical geographers, unlike his colleague Gu Jiegang, who penned the preface to the book. Nor was he a trained geographer and among the group who actively promoted the field as a science in the previous decades. This one 74-page book was Ding's sole contribution to a large body of geopolitical writings, which became extremely popular in the 1930s and 1940s. The brevity of the work and the early death of the author a few years later all but ensured that *Geography* has never drawn much scholarly attention. Nevertheless, the book brings together multiple strands of political thought and concisely summarizes the Chinese reconceptualization of territoriality in the first half of the twentieth century. As the culmination of pre-1949 geopolitical thought, Ding's work qualifies as a key text of the Republican period.

Geography in the Republican period was a large and unwieldy discipline that splintered in several directions. Geologists dominated the sub-disciplines of physical geography, which emphasized fieldwork and empirically-based analysis. In 1934, this group founded the flagship journal of Chinese geography, *Dili xuebao* 地理學報 (*Acta Geographica Sinica*). The meteorologist Zhu Kezhen, geologists Ding Wenjiang, Li Siguang, and geographer Hu Huanyong were among the founding members, along with historian Gu Jiegang. Under the headings of New Geography, members of this group promoted geography as a science and advocated for its inclusion at Academia Sinica, the national academy of sciences founded in 1928. Most members of this group actively distanced themselves from the humanistic tradition in geography from the imperial period. This tradition included scholarship in *yange dili* 沿革地理, a term that loosely translates to historical geography, which traced the evolution of place names through the careful examination of historical records and local gazetteers.

Geography enjoyed enormous popularity during the Republican period. The publishing industry churned out a wide variety of geographical works, encompassing everything from textbooks for all educational levels to atlases and books for general interest readers, many of which featured copious numbers of maps that highlighted in both obvious and subtle ways the conception of the nation's territorial expanse. [1] The sheer quantity of materials has made the field difficult to study. In the absence of a comprehensive overview of the field, the few works that have touched upon geography tend to focus on particular subsets of geographical

---

[1] Mats Norvenius, "Images of an Empire: Chinese Geography Textbooks of the Early 20th Century" (Ph.D. dissertation, Stockholm University, 2012); Christopher A. Reed, *Gutenberg in Shanghai: Chinese Print Capitalism, 1876-1937* (Vancouver, B.C. : University of British Columbia Press, 2004).

publications, such as textbooks. Robert Culp described the role such works played in reinforcing nationalism, writing that, "in ways characteristic of nation-building projects elsewhere, then, Republican-period Chinese popular geography first constituted China as a delimited and coherent national territory in ideal terms through geographic and cartographic representations rather than by mapping the chaotic existing geopolitical reality."[2] Similarly, William Callahan and Bill Hayton have examined the way maps and cartography from the period contributed to the construction of a modern Chinese geobody.[3] Many of the works examined by these scholars have been resurrected in recent years as historical evidence to bolster the People's Republic of China's current territorial claims. These bold claims made in these works, both at the time and now, overshadow works such as Ding's *Geography,* which draws upon a much older intellectual tradition of incorporating geography in Chinese histories.

Despite the prominent advocacy of New Geography in the Republican period, neither *yange dili* nor local gazetteers disappeared. In fact, both

---

2 Robert Culp, *Articulating Citizenship: Civic Education and Student Politics in Southeastern China, 1912-1940* (Cambridge, MA: Harvard University Press, 2007), p. 74; see also Peter Zarrow, "The Importance of Space," in *Educating China: Knowledge, Society, and Textbooks in a Modernizing World, 1902-1937*(Cambridge: Cambridge University Press, 2015), chapter 7, pp. 214-245.

3 William A. Callahan, "The Cartography of National Humiliation and the Emergence of China's Geobody," *Public Culture*, vol. 21, iss.1 (2009), pp. 141-173 ; Bill Hayton, "The Modern Origins of China's South China Sea Claims: Maps, Misunderstandings, and the Maritime Geobody," *Modern China*, vol. 45, no.2(2019), pp. 127-170.

areas of studies continued to flourish. Local notables continued to compile and publish gazetteers throughout the changing of political regimes from the Qing to the People's Republic of China in 1949. Starting with late Qing translations of Japanese geographical works, Chinese intellectuals had progressively reassessed the role of geography in Chinese history and its contribution to the building of the modern nation. Despite the efforts of geographers to promote the field as a science in the previous decades, during the Republican period geography remained deeply entangled with history and civilizational discourse dating to the late Qing. Ding Shan's work represented the culmination of decades-long interest in geography among the humanists, which during the war years combined with a growing interest in geopolitics to inform a new Chinese territoriality based on the inclusion of the imperial territorial expanse in the nation-state.

Use of the term *diyuan zhengzhi* 地緣政治 as the translation for geopolitics first appeared in the 1930s and peaked in popularity during the Japanese invasion. The underlying ideas, however, had been around since the turn of the century. For Chinese revolutionaries the territorial expanse of the Qing presented a problem. How does this vast, multi-ethnic land expanse fit into a discourse of the nation? Historical and geographical reconceptualization offered one solution. Geography had long been a respected field of studies for literati, a specialization which had both practical applications as well as historical value. By the turn of the twentieth century, Liang Qichao tied geography to new ideas about the nation-state when he wrote about world geography and linked China to a newly formulated "Asia."[4] Liang wrote extensively on history and geography, linking the two fields together with the development of civilization. In his writings, as in earlier Chinese compendiums of knowledge, Liang placed geography under the general heading of history. He separated China into two geographical components: the eighteen provinces of the traditional heartland and the dependent regions (*shubu* 屬部), including Manchuria, Mongolia and Tibet.[5]

Liang took it as a given that the geographical differences within China, divided along three main river systems and different climate zones, also reflected the racial characteristics of the ethnicities populating these regions. For Liang, the "people of Asia" with whom the Chinese had interaction included only those successfully incorporated into the Qing empire (the Tibetans, Mongols, Tongus, Xiongnu, Manchu, and the Han), a concept that corresponded to the territorial extent and constituency of what he was configuring as the modern Chinese nation.[6] As the reification of culture and civilization, geography played a leading role in these accounts. Liang Qichao did not reject empire in favor of nationalism. Instead, he advocated for the retention of empire under the umbrella of Chinese nationalism. At the same time, he openly acknowledged the

---

4   Liang Qichao 梁啓超, "Zhongguoshi xulun 中國史敘論," in Liang Qichao 梁啓超, Wu Song 吳松, et al. ed., *Yinbingshi wenji dianjiao* 飲冰室文集點校 (Kunming: Yunnan Jiaoyu chubanshe, 2001), p. 1620.

5   Liang Qichao 梁啓超, "Zhongguoshi xulun 中國史敘論," p. 1802.

6   Rebecca Karl, *Staging the World: Chinese Nationalism at the Turn of the Twentieth Century* (Durham, NC : Duke University Press, 2002), p. 152.

influence of earlier Qing scholarship on his ideas, which many intellectuals who wrote on geography in the subsequent decades often did not.

In the age of imperialism and the politically turbulent transitional period between empire and the rise of the nation-state, geography began to be conflated with new notions of race, historical progress, and civilization across Asia.[7] Meiji era Japanese intellectuals viewed geography as an essential area of studies for the building of a modern nation. The prominent intellectual and promoter of westernization of Meiji Japan, Fukuzawa Yukichi (1835-1901), for example, published an essay in 1885, "Escape from Asia" (*Datsu-A-Ron*), which ruthlessly criticized Korea and China as the backward elements of East Asia. Fukuzawa went on to develop these early ideas into a theory of civilization.[8] For Fukuzawa, the advanced West stood at the top of the pyramid of civilizations, while in Asia, backward Korea and China did not qualify as civilized. Geography played a prominent role in the Meiji educational reforms, as well as discussions about civilization and social classification.[9] Even as Japan pulled away from Asia, Chinese intellectuals also began to see geography

---

[7] Stefan Tanaka, *Japan's Orient: Rendering Pasts into History* (Berkeley: University of California Press, 1993), p. 63.

[8] Yukichi Fukuzawa, trans. by David Dilworth and G. Cameron Hurst III, *An Outline of a Theory of Civilization*(New York: Columbia University Press, 2009); Tessa Morris-Suzuki, "The Invention and Reinvention of 'Japanese Culture,'" *The Journal of Asian Studies,* vol. 54, no. 3 (Aug., 1995), pp. 759-780.

[9] Kären Wigen, *A Malleable Map: Geographies of Restoration in Central Japan, 1600-1912*(Berkeley: University of California Press, 2010), p. 171; David Howell, *Geographies of Identity in Nineteenth-Century Japan*, p. 131.

and more importantly, science, as an integral part of what qualified a people as civilized.[10]

The end of the nineteenth century brought about a realignment of the global geopolitical order, which paralleled connected movements on history writing and nation building around the world.[11] The Sino-Japanese War (1894-5) and a decade later, the Russo-Japanese War, thrust Japan into the unfamiliar position of the dominant power in East Asia. Japan's victory in the conflict announced to the world its rapid ascendance as the first non-Western state to reach the front ranks of industrializing powers, while China's loss cemented the decline of the Qing empire and ushered in an extraordinarily turbulent twentieth century. In this chaotic transitional period from empire to nation-state, geography gained popularity across Asia and was recognized as an essential area of studies for the modern state. What was often promoted as new and foreign knowledge, however, also helped to cloak underlying continuities, particularly in areas like geography, with a strong intellectual foundation in the traditional epistemology. In China, the transition from empire to nation-state was hardly a clean break: empire continued to influence the formation of the nation-state long after its supposed obsolescence. Aided by imported

---

[10] Douglas Howland, *Translating the West: Language and Political Reason in Nineteenth Century Japan* (Honolulu: University of Hawaii Press, 2002), p. 33.

[11] For a discussion of how the discipline of history adjusted to the nation-state, see Christopher L. Hill, *National History and the World of Nations: Capital, State, and the Rhetoric of History in Japan, France, and the United States* (Durham, NC: Duke University Press, 2008).

knowledge and the professionalization of new disciplines of social sciences, geographers, anthropologists, economists, archaeologists, and historians worked to craft the ideas that informed political and military leaders to adapt the best aspects of empire for the age of the nation-state.

Before the term geopolitics was coined, and decades before it was translated into Chinese as 地緣政治學 *diyuan zhengzhixue,* the social Darwinian nature of modern territoriality had already arrived in Asia and found eager audiences in both China and Japan. The 1905 work *Political Geography* 政治地理 by Liu Hongdiao 劉鴻釣 and Huang An 黃安 is one such example of the complex global circulation of these ideas taking place at the turn of the twentieth century. Distributed in Hunan, according to the preface, the book is a compilation and translation of Yamamoto's *Political Geography,* but because the translators / editors worked from abroad, they were unable to consult their old collection of books.[12]

The work begins with a discussion of the relationship between mankind and geography and the organization of the different countries of the world. The primary concern for the two Chinese writers revolves around the issue of what constitutes a nation, or *guo* 國, and in turn, the question of discrete borders, both on land and, more problematically, over the seas.[13] The authors' geographical organization of China bears a close resemblance to Liang Qichao's definition, with some differences: a core region of seventeen provinces; the three northeastern provinces of Jilin,

---

12 Liu Hongdiao 劉鴻釣 and Huang An 黃安編, *Zhengzhi dili* 政治地理 (湖北：法政編輯社，1942)，頁1.

13 Liu Hongdiao 劉鴻釣 and Huang An 黃安, *Zhengzhi dili* 政治地理, p. 2.

Fengtian, and Heilongjiang; Yili or Xinjiang province; and finally on the outer rims, the *waifan* 外藩 areas of Mongolia and Tibet (Qinghai).[14] But it is in the section on imperialism in which one can already see the connections to geopolitical ideas. For the authors of the work, the world has reached a stage of development when no unclaimed land remained and therefore in order to attain the status of a strong nation, expansion of territory must come at the cost of other countries.[15] In this respect, the Japanese merely followed the relentless logic of a geographical / biological imperative of the survival of the fittest.

It should be noted that such works operated as "translations" only in the broadest sense of the term. That is, Chinese students and intellectuals were clearly deeply interested in the latest works on geography that they encountered in Japan and brought them to Chinese reading audiences in the proliferating magazines and newspapers of the era. Liang Qichao had directly adapted many of his geographical ideas from Japanese works.[16] He would go on to establish a number of publications, including the *Xinmin Congbao* 新民叢報, which included translations of entire lectures from Japanese schools. However, as with the transition from empire to nation-state, what at first glance appears to be the wholesale adoption of

---

14 Liu Hongdiao 劉鴻釣 and Huang An 黃安, *Zhengzhi dili* 政治地理, pp. 18-19.

15 Liu Hongdiao 劉鴻釣 and Huang An 黃安, *Zhengzhi dili* 政治地理, p. 181.

16 Ishikawa Yoshihiro 石川禎浩, "Liang Qichao, the Field of Geography in Meiji Japan, and Geographical Determinism," in Joshua A. Fogel eds., *The Role of Japan in Liang Qichao's Introduction of Modern Western Civilization to China*(Berkeley：University of California Berkeley, Center for Chinese Studies, 2004), pp. 156-176.

Western geography through the clearinghouse of Japan was actually a far more nuanced process. A closer reading of these works reveals a critical examination of new geographical ideas. Chinese writers/translators often rejected those aspects deemed unacceptable to the Chinese public. Chinese translations of Japanese geographical works, for example, mostly excised those sections which described the Chinese as racially inferior. In this new spatial construct at the turn of the century, what particularly attracted Chinese intellectuals was the emphasis on territorial size and access to the natural resources necessary for economic development and industrialization.

Social Darwinism played an important role in the Chinese geographical writings throughout the early decades of the twentieth century, particularly in the subset of writings by human geographers. In 1909, a group of intellectuals founded the China Geographical Society (*Zhongguo dixuehui* 中國地學會) in Tianjin. In 1910, one of the founding members of the society, Zhang Xiangwen 張相文（1867-1933), and other members published the first Chinese periodical devoted to geography and geology, *Dixue zazhi* 地學雜志（*Geographical Magazine*).[17] In addition to founding the *Geographical Magazine,* Zhang served as the President of the China Geographical Association. In his later years, he wrote *Dixue congshu* 地學叢書 (*Collected Works on Earth Sciences*) and other textbooks on human geography. Zhang penned the preface to the inaugural

---

17 Zhang Xinglang 張星烺, "Siyang Zhang Dungu jushi nianpu yijuan 泗陽張沌谷居士年譜一卷," *Dixue zazhi* 地學雜誌, vol. 21, no. 2 (Tianjin, 1933), pp. 1-50.

issue of *Dixue zazhi*. The bulk of the introductory remarks in the first issue conjured up a social Darwinian vision of violent conflicts between nations and the survival of the fittest, or at least of the geographically most ideally situated. Zhang began his preface on a dire note:

> Human life depends upon the great earth. The collected nations plot their own survival. But evolution is violent. The circumstances will not allow for each country to guard and seal its own borders. Countries mutually attempt to steal territory... In recent ages, the imperialists have come across the seas to seek new ground and colonize. Our country is large and contains a wealth of goods. We face strong enemies; we have failed at foreign relations; on the frontiers matters grow more urgent daily.[18]

Zhang aligned geographical and geological research with the effort to protect China's borders and secure its frontier territories, as well as the means to exploit the country's subterranean riches. Zhang and fellow geographer Bai Meichu 白眉初 (1876-1940), who served as the editor-in-chief of *Dixue Zazhi* for twenty-five years, both came from a generation that crossed the Qing-Republican divide; both also brought geographical skills from the imperial period into the reconceptualization of the field in the twentieth century.

---

18 Zhang Xiangwen 張相文, "Zhongguo dixuehui qi 中國地學會啓," *Dixue zazhi* 地學雜誌, vol. 1, no.1, (Tianjin, 1910), p. 1.

Geographical and agricultural knowledge had long been widely accepted as the most important areas of applied learning for Chinese imperial officials. By the last decades of the Qing, various literati turned to the collection of geographical material as a way to bridge traditional epistemology with new knowledge from the West. The Qing official Tu Ji 屠寄 (1856-1921) is one such example. Tu Ji, a one-time member of Zhang Zhidong's *mufu* and 1892 *jinshi* degree holder, followed the traditional path of civil examination and entry to officialdom. He used his spare time to pursue his interests in both history and geography. He compiled a history of the Yuan dynasty, Mongol history, and collected maps and geographical information about the northeastern frontier in the Heilongjiang region. In 1906, Tu wrote a popular geographical textbook for the Commercial Press. The English language cover for the book made no mention of Tu's various official postings but titled him as a professor of geography and history in the Imperial University in Peking.[19]   Late Qing literati like Tu Ji gave way to a new generation of May Fourth intellectuals and foreign trained scientists in the twentieth century. Tu's interest in geography, like that of Zhang and Bai, carried over from Qing to the Republican period. All three's careers illustrated the considerable intellectual continuities in geography across political watersheds.

Fears over the potential loss of frontier and borderland territories to foreign encroachment pervaded Chinese writings in the early twentieth

---

19 Tu Ji 屠寄, *Zhongguo dilixue jiaokeshu* 中國地理學教科書 (*Geographical Study of the Chinese Empire*)(上海 : 商務印書館, 1911).

century. In the early years of the Republic, Mongolia declared independence and, with imperial Russian then Soviet backing, gradually gained international recognition.[20] Meanwhile, in the "Principle of the Nation," which defined his positions and would later form the heart of *Three Principles of the People,* Sun Yat-sen acknowledged five races in the world: white, black, red, yellow, and brown; and further divided the five races into a variety of ethnicities. Included in the Han *minzu* are the millions of Manchus, Tibetans, and Uighurs. For the political elite of the early Republic, this division of *minzu* within the territorial body of the nation was taken as a given. With few exceptions, however, they sought to retain the territorial extent of the empire in the nation. In the subsequent decades, both the political left and right adapted their rhetoric to justify the retention of the ethnically diverse borderlands in a Han-Chinese based nation-state.[21]

At the turn of the twentieth century, the Swedish journalist and

---

[20] Historians at Academia Sinica, Taipei have repeatedly returned to the issue of Mongolia's declaration of independence. See Li Yushu 李毓澍, *Waimenggu chezhi wenti* 外蒙古撤治問題 (Taipei: Zhongyangyanjiuyuan jindaishi yanjiusuo, 1961); Zhang Qixiong 張啓雄, *Waimeng zhuquan guishu jiaoshe 1911-1916* 外蒙主權歸屬交涉 1911-1916 (Taipei: Zhongyang yanjiuyuan jindaishi yanjiusuo, 1995).

[21] On the transition from empire to nation see also James Leibold, *Reconfiguring Chinese Nationalism: How the Qing Frontier and Its Indigenes Became Chinese*(New York: Palgrave Macmillan, 2007) ; Ge Zhaoguang, "Absorbing the 'Four Borderlands'into 'China': Chinese Academic Discussions of 'China'in the First Half of the Twentieth Century," *Chinese Studies in History*, 48:4 (New York, 2015) , pp. 331-365.

amateur geographer Rudolf Kjellén (1864–1922) coined the term
geopolitik.[22] Kjellén drew inspiration from the ideas of the German
geographer Friedrich Ratzel, British geographer Halford Mackinder, as
well as from the broader intellectual currents of the time. Kjellén saw
states as "conscious and reasoning beings" that "hold congresses or fight
on the field of battle."[23] Kjellén emphasized the organic nature of states,
but he pushed to the fore the political aspects of geopolitics, offering the
field as a tool of policymaking, a "system of politics on the basis of a
purely empirical conception of the state."[24] For Kjellén, geopolitics
rendered the state as a geographic organism. This more dynamic definition
of geopolitics separated it from the already established field of political
geography. European philosophers and writers from Baron de Montesquieu
to Anne-Robert-Jacques Turgot had connected history and geography and
the development of the state. The essential ideas behind geopolitics can be
traced back even further in history. Kjellén coined the right word at the
right time and brought together age-old ideas and new biological
metaphors. During the interwar period geopolitics became a fashionable
catchword, particularly in vogue with military strategists in Britain and
across the Atlantic in the United States.

---

[22] Gerard Toal, "Problematizing Geopolitics: Survey, Statesmanship and
Strategy," *Transactions of the Institute of British Geographers*, 19 (1994), p.
259.

[23] Jean Gottman, "The Background of Geopolitics," *Military Affairs*, 6 (1942), p.
205.

[24] David Thomas Murphy, *The Heroic Earth: Geopolitical Thought in Weimar
Germany, 1918-1933*(Kent, OH: Kent State University Press, 1997), pp. 6-7.

In Germany, which had lost all its overseas colonies in the Versailles Peace Treaty, geopolitics became its own distinct discipline, which incorporated geography in the political analysis of the world. In 1924 Karl Haushofer (1869-1946) founded the *Zeitschrift für Geopolitik.* The later demonization of geopolitics as the ideological underpinnings of Nazi expansionist war aims is undermined by the anodyne content of the journal in its early years, which largely focused on political analysis of events in different geographical regions around the world. Haushofer maintained an extensive network of correspondents, including academics, writers, and admirers from around the world. From Buenos Aires, a former foreman at Pingxiang Coalmines in China wrote him reminiscing about their meeting before World War I; an attorney wrote him from Cairo; an officer from Teheran to discuss the importance of air routes over Persia; in July 1926, American journalist Agnes Smedley wrote him to consult about attending a German university to study India; the director of IG Farben industries wrote him in 1928 to ask for help in arranging Sun Fo's visit to Germany.[25]

By the 1930s, the growing prominence of geopolitics in the West drew the attention of Chinese intellectuals. In addition to German works, the British geographer and geopolitician James Fairgrieve (1870–1953) and his 1915 work *Geography and World Power* was also highly influential in China. A disciple of one of the progenitors of the geopolitics school, British geographer and politician Halford Mackinder (1861–1947),

---

25 BArchiv Koblenz, N 1122, Bd. 110, Federal Archives of Germany, Koblenz.

Fairgrieve belonged to a coterie of British geographers whose works were particularly popular within military circles on both sides of the Atlantic.[26] Fairgrieve's work was translated into Chinese in 1938, with a second edition coming out in 1939. A new edition came out in Taiwan as late as 1967.

Geography and World Power analyzes the geographical conditions of major countries around the world. In the section on China, Fairgrieve asks the question, "How is it that China was, and is, so homogeneous?"[27] To this question, Fairgrieve unequivocally answers, geography. According to Fairgrieve, geography ultimately determined Beijing and Xi'an as the two key entries into China from the Northwest and the terminus of future railway lines across northwestern China. Using Mackinder's concepts of heartland and periphery, Fairgrieve argues that the northwestern plateau, at

---

[26] Mackinder's works reflect the evolution of his ideas on geography. From Halford Mackinder, "The Scope and Methods of Geography," *Proceedings of the Royal Geographical Society* 9 (1887), pp. 141-60, which argued for the importance of geography at the intersection of science and the humanities; Halford Mackinder, "The Geographical Pivot of History," *Geographical Journal* 21 (1904), pp. 421-37; and finally, what might the culmination of his ideas in Halford Mackinder, *Democratic Ideals and Reality*(New York: H. Holt and Company, 1942). The work of Alfred Thayer Mahan, *The Influence of Sea Power Upon History: 1660-1783*(New York: Hill and Wang, 1957), based on his lectures while at the US Naval War College, also proved hugely popular on both sides of the Atlantic and emphasized the importance of geography, as well as, more obviously, the importance of control over the seas to the wealth and power of the state from the antiquities to the apotheosis of naval power in the British Empire.

[27] James Fairgrieve, *Geography and World Power*(London: University of London Press, 1924), p. 232.

the nexus of China, the Soviet Union and Mongolia, formed the core of Central Asia and the Eurasian continent.

Starting in the 1930s, Chinese intellectuals began to write articles in the press introducing the new disciplines of geopolitics as *diyuan zhengzhixue* 地緣政治學. Curiosity about the new field kicked into high gear with the deteriorating political situation in the Northeast. If the Nationalist drive for unification placed the issue of frontier/ border regions on the back burner, from the 1930s Manchuria brought it back to the forefront. Japanese invasion and the Manchuria issue only reinforced the sense of urgency in maintaining territorial sovereignty. Escalating tensions in the Northeast between the Japanese and the Chinese military galvanized intellectuals in the rest of China, who saw the defense of the frontier as a patriotic duty, regardless of their political affiliation. They created new research programs in support of this duty.

Once again, calls for scientific research on frontiers came from humanists. In 1934, the historian Gu Jiegang and geographer Feng Jiasheng co-founded a scholarly journal devoted to issues of historical geography, *Yugong banyuekan* 禹貢半月刊 (*The Evolution of Chinese Geography*). In a 1935 article in the journal, Feng Jiasheng pointed out the importance of borders and frontiers, "for a long time, our scholars have not paid any attention to the study of borders ⋯.Foreign scholars are so eager to study our nation's borders because of geopolitics. The prime examples are the study of Manchuria in Japan and Russia, the study of Mongolia and Xinjiang in Russia, the studies of Xinjiang and Central Asia in Britain, and the study of Yunnan and Guangdong in France. ⋯their [the foreign scholars'] research ultimately serve the interest of their nations, preparing for an expansion into our country."[28]

Feng recognized that in the 1920s and 1930s Japanese geographers had carried out detailed studies of Chinese geography not only in the Northeast region under their control but also in the rest of the Chinese mainland. These studies not only mapped out the mainland cartographically but also provided information on transportation, taxation, and local customs — Japanese geographers prepared the empirical data for the building of empire. As intellectuals like Feng Jiasheng and Gu Jiegang sounded the alarm, the political events of the 1930s further intensified the resolve of geographers to lobby the Nationalist government for official recognition of their field.

These efforts peaked after the Japanese invasion in 1937. A series of devastating defeats to the Japanese army had forced the Guomindang (GMD) regime under Jiang Jieshi to take its final stand in the remote interior city of Chongqing in Sichuan province at the end of 1937. Prior to its forced relocation, the Nationalist regime had exerted little control over the mountainous, inland province, which had been largely under the control of powerful local warlords. Cut off from the coastal port cities, the

---

28 Feng Jiasheng 馮家昇, "Dongbei shidi yanjiu zhi yiyou chengji 東北史地研究之已有成績," *Yugong banyuekan* 禹貢半月刊, 2:10 (Beiping, 1935), p. 2. Quoted in Tze-ki Hon, "Marking the boundaries: The Rise of Historical Geography in Republican China," in Brian Moloughney and Peter Zarrow eds., *Transforming History: The Making of a Modern Academic Discipline in Twentieth-Century China*(Hong Kong: The Chinese University Press, 2011), p. 324.

GMD relied on a tenuous supply line from British controlled Burma. The loss of much of the country's industrial capacity and important infrastructure connecting coalmines in the Northeast to factories in Shanghai and other large coastal cities forced the GMD government to rapidly rebuild new power plants in its retreat to the Southwest.[29] The exigencies of war made the search for viable fuel sources in China's peripheries essential, which provided an opening for geographers to make the case for the importance of the field to the war effort.

In his efforts to promote the study of geography, in 1939 geographer Bai Meichu 白眉初 petitioned the government to support the incorporation of geography in school curriculums. In his petition, Bai promoted the field's contribution to vital national defensive efforts.[30] Like Feng Jiasheng a few years earlier, Bai pointed out that for thirty years foreigners had come to China to survey its lands and resources, yet the Chinese had done little to counter these efforts. Bai bemoaned the lack of classroom time devoted to the study of geography. Of the many sciences, he argued, Chinese geography did not have a firm foundation due to the absence of comprehensive surveys and the lack of government support in research and education. Bai then went on to list the various areas which still required study, including surveys of the country's endemic diseases; ethnic composition; transportation; forestry; and natural resource distribution. Bai

---

29 Yingjia Tan, "Revolutionary Current: Electricity and the Formation of the Party State in China and Taiwan, 1937-1957" (Ph. D. diss., Yale University, 2015), p. 65.

30 SHAC, 393-359.

called for geography students to make fieldwork an essential part of their education and for them to study the soil conditions, flora and fauna, and mineral deposits in their localities in order to familiarize themselves with their own country.

Bai, along with other late Qing intellectuals like Zhang Xiangwen, had founded the first geographical association in China in 1909 in Tianjin. Over the course of the Republican years, Bai increasingly viewed geography through a nationalist lens. In 1936, Bai published the *New Atlas of China's Construction* 中華建設新圖, a work which has returned him to prominence in recent years because of its purported support of China's territorial claims on islands in the South China Sea. Along with a series of "national humiliation" maps published throughout the Republican period, Bai's polemical style served a rhetorical purpose as a way to stir outrage and mobilize the population against foreign encroachment. As such, the maps in these works played an important role but were not based on historical evidence.

China's desperate war of resistance against Japanese invasion further united geographers, who threw their full support into the war effort.[31] Hu Huanyong, a frequent contributor to scientific publications and chair of the geography department at Central University 中央大學, penned a work of

---

[31] The war created severe shortages of raw materials for industries, in addition to millions of refugees who were displaced from their homes. See Micah Muscolino, "Refugees, Land Reclamation, and Militarized Landscapes in Wartime China: Huanglongshan, Shaanxi, 1937-45," *The Journal of Asian Studies,* Vol. 69, Issue 2 (May 2010), pp. 453-478.

military geography to be used in GMD party training schools in collaboration with the political department of the GMD Military Affairs Committee. The work, *Guofang dili* 國防地理 (*Geography of National Defense*), explicitly connected geography, national defense, and the need for resource management.[32] Hu catalogued Korea as a former *shuguo* 屬國, or dependency. Hu also listed both Burma and Vietnam as *fanshu* 藩屬, or outer dependencies, before their occupation by the British and the French respectively.[33] Geographers like Hu staked the claims of the Chinese empire to bordering states, as well as the ethnic minorities within what they considered the rightful borders of a Greater China.

Other geographers and geologists contributed to the war effort through their expertise. In the space of one year in 1938, Xu Zhuoshan's *Zhongguo kangzhan dili* 中國抗戰地理 went through four printings and three editions in February, April, May, and September. Another work with the same title, *Zhongguo kangzhan dili,* by Wang Weiping was published in 1940 and includes seven maps. The impact of the war and material shortages is visibly apparent in the poor quality of paper used for the book. Both the 1938 and the 1940 works emphasized the importance of strategic resources such as coal, oil, and metals essential to weaponry and armaments. The geologist Weng Wenhao joined the wartime government by becoming director of the Industrial and Mining Adjustment Administration and put into action his views on the relationship between

---

32 Hu Huanyong 胡煥庸, *Guofang dili* 國防地理, 2(Chongqing: Guomin zhengfu junshi weiyuanhui zhengzhibu bianyin, 1938).

33 Hu Huanyong 胡煥庸, *Guofang dili* 國防地理, section five, pp. 90-120.

science and industry by overseeing the evacuation and relocation of Chinese industries.[34] GMD official Zhu Jiahua, a geologist by training who entered politics in the 1930s, encouraged and supported the research emphasis on the frontier regions of the Institute of Geography and the Geological Survey of China. Zhu not only funded the scientific study of the frontiers but also attempted to foster the building of a Nationalist party structure in the Northwest, including in Xinjiang.[35] The emphasis of much of this research on resource surveys reiterated the importance of geopolitics, billed as the new science at the intersection of science and national defense.

After geographers spent years lobbying for the importance of the field to the nation building effort, geography was finally incorporated into Academia Sinica during the Second Sino-Japanese War. A Chinese Institute of Geography (中國地理研究所) was formally founded in August 1940 in Beibei along with the rest of the relocated Academia Sinica, which retreated with the wartime government to Chongqing.[36] During the war years, the Institute conducted research on four areas of geography: physical geography, human geography, geodesy, and oceanography. Over the course of the war years the Institute employed around 40-50 people. From the beginning, these geographers committed to sending research teams into the field despite the dangerous wartime

---

34 Grace Shen, *Unearthing the Nation: Modern Geology and Nationalism in Republican China* (Chicago: University of Chicago Press, 2014), p. 155.

35 IMH, 301-01-15-018; 301-01-15-019.

36 SHAC, 393-2102.

conditions. Teams of geographers participated in studies surveying the upper reaches of the Jialing River in Sichuan, the valley region between the Da Ba mountains in northeastern Sichuan and Hubei, and agricultural development in Gansu and Qinghai.

The Institute and an affiliated Geographical Association also published a journal, *The Journal of Geography, Dili* (地理). One of the leading geographers in the country, Huang Guozhang 黃國璋(1896-1966), contributed the preface to the inaugural issue of the journal. A Hunan native, Huang had received his graduate degree in geography from the University of Chicago and returned to China in 1928 to take up a teaching post in Nanjing. During the Japanese invasion, like many other patriotic intellectuals, he retreated with the GMD army into the interior and helped to establish the Geographical Association in Chongqing in December of 1939.[37] Huang begins his preface by acknowledging the ancient roots of geography in both the West and in China, although in his view, Chinese geography stagnated and failed to go through the revolutionary changes the field had undergone in the West in the nineteenth century. As a result, in his view, Chinese geography had only begun to catch up to the West when Chinese students studied abroad in large numbers. Although China boasted a long geographical tradition, Chinese universities had only begun to establish geography departments in the 1920s.

According to Huang, "modern geography seeks to establish the

---

[37] Huang Guozhang 黃國璋,"Fakanci 發刊詞," *Dili* 地理, vol.1 no. 1(Chongqing, 1941), p. 3.

principles of the relationship between mankind and the earth. Geography is not only a theoretical science, but also a discipline that seeks to address practical ways of improving people's lives. It is particularly important to the education of citizens of the nation."[38] For Huang, geography could serve as a compass both for China's diplomatic efforts and its domestic policy. All organisms compete to survive and must adapt to their environment, according to Huang, but mankind goes a step further, to not only adapt to the environment but exploit its value.[39] Since the Marco Polo incident and the start of the War of Resistance against the Japanese, Huang argues, geographical education had become all the more important, and played a vital role in inciting an up-swelling of national fervor. Even with the forced move to Sichuan, an incomplete library of reference materials, and transportation difficulties, geographers continued their research efforts. *The Journal of Geography,* Huang states, amplified those efforts by broadcasting them to a broader reading public, targeting in particular university students, middle school geography teachers, and all those with an interest in geographical research.[40]

At the same time, humanists continued to show considerable interest in geopolitics and its implications for China. In April 1940, the political scientist Lin Tongji 林同濟 (1906-1980), historian Lei Haizong 雷海宗 (1902-1962), and writer and literature professor Chen Quan 陳銓 （1905-1965), along with a group of twenty-six of China's leading humanists,

---

38 Huang Guozhang 黃國璋,"Fakanci 發刊詞,"p. 1.
39 Huang Guozhang 黃國璋,"Fakanci 發刊詞,"p. 2.
40 Huang Guozhang 黃國璋,"Fakanci 發刊詞," p. 3.

joined together to found the journal *Warring States Policies* (戰國策 *Zhanguoce*) in Kunming in the southwestern province of Yunnan. Facing dire wartime shortages, the semimonthly journal appeared sporadically in Kunming and Chongqing until July 1942.[41] Most of the intellectuals involved had studied abroad in the United States or Germany and were interested in German philosophy along with a geopolitical outlook on the world in a state of war. The loosely connected founders of the journal soon garnered the moniker "Warring States Clique."

In the journal's inaugural issue, political scientist Lin Tongji published a defining essay titled, "The Replay of the Warring States Era." He opens the essay with a bold call that "we must understand the meaning of our era." In 1940, Lin contends, the world had once again returned to a period of warring states, much as China had experienced from the fifth-century BCE until unification through Qin conquest in 221 BCE. For Lin, the original Warring States period, when seven different states of various sizes and resources fought against each other for survival, epitomized the merciless nature of war. In prose that echoed geographical writings from the turn of the century, this relentless competition between states, Lin argues, pitted strong against weak, large against small, and ultimately proceeded amorally, following only the logic of military might: "This is what we must clearly acknowledge: the era of warring states has arrived. No country can avoid wars of annihilation⋯It is a ruthless era, filled with

---

41 Jiang Pei 江沛, *Zhanguocepai sichao yanjiu* 戰國策派思潮研究 (Tianjin: Tianjin People's Publishing House, 2001), pp. 11-12.

slaughter and cruelty. But it is also a grand era, and there are great possibilities everywhere."[42] Lin's analysis focused in particular on competition between states, with the mighty swallowing the weak. Social Darwinism formed the subtext in his proclamation of a new era of warring states.

Contributors to the *Warring States Policies* came from a broad spectrum of backgrounds, including literature, law, political science, history, and economics. Across these disciplines writers for the journal shared a common concern with the nature of power in the modern world: whether in diplomacy and on the battleground, land-based or ocean power, in theory or in practice, and in remote ancient history or fresh from the news. The rumination on power ran as a theme through discussions of how countries or civilizations could survive in ruthless periods of warfare. In 1947, one of the Warring States Clique's members, He Yongji 何永佶, published an article in the magazine *Guanchu* (觀察 *Observations*) entitled "From All-Under-the-Heaven to the Geopolitical State." He argued in the piece that the world has entered a new stage of development and that, in order to continue as an independent nation-state, China must seize this critical transition and fully understand the import of what it means to be a geopolitical state.[43] These assorted geopolitical writings created a growing cacophony of voices calling for the reinforcement of the frontiers and the development of resources in the borderlands.

---

42 Lin Tongji 林同濟, *Zhanguoce* 戰國策, no. 1(Chongqing, 1940), p. 7.
43 He Yongji 何永佶, "Cong'tianxia guo' dao'diyuan guojia' 從「天下國」到「地緣國家」," *Guancha* 觀察, vol. 2 no. 19(Shanghai, 1947), pp. 12-14.

While these developments played out among the intellectual community, Ding's career progressed largely outside of the limelight. Ding was born in 1901 in rural Anhui Province to a poor family. In 1924, he entered Peking University's graduate program in national studies 國學. In the following decades, he taught at Xiamen University, Zhongshan University, and Shandong University. He also worked as a research associate at the Institute of Philology at Academia Sinica from 1929-1932. His diary entries in the years from 1936 to 1951 noted a broad range of readings in Western philosophy, anthropology, and sociology, including works by Ernst Grosse, Gustave Le Bon, Edward Westermarck, as well as the classics of Chinese historical geography and history. Other than writing a series of lectures on ancient Chinese geography in 1936, however, he did not appear particularly invested in the field of geography.[44] While geographers in Chongqing devoted themselves to fieldwork, trekking up mountains and to the dangerous upper reaches of rivers, Ding read histories. While members of the Warring State Clique published bombastic articles comparing the contemporary geopolitical conflict to the Warring States period, Ding worked on a manuscript on the ancient Shang civilization.

Time was not on Ding's side. Ding had tuberculosis in his youth. The hardships of the wartime years further exacerbated these health issues and by the late 1940s his health rapidly deteriorated before his death in Qingdao in 1952. As his health declined, his diary entries grew sparser and

---

[44] *Ding Shan riji* 丁山日記, p. 32.

shorter. They recorded visits to the bank and to doctors, the changing weather, and, often, his daily readings. From 1946 to the publication of *Geography* in 1948, Ding returned time again to the reading of the Yuan dynasty classic *Wenxian tongkao* 文獻通考 and the foundational text of Chinese historiography, the *Shiji* 史記. There was little indication of a return to his previous interest in historical geography. Yet, on the eve of the Communist victory, Ding Shan pulled together the various threads coming from both left and right leaning intellectual circles in the previous decades and amplified during the war years.

Unlike many of the other geography works during the Republican period, including Bai Meichu's publications, Ding did not include a single map in his work. Instead, his work recalled the textual geography tradition from the late imperial period.[45] Nor did he try to draw analogies between events in ancient China and the present. Instead, he drew out the geographical understanding that had always been present in Chinese histories but was largely overshadowed in the twentieth century by the flood of New Geography works and the visual impact of maps in these works. Ding argued that geography is the key to history and civilization, completing the circle that Liang Qichao had begun at the turn of the century. The connection between geography, history, and civilizational claims dates to the late Qing period of Liang's early writings. By the time Ding Shan penned his book, geopolitical ideas, both expressly defined as

---

45 Matthew W. Mosca, *From Frontier Policy to Foreign Policy: the Question of India and the Transformation of Geopolitics in Qing China* (Stanford: Stanford University Press, 2013).

diyuan zhengzhi from the 1930s, and implicitly understood in geo-determinist writings, had circulated widely in China for over four decades. Similarly, social Darwinian ideas about states engaged in wars for survival had been in circulation for more than half a century. What Ding Shan accomplished was to bring these ideas, scattered across various journals, newspaper articles, textbooks, and histories into one book.

First, Ding pointed out that geographical differences led to cultural divisions. Starting with the First Emperor's unification of China, Ding argued, Chinese rulers overcame geographical barriers and accomplished forced cultural homogenization. For Ding, the pinnacle of the Han dynasty's achievements came with the emperor Han Wudi's sponsorship of Zhang Qian's westward expeditions and wars of conquest in western regions. These military campaigns, however, exposed the Han race (*minzu*)'s reliance on the power of horses, leading to Ding's second major point: the importance of horses in warfare and in the rise and demise of the early dynasties. By providing a broad overview of all of Chinese history, Ding made his case for geopolitical thought by linking historical development to technological innovation and warfare on the frontiers.

Next, Ding turned to the north-south differences in Chinese geography, which over the long term he viewed as contributing to an unfortunate north-south tension in Chinese history.[46] Ding pointed to the successive southern remnants of northern empires.[47] Moving rapidly

46 Ding Shan, *Dili yu Zhonghuaminzu zhi shengshuai* 地理與中華民族之盛衰, p. 30.

47 Ding Shan, *Dili yu Zhonghuaminzu zhi shengshuai* 地理與中華民族之盛衰, p.

through dynasties, Ding saw as the Qing's greatest accomplishment its capable management of the border regions and Tibet.[48] For Ding, the Qing dynasty's demise could be traced to its loss of control of productive power. The Industrial Revolution unleashed for the West a burst of dynamic impetus which brought down the Qing much as the powerful horse riding, nomadic peoples of the Northwestern regions ran roughshod over the sedentary agricultural peoples of the Chinese cultural heartlands in the Han and Tang dynasties.

Ding posited that external forces caused crises throughout Chinese history. Before the Opium War, he argued, these external pressures frequently originated from the deserts of the Northwest; after the Opium War, they arrived from over the seas.[49] Ding cited the 1915 work *Geography and World Power*, written by James Fairgrieve, one of Halford Mackinder's students, which had been translated into Chinese in 1937.[50] The very brevity and vagueness of Fairgrieve's discussion of China allowed his Chinese readers room for interpretation. Ding slightly altered Fairgrieves' assessment by equating the Japanese invasion from the Northeast with historical invasions of the Chinese heartland from the Northwest. Time and again over the course of Chinese history, Ding

---

40.

48　Ding Shan, *Dili yu Zhonghuaminzu zhi shengshuai* 地理與中華民族之盛衰, p. 64.

49　Ding Shan, *Dili yu Zhonghuaminzu zhi shengshuai* 地理與中華民族之盛衰, p. 72.

50　James Fairgrieve, Zhang Fukang 張富康 trans., *Dili yu shijie baquan* 地理與世界霸權 (Shanghai: Shangwu yinshuguan, 1937).

argued, these border regions posed a strategic threat to Chinese civilization, one that if left unchecked spelled its doom. Written after the Japanese surrender, Ding already saw beyond the current war to the potential source of future conflict.

Ding was clearly influenced by his colleague Gu Jiegang. Gu had written extensively on historical geography beginning in the 1920s and in 1938 had coauthored a work of historical geography entitled, *A History of Change in China's Frontier Regions*.[51] The historical geographer Tan Qixiang (1911-1992) and Gu Jiegang, like their Western intellectual counterparts, used history to legitimize conquest and incorporate imperial territories into the national geo-body.[52] But where Gu delved deep into territorial views from ancient China to the twentieth century, Ding skimmed over the dynasties to focus on a few key turning points: the Qin and Han dynasties in early China; the Industrial Revolution for the modern period.

In many respects Ding Shan's interpretation was also quite similar to Owen Lattimore's writings. Both men had recognized the importance of the frontier to the development of Chinese history. Both also recognized the impact of industrialization in unleashing new forces on the age-old dynamics of the frontier, of the sedentary, agriculturally based society in the core of Chinese civilization, the mixed culture of the borderlands, and

---

[51] Gu jiegang 顧頡剛, Shi nianhai 史念海, *Zhongguo jiangyu yangeshi* 中國疆域沿革史 (Changsha: Shangwu yinshuguan, 1938).

[52] Peter Perdue, *China Marches West: the Qing Conquest of Central Eurasia* (Cambridge: Harvard University Press, 2005).

the nomadic, horse centered cultures beyond the pale. In his book on the Inner Asian frontiers, Owen Lattimore put forward his "reservoir" theory of Manchuria. The territories on the other side of the Great Wall, Lattimore asserted, served as a reservoir ground for the successive waves of foreign invaders who eventually conquered China. Ding displayed the same concern over borderlands as potential vulnerable openings for foreign invasion.

Ding particularly emphasized the role of technology in changing China's geopolitical calculus. Like Lattimore, he recognized that new developments in science and technology, initially with the railroad and steamships, then in the twentieth century with airplanes, shifted the balance of power between land and sea. Lattimore realized the significance of shift for China, which "like India, Indonesia, Pakistan, Argentina, and Brazil - has been added to the countries which, combining large area, large population, and great diversified natural resources for internal industrial development, can no longer be dominated by across-the-ocean projection of either naval or naval-and-air power."[53] These new dynamics enhanced the importance of the Western frontiers of China. A new age dawned, at the same time hearkening back to the ancient overland routes connecting Europe and Asia: "We have returned to the age of Marco Polo, when communication by land between the Mediterranean and China was more important than the coast-hugging trade between Arabia and China."[54]

---

53 Owen Lattimore, *The Inner Asian Frontiers of China*(New York: American Geographical Society, 1940), p. xxi.
54 Owen Lattimore, *The Inner Asian Frontiers of China*, p. xxiii.

In other words, air power readjusted the calculation for naval and land power. Long before the latest American incursions in Iraq and Afghanistan, Lattimore recognized in the limited success of Japan's bombing efforts against Chongqing and Shanghai that such air power must necessarily be joined with land forces. Ding adapted these ideas on historical progress and technology by placing the discussion in the context of the *longue duree* of Chinese history from the Qin dynasty to the present. He reinterpreted this history with technology as the decisive factor in the fight over control of the Chinese borderlands. Like Kjellén at the turn of the century, Ding concisely and expertly brought together the larger intellectual currents of his time. His historical analysis further served as a proscription for the nation's future.

Ding's work came at a crucial turning point in Chinese territorial and geographical thought. Geographers faced growing political pressures after the communist takeover. Zhu Kezhen, in his new role as the vice president of the Chinese Academy of Sciences (CAS), served as the mouthpiece for the CAS' harsh rebuke of the discipline of geography. Zhu berated the geographers for the weak scientific nature of their work, their lack of revolutionary spirit, and the neglect of class analysis in their research.[55] He pointed to the various geographical associations that had formed in the first half of the twentieth century as evidence of the field's lack of a coherent disciplinary identity and direction. As the 1950s progressed,

---

55 Zhu Kezhen 竺可楨, "Muqian zhongguo dili yanjiu gongzuo de renwu 目前中國地理研究工作的任務,"*Dili zhishi* 地理知識, no. 10 (Nanjing, 1950), p. 112。

Chinese translations of Soviet geographical works were published which strongly condemned geopolitics as a tool of imperialism. These sustained attacks led the term geopolitics *diyuan zhengzhi to* disappear from usage in mainland China until the 1990s.[56]

Ding's book, then, interpreted geopolitics at a watershed moment at the height of its influence in China. Ding's untimely death in 1952 spared him from the escalating political campaigns that roiled and then consumed the geographical community. A number of the leading geographers who remained on the mainland, including Huang Guozhang, did not survive these political campaigns. The humanists in the Warring States Clique fared no better. Despite these attacks on geopolitics, the PRC in fact continued to enact the territorial vision of the Republican era. Ding's emphasis on securing China's western frontiers was implemented by the communist regime after 1949, even as geopolitics fell from favor. The language changed under a new regime; the actions did not. At the end of the twentieth century, geopolitics was resurrected in mainland China and enjoyed a resurgence of interest. In the age of Belt and Road in the twenty-first century, *Dili yu Zhonghua minzu zhi shengshuai* suddenly seems like a strangely prescient work. It is a key text that is both emblematic of its times and a victim of its timing.

---

56 Soviet Academy of Sciences Geographical Research Institute ed., Tian Meng 田蒙 trans., *Wei meidi fuwu de zichan jieji dilixue* 爲美帝服務的資產階級地理學 (*Bourgeois Geography in the Service of American Imperialism*)(Beijing: Zhonghua shuju, 1952).

Bibliography

Archives

Institute of Modern History Archives (IMH), Academia Sinica, Zhu Jiahua 朱家驊 papers, Taipei, Taiwan.
Federal Archives Koblenz, Haushofer Papers, Koblenz, Germany.
Second Historical Archive of China (SHAC), Nanjing, China.

Other sources

Callahan, William A.. "The Cartography of National Humiliation and the Emergence of China's Geobody." *Public Culture*, 21:1 (2009) , pp. 141-73.
Culp, Robert. *Articulating Citizenship : Civic Education and Student Politics in Southeastern China, 1912-1940.* Cambridge, MA: Harvard University Press, 2007.
Ding Shan 丁山. *Dili yu Zhonghuaminzu zhi shengshuai* 地理與中華民族之盛衰. Shanghai: Da Zhongguo tushu ju, 1948.
_____. *Ding Shan riji* 丁山日記. Beijing: National Library of China Publishing House, 2018.
Fairgrieve, James. *Geography and World Power.* London: University of London Press, 1924.
Feng Jiasheng 馮家昇. "Dongbei shidi yanjiu zhi yiyou chengji, 東北史地研究之已有成績." *Yugong banyuekan* 禹貢半月刊, 2:10 (Beiping, 1935), pp. 2-8.
Fukuzawa, Yukichi. *An Outline of a Theory of Civilization,* David Dilworth and G. Cameron Hurst III Trans. New York: Columbia University Press, 2009.
Ge Zhaoguang, "Absorbing the 'Four Borderlands'into 'China': Chinese Academic Discussions of 'China'in the First Half of the Twentieth Century." *Chinese Studies in History*, 48:4 (New York, 2015), pp. 331-365.
Gottman, Jean. "The Background of Geopolitics." *Military Affairs*, 6 (1942), pp. 197-206.
Gu Jiegang 顧頡剛, Shi Nianhai 史念海. *Zhongguo jiangyu yangeshi* 中國疆域沿革史. 上海：商務印書館，1938.
Hayton, Bill. "The Modern Origins of China's South China Sea Claims: Maps,

Misunderstandings, and the Maritime Geobody." *Modern China,* vol. 45, no.2(2019), pp. 127-170.

He Yongji 何永佶. "Cong'tianxia guo'dao'diyuan guojia, 從「天下國」到「地緣國家」." *Guancha* 觀察, vol. 2, no. 19(Shanghai), pp.12-15.

Hill, Christopher. *National History and the World of Nations: Capital, State, and the Rhetoric of History in Japan, France, and the United States.* Durham, NC: Duke University Press, 2008.

Hon, Tze-ki. "Marking the Boundaries: The Rise of Historical Geography in Republican China." Brian Moloughney and Peter Zarrow eds. *Transforming History: The Making of a Modern Academic Discipline in Twentieth-Century China.* Hong Kong: The Chinese University Press, 2011, pp. 303-334.

Howell, David. *Geographies of Identity in Nineteenth-Century Japan.* Berkeley: UC Press, 2005.

Howland, Douglas. *Translating the West: Language and Political Reason in Nineteenth-Century Japan.* Honolulu: University of Hawaii Press, 2002.

Hu Huanyong 胡煥庸. *Guofang dili* 國防地理. Chongqing: Guomin zhengfu jushi weiyuan hui zhengzhibu bianyin, 1938.

Huang Guozhang 黃國璋,"Fakanci 發刊詞."*Dili* 地理, vol.1 no. 1(Chongqing, 1941), pp. 1-4.

Ishikawa Yoshihiro 石川禎浩. "Liang Qichao, the Field of Geography in Meiji Japan, and Geographical Determinism." In Joshua A. Fogel eds., *The Role of Japan in Liang Qichao's Introduction of Modern Western Civilization to China.* Berkeley：University of California Berkeley, Center for Chinese Studies, 2004, pp. 156-176.

Jiang Pei 江沛. *Zhanguocepai sichao yanjiu* 戰國策派思潮研究. Tianjin: Tianjin People's Publishing House, 2001.

Karl, Rebecca. *Staging the World: Chinese Nationalism at the Turn of the Twentieth Century.* Durham: Duke University Press, 2002.

Lattimore, Owen. *The Inner Asian Frontiers of China.* New York: American Geographical Society, 1940.

Leibold, James. *Reconfiguring Chinese Nationalism: How the Qing Frontier and Its Indigenes Became Chinese.* New York: Palgrave Macmillan, 2007.

Li Yushu, *Waimenggu chezhi wenti.* Taipei: Institute of Modern History, Academica Sinica, 1976.

Liang Qichao 梁啓超. "Zhongguoshi xulun 中國史敍論."In Liang Qichao 梁啓超, Wu Song 吳松, et al. ed. *Yinbingshi wenji dianxiao* 飲冰室文集點校.

Kunming: Yunnan Jiaoyu chubanshe, 2001, pp. 1620-1627.

Lin Tongji 林同濟. "Zhanguo shidai de chongyan 戰國時代的重演." *Zhanguoce,* 1(Chongqing, 1941), pp. 2-9.

Liu Hongdiao 劉鴻釣 and Huang An 黃安 ed., *Zhengzhi dili* 政治地理，湖北：法政編輯社，1942.

Mackinder, Halford. "The Scope and Methods of Geography." *Proceedings of the Royal Geographical Society*, 9 (1887), pp. 141-160.

_____."The Geographical Pivot of History." *Geographical Journal*, 21 (1904), pp. 421-437.

_____.*Democratic Ideals and Reality*. New York: H. Holt and Company, 1942.

Mahan, Alfred Thayer. *The Influence of Sea Power Upon History: 1660-1783*. New York: Hill and Wang, 1957.

Morris-Suzuki, Tessa. "The Invention and Reinvention of 'Japanese Culture.'" *The Journal of Asian Studies,* vol. 54, no. 3 (Aug. 1995), pp.759-780.

Mosca, Matthew. *From Frontier Policy to Foreign Policy: the Question of India and the Transformation of Geopolitics in Qing China*. Stanford: Stanford University Press, 2013.

Muscolino, Micah. "Refugees, Land Reclamation, and Militarized Landscapes in Wartime China: Huanglongshan, Shaanxi, 1937-45." *The Journal of Asian Studies,* vol. 69, issue 2 (May 2010), pp. 453-478.

Murphy, David Thomas. *The Heroic Earth: Geopolitical Thought in Weimar Germany, 1918-1933*. Kent, OH: Kent State University Press, 1997.

Norvenius, Mats. "Images of an Empire: Chinese Geography Textbooks of the Early 20th Century." Ph.D. dissertation, Stockholm University, 2012.

Perdue, Peter. *China Marches West: the Qing Conquest of Central Eurasia*. Cambridge: Harvard University Press, 2005.

Reed, Christopher. *Gutenberg in Shanghai: Chinese Print Capitalism, 1876-1937*. Vancouver: University of British Columbia Press, 2004.

Shen, Grace. *Unearthing the Nation: Modern Geology and Nationalism in Republican China*. Chicago: University of Chicago Press, 2014.

Soviet Academy of Sciences Geographical Research Institute ed.. Tian Meng 田蒙 trans.. *Wei meidi fuwu de zichan jieji dilixue* 爲美帝服務的資產階級地理學 (*Bourgeois Geography in the Service of American Imperialism*). Shanghai: Zhonghua shuju, 1952.

Tan, Yingjia. "Revolutionary Current: Electricity and the Formation of the Party State in China and Taiwan, 1937-1957." Ph.D. Dissertation Yale University,

2015.

Tanaka, Stefan. *Japan's Orient: Rendering Pasts into History.* Berkeley: University of California Press, 1993.

Toal, Gerard. "Problematizing Geopolitics: Survey, Statesmanship and Strategy." *Transactions of the Institute of British Geographers* 19 (1994), pp. 259-272.

Tu Ji 屠寄. *Zhongguo dilixue jiaokeshu* 中國地理學教科書 (*Geographical Study of the Chinese Empire*). Shanghai: Commercial Press, 1906.

Wigen, Kären. *A Malleable Map: Geographies of Restoration in Central Japan, 1600-1912.* Berkeley: University of California Press, 2010.

Zarrow, Peter. *Educating China: Knowledge, Society, and Textbooks in a Modernizing World, 1902-1937.* Cambridge: Cambridge University Press, 2015.

Zhang Qixiong. *Waimeng zhuquan guishu jiaoshe 1911-1916.* Taipei: Institute of Modern History, Academica Sinica, 1995.

Zhang Xianwen 張相文."Zhongguo dixuehuiqi 中國地學會啓."Zhongguo dixuehui 中國地學會 ed., *Dixue zazhi* 地學雜誌, vol. 1, no.1, (Tianjin, 1910), pp. 3-4.

Zhang Xinglang 張星烺 ed.."Siyang zhang Dungu jushi nianpu yijuan 泗陽張沌谷居士年譜一卷." *Dixue zazhi* 地學雜誌, vol.21, no. 2 (Tianjin, 1933), pp. 1-50.

Zhu Kezhen 竺可楨. "Muqian Zhongguo dili yanjiu gongzuo de renwu 目前中國地理研究工作的任務." *Dili zhishi* 地理知識, No.10 (Nanjing, 1950), pp. 112.

丁山與民國時期地理思想之演變

吳曉

摘要

民國時期中國地理出版刊物繁華，學術科學化並開始包括地圖，野外工作成果等新內容。歷史學家丁山1948年著作《地理與中華民族之盛衰》代表從晚清開始中國地理思想演變以及顯示傳統地理知識之持續。

關鍵詞：丁山、地理、地緣政治、中國抗日戰爭、疆域

從民族自救轉向民族自覺——梁漱溟的覺悟說和民族自覺話語

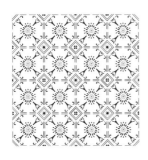

顧紅亮

顧紅亮爲華東師範大學中國現代思想文化研究所、哲學系教授。

從民族自救轉向民族自覺──梁漱溟的覺悟說和民族自覺話語[*]

顧紅亮

摘要

　　研究梁漱溟（1893-1988）轉向鄉村建設的初衷和政治考量，《中國民族自救運動之最後覺悟》一書是關鍵文本，它提出覺悟說。梁漱溟的覺悟說關注如下話題：第一，什麼事件觸發了梁漱溟的覺悟？第二，他覺悟到了什麼？第三，哪些思想資源影響了他的覺悟？第四，他的覺悟體現什麼樣的思考方式？第五，他的覺悟結出什麼樣的理論成果？這五個問題可以簡述如下：梁漱溟因何覺悟？覺悟什麼？憑何覺悟？覺悟何為？何種覺悟？對上述問題的回答，形成梁漱溟的民族自覺話語體系。這個話語體系包含著梁漱溟對於中國近代政治改革的三條思考軌跡：第一，從政治改革的方向來看，從民族自救轉向民族精神的自覺；第二，從政治改革的方式來看，從政治論辯轉向政治習慣的培養；第三，從政治改革的制度設計來看，從西方民主轉向儒家民主。

關鍵字：民族自救，民族精神，民族自覺，鄉村建設，儒家民主

---

[*] 本文曾提交 2019 年 9 月 27-28 日在 University of Connecticut 召開的 "Key Texts in Modern Chinese Political Thought: Late Qing to Republican China" 國際學術研討會。感謝 Peter Zarrow 教授的參會邀請和 Stephen Angle 等教授的評議。

一、前言

　　梁漱溟的《中國民族自救運動之最後覺悟》既是一篇文章的標題，也是一本書的標題。作爲書名，該書包括10篇文章和附集，附集收錄了6篇文章，因此該書是一本論文集，其中比較重要的論文有〈主編本刊之自白〉、〈中國民族自救運動之最後覺悟〉、〈我們政治上的第一個不通的路——歐洲近代民主政治的路〉、〈我們政治上的第二個不通的路——俄國共產黨發明的路〉、〈北遊所見記略〉、〈河南村治學院旨趣書〉等。1932年，該書由村治月刊社出版；1933年，由中華書局出版。這本書後來沒有被大量重印，書中內容以論文形式被分散收錄在《梁漱溟全集》第3、4、5、6卷中，因此此書沒有像《鄉村建設理論》、《中國文化要義》、《人心與人生》等著作那樣有名。但是，要研究梁漱溟轉向鄉村建設的初衷和政治考量，此書是關鍵文本。本文主要討論《中國民族自救運動之最後覺悟》這本書。

　　很多學者都把《中國民族自救運動之最後覺悟》作爲理解梁漱溟爲何轉向鄉村建設的主要文獻。美國學者林琪（Catherine Lynch）從此書中尋找梁漱溟轉向鄉村建設的動因和時間，進而把梁漱溟視爲現代中國的民粹主義者。[1]美國學者艾愷（Guy Alitto）的《最後的儒家》對《中國民族自救運動之最後覺悟》所說的覺悟提出自己的理解，認爲梁漱溟的覺悟指的是：「他相信了中國有能力通過修改自己制度的形式繼續生存下去」。[2]鄉村建設是一種「修改自己制度的形式」。這

1　參見Catherine Lynch, *Liang Shuming and the Populist Alternative in China*(Leiden, The Netherlands ; Boston : Brill, 2018), pp. 39, 123-141.

2　（美）艾愷（Guy Alitto）原著，王宗昱、冀建中譯，《最後的儒家：梁漱溟與中國現代化的兩難》（南京：江蘇人民出版社，2003），頁111。

些不是梁漱溟覺悟的重點。那麼，如何理解梁漱溟所說的「最後的覺悟」？

《中國民族自救運動之最後覺悟》一書關注的話題是，民族自救運動究竟出現什麼問題？中國近代政治發展出現什麼問題？具體地說，包括如下的問題：第一，什麼事件觸發了梁漱溟的覺悟？第二，他覺悟到了什麼？第三，哪些思想資源影響了他的覺悟？第四，他的覺悟體現什麼樣的思考方式？第五，他的覺悟結出什麼樣的理論成果？簡要地概括，這五個問題可以表述如下：梁漱溟因何覺悟？覺悟什麼？憑何覺悟？覺悟為何？何種覺悟？歸結一句話，怎麼來理解梁漱溟對民族自救運動的覺悟和反思。對上述問題的回答，形成梁漱溟的民族自覺話語體系。

二、因何覺悟？政治反省

梁漱溟的民族自覺話語體系的第一個問題是因何覺悟。

《中國民族自救運動之最後覺悟》這本書的標題有兩個關鍵字，一是「民族自救運動」，二是「最後覺悟」。梁漱溟如何界定民族自救運動？他把近代鴉片戰爭以來的各種維新、改良、革命運動統稱為民族自救運動。這些運動的共同目的是探究中國未來發展的方向和道路，挽救中華民族於存亡之際，大家關心的話題是未來中國向何處去。戊戌變法、辛亥革命、五四運動等都是民族自救運動的不同形式，它們各自觀察中國政治的角度、解題思路都有差異，形成保守派、激進派、自由派等不同的主張。梁漱溟在《中國民族自救運動之最後覺悟》中試圖對近代以來的民族自救運動的成果作出總結和批判。

「不管你怎樣執迷，民族覺悟的時機是已到了」。[3]時機指什麼時間段？根據梁漱溟的自述來推算，大約在1927年，他覺悟到中國民族自救運動出了問題，開始轉向鄉村建設。那麼，是什麼事件觸發他有此覺悟？誘發他產生覺悟的因素較多。第一世界大戰後出現的反思西方文化的運動和共產黨在中國政治舞台上的迅速崛起是重要的觸發因素。

先來看第一個觸發因素。

第一次世界大戰給歐洲帶來的巨大創傷引起東西方思想界的反思，很多思想家對於近代西方文化的霸權性和機械性進行檢討。一方面，看到近代西方資本主義經濟的繁榮和民族國家發展給人們的生活帶來極大的便利；另一方面，看到近代西方文化的「強霸征服力和虎狼吞噬性」，看到歐洲對非洲和亞洲的殘酷侵略，合起來看，近代的西洋文化「是人類的一幕怪劇」。[4]一些西方思想家感歎歐洲邁入文化危機之途，對第一次世界大戰的惡果及其文化內涵進行反思。這樣的反思促發梁漱溟重新思考中國近代以來走過的民族自救運動是否有效，大規模學習西方文化的戰略是否合理。這樣的思考為他轉向鄉村建設提供了世界文化的背景。

再來看第二個觸發因素。

梁漱溟在1921年前後作《東西文化及其哲學》演講時，對未來中國可能要走西方政治道路和如何走西方政治道路，沒有深思。在這之後，梁漱溟較多思考中國社會問題的出路和政治改革方案，努力求索而得不到答案，為此煩悶心焦。他總覺得民族自救運動有問題，但

3　梁漱溟，《梁漱溟全集》，第五卷（濟南：山東人民出版社，1992），頁112。

4　梁漱溟，《梁漱溟全集》，第五卷，頁51。

是問題的癥結究竟在哪里，在1927年之前，他未有明確的答案。

在梁漱溟周圍，有一批志同道合的朋友，他們結成修學的共同體，曾先後在北京什海和西郊大有莊同住共學。在1927年前後，這個共同體出現裂痕。梁漱溟的兩位朋友王平叔（1898-1940）、徐名鴻（1897-1934）被共產黨的理論所吸引，其中一位（徐名鴻）加入了共產黨，離開了梁漱溟主導的修學共同體。這一事件促使梁漱溟認真思考國共合作後的政治態勢和共產黨的發展動態。

這一時期，梁漱溟對共產黨的理論和實踐要求有較多肯定，認為其贏得了青年人的心。「共產黨的理論，多麼值得玩味！有聰明有頭腦的人如何不傾向他！共產黨的要求，多麼值得同情！青年人，有心肝的人如何不傾向他？他們活動起來，有的處奮迅發揚，有的處緊密結實；這又使青年人，有勇膽能幹的人，多麼逗勁而爽心快意的去幹！」[5]1924年第一次國共合作開始，共產黨的發展勢頭很猛，一些青年欣賞共產黨的革命主張。他的兩位朋友的政治態度轉向共產黨，他抱著同情理解的態度試圖解釋這一轉向，從中看到了當時共產黨政治主張的合理之處。

修學共同體在破裂，共產黨的革命理論對青年人的吸引力在增強，這對梁漱溟來說是一大刺激，啓發他對中國民族自救運動進行政治反省。他說：「然實待共產黨方啓發了我們，對西洋人及其一切把戲的認識到最後一通透點；而後恍然，而後太息，西洋把戲之真不得而用之也」。[6]梁漱溟覺悟到，西方政治道路在中國走不通。按照目前的民族自救運動發展，自救運動不僅面臨重重困難，而且帶來很多社

5　梁漱溟，《梁漱溟全集》，第五卷，頁14。
6　梁漱溟，《梁漱溟全集》，第五卷，頁13。

會禍害和政治弊端。「自救運動正是禍國運動」。[7]有識之士必須對民族自救運動有一個徹底的政治反省。經過反省，他認為西方道路和蘇俄道路都不適合中國，必須尋找「第三條」道路，即鄉村建設方案。

簡言之，梁漱溟身邊的朋友轉向共產黨的理論是一個促發其進行政治反省的因素，並不意味著梁漱溟自己的思想完全認同蘇俄方案。例如，他認為階級鬥爭理論不適合用來解釋古代中國社會的結構。

三、覺悟什麼？民族精神

梁漱溟的民族自覺話語體系的第二個問題是覺悟什麼。《中國民族自救運動之最後覺悟》這本書的標題中的第二個關鍵字是「最後覺悟」，梁漱溟究竟覺悟到了什麼？他的覺悟有何意義？

第一，梁漱溟覺悟到民族自救運動的方向性錯誤。

梁漱溟指出：「我們一向民族自救運動之最大錯誤，就在想要中國亦成功一個『近代國家』，很像樣的站立在現今的世界上」。[8]他所說的「近代國家」指的是西方現代發達國家。民族自救運動一直以西方國家為範本，力圖實現西方式的民主政治，成為英美那樣的現代國家。梁漱溟認為這是「最大錯誤」，是方向上、道路上的錯誤。西方政治道路「不必求，不可求，不能求」。[9]從中國的現實和歷史文化傳統來看，中國不可能走西方政治道路，西方政治制度不適合中國國情。他寫文章〈我們政治上的第一個不通的路〉，列舉了中西的物質

7　梁漱溟，《梁漱溟全集》，第五卷，頁107。

8　梁漱溟，《梁漱溟全集》，第五卷，頁108。

9　梁漱溟，《梁漱溟全集》，第四卷（濟南：山東人民出版社，1992），頁906。

條件、精神條件不合之處，證明中國仿照西方的政治制度行不通。「否認了什麼？否認了一切的西洋把戲，更不沾戀！相信了什麼？相信了我們自有立國之道，更不虛怯！」[10]中國的自救運動必須尋找自己的立國之道，尋找中國的方案。

第二，梁漱溟覺悟到民族自救需要轉變爲民族自覺。中國的民族自救運動的方向出錯了，它的前途是沒有希望的，需要開啓一個新的運動方向，那就是民族自覺。梁漱溟的民族自覺有兩層含義。

一是指自覺到中國政治問題的解決不能脫離開民族精神。「一民族眞生命之所寄，寄於其根本精神，拋開了自家根本精神，便斷送了自家前途。自家前途，自家新生命，全在循固有精神而求進，而向上，不能離開向外以求，不能退墜降格以求」。[11]中國政治需要藥方，但是不能向外求，而要向內求，向民族精神層面求。梁漱溟把民族精神作爲民族自救運動的支撐。民族自覺的內涵之一是認識到民族自救運動必須奠基於民族精神。要使民族自救運動轉換方向，轉向民族自覺。「是無他，亟當回頭認取吾民族固有精神來作吾民族之自救運動耳」。[12]民族自救運動須依託於民族精神的開發。

梁漱溟關注民族精神，受到近代一些中國思想家的影響，如孫中山（1866-1925）講民族精神，魯迅（1881-1936）講國民性，潘光旦（1899-1967）講民族特性，都對梁漱溟有啓發。但是，不同於孫中山、魯迅和潘光旦的說法，梁漱溟對於民族精神的界定是獨特的。他心目中的民族精神指人類的「理性」，指「向上之心強」和「相與之

<hr />

10 梁漱溟，《梁漱溟全集》，第五卷，頁13。
11 梁漱溟，《梁漱溟全集》，第五卷，頁109-110。
12 梁漱溟，《梁漱溟全集》，第五卷，頁27。

情厚」。[13]向上之心指的是好善之心，仁義和正義之心。相與之情指的是人與人之間形成的倫理情誼，表達一種互為對方盡義務的關係。兩者都是「理性」的具體表現。「理性」是梁漱溟使用的獨特概念，主要指無私的感情，[14]指體認萬物一體相通的精神力量。「理性」的含義在後來出版的《中國文化要義》、《人心與人生》中有較多的闡發。

二是指自覺到中國的民族精神有世界意義，為世界文化的發展提供精神支撐。「所謂從民族自覺而有的新趨向，其大異於前者，乃在向世界未來文化開闢以趨，而超脫乎一民族生命保存問題」。[15]中國文化負有更大的使命，不僅有復興民族文化、振興民族精神的責任，而且有可能擔負為未來世界文化的發展開疆拓土的使命，使中國文化成為世界性的文化形態。

第三，覺悟到民族自覺的實現需要通過鄉村建設的途徑。

民族自覺的實質是民族精神的自覺和民族文化的自覺。實現民族精神的自覺，需要找到現實的路徑。梁漱溟找到的路徑既不是議會政治，也不是武力衝突，既不是選舉政治，也不是階級鬥爭，而是鄉村建設。梁漱溟對李濟深說：「我期望你能替中國民族在政治上，在經濟上，開出一條路來走，方為最上。如何去替民族開這條路出來？則我之所謂鄉治是已」。[16]鄉治即鄉村建設。鄉村建設有政治改革和經濟發展的含義，同時也有文化的含義。「從我所要作的社會運動看去，

---

13 梁漱溟，《梁漱溟全集》，第三卷（濟南：山東人民出版社，1992），頁133。
14 梁漱溟，《梁漱溟全集》，第三卷，頁603。
15 梁漱溟，《梁漱溟全集》，第五卷，頁113。
16 梁漱溟，《梁漱溟全集》，第五卷，頁19。李濟深（1885-1959），字任潮。李濟深和梁漱溟是好朋友，李濟深在廣東主政時，曾邀請梁漱溟去廣東工作。

正是一種最實在的文化運動。我的鄉治主張正是切就政治問題經濟問題，而為人生大道的指點」。[17]鄉村建設，一方面為中國的政治運動探索新路，另一方面為民族精神的弘揚、中國文化的復興尋找切實可靠的途徑。

　　從民族自救運動的角度來看，鄉村建設不僅僅是鄉村教育，不僅僅是鄉村改良，而且具有政治改造的意義。同時，從民族自覺的角度來看，鄉村建設具有傳承民族精神的意味。「我們認為鄉村建設是中國民族自救運動的一個最後的方向；此鄉村建設是一個含有極充分、極強烈的民族自覺的鄉村建設運動，不是普通人觀念中的那回事」。[18]鄉村建設既為民族自救運動開闢了新的方向，又為民族自覺運動找到了新的方式，使其具有顯揚民族精神的內涵。

　　梁漱溟在《中國民族自救運動之最後覺悟》中，使用「最後覺悟」的用語，仿效陳獨秀的用法。陳獨秀在《吾人最後之覺悟》中斷言：「倫理的覺悟，為吾人最後覺悟之最後覺悟」。[19]陳獨秀分析學術覺悟、政治覺悟和倫理覺悟，認為倫理覺悟是新文化運動時期的「最後覺悟之最後覺悟」。陳獨秀此說打開現代中國啟蒙事業的新篇章。「最後覺悟」說有終結舊論而啟發新論的意思，屬於一次最重要的覺悟，或認識更新。不是任何覺悟都可稱為「最後覺悟」，只有那些開風氣之先、石破天驚的覺悟才稱得上「最後覺悟」。梁漱溟使用「最後覺悟」一詞，也有此用意，類似陳獨秀號召大家投身現代啟蒙事

17　梁漱溟，《梁漱溟全集》，第五卷，頁24。

18　梁漱溟，《梁漱溟全集》，第五卷，頁512。

19　陳獨秀，《陳獨秀著作選》，第1卷（上海：上海人民出版社，1993），頁179；陳獨秀，〈吾人最後之覺悟〉，《青年雜誌》，第1卷第6期（上海，1916），頁9。

業，梁漱溟也號召大家對於民族自救運動有一個全新認識，由此發起一個新的民族精神復興運動和民族自覺運動。

　　艾愷說，梁漱溟所說的覺悟「不但矇騙了梁漱溟自己，也矇騙了其他許多人」。[20]艾愷不認為有梁漱溟自己所說的覺悟。在覺悟前和覺悟後，梁漱溟的文化哲學觀點「基本相同」。[21]對此，筆者並不完全認可。20世紀20年代梁漱溟的文化哲學思想和30年代的鄉村建設思想之間有連續性，也有間斷性。一方面，梁漱溟堅信儒家思想在現代社會裏有生命力，可以某種方式激發出來，這是梁漱溟一貫的立場，體現其思想的連續性。另一方面，梁漱溟的「最後覺悟」說突出強調其前後思想的間斷性，而不是連續性。也就是說，他看到了民族自救運動的錯誤，提出轉變民族自救運動為民族自覺運動的主張，把民族精神與鄉村建設勾連起來，開啓了一種新的有別於西方民主的政治改革思路，從而與《東西文化及其哲學》時期主張吸收西方民主的政治態度呈現出不同的樣式。

四、憑何覺悟？政治論辯

　　梁漱溟的民族自覺話語體系的第三個問題是憑何覺悟。

　　如前所述，在1927年，梁漱溟有民族自救運動的「最後覺悟」，開始轉向鄉村建設。促使梁漱溟思想的覺悟和轉向，有很多影響因素和條件。這裏從外國哲學家羅素和杜威的影響、鄉村教育運動的影

20（美）艾愷原著，王宗昱、冀建中譯，《最後的儒家：梁漱溟與中國現代化的兩難》，頁111。

21（美）艾愷原著，王宗昱、冀建中譯，《最後的儒家：梁漱溟與中國現代化的兩難》，頁111，註釋2之討論。

響、政治論辯的影響等三個角度作一些分析。

第一，羅素（Bertrand Russell, 1872-1970）、杜威（John Dewey, 1859-1952）與梁漱溟的思想轉向。

羅素訪華後，很快於1922年出版《中國之問題》（*The Problem of China*）一書。中華書局於1924年出版中譯本。梁漱溟認眞閱讀此書，在他的文章中，多次引用羅素此書的觀點。

羅素對中國文化有很多讚美之詞。梁漱溟用羅素的讚美詞來爲自己的「最後覺悟」辯護。羅素說：「中國人所發明人生之道，實行之者數千年，苟爲全世界所採納，則全世界當較今更樂」。[22] 梁漱溟把羅素當作同道，深信中國倫理文化的未來前景十分光明，將會成爲世界性文化。

梁漱溟認識到，在政治、經濟、文化三者的關係中，文化屬於更深層次。梁漱溟借助羅素的話來佐證自己的觀點。羅素說：「中國今日所起之問題，可有經濟上、政治上、文化上之區別。三者互有連帶之關係，不能爲單獨之討論。惟予個人，爲中國計，爲世界計，以文化上之問題最爲最重要，苟此能解決，則凡所以達此目的之政治或經濟制度，無論何種，予皆願承認而不悔」。[23] 解決中國文化問題比解決中國政治問題和經濟問題更加重要。梁漱溟順著羅素的思路，表達自己的觀點，提出民族精神說。「中國之政治問題經濟問題，天然的不能外於其固有文化所演成之社會事實，所陶養之民族精神，而得解

---

22 羅素，趙文銳譯，《中國之問題》（上海：中華書局，1924），頁10。又收入，《民國鄉村教育文獻叢編》，第44卷（成都：四川大學出版社，2015），頁26。

23 羅素，趙文銳譯，《中國之問題》，頁1-2。

決；此不必慮，亦不待言者」。24梁漱溟把羅素所說的中國文化具體化爲民族精神，缺乏民族精神內涵的政治解決方案，是不可行的。

　　羅素希望新的中國文化是融合了西方科技的文化。他說：「中國政治獨立之所以重要者，非以其自身爲最終之目的，乃以爲中國舊時之美德與西洋技藝聯合之一種新文化，非是莫由發生也。苟此目的不能達，則政治之獨立，幾無價值之可言」。25這種新文化是中西合璧的文化。對此，梁漱溟並不否認。但是，在中國新文化的語境下，梁漱溟更倚重民族精神的支撐力。他借羅素的話，強調文化、精神之於政治、經濟的重要性。中國文化及其民族精神，將是政治建國經濟立國的根本。梁漱溟接著羅素的新文化話語，進一步提出預測，中國民族精神的復興將是未來世界文化發展的方向。實現民族精神復興的主要路徑是鄉村建設。

　　在思想層面上，梁漱溟不僅與羅素有交集，而且與杜威有很多交集。梁漱溟聽過杜威的演講，閱讀過杜威的著作，對杜威的教育思想有一定的瞭解。他在參觀了陶行知（1891-1946）創辦的曉莊鄉村師範學校後，感歎這是「有興味的一回參觀」。26陶行知創辦曉莊學校，深受杜威的實驗主義教育思想的影響。儘管陶行知對杜威的教育思想作了中國化的改造，把杜威的「教育即生活」，改造成「生活即教育」，但是，曉莊學校運作的背後擺脫不了杜威教育思想的作用。通過陶行知的辦學實踐，梁漱溟對杜威教育思想有較多的認識。後來在山東從事鄉村建設期間，梁漱溟精讀杜威的《民本主義與教育》，爲

---

24 梁漱溟，《梁漱溟全集》，第五卷，頁116。
25 羅素，趙文銳譯，《中國之問題》，頁242-243。又收入，《民國鄉村教育文獻叢編》，第44卷，頁258-259。
26 梁漱溟，《梁漱溟全集》，第四卷，頁839。

學員們解讀此書的要旨。在一定程度上，杜威的平民主義教育、試驗主義、從做中學等思想爲梁漱溟轉向鄉村建設作了一定的理論準備。

第二，鄉村教育運動與梁漱溟的思想轉向。

1927年前後，從事鄉村教育、鄉治、村治成爲很多知識份子的選擇。例如，中華職業教育社在江蘇昆山從事鄉村教育實驗，[27]中華平民教育促進會在河北定縣進行平民教育實驗。[28]共產黨領導的農民革命運動也有一定的聲勢。彭湃（1896-1929）發表《海豐農民運動》（1926），毛澤東（1893-1976）發表《湖南農民運動考察報告》（1927），都對當時的農民運動情況作了介紹和辯護。

梁漱溟的思想轉向與全國範圍內的鄉村教育、鄉村改進運動有一定的關聯。梁漱溟有了鄉村建設的初步想法後，去江蘇昆山、河北定縣、山西等地考察，實地瞭解鄉村改進運動的經驗與成績。考察之後，他在肯定成績的同時對這些實驗都提出批評。例如，對於山西的村政，批評其自治精神很少，多靠政府行政推行，久而久之，「自治之生機已絕」。[29]由此引發他下定決心開展自己心目中的鄉村建設，把他的民族精神自覺思想付諸實施。

在梁漱溟轉向鄉村建設的過程中，在思想上，他直接受到王鴻一（1874-1930）的影響。王鴻一較早宣導「農村立國」、「村治」等觀點，主張從事鄉村改造，實現民族獨立。梁漱溟在1923年提出「農村立國」的說法，但在1927年前沒有作更多理論闡發。相反，王鴻

---

27 參見黃炎培，《黃炎培教育文選》（上海：上海教育出版社，1985），頁172-174、205-213。

28 參見晏陽初，《晏陽初教育論著選》（北京：人民教育出版社，1993），頁48-58。

29 梁漱溟，《梁漱溟全集》，第四卷，頁903。

一不遺餘力推行此說，邀請梁漱溟爲《建國芻言》作序，介紹梁漱溟與梁仲華（1897-1968）認識，使梁漱溟有機會協助梁仲華等籌辦河南村治學院，籌辦《村治》月刊等。得益於和王鴻一的交流交往，梁漱溟在1927年左右覺悟到民族自救運動的弊端，認識到鄉村建設的迫切性。此時，梁漱溟承認：「鴻一先生與我亦只是大體極相近，尚不曾歸一」。[30]但他已經把王鴻一當作鄉村建設理論的知己。在王鴻一去世後，他寫〈悼王鴻一先生〉一文記焸交往友誼。

　　第三，政治論辯與梁漱溟的思想轉向。

　　梁漱溟與胡適（1891-1962）等人爲尋求中國問題出路的爭辯爲梁漱溟的思想轉向創造了一定的理論條件。胡適發表〈我們走那條路〉，立即引起梁漱溟的興趣，寫出〈敬以請教胡適之先生〉文章予以反駁。胡適在文章中提出，我們要建立一個「治安的，普遍繁榮的，文明的，現代的統一國家」，阻礙這個目標的實現，有五大仇敵，即貧窮、疾病、愚昧、貪污、擾亂。[31]梁漱溟批評說，國際的帝國主義和國內的封建軍閥是公認的仇敵，在胡適的論述中，則隱匿不見。一方面，「中國問題必在反抗資本帝國主義運動下始能解決」；另一方面，「我們非指證說明中國社會是怎樣一種結構，不足袪革命家之惑」。[32]在中外社會文化的對照之下，對中國社會結構和文化特徵進行分析，成爲梁漱溟在《鄉村建設理論》、《中國文化要義》等書中所要闡述的任務。對中國社會結構作理論解剖，爲他開展鄉村建設的實踐提供充足的學術依據。梁漱溟試圖把握比政治爭辯「更爲本質

30　梁漱溟，《梁漱溟全集》，第五卷，頁17。

31　參見胡適，《胡適全集》，第四卷（合肥：安徽教育出版社，2003），頁458、461。

32　梁漱溟，《梁漱溟全集》，第五卷，頁40、41。

性的東西」，他的思考「比同時代的許多人深刻」。[33] 梁漱溟與胡適就中國該走哪條道路的政治爭辯，雖然沒有直接提到鄉村建設，但是為他從國際國內兩個大局的統籌中構思鄉村建設方案提供了條件。這個政治論辯關聯著梁漱溟和胡適關於文明文化的爭論，預示梁漱溟主張「東方自我改造的可能」，[34] 鄉村建設方案正體現中華民族自我改造的思路。

五、覺悟何為？政治習慣

　　梁漱溟的民族自覺話語體系的第四個問題是覺悟何為。歷史證明，梁漱溟的鄉村建設事業差不多半途而廢，部分是失敗的。但是，這並不意味著鄉村建設實踐不值得反思。從這一實踐中透露出來的民族自救運動的覺悟、中國社會的特徵、政治習慣培養等看法，發人深省。梁漱溟對民族自救運動的覺悟包含著什麼樣的政治文化內涵？包含著什麼樣有價值的思考方式？

　　一、振興民族精神，論證政治改革的可行性思路。

　　梁漱溟早年一度醉心於西方政治制度。他說，在讀中學的時候，「我很羨慕西洋政治制度，恨不馬上見其出現於中國社會」。[35] 後來認識到中國不適合西方政治制度，領悟到奠基於民族精神的政治制度設計，才是可行的，「甘地是有民族間的問題壓在他身上，而在我身上也壓了一個大問題，這個問題就是中國政治問題。我在政治問題上用

33　景海峰、黎業明，《梁漱溟評傳》（北京：人民出版社，1999），頁112。

34　羅志田，〈文明與文化：後五四時代梁漱溟與胡適的爭論〉，《四川大學學報》，2017年第3期（成都），頁43-51。引文在頁51。

35　梁漱溟，《梁漱溟全集》，第五卷，頁532。

心，才慢慢找出中國民族精神」。[36]梁漱溟用民族精神說來討論政治運動，把民族精神看作中國政治發展的內在支撐。正如丹麥學者曹詩弟（Stig Thoegersen）所說：「梁漱溟把教育特別是對精神的培養看作是中國復興的關鍵」。[37]這樣的論證方式可以歸納爲以心立政。

二、培養政治習慣，築牢政治改革的文化基礎。

在山東從事鄉村建設期間，梁漱溟說他有一段心事。「我來鄒平不爲別的，就是探求如何改造中國的政治，如何解決中國的政治問題」。[38]他想通過鄉村建設的實驗，爲中國的政治制度改革積累經驗。經過一段時間的探索，他得出結論：「政治改革的所以不成功，完全在新政治習慣的缺乏；換言之，要想政治改革成功，新政治制度建立，那就非靠多數人具有新政治習慣不可了」。[39]新政治習慣具體指什麼？對於中國人來說，團體生活方式比較缺乏。因此，新政治習慣的培養，主要是培養個人對於團體公共事務的注意力和活動力。政治習慣的培養不是一蹴而就，需要有先後順序，依次進行。先從鄉村小範圍著手，培養普通民眾對於公共事務的熱心度和參與度。再慢慢擴大到一定地區，乃至全國，進而爲中國政治改革打下政治文化基礎。

三、分析中國社會的特徵，尋找政治改革的內在肌理。

1938年1月，梁漱溟訪問延安，八次與毛澤東見面交談，話題涉及抗戰的前途、救亡圖強的途徑、中國社會文化危機的實質等。兩人交換看法，有一致意見，也有爭論，更多的是分歧。「彼此雖有爭

36　梁漱溟，《梁漱溟全集》，第五卷，頁511。

37　（丹麥）曹詩弟（Stig Thoegersen），倪安儒譯，《文化縣》（濟南：山東大學出版社，2005），頁110。

38　梁漱溟，《梁漱溟全集》，第五卷，頁532。

39　梁漱溟，《梁漱溟全集》，第五卷，頁533-534。

辯，而心裏沒有不舒服之感」。[40] 其中一個分歧是他們對中國社會的特
殊性與一般性的認識產生不同看法。毛澤東對梁漱溟說：「中國社會
亦還有其一般性，中國問題亦還有其一般性；你太重視其特殊性而忽
視其一般性了」。梁漱溟回復毛澤東：「中國之所以爲中國，在其特
殊之處；你太重視其一般性，而忽視其特殊性，豈可行呢？」[41] 兩人
的爭論焦點在於如何把握中國社會的性質，是側重從一般性來理解，
還是側重從特殊性來理解。從梁漱溟的回憶來看，他側重從特殊性把
握中國社會的性質。

　　在《中國民族自救運動之最後覺悟》中，梁漱溟已經在思考中國
社會文化的獨特性。他稱中國社會爲「村落社會」，「於內不知有階
級，於外不知有國家」。[42] 具體而言，他列舉了中國社會文化三個特
徵。第一，中國社會注重倫理本位。倫理關係主要是義務關係。「倫
理上任何一方皆有其應盡之義；倫理關係即表示一種義務關係。一個
人似不爲其自己而存在，乃彷彿互爲他人而存在者」。[43] 儒家倫理宣導
爲他人盡義務。第二，中國文化推崇「讓」的精神，與西方文化中
「爭」的精神形成對照。「遇有問題，即互相讓步調和折衷以爲解
決，殆成中國人之不二法門，世界所共知」。[44] 儒家文化主張調和謙
讓，尊禮重教，以不爭爲原則。第三，中國人有講理精神和品性。解
決問題，通常訴諸公理而非武力，訴諸心平氣和的態度而非法律強制

---

40 梁漱溟，《梁漱溟全集》，第六卷（合肥：安徽教育出版社，2003），頁
　　198。
41 梁漱溟，《梁漱溟全集》，第六卷，頁205。
42 梁漱溟，《梁漱溟全集》，第四卷，頁905。
43 梁漱溟，《梁漱溟全集》，第五卷，頁94。
44 梁漱溟，《梁漱溟全集》，第五卷，頁94-95。

的做法。這些特徵彰顯中國社會文化的特殊性，有別於西方近代社會文化性質。中國社會文化的這些特徵，構成中國政治改革的內在機理，構成推行鄉村建設事業的論證依據。在《中國文化要義》中，梁漱溟對中國社會結構的特徵有更細緻的描述。

梁漱溟和毛澤東就一般性和特殊性的爭辯在一定程度上促使毛澤東深入思考馬克思主義和中國現實相結合的問題。1938年10月，毛澤東正式提出「馬克思主義中國化」（另一種表述是「使馬克思主義在中國具體化」）概念。[45]這個概念表達出把馬克思主義的一般性原理與中國的特殊國情結合起來的意思，體現了從一般性和特殊性相統一的角度思考中國政治革命的戰略前景。這和梁漱溟從中國社會的特殊性角度思考政治改革的機理呈現出不同的致思路向。

六、何種覺悟？儒家民主[46]

梁漱溟的民族自覺話語體系的第五個問題是何種覺悟。

在對民族自救運動的覺悟、鄉村建設方略的設計中，收穫的政治理論成果是儒家民主觀。梁漱溟沒有提出儒家民主概念。這裏使用的儒家民主觀是筆者的概括，用來描述梁漱溟在鄉村建設過程中對於民主政治的設想。關於儒家民主，梁漱溟的主要想法是把儒家思想與尊重個人自由權利、取決多數原則結合起來。在「義務」與權利的關係上，梁漱溟的民主觀念是以「義務」為核心，而不是以權利為核心。

---

45 中共中央文獻研究室編，《毛澤東年譜（1893-1949）》，中卷（北京：中央文獻出版社，2013），頁94。

46 本節相關內容，參見顧紅亮，《儒家生活世界》（上海：上海人民出版社，2016），頁124-127。

他理解的儒家民主社群首先是一個「義務」的共同體，而不是權利的
的共同體。他大概會贊同 Bhikhu Parekh 的觀點，認為「市民的道德
責任感是民主的命脈」。[47]在人治與法治的關係上，梁漱溟主張人治與
法治的調和，主張賢者政治與多數政治的統一，調和的結果就是他所
說的「人治的多數政治」思想。

　　梁漱溟把民主看作精神，從五個方面概括其內涵，即「承認旁
人、平等、講理、取決多數、尊重個人自由」。[48]儒家思想擁有前三個
含義，缺乏後兩個含義。「中國非無民主，但沒有西洋近代國家那樣
的民主」。[49]梁漱溟區分了民主精神和民主制度，中國有部分的民主精
神，但不是民主國家，缺乏一些西方民主國家的民主制度。這個觀點
暗示出儒家思想與民主精神結合的可能性，預示儒家民主的可能性。

　　中國人的民主精神在古代鄉約裏有所體現。鄉約是「鄉約就是如
此；就是讓大家認識他們的相互關係，而求增進他們的關係」。[50]「相
互關係」包含既承認他者又互相依賴的意思。人與人之間在道德上是
平等的、互依的。通過鄉約的作用，人們之間相互規勸，以理服人，
勉勵人生向上，滲透深厚的倫理情誼。西方的民主是從個人權利出
發，不是從人生情誼出發。傳統的鄉約宣導德業相勸和過失相規，從
人生情誼出發，體現人格的平等和講理（規勸）的姿態，蘊含著獨特
的民主精神。梁漱溟把鄉約和民主精神溝通起來，既賦予鄉約現代的

---

47 Bhikhu Parekh, "Moral Responsibility in a Democratic Society," in Barbara
　　Darling-Smith, ed., *Responsibility* (Lanham, MD : Lexington Books, 2007), p.
　　90.
48 梁漱溟，《梁漱溟全集》，第三卷，頁241。
49 梁漱溟，《梁漱溟全集》，第三卷，頁242。
50 梁漱溟，《梁漱溟全集》，第二卷（濟南：山東人民出版社，1992），頁
　　324。

價值，又給民主精神找到傳統鄉約文化的理據，爲他闡釋儒家民主思想提供了思想原則和禮俗基礎。

在現代新儒家裏，賀麟（1902-1992）較早提出「儒家的民主主義」概念，[51]引發儒家價值和民主價值之間相容不相容的討論。有學者主張要儒家不要民主，有學者主張要民主不要儒家。有學者主張儒家思想和民主思想可以結合。李晨陽在此基礎上提出第四種看法，兩者既獨立，有互相制約，「成爲同一個社區的鄰居」。[52]它們不是一家人，但可以共同生活在一個社區裏。李晨陽把梁漱溟歸爲第一種觀點（要儒家不要民主）的代表。[53]筆者的看法稍有不同，認爲梁漱溟既要儒家，也要民主。梁漱溟主張兩者的結合，但是總體上是以儒家思想爲主，在儒家思想的框架內，吸納民主的元素，形成以人治爲主的多數政治。在現代中國思想史中，梁漱溟的儒家民主思想代表了現代新儒家的一種努力方向：即在堅守儒家思想基礎上開出民主思想。

簡言之，梁漱溟提出了比較粗糙的儒家民主觀。儘管粗糙，但是這種儒家民主觀有其理論價值：它昭示出另一種不同於現代西方民主觀的可能性。這也説明梁漱溟有一種「自覺的文化多元性和現代性批判的立場」。[54]

綜上所述，通過閱讀《中國民族自救運動之最後覺悟》一書，我們發現，梁漱溟關於「最後覺悟」的焻述，形成了民族自覺話語體

---

51 賀麟，《文化與人生》（北京：商務印書館，1988），頁14。
52 李晨陽，《道與西方的相遇》（北京：中國人民大學出版社，2005），頁191。
53 李晨陽，《道與西方的相遇》，頁188。
54 干春松，〈鄉村建設與現代政治習慣的建立——梁漱溟「鄉村建設理論」探究〉，《湖南大學學報（社會科學版）》，卷31期4（長沙，2017），頁1-9。引文引自頁5。

系，包含著對於中國近代政治改革的三條思考軌跡：第一，從政治改革的方向來看，從民族自救轉向民族精神的自覺，從國家建構轉向文化改造；第二，從政治改革的方式來看，從政治論辯轉向政治習慣的培養，從政治之知轉向政治之行；第三，從政治改革的制度設計來看，從西方民主轉向儒家民主，從權利優先轉向義務優先。

徵引書目

（丹麥）曹詩弟（Stig Thoegersen），倪安儒譯，《文化縣》，濟南：山東大學出版社，2005。

（美）艾愷（Guy Alitto）原著，王宗昱、冀建中譯，《最後的儒家：梁漱溟與中國現代化的兩難》，南京：江蘇人民出版社，2003。

（英）羅素（Bertrand Russell），趙文銳譯，《中國之問題》，上海：中華書局，1924。

《民國鄉村教育文獻叢編》，第44卷，成都：四川大學出版社，2015。

干春松，〈鄉村建設與現代政治習慣的建立——梁漱溟「鄉村建設理論」探究〉，《湖南大學學報（社會科學版）》，卷31期4（長沙，2017），頁1-9。

中共中央文獻研究室編，《毛澤東年譜（1893-1949）》，中卷，北京：中央文獻出版社，2013。

李晨陽，《道與西方的相遇》，北京：中國人民大學出版社，2005。

胡適，《胡適全集》，第4卷，合肥：安徽教育出版社，2003。

晏陽初，《晏陽初教育論著選》，北京：人民教育出版社，1993。

梁漱溟，《梁漱溟全集》，第三、四、五、六卷，濟南：山東人民出版社，1990-1993。

陳獨秀，《陳獨秀著作選》，第1卷，上海：上海人民出版社，1993。

景海峰、黎業明，《梁漱溟評傳》，北京：人民出版社，1999

賀麟，《文化與人生》，北京：商務印書館，1988。

黃炎培，《黃炎培教育文選》，上海：上海教育出版社，1985。

羅志田，〈文明與文化：後五四時代梁漱溟與胡適的爭論〉，《四川大學學報》，2017年第3期（成都），頁43-51。

顧紅亮，《儒家生活世界》，上海：上海人民出版社，2016。

Lynch, Catherine. *Liang Shuming and the Populist Alternative in China*. Leiden, The Netherlands ; Boston : Brill, 2018.

Parekh, Bhikhu. "Moral Responsibility in a Democratic Society." In *Responsibility*, ed. Barbara Darling-Smith, pp. 79-96. Lanham, MD: Lexington Books, 2007, pp. 79-96.

The Transformation from National Self-Salvation to National Self-Awakening:

Liang Shuming's Theory of Enlightenment and the Discourse of Self-Awakening

Hongliang Gu

Abstract

Liang Shuming's collection of essays, *The Final Enlightenment of the Chinese Nation's Self-Salvation Movement*, is a key text to investigate the original intention behind Liang's turn to the rural reconstruction movement in the 1930s. Liang focuses on the concept of "enlightenment," highlighting a transition from "self-salvation" to "self-awakening." Liang's theory of "enlightenment" pays attention to the following five issues: first, the cause of Liang's enlightenment; second, the content of his enlightenment; third, the resources that influenced his enlightenment; fourth, the way of thinking behind of his enlightenment; and fifth, the outcome of his enlightenment in terms of theoretical structure. In dealing with these five issues, Liang builds up a discourse system of national self-awakening. This discourse system demonstrates Liang's thought on modern Chinese political reform through three avenues: first, the transformation from national self-salvation to the national spirit's self-awakening; second, the transformation from political debates to the cultivation of new political habits; and third, the transformation from Western democracy to Confucian democracy.

Keywords: national self-salvation, national spirit, national self-awakening, rural reconstruction movement, Confucian democracy

Luo Longji's "On Human Rights" (論人權, 1929):

An Analysis of a Key Text

Thomas Fröhlich（范登明）

Thomas Fröhlich is Professor of Sinology at Hamburg University. His research focuses on modern Chinese philosophy, political thought, and intellectual history. Recently, he has authored the monograph *Tang Junyi. Confucian Philosophy and the Challenge of Modernity* (Brill, 2017), and edited, together with Axel Schneider, *Chinese Visions of Progress, 1895 to 1949* (Brill, 2020). He is the editor, together with Kai Vogelsang, of the journal *Oriens Extremus*.

Luo Longji's "On Human Rights" (論人權, 1929):

An Analysis of a Key Text

Thomas Fröhlich（范登明）

Abstract

This article offers an in-depth examination, in the form of a key text analysis, of Luo Longji's controversial treatise "On Human Rights" from 1929. Critical of the Guomindang government's incomplete constitutional agenda and its emphasis on collective "people's rights," Luo published this treatise on human rights complete with the first Chinese catalog of specific human rights. In terms of historical outlook, he subscribed to a progressivist view of history and reflected on the development of human rights from a consistently global perspective. With respect to human rights theory, he opted for a social functionalist conceptualization of human rights, thereby rejecting the theory of natural rights. Luo's treatise met with immediate criticism from both the Nationalist and leftist camps, and became fully absorbed into the ideological melee of the day. "On Human Rights" ranks without doubt among the key texts of Chinese liberalism of the Republican period.

Keywords: Chinese catalog of human rights, progressivist view of history, Chinese liberalism, constitutional law, constitutional government

Preliminary remarks

(1) The present article has six sections: Editions, Biography, Context, Content Summary, Interpretation, and Reception. This rather rigid structure is intended as a potential model for presenting analyses of key texts in book form. Key text analyses, focusing on one particular text, are still rare in research on modern Chinese political thought. A collection of such analyses could possibly remedy the current situation in which no comprehensive, up-to-date work on modern Chinese political thought is available in Western languages.

(2) For reasons of better accessibility of the present analysis, the focus will be on base lines of conceptual and theoretical aspects; for the same reason, textual references are included in the main body of the text, while footnotes are avoided as far as possible.

(3) Regarding the strategy for contextualization, I interpret Luo Longji's text as an intervention in an ongoing, controversial discourse on human rights. In doing so, the Cambridge School approach, which would have required a more exclusive emphasis on "linguistic" contexts (i.e., texts as contexts), will be expanded. Immediately relevant aspects of political history and the cross-cultural transfers of concepts and theories will thus be included in order to better situate the interpretation of Luo's treatise. I moreover understand Luo's text to be embedded in *Wirkungsgeschichte* (effective history).[1] The text will thus be interpreted

---

1   Gadamer, Hans-Georg, *Gesammelte Werke Band 1: Hermeneutik: Wahrheit und Methode, Grundzüge einer philosophischen Hermeneutik* (Tübingen: J.C.B.

in relation to the earlier reception of human rights thinking in Japan and China. This hermeneutic approach rejects untenable assumptions about cultural patterns ("Chinese culture," "Confucianism," etc.) that allegedly predetermine the theoretical and conceptual choices of Chinese thinkers. Consequently, it will be shown that even though Luo did address "traditional" topics (for example, the idea of a right of revolution in the *Mencius* 孟子), his text is not concerned with such dichotomies as "modernity and tradition," or "China and the West."

By interpreting the text as an intervention, I understand Luo Longji's reception of Western political thought from the perspective of making adaptions to controversial issues and contributing to contemporary debates. It is therefore not a matter of presenting adoptions of Western theories and concepts in a purely academic sense. Where Luo offers seemingly distorted interpretations of a certain author or text, such as Laski or MacIver, I presume that he deliberately diverged from a common understanding－whether for rhetorical or practical purposes.

1. Editions

Luo Longji's treatise "On Human Rights" (*Lun renquan* 論人權) was first published in the monthly journal *The Crescent* on July 10, 1929.[2] It was reprinted in a slightly corrected version in the collective volume *Collected Essays on Human Rights*, published by The Crescent Society in

---

Mohr 6th Edition, 1990), pp. 305-306.

2　Luo Longji 羅隆基, "Lun renquan 論人權 (On Human Rights)," *Xinyue Yuekan* 新月月刊 (The Crescent), Vol. 2, No. 5 (July 10, 1929), pp. 1-25.

January 1930.[3] A thoroughly annotated version of the text that contains the original passages of texts which Luo quoted in Chinese translation is available in a compilation of source texts edited by Pan Kuang-che.[4] The first five sections of "On Human Rights" were translated into English by Stephen C. Angle;[5] there are two complete translations into German.[6] To date, no edition of Luo's complete writings has been published.

2. Biography

Luo Longji 羅隆基 was born in Anfu, Jiangxi Province, in 1896 or 1898.[7] After receiving a traditional education, he studied for eight years at

---

3   Luo Longji 羅隆基, "Lun renquan 論人權 (On Human Rights)," in Hu Shi 胡適 et. al., *Renquan lunji* 人權論集 (*Collected Essays on Human Rights*) (Shanghai: Xinyue Shudian, 1930), pp. 33-73. If not otherwise indicated, the references to Luo's text in the present article are based on this edition.

4   Luo Longji 羅隆基, "Lun renquan 論人權," in Pan Kuang-che ed., *Hu Shi yu xiandai Zhongguo Renquan guannian ziliao huibian* 胡適與現代中國人權觀念資料彙編 (*Materials of Hu Shih and Modern Chinese Human Rights*) (Taibei: Guojia Renquan Bowuguan Choubeichu / Zhongyanyuan Jinshisuo, 2017), pp. 41-58.

5   Luo Longji, "On Human Rights," Translated by Stephen C. Angle, *Contemporary Chinese Thought*, Vol. 31, No. 1 (Fall 1999), pp. 78-83. Reprinted in: Angle, Stephen C.; Marina Svensson, *The Chinese Human Rights Reader. Documents and Commentary 1900-2000*(Armonk, NY; London: M.E. Sharpe, 2001), pp. 138-152.

6   Thomas Fröhlich, *Expertokratie und Menschenrechte. Politische Schriften Luo Longjis aus der Nanjing-Dekade (1927-37)* (MA Thesis, University of Zurich, 1994); Sven-Uwe Müller, *Konzeptionen der Menschenrechte im China des 20. Jahrhunderts* (Hamburg: Mitteilungen des Instituts für Asienkunde, 1997).

7   According to the vita in his Ph.D. Thesis, Luo was born on July 6, 1898. However, the *China Yearbook* of 1944 (published by the Chinese Ministry of Information) gives 1896 as the year of his birth; the Central Committee of the

the recently opened Qinghua College in Beijing, and seven years in the United States, obtaining his BA, MA, and PhD in Political Science. During that period, Luo spent one academic year (1926-27) in London at the School of Economics and Political Science, where Harold Laski exerted considerable influence on his intellectual outlook. Luo went on to Columbia University in the United States, where he submitted his PhD dissertation on "The Conduct of Parliamentary Elections in England" in 1928. This was to remain the only monograph he ever wrote.

Luo returned to China in Spring 1928, when the so-called Northern Expedition was drawing to a close, and the national territory became unified under the government of the Nationalist Party (Guomindang). Upon his return, Luo concurrently held positions as Director in the Political Science Departments of Guanghua University (Shanghai) and the China Public College (Shanghai). He moreover joined the Crescent Society which had been founded in Beijing in 1923 and had published the renowned literary monthly *The Crescent* in Shanghai since spring 1928. When Luo eventually became editor of *The Crescent*, the journal took on a new orientation and carried considerably more writings on political issues.

The major contributions by liberal intellectuals to the debate on human rights and constitutional law (1929-31) were published in *The Crescent*. In November 1930, while the debate was still in full swing, Luo was detained for several hours and accused of having insulted Sun Yat-sen

---

Democratic League in China celebrated Luo's 90th birthday posthumously in 1986. Sometimes, 1897 is indicated as his birth year.

and sided with the Communists. He lost his university positions soon afterwards. Luo's academic career did not recover from this setback. In the following years, he became even more actively involved in editing journals and participating in political associations. He was highly successful as chief editorial writer of the *Yishi Bao* (*Useful to the World Daily*) in Tianjin since 1932, and the *Chen Bao* (*Morning Post*) in Beijing since 1936. In the mid-1940s, he was heading the Kunming branch of the China Democratic League, and the League's propaganda department, as well as publishing the League's journal *Democratic Weekly*. After 1949, Luo stayed on the Chinese mainland. He never joined the Chinese Communist Party, but participated in activities by the Democratic League which was one of the satellite parties endorsed by the Communist government. During the so-called Anti-Rightist campaign, he became one of the main targets of criticism and lost most of his posts, including his position as minister of timber industry. Luo, who suffered from angina pectoris in the last years of his life, died of illness in a Beijing hospital on December 7, 1965.

3. Context

Luo Longji wrote "On Human Rights" in the context of the Chinese debate on human rights and constitutional law that unfolded during the period from 1929 to 1931. The debate was initiated when Hu Shi published a widely read article deploring serious deficiencies in the governmental

decree on human rights from April 1929.[8] The debate belongs to a period
of fragile national unity, both in terms of the political and military
situation, and the China's constitutional development. Moreover, the
Guomindang was no unified, monolithic political party at the time. By the
end of 1928, when the Northern expedition had just been concluded,
factional struggles within the Guomindang flared up. These struggles
culminated in May 1931, when a dissenting government was established
by the Guomindang in Canton under the leadership of Wang Jingwei. The
center of power, however, was still Chiang Kai-shek's Guomindang
government in Nanjing. In the previous year, the warlords Feng Yuxiang,
Yan Xishan, and Li Zongren had instigated an armed rebellion in North
and Central China that had reached the intensity of civil warfare and lasted
until November. One month later, in December 1930, the Nanjing
government unleashed a military campaign against Communist-controlled
areas in Hunan and Luo's home province of Jiangxi. These campaigns
continued, with mixed success, until 1931.

China's constitutional record at the end of the 1920s looked similarly
bleak. In spite of attempts to establish governments under several
provisional constitutions since the founding of the Republic in1912, no
formal constitution had been enacted. Upon the completion of the

---

8　Marina Svensson, *Debating Human Rights in China: A Conceptual and
Political History* (Lanham, Md. et al: Rowman & Littlefield, 2002), pp. 161-
162, 166; Edward S. K. Fung, *In Search of Chinese Democracy: Civil
Opposition in Nationalist China, 1929-1949* (Cambridge et al: Cambridge
University Press, 2000), pp. 56-58.

Northern Expedition, the new government had issued an "Organic Law" in October 1928, which was revised in 1930, establishing thereby a government structure consisting of five branches (Executive Yuan, Legislative Yuan, Judicial Yuan, Examination Yuan, and Control Yuan). In March 1929, the Third Congress of the Guomindang declared Sun Yat-sen's authoritative writings to essentially form a fundamental law. However, the Congress did not define the rights and duties of the citizens.[9] Plans for a six-year period of so-called political tutelage, which in effect meant educational dictatorship exerted by one-party rule, were announced in June 1929. Two years later, in May 1931, a new Provisional Constitution for the period of political tutelage was promulgated. According to this provisional constitution, rights were to be derived from citizenship, and it was the state that granted such rights. The state should therefore have the power to limit or withdraw rights, including individual rights and liberties.[10]

The constitutional question was doubtless the main reason why liberal human rights advocates initiated the debate on human rights and constitutional law. Luo's treatise "On Human Rights" stands out from contributions to the debate due to the thoroughness of its arguments, and

---

9 Patrick Cavendish, "The 'New China' of the Kuomintang," Jack Gray ed., *Modern China's Search for a Political Form* (London: Oxford University Press,1969), p. 164.

10 Fredric J Spar, "Human Rights and Political Engagement: Luo Longji in the 1930s," in Roger B. Jeans ed., *Roads not Taken. The Struggle of Opposition Parties in Twentieth-Century China* (Boulder, San Francisco; Oxford: Westview Press, 1992), p. 65.

the fact that it contains the first catalog of rights to be authored by a Chinese (in the last section of the text). The treatise was published near the beginning of the debate, following two articles by Hu Shi on the topic of human rights and provisional constitution from April and June 1929 in *The Crescent*.[11] *The Crescent* was the major journal carrying essays and articles by prolific liberal intellectuals, writers, and literary critics, such as Hu Shi, Liang Shiqiu, Wen Yiduo, Pan Guangdan, Xu Zhimo, and Liu Yingshi. Immediately after the publication of "On Human Rights," Luo wrote an article entitled "A Message to Those Who Suppress the Freedom of Speech".[12] Three shorter pieces on human rights followed in 1931, as well as Luo's articles on China's provisional constitution, the rule of law, and the problem of political tutelage, which were also published in *The Crescent* in 1931.

4. Content Summary

The treatise "On Human Rights" is divided into six sections, with the first section serving as an introduction, and the last one consisting of a catalog of rights consisting of fundamental rights and constitutional law.

In the first section, entitled "Introduction," Luo elaborates the reasons for writing the treatise. He refers to the national government's Decree on the Protection of Human Rights from April 20 (1929), which he believes

---

[11] Edward S. K. Fung, "The Human Rights Issue in China, 1929-1931," *Modern Asian Studies*, Vol. 32, No. 2(1998), pp. 432-434.

[12] Luo Longji 羅隆基, "Gao yapo yanlun ziyouzhe 告壓迫言論自由者 (A Message to Those Who Suppress the Freedom of Speech)," *Xinyue Yuekan* 新月月刊 (The Crescent), Vol. 2, No. 6/7 (Sept. 10, 1929), pp. 1-17.

demonstrates the current demise of human rights in China.[13] He also addresses leftist voices that criticize human rights as abstract and irrelevant when compared to the practice of class revolution.[14] Luo thus explicitly takes a defensive position, and claims that this position applies to the contemporary Chinese "human rights movement" too.[15] In addition, he introduces a global view by explaining that since the Great War, the constitutions of emergent states reflected new developments in the field of human rights.[16]

Section 2 of the treatise, entitled "The meaning of human rights," aims to clarify the significance of human rights from the perspective of their function, while at the same time addressing the question of how to justify human rights. The key notion here is "to actualize human [existence]" (*zuo ren* 做人), which is said to entail, firstly, the human need for sheer survival, and secondly, the need to develop one's individual personality in the social condition. The latter task ostensibly culminates in the goal to "become myself at my best," which would facilitate, in turn, the attainment of "happiness." Happiness thus understood is relational and involves personal happiness and collective happiness in the utilitarian sense — "the greatest happiness of the greatest number".[17] On this premise, Luo explains that the significance of human rights is to provide

13 Luo Longji 羅隆基, "Lun renquan 論人權 (On Human Rights)," p. 34.
14 Luo Longji 羅隆基, "Lun renquan 論人權 (On Human Rights)," p. 35.
15 Luo Longji 羅隆基, "Lun renquan 論人權 (On Human Rights)," p. 34.
16 Luo Longji 羅隆基, "Lun renquan 論人權 (On Human Rights)," p. 36.
17 Luo Longji 羅隆基, "Lun renquan 論人權 (On Human Rights)," pp. 37-39.

the preconditions for "actualizing human [existence]," both in terms of the human being's physical survival[18] and his or her personal development.[19] This approach leads Luo to explicitly reject Rousseau's orientation towards the state of nature, and Bentham's suggestion that human rights are identical with the law of the state.[20] Luo also rejects the justification of human rights through a theory of natural rights, preferring instead the functionalist view according to which human rights exist for the sake of preserving physical life, developing individuality and personality, and attaining the greatest happiness of the greatest number.[21]

The following section, "Human rights and the state," extends the functionalist perspective to the concept of the state. The reason for the existence of the state is thus to be found in its function, namely to preserve human rights.[22] The state, however, does not produce human rights. It should rather follow the norm of recognizing human rights.[23] Luo quotes Harold Laski and Robert Morrison MacIver to support this understanding of the state, and in doing so renders the English word "rights" as "human rights" (renquan) in Chinese, thereby adapting the original passages to his own agenda.[24] Yet he adheres to Laski and MacIver in offering a pluralist conception of the state according to which the state is but one of many

---

[18] Luo Longji 羅隆基, "Lun renquan 論人權 (On Human Rights)," p. 37.
[19] Luo Longji 羅隆基, "Lun renquan 論人權 (On Human Rights)," p. 39.
[20] Luo Longji 羅隆基, "Lun renquan 論人權 (On Human Rights)," p. 41.
[21] Luo Longji 羅隆基, "Lun renquan 論人權 (On Human Rights)," pp. 40, 42.
[22] Luo Longji 羅隆基, "Lun renquan 論人權 (On Human Rights)," p. 44.
[23] Luo Longji 羅隆基, "Lun renquan 論人權 (On Human Rights)," p. 49.
[24] Luo Longji 羅隆基, "Lun renquan 論人權 (On Human Rights)," pp. 44-46.

organizations within society.[25] Against this backdrop, Luo deplores the current situation in China where the state is being usurped by private individuals. He adds that a revolution would certainly occur, provided that the citizenry was really aware of these circumstances. The citizenry, after all, is not obliged to remain obedient.[26]

The fourth section, "Human rights and the law," contains a definition according to which the origin of laws can be retraced to their function to preserve human rights.[27] Human rights precede, in a systematic sense, the existence of laws. Luo furthermore subscribes to Rousseau's dictum that in a state of popular government "law is the expression of the general will".[28] He then shifts perspective – without elucidating the implications of Rousseau's proposition – and considers "the goal" of law: Law aims for the greatest happiness of the greatest number, and only the people themselves can determine the actual content of their happiness.[29] In conceptualizing law, Luo further distinguishes between constitutional law and ordinary laws. This distinction refers to the aspect of exerting control: Constitutional law serves the people to control the government, whereas the government uses the laws to rule the people. When both functions are fulfilled, one can speak of rule by law.[30] Luo agrees with Hu Shi that a

---

25 Luo Longji 羅隆基, "Lun renquan 論人權 (On Human Rights)," p. 46.

26 Luo Longji 羅隆基, "Lun renquan 論人權 (On Human Rights)," p. 47.

27 Luo Longji 羅隆基, "Lun renquan 論人權 (On Human Rights)," p. 49.

28 Luo Longji 羅隆基, "Lun renquan 論人權 (On Human Rights)," p. 52.

29 Luo Longji 羅隆基, "Lun renquan 論人權 (On Human Rights)," pp. 49, 53.

30 Luo Longji 羅隆基, "Lun renquan 論人權 (On Human Rights)," p. 50.

constitution should not only determine the rights of the people, but even
more importantly define the powers and responsibilities of the government
organs.[31] Like Hu Shi before him, Luo takes issue with the government's
decree of April 20 which did not stipulate the need to prevent unlawful
acts by government organs. Luo concludes that those who strive for human
rights should first struggle for a formal constitution, because constitutional
rule is a precondition for the rule of law which in turn is indispensable for
preserving human rights.

Yet the adoption of a constitution constitutes, according to Luo, itself
a human right, and thus the constitution in turn depends on the realization
of human rights.[32] At the end of the section, Luo briefly elaborates on the
right of resistance, approvingly referring to what he calls "the human right
of revolution" as discussed by Locke. As Luo puts it, the people are under
the obligation to use their right of revolution provided that the laws they
desire are not enacted, or no longer effective. As historical precedents he
identifies the events leading up to the Magna Carta, the Petition of Rights
from 1628, the Bill of Rights from 1689, the American and French
revolutions, and also the Confucian classic *Mencius* which prescribes, as
Luo suggests, the right of revolution. In this context, Luo also points to
Sun Yat-sen's revolutionary activities.[33]

In section 5, "The temporality and spatiality of human rights," Luo
interprets the historical development of human rights in terms of the

---

31 Luo Longji 羅隆基, "Lun renquan 論人權 (On Human Rights)," pp. 50-51.
32 Luo Longji 羅隆基, "Lun renquan 論人權 (On Human Rights)," p. 51.
33 Luo Longji 羅隆基, "Lun renquan 論人權 (On Human Rights)," pp. 54-55.

variability of their contents over time. In order to bolster his claim about variability, he draws on various historical examples by quoting from the Magna Carta, the Petition of Rights (1628), the Bill of Rights (1689), and the French Declaration of the Rights of Man and of the Citizen of 1789.[34] His argument essentially rests on the observation that people's living conditions as well as the resulting needs both change over different epochs. Consequently, the contents of human rights (as preconditions for satisfying the needs resulting from particular living conditions) cannot remain the same. There is, in other words, an "evolution" of human rights.[35] Luo does not explain whether there are certain human rights that should be considered unalterable and unalienable. He instead states that even for human rights such as liberty and equality, the respective interpretations in France and America varied to the extent of producing different understandings of these concepts.[36]

The final section of the treatise "What are the human rights that we demand?" consists of a catalog containing 34 articles (the numeration indicates 35, but mistakenly omits article 26). Luo cautiously refrains from entitling this catalog a "declaration," "charter," "petition," or "bill," admitting that the compilation is incomplete and could have been extended to over 3000 articles. The arrangement of the articles does not mirror a jurisprudential distinction between constitutional law and fundamental rights. More than half of the 34 articles cover provisions for constitutional

---

34 Luo Longji 羅隆基, "Lun renquan 論人權 (On Human Rights)," pp. 55-58.

35 Luo Longji 羅隆基, "Lun renquan 論人權 (On Human Rights)," p. 57.

36 Luo Longji 羅隆基, "Lun renquan 論人權 (On Human Rights)," p. 59.

law (concerning, in the broad sense, the organization of the state). The rest is made up of articles stipulating fundamental rights (that is, human rights in the positive form of entries into a constitutional document), with some articles pertaining to both constitutional law and fundamental rights (see articles 2, 4, 10, 21). Some articles are repetitious in character (such as articles 5 and 18 on the equality before the law).

In place of a systematic structure, the articles in the catalog seem to have been grouped according to general subject matters:

Art. 1-5: State, law, government.

Art. 6-9: Civil service.

Art. 10-17: State economy, public finances, private economy.

Art. 18-27: Judicial system.

Art. 28-33: Military affairs.

Art. 34-35: Individual fundamental rights.

The collection of articles does not fully accord with the discussion of human rights in the preceding sections of the treatise. The rights to life, liberty, safety, the pursuit of happiness, and resistance against oppression, which Luo explicitly mentions in sections 2, 3, and 4, are not enlisted in the catalog, and receive only indirect confirmation.

In Art. 1-5, Luo expounds the nature and goal of the state, government, and law, thereby summarizing propositions from sections 2 and 3 of his treatise. However, the goal of the state and government is now explicitly defined as striving for "the greatest happiness of the greatest number of citizens" (Art. 1, 4). Moreover, Luo opts for popular sovereignty, identifying "the nation" as its subject (Art. 2), and restating that the citizens' obedience towards law is conditional (Art. 3; see also Art. 18). Citizens' equality before the law is confirmed along with their "equal opportunities to exercise all rights regarding state policy" (Art. 5).

Art. 6-9 stipulate guarantees for the public character of the civil service, and the open, competitive selection of civil servants.

Art. 10-17 entail provisions for the transparency and public character of the national economy and the state's finance policy. In addition, Luo confirms the principle of "no taxation without representation" (Art. 10), the guarantee of private property (Art. 14), the prohibition of forced labor (Art. 15), the right to work, and disaster relief, which are related to requirements for preserving one's life (Art. 16, 17).

In the following batch of articles (18-27), Luo addresses guarantees regarding the rule of law by confirming judicial independence (Art. 19, 20, 22, 27) and the citizens' right to due process (Art. 21, 24, 25). The articles dealing with the military aim to ensure that the military remains attached to the state, also in terms of its budget (Art. 28-30), does not infringe private property rights (Art. 31), remains accountable to civil courts (Art. 32), and is forbidden to declare mobilization or war (Art. 33). Only in the last two articles does Luo list individual fundamental rights to education, freedom of thought, religion, speech, publication, and assembly. These are said to ultimately serve the whole society (Art. 34, 35).

5. Interpretation

The catalog of constitutional law and human rights in the last section of the treatise reflects its main focus, namely to expound the meaning of constitutional government, and its preconditions and requirements. It is therefore no coincidence that Luo highlighted the regularity and legality of state activity in general, and government action in particular. This also pertains to his concern for the institutional differentiation of political rule in view of the contemporary Chinese situation. Luo hence emphasized the need to implement the division of powers in order to protect the judiciary as well as the civil service from infringements on the part of the government and military.

The legislature, in comparison, receives only little attention. Luo left undecided whether popular consent should be expressed by direct participation or via representatives, using instead the formula of "direct or indirect" consent (or election) by the citizens (or the people) (Art. 2, 3, 6, 10, 25, 29, 30, 33). It is, however, likely that Luo favored a liberal model over a democratic one. Whereas the latter would have required a higher level of direct political participation by the Chinese people, the former was open to more elitist forms of political representation. The issue was certainly delicate for intellectuals such as Luo who were publicly critical of the Guomindang government's plan to establish "political tutelage." Be that as it may, Luo's thoughts on constitutional law and human rights, which he presented in more than a dozen articles published in *The Crescent* between 1929 and 1931, are not embedded in systematic studies of democratic representation and participation. Rather, apart from his writings on human rights, Liu concentrated on topics related to domestic politics (such as discussions of the Guomindang's one-party rule), the critique of communism, the American civil service system, and various considerations on the political system deemed adequate for China (including texts on the rule of law and constitutional government). Luo's concern for governance was typical for Chinese liberals at that time. Significantly, the *Collected Essays on Human Rights* contains, besides Luo's "On Human Rights," his "Message to Those Who Repress the Freedom of Speech" and his article on "Expert Politics".

Luo's political writings after the late 1920s, including "On Human Rights," bear testimony to the practical-minded approach to political discourse as favored by liberal Chinese intellectuals. The liberals were generally critical of both the Guomindang and the Communist movement. With respect to the Guomindang government, they exerted, as Edmund Fung observes, the role of "loyal critics steeped in the tradition of remonstrance".[37] Unsurprisingly, they did not intend to produce highly sophisticated theoretical treatises, preferring instead to intervene in political debates with articles published mostly in non-academic journals and newspapers. Only a few of these liberals wrote specialized monographs in Chinese, but they generally had a sound knowledge of contemporary Western political thought – some of them, such as Luo Longji and Hsiao Kung-chuan, having obtained their doctorates in political science in Western countries. When participating in public debates, they wrote texts characterized by plain language, rhetorical speech, and polemical simplification. Thus, the many references to Western political

---

[37] Edward S. K.Fung, "The Human Rights Issue in China, 1929-1931," p. 431; Fredric J Spar, "Human Rights and Political Engagement: Luo Longji in the 1930s," p. 72.

theoreticians, schools and intellectual currents yield only sketches of the original sources. These short adaptations were, moreover, often tailored to the topic under discussion without further analysis of their theoretical import. Such references tend to be dispersed over the texts, also in the form of short, direct quotations without commentary. Luo's treatment of Laski and MacIver in the present text is certainly not untypical for the above-mentioned type of adapting Western thought for polemical purposes.

Luo was without doubt making ample use Laski's political thought – one interpreter identified Laski's *A Grammar of Politics* (1925) as "the major source of Luo's conception of human rights".[38] Luo's "On Human Rights" is based on Laski's pluralist conception of the state which Luo briefly explained, albeit without relating it to Laski's insistence on the state's responsibility for enhancing workers' rights, nor to Laski's theory of democracy, which prescribed that political democracy rest on economic democracy. Although the Chinese reception of Laski was under way by the late 1920s,[39] we may safely assume that the average reader of *The Crescent* was still unfamiliar with his thought. Luo's point in quoting Laski, then, was not solely to highlight theoretical aspects of the British

---

[38] Terry Narramore, "Luo Longji and Chinese Liberalism 1928-32," *Papers on Far Eastern History*, No. 32 (Sept. 1985), p. 172; see also Marina Svensson, *Debating Human Rights in China: A Conceptual and Political History*, pp. 162-165.

[39] Hui-fen Chen 陳惠芬, *Zhishi chuanbo yu guojia xiangxiang – 20 shiji chuqi Lasiji zhengzhi duoyuanlun zai Zhongguo* 知識傳播與國家想像——20世紀初期拉斯基政治多元論在中國 (Taibei: Wunan Tushu, 2016).

theoreticians' understanding of human rights, but also to score in terms of rhetoric: Luo in effect reassured his readers that British political thinkers such as Laski and MacIver had no qualms in advocating human rights in the context of explaining the nature of the modern state and the implementation of constitutional politics. Such references countered criticism that human rights thought was outdated (see below "Reception"). In addition, they point to a global perspective that clearly set the frame for Luo's interspersed remarks on traditional Chinese political thought and history.

Luo's outlook is global in the sense that his references to Western thought and history rest on his belief in a globally homogenizing, progressivist course of history. Luo thus presented to his readers landmark events in the history of human rights, such as the Magna Carta or the French declaration from 1789, as if they belonged to their own history, and not merely foreign history. At the beginning of the text, Luo therefore issued a call to "*re*capture" (*zhenghui* 爭回) human rights which allegedly had been shattered in China.[40] This global-progressivist dimension had characterized Chinese political thought since the late nineteenth century. It had also been incorporated in nationalist positions that portrayed China as a delayed nation within the modern, imperialist world order. Luo was certainly no advocate of nationalism, but his position on human rights is not overtly universalist either. Although he did not discuss the issue of universalism versus particularism in his writings, his line of thought in

---

[40] Luo Longji 羅隆基, "Lun renquan 論人權 (On Human Rights)," p. 34.

section 5 of "On Human Rights" seems to indicate that he opted for a universalist position. This did not prevent him from acknowledging that there were historical and regional differences in the conceptualization and implementation of human rights. But these differences, it would seem, were not necessitated by national cultures per se, but rather by the coexistence of different stages within the global unfolding of evolutionary change in human needs. The differences, then, concern the non-contemporaneous formation of particular human rights over the course of time, and not the existence of identical human rights as such. At any rate, Luo did not seem to subscribe to the claim that there can (and should) be human societies remaining ignorant of the idea of human rights.

The fact that Luo's position on this issue can only be tentatively deduced from his treatise is due to his sweeping rejection of social contract theories and the idea of "natural rights" (*tianfu renquan* 天賦人權). Luo did not further explore the relation between human rights on the one hand, and natural rights or the state of nature on the other. He was most of all interested in discussing human rights in the *social* condition. Are there unalienable and unalterable human rights? Luo did not say, even though his repudiation of natural rights and his emphasis of the temporality and spatiality of human rights indicates that he might have disagreed. His decision not to discuss these issues in-depth weakens his position, at least on the level of human rights theory. Instead of providing a philosophical justification of human rights, Luo was content with offering an approving account of human rights history in the West. This seemed like a distant echo of Yang Tingdong, who had authored China's first modern law book,

Study of Law (1908), which had been informed by legal positivism and contained a critique of theories of natural rights and social contract.[41] Like Luo two decades later, Yang had also offered a historical narrative, in his case on the progress of civilization, instead of attempting to offer a systematic consideration of the origin of rights. Moreover, Luo clearly circumvented the tension between universalist claims about human rights and particularistic implications of civil liberties and civic rights. By almost exclusively focusing on civil liberties and civic rights, Luo simply sidestepped the thorny issue of how to reconcile the idea of inborn, natural rights with the conception that only the citizens of a particular state are entitled to exercise rights. Luo was, however, outspoken in his dismissal of legal positivism: He unambiguously stated that even though laws should protect human rights, they should not be understood to stipulate what human rights are.[42]

Luo introduced, as we have seen, the notion of "actualizing human [existence]" (*zuo ren*) as a cornerstone of his understanding of human rights, and in so doing emphasized the status of human rights as rights in the *social* condition. This inevitably had repercussions for the justification of human rights. The justification Luo offered centers on the claim that human rights are effective (in relation to realizing "happiness"). To be sure, Luo did not deploy the utilitarian formula for happiness with intent to

---

41 Peter Zarrow, "Anti-Despotism and 'Rights Talk': The Intellectual Origins of Modern Human Rights Thinking in the Late Qing," *Modern China*, Vol. 34, No. 2 (April 2008), p. 195.

42 Luo Longji 羅隆基, "Lun renquan 論人權 (On Human Rights)," p. 41.

vindicate the individual's submission in the social condition. Luo has aptly been called a "utilitarian liberal",[43] and his use of the utilitarian formula of happiness has strong individualistic implications. The social functionalism which characterizes Luo's concept of human rights has its intellectual roots in Laski's non-collectivistic theory of right; and it has been surmised that Laski in turn has been influenced by T. H. Green. [44]

Luo's reflection on "actualizing human [existence]" seems to pertain not only to the individual in his or her social state, or the legal person, but also to the human being as such.[45] It has indeed been suggested that Luo refers here to a pre-social state of the human being that forms the basis for a "needs-based theory of rights".[46] "Actualizing human [existence]" as understood by Luo certainly entails the physical, natural needs of human beings. But not all human rights that Luo affirms can be deduced from physical needs. It is anyway more than doubtful whether the pre-social, "natural" aspect can suffice to ground a human rights theory. This leads to the question whether Luo believed that the human being's social needs – the need to develop one's individual personality in relation with fellow human beings – is rooted in human nature and, therefore, has a pre-social

---

43 Edward S. K. Fung, *In Search of Chinese Democracy: Civil Opposition in Nationalist China, 1929-1949,* p. 60.

44 Terry Narramore, "Luo Longji and Chinese Liberalism 1928-32," *Papers on Far Eastern History*, No. 32 (Sept. 1985), p. 174; Marina Svensson, *Debating Human Rights in China: A Conceptual and Political History*, pp. 163, 165.

45 Luo Longji 羅隆基, "Lun renquan 論人權 (On Human Rights)," p. 37.

46 Marina Svensson, *Debating Human Rights in China: A Conceptual and Political History*, p. 165.

foundation. Luo did not say. He would have charted difficult conceptual terrain here, because a strong reference to human nature might have easily led to allegations from Guomindang circles that he was fostering rampant individualism under the guise of a natural rights discourse. Luo obviously tried to avoid this impression. His reference to human nature is consequently rather vague and neither points to theological ramifications nor to a post-theological, secularized notion of human nature. Luo's position thus differs from Western interpretations of natural rights which are characterized by theological and secularized elements. But his approach still begs the question whether he reintroduced a foundation in natural rights through the backdoor – an issue that remains unresolved in "On Human Rights."

Much less controversial in Luo's scheme is the status of human rights vis-à-vis positive right, namely constitutional law: Human rights take no systematic precedence over the constitution, and it is thus no coincidence that Luo placed a summary article on human rights at the very end of his catalog of rights (in Art. 35), and not at its beginning or in a preamble. Would he have inserted a Bill of Rights in the form of amendments, if there had existed a formal constitution in China? Perhaps, but the first formal constitution of the Republic of China was adopted only in 1947, and Luo obviously thought it unwise to propose a Bill of Rights at a time when the new Organic Law from 1928 had further devaluated the extant constitutional documents, while the drafting of a new Provisional Constitution (1931) had not yet been concluded. Nor did Luo opt for the French approach from 1789, when a declaration of human rights was issued before a constitution had been adopted. Significantly, Luo's catalog of fundamental rights was never released in the form of a separate publication. His discussion of human rights was, however, consistent with the gist of the French debates on human rights in that it strongly emphasized the necessity of establishing the rule of law. The latter in turn requires the existence of a political order that incorporates human rights as its guiding principles. These principles are to be interpreted by law within the framework of a constitutional state. This constellation differs, by the way, from declarations of human rights by international organizations, such as the "Universal Declaration of Human Rights" from 1948, or the "Declaration of the International Rights of Man," issued by the Institut de Droit International in October 1929. As regards the idea that the rule of law requires a political order that incorporates human rights as its guiding principles, the question remains how to conceptualize the political consensus at the foundation of this order. Luo did not offer a straightforward answer, except for his rejection of social contract theories. But it seems safe to say that his line of thought tends towards the idea that such a consensus would have to rest on a type of political reason evolving from a synthesis of philosophy and historical experience – in this case the globally shared history of human rights.

As evident from his catalog of rights, Luo was chiefly interested in human rights as positive right, which is to say civic rights, and not so much in human rights as pre-constitutional principles. Human rights thus understood would not give rise to the risk of destabilizing the constitutional order, once it was formally established. It is unsurprising that Luo highly valued the stability of the constitutional order in a situation marked by widespread worries about further political and military upheaval. In his "On Human Rights" he accordingly avoided any pathos of a fundamentally new beginning that had characterized, for example, Thomas Paine's *Common Sense* and *Rights of Man*. Liberal Chinese advocates of human rights such as Luo neither battled a foreign power, as had been the case in the American revolution, nor did they try to overcome hierarchical social orders, such as the aristocracy and clergy, as had been the dominant vision in the French revolution. A pathos-ridden exposition of radical social and political change would have been detrimental to achieving the post-revolutionary goal of constitutional stability in China. The Chinese liberals' struggle for human rights was therefore inscribed into a statist agenda of political and constitutional reform from within, and hence part of moderate reform towards a liberal, constitutional state.

6. Reception

"On Human Rights" met with criticism from both the nationalist and leftist camps.[47] In response to those critics who were concerned about the detrimental impact of human rights on China's national unity, Luo wrote the short article "We Do Not Advocate Natural Rights." The pressure exerted by such accusations was obviously strong enough to compel Luo to solemnly explain – also by quoting from his "On Human Rights" – that

---

[47] Marina Svensson, *Debating Human Rights in China: A Conceptual and Political History*, pp. 166-170.

he did not endorse the idea of natural rights.[48] He specifically denied that he or other liberal intellectuals had advocated the idea of "natural rights" which might trigger individualistic, and potentially anarchistic tendencies, and consequently weaken the national collectivity. Luo thus joined company with earlier Chinese critics of natural rights, even though he did not share their Japanese-inspired fascination with social Darwinism. After the mid-1900s, Liang Qichao and Sun Yat-sen had rejected European theories of natural rights and social contract on the ground that these theories contradicted basic tenets of social Darwinism regarding the struggle for survival and natural selection; it was thus supposed that they endanger the rise of a powerful Chinese nation-state.[49] Luo might also have had in mind that earlier Chinese advocates of natural rights thinking had represented either revolutionary causes, such as Zou Rong in his tract "Revolutionary Army" from 1903, or anarchist ideas as presented by Liu Shipei during the 1900s.[50]

In another issue of *The Crescent*, Luo again rejected natural rights,

---

[48] Luo Longji 羅隆基 (signed Nusheng 努生), "Women bu zhuzhang tianfu renquan 我們不主張天賦人權 (We Do Not Advocate Natural Rights)," *Xinyue Yuekan 新月月刊* (The Crescent), Vol. 3, No. 8 (June 1931 [?]), pp. 4-6.

[49] Thomas Fröhlich, "Das Recht auf Expertenherrschaft. Luo Longji (1896-1965) und die chinesische Rezeption der Menschenrechte," *Asiatische Studien/Études Asiatiques*, Vol. 50, No. 1, pp. 31-33.

[50] Peter Zarrow, "Anti-Despotism and 'Rights Talk': The Intellectual Origins of Modern Human Rights Thinking in the Late Qing," pp. 187-191; Ermin Wang (Wang Erh-min) 王爾敏, "Zhongguo jindai zhi renquan xingjue 中國近代之人權醒覺 (English title: The Recognition of Human Rights in Modern China)," *Zhongguo Wenhua Yanjiusuo Xuebao 中國文化研究所學報*, *Vol.* 14, p. 79.

this time in response to an article by Zhang Yuanruo 章淵若 in the newspaper *Minguo Ribao* 民國日報. Zhang had juxtaposed collective "people's rights" (*minquan* 民權), which Sun Yat-sen had propagated as a means to achieve cohesion within the Chinese nation state, with the allegedly subjectivist idea of natural rights, or "human rights" (*renquan*), which Zhang held responsible for unrestrained individualism.[51] In the same vein, the Manifesto of the First National Party Congress of the Guomindang from 1924 had drawn a sharp distinction between "people's rights" and "natural rights," suggesting that people's rights be exclusively conferred on those citizens who were loyal to the republican state.[52] At the time of Luo Longji's return to China in 1928, Zhou Fohai, a theoretician of the Guomindang, had reiterated this position. He explained that the natural rights theory had served its historical purpose on the eve of the French revolution but was outdated by now.[53] In his response Luo followed the conceptual strategy of distinguishing between "natural rights" and "human rights" (*renquan*), adding that "people's rights" in fact were

---

[51] Luo Longji 羅隆基 (努生), "Renquan, bu neng liu zai yuefa li? 人權不能留在約法裏? (Human Rights, Can't They Remain Within the Provisional Constitution?)," *Xinyue Yuekan* 新月月刊 (The Crescent), Vol. 3, No. 7 (no date indicated, May 1931[?]), pp. 3-7.

[52] Fredric J. Spar, "Human Rights and Political Engagement: Luo Longji in the 1930s," in Roger B. Jeans ed., *Roads not Taken. The Struggle of Opposition Parties in Twentieth-Century China*, p. 65.

[53] Zhou Fohai 周佛海, "The Basis and Particulars of the Principle of People's Rights," in Stephen C. Angle eds, *The Chinese Human Rights Reader Documents and Commentary 1900-2000*(Marina Svensson. Armonk, NY; London: M.E. Sharpe, 2001), pp. 127-128.

part of human rights.[54]

Luo reiterated his critique of Zhang Yuanruo's position in his article "Removing Doubts Regarding 'Human Rights.'" He now provided a more detailed terminological explanation for the difference between human rights and natural rights. He moreover argued that human beings were in essence social beings, and that human rights were thus social in character. In contrast, "people's rights" were not social but political rights, and hence belonged to the sphere of the political state. The state is, according to Luo, one among many social organizations and groupings, and as such does not precede the social sphere, neither normatively nor systematically. Therefore, it would be misleading to subject the social rights of the human being, which was to say human rights, to the narrower sphere of political rights, or people's rights.[55] Luo thus in effect claimed that human rights did precede political rights, albeit not in the systematic sense of natural rights.

In November 1931, Qu Qiubai published "The True Face of the Chinese Human Rights Group" in the Chinese Communist Party's organ *The Bolshevik*.[56] Qu's article amounted to a polemical attack on Hu Shi,

---

54 Luo Longji 羅隆基 (努生), "Renquan, bu neng liu zai yuefa li? 人權不能留在約法裏 ? (Human Rights, Can't They Remain Within the Provisional Constitution?)," pp. 3-7.

55 Luo Longji 羅隆基 , "'Renquan' shiyi ' 人權 ' 釋疑 (Removing Doubts Regarding 'Human Rights')," *Xinyue Yuekan* 新月月刊 (The Crescent), Vol. 3, No. 10 (Sept. 1931), pp. 5-10.

56 Qu Qiubai 瞿秋白 , "Zhongguo renquan pai de zhen mianmu 中國人權派的眞面目 ," in Cai Shangsi 蔡尚思 ed., *Zhongguo xiandai sixiangshi ziliao jianbian*

and particularly on Luo Longji who had criticized communism in two articles from February and September 1931. Qu Qiubai essentially accused Luo of feinting opposition against the Guomindang-led government, while in fact endorsing the Guomindang's "massacre" of communists. This reproach is certainly unjustified, but it is true that Luo had remained silent on the brutal suppression of worker unions and leftist organizations by forces of the Nationalists in Shanghai in 1927. Lu Xun had similarly assumed that the intellectuals of the Crescent Society did not really oppose the Guomindang government.[57]

Yet another attack had come from Peng Kang, who had levelled, in late February 1931, a Marxist-inspired criticism against the "human rights movement," and in particular against Luo Longji, Hu Shi, and Liang Shiqiu. Peng deplored, in terms of theory, that the liberal advocates of human rights had failed to argue on the basis of the class standpoint of the proletariat, manifesting instead their individualistic, "bourgeois" outlook. They had thus coined an "abstract" conception of the human being that lacked any actual (i.e., class-related) contents. Their understanding of human rights consequently lacked, as Peng suggested, serious concern for the proletariat, which had resulted in misguided interpretations of such

---

中國現代思想史資料簡編 (Concise Edition of Materials from Modern Chinese Intellectual History), Vol. 3 (Hangzhou: Zhejiang Renmin Chubanshe, 1983), pp. 35-41.

[57] Lu Xun, "The Function of the Critics of The Crescent Moon Society (1929)," Translated by Yang Xianyi, Gladys Yang, *Lu Xun: Selected Works*, Vol. 3 (Beijing: Foreign Language Press, 1980), p. 61.

rights as the freedom of speech. In addition, Peng suggested that the liberals had committed another grave error, this time of strategic nature, when they rejected the *revolutionary* struggle for rights, and falsely believed in the effectiveness of such reformist means as the rule of law.[58] It seems likely that Peng's scathing criticism was an immediate reply to Luo Longji's rejection of Marxism and its "revolutionary tactics" in his article "On Communism – A Theoretical Critique of Communism", published in *The Crescent* just two weeks earlier.[59]

The reactions of Qu Qiubai and Peng Kang show that Luo's articles on human rights were not perceived as freestanding contributions to political theory, but were fully absorbed into the ideological melee of the day. But the worst in terms of communist condemnation was yet to come for Luo. In summer 1957, a forced public self-criticism by Luo appeared in the *Guangming Daily*.[60] It was written in the standardized form of public self-criticisms in the PRC, and contained, among several other issues, Luo's admission that he had never acquired a thorough understanding of Marxism, and in particular of dialectical and historical

---

58 Peng Kang, "The New Culture Movement and the Human Rights Movement," in Stephen C. Angle and Marina Svensson eds., *The Chinese Human Rights Reader. Documents and Commentary 1900-2000*, pp. 152-160.

59 Luo Longji 羅隆基, "Lun gongchanzhuyi —— Gongchanzhuyi lilun shang de piping 論共產主義——共產主義理論上的批評 (On Communism —— A Theoretical Critique of Communism)," *Xinyue Yuekan* 新月月刊 (The Crescent), Vol. 3, No. 1 (Feb. 10, 1931), pp. 1-22.

60 Luo Longji 羅隆基, "Wo de chubu jiaodai 我的初步交代 (My Initial Confession)," *Guangming Ribao* 光明日報 (Guangming Daily), July 16, 1957.

materialism. Luo also had to express remorse over his suggestion from May 1957 to establish a committee for the rehabilitation of those who had suffered injustice in previous political campaigns. The sad irony is that Luo himself is now one of the very few prominent victims of the anti-rightist campaign led by Deng Xiaoping in 1957 who still await posthumous rehabilitation.

Bibliography

Angle, Stephen C. *Human Rights and Chinese Thought: A Cross-Cultural Inquiry.* Cambridge, UK: Cambridge University Press, 2002.

Cavendish, Patrick. "The 'New China' of the Kuomintang." *Modern China's Search for a Political Form.* Jack Gray (ed.). London: Oxford University Press, 1969, pp. 138-186.

Chen, Huizhong (Cheng Huey-jong) 陳惠忠. Ziyouzhuyi zhishifenzi yu jindai Zhongguo – yi Luo Longji wei li (1928-1949). 自由主義知識分子與近代中國 —— 以羅隆基爲例 (1928-1949). MA Thesis, Donghai University, Taiwan, 1997.

Chen, Hui-fen 陳惠芬. *Zhishi chuanbo yu guojia xiangxiang – 20 shiji chuqi Lasiji zhengzhi duoyuanlun zai Zhongguo* 知識傳播與國家想像—20世紀初期拉斯基政治多元論在中國. Taibei: Wunan Tushu, 2016.

Du, Gangjian 杜鋼建. *Zhongguo jin bai nian renquan sixiang* 中國近百年人權思想 (English title: *Thoughts on Human Rights in Twentieth-Century China*). Hong Kong: The Chinese University Press, 2004.

Finch, George A. "The International Rights of Man." *The American Journal of International Law*, Vol. 35, No. 4 (Oct. 1941), pp. 662-665.

Fröhlich, Thomas. *Expertokratie und Menschenrechte. Politische Schriften Luo Longjis aus der Nanjing-Dekade (1927-37).* MA Thesis, University of Zurich, 1994.

_____,"Das Recht auf Expertenherrschaft. Luo Longji (1896-1965) und die chinesische Rezeption der Menschenrechte." *Asiatische Studien/Études Asiatiques.* Vol. 50, No. 1(1996), pp. 29-54.

Fung, Edward S. K. "The Human Rights Issue in China, 1929-1931." *Modern Asian Studies*, Vol. 32, No. 2(1998), pp. 431-457.

_____. *In Search of Chinese Democracy: Civil Opposition in Nationalist China, 1929-1949.* Cambridge et al: Cambridge University Press, 2000.

Gadamer, Hans-Georg. *Gesammelte Werke Band 1: Hermeneutik: Wahrheit und Methode. Grundzüge einer philosophischen Hermeneutik.* 6th Edition, Tübingen: J.C.B. Mohr, 1990.

Gauchet, Marcel. *Die Erklärung der Menschenrechte. Die Debatte um die bürgerlichen Freiheiten 1789.* Reinbek bei Hamburg: Rowohlt Taschenbuch,

1991. (*La Révolution des droits de l'homme*, Paris: Éditions Gallimard, 1989).

Hood, Steven J. "Rights Hunting in Non-Western Traditions." *Negotiating Culture and Human Rights*. Lynda S. Bell, Andrew J. Nathan, Ilan Peleg (eds.). New York: Columbia University Press, 2001, pp. 96-122.

Liu, Yongping 劉永平, Li Helin 李賀林, Wang Yanfeng 王彥峰. *20 shiji Zhongguo de renquan sixiang* 20 世紀中國的人權思想. Beijing: Jingji Kexue Chubanshe, 2000.

Liu, Zhiqiang 劉志強. *Zhongguo xiandai renquan lunzhan – Luo Longji renquan lilun goujian* 中國現代人權論戰羅隆基人權理論構建 (English title: A Debate About Human Rights in Modern China. Human Rights Theory of Luo Longji). Beijing: 社會科學文獻出版社 Social Science Academic Press, 2009.

Lu, Xun. "The Function of the Critics of The Crescent Moon Society (1929)." *Lu Xun: Selected Works*. Translated by Yang Xianyi, Gladys Yang. 4 Vols. Beijing: Foreign Language Press, Vol. 3(1980), pp. 60-61.

Luo, Longji 羅隆基. "Lun renquan 論人權 (On Human Rights)." *Xinyue Yuekan* 新月月刊 (The Crescent), Vol. 2, No. 5 (July 10, 1929), pp. 1-25.

Luo, Longji 羅隆基. "Gao yapo yanlun ziyouzhe 告壓迫言論自由者 (A Message to Those Who Suppress the Freedom of Speech)." *Xinyue Yuekan* 新月月刊 (The Crescent), Vol. 2, No. 6/7 (Sept. 10, 1929), pp. 1-17.

Luo, Longji 羅隆基. "Lun renquan 論人權 (On Human Rights)." *Renquan lunji* 人權論集 (*Collected Essays on Human Rights*). Hu Shi 胡適 et al. Shanghai: Xinyue Shudian, 1930, pp. 33-73.

Luo, Longji 羅隆基. "Lun gongchanzhuyi – Gongchanzhuyi lilun shang de piping 論共產主義 – 共產主義理論上的批評 (On Communism – A Theoretical Critique of Communism)." *Xinyue Yuekan* 新月月刊 (The Crescent), Vol. 3, No. 1 (Feb. 10, 1931), pp. 1-22.

Luo, Longji 羅隆基 (signed Nusheng 努生). "Renquan, bu neng liu zai yuefa li? 人權不能留在約法裏? (Human Rights, Can't They Remain Within the Provisional Constitution?)." *Xinyue Yuekan* 新月月刊 (The Crescent), Vol. 3, No. 7 (no date indicated, May 1931[?]), pp. 3-7.

Luo, Longji 羅隆基 (signed Nusheng 努生). "Women bu zhuzhang tianfu renquan 我們不主張天賦人權 (We Do Not Advocate Natural Rights)." *Xinyue Yuekan* 新月月刊 (The Crescent), Vol. 3, No. 8 (no date indicated; June 1931 [?]), pp. 4-6.

Luo, Longji 羅隆基. "'Renquan' shiyi '人權' 釋疑 (Removing Doubts Regarding

'Human Rights')." *Xinyue Yuekan* 新月月刊 (The Crescent), Vol. 3, No. 10 (Sept. 1931), pp. 5-10.

Luo, Longji 羅隆基. "Wo de chubu jiaodai 我的初步交代 (My Initial Confession)." *Guangming Ribao* 光明日報 (Guangming Daily), July 16, 1957.

Luo, Longji. "On Human Rights." Translated by Stephen C. Angle. *Contemporary Chinese Thought*, Vol. 31, No. 1 (Fall 1999), pp. 78-83. Reprinted in: Angle, Stephen C.; Marina Svensson. *The Chinese Human Rights Reader. Documents and Commentary 1900-2000*. Armonk, NY; London: M.E. Sharpe, 2001, pp. 138-152.

Luo, Longji 羅隆基. "Lun renquan 論人權." *Hu Shi yu xiandai Zhongguo. Renquan guannian ziliao huibian* 胡適與現代中國。人權觀念資料彙編 (English title: *Materials of Hu Shih and Modern Chinese Human Rights*). Pan Kuang-che 潘光哲 (ed.). Taibei: Guojia Renquan Bowuguan Choubeichu / Zhongyanyuan Jinshisuo, 2017, pp. 41-58.

Müller, Sven-Uwe. *Konzeptionen der Menschenrechte im China des 20. Jahrhunderts*. Hamburg: Mitteilungen des Instituts für Asienkunde, 1997.

Narramore, Terry. Chinese Intellectuals and Politics. Luo Longji and Chinese Liberalism. MA Thesis, University of Melbourne, 1983.

Narramore, Terry. "Luo Longji and Chinese Liberalism 1928-32." *Papers on Far Eastern History*, No. 32 (Sept. 1985), pp. 165-195.

Peng, Kang. "The New Culture Movement and the Human Rights Movement." *The Chinese Human Rights Reader. Documents and Commentary 1900-2000*. Angle, Stephen C.; Marina Svensson. Armonk, NY; London: M.E. Sharpe, 2001, pp. 152-160.

Price, Don C. "From Might to Right: Liang Qichao and the Comforts of Darwinism in Late-Meiji Japan." *The Role of Japan in Liang Qichao's Introduction of Modern Western Civilization to China*. Joshua A. Fogel (ed.). Berkeley: Institute of East Asian Studies, University of California Press, 2004, pp. 68-102.

Qu, Qiubai 瞿秋白. "Zhongguo renquan pai de zhen mianmu 中國人權派的眞面目." *Zhongguo xiandai sixiangshi ziliao jianbian* 中國現代思想史資料簡編 (Concise Edition of Materials from Modern Chinese Intellectual History). Cai Shangsi 蔡尚思 (ed.). 5 Vols. Hangzhou: Zhejiang Renmin Chubanshe, Vol. 3, 1983, pp. 35-41.

Spar, Fredric J. "Human Rights and Political Engagement: Luo Longji in the

1930s." Roger B. Jeans (ed.). *Roads not Taken: The Struggle of Opposition Parties in Twentieth-Century China*. Boulder, San Francisco; Oxford: Westview Press, 1992, pp. 61-81.

Svarverud, Rune. "The Notions of 'Power' and 'Rights' in Chinese Political Discourse." *New Terms for New Ideas: Western Knowledge and Lexical Change in Late Imperial China*. Michael Lackner, Iwo Amelung, Joachim Kurtz (eds.). Leiden: Brill, 2001, pp. 125-143.

Svensson, Marina. "*The Chinese Conception of Human Rights: The Debate on Human Rights in China, 1898–1949*." Ph. D. Dissertation, Lund University, 1996.

Svensson, Marina. *Debating Human Rights in China: A Conceptual and Political History*. Lanham et al: Rowman & Littlefield, 2002.

Wang Ermin (= Wang Erh-min) 王爾敏. "Zhongguo jindai zhi renquan xingjue 中國近代之人權醒覺 (English title: The Recognition of Human Rights in Modern China)." *Zhongguo Wenhua Yanjiusuo Xuebao* 中國文化研究所學報 (Chinese University of Hong Kong), Vol. 14(1983), pp. 67-83.

Weatherly, Robert. *The Discourse of Human Rights in China: Historical and Ideological Perspectives*. New York: St. Martin's Press, 1999.

Wu Zhongxi 吳忠希. *Zhongguo renquan sixiang shilüe: Wenhua chuantong he dangdai shijian* 中國人權思想史略：文化傳統和當代實踐. Shanghai: Xuelin Chubanshe, 2004.

Xie, Yong 謝泳. "Zhengzhi yu xueshu zhijian: Luo Longji de mingyun 政治與學術之間：羅隆基的命運." *Ershiyi Shiji. Shuangyuekan* 二十一世紀雙月刊, No. 29 (June 1995), pp. 42-48.

Zarrow, Peter. "Citizenship and Human Rights in Early Twentieth-Century Chinese Thought: Liu Shipei and Liang Qichao." *Confucianism and Human Rights*. Wm. Theodore De Bary, and Weiming Tu (eds.). New York: Columbia University Press, 1998., pp. 209-233.

Zarrow, Peter. "Anti-Despotism and 'Rights Talk.': The Intellectual Origins of Modern Human Rights Thinking in the Late Qing." *Modern China*, Vol. 34, No. 2 (April 2008), pp. 179-209.

Zhou Fohai. "The Basis and Particulars of the Principle of People's Rights." *The Chinese Human Rights Reader: Documents and Commentary 1900-2000*. Stephen C. Angle, Marina Svensson (ed.). Armonk, NY; London: M.E. Sharpe, 2001, pp. 127-130.

關鍵文章之文本分析：
以羅隆基〈論人權〉為例

范登明（Thomas Fröhlich）

摘要

　　本篇論文以關鍵文章之文本分析（analysis of key texts）的方式，深度解析羅隆基1929引起眾多議論的文章〈論人權〉。在批評國民黨政府不完全的憲政草案，且強調集體「人民權利」的背景下，羅發表了這篇探討人權思想的論文，並於其中條列出中國第一部人權條款。文中羅採進步史觀的看法，以全球一貫的角度，剖析人權思想的發展。而在人權理論上，羅摒棄自然權利的說法，選擇從社會功能主義（social functionalism）出發的觀點來詮釋。因此，羅的這篇論文不僅受到國家主義者的反駁批評，同樣也引來左派陣營的群起圍攻，進而陷入一場意識型態的混戰之中。〈論人權〉無疑是最能代表民國時期中國自由主義思想的關鍵文章。

關鍵詞：中國人權條例，進步史觀，中國自由主義，憲法，憲政

【書評論文】

重構「文人論政」：
新記《大公報》研究之回顧與展望

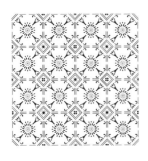

梁家逕

國立臺灣大學歷史系碩士。研究興趣以報刊史為主，涉及的
範圍涵蓋了近代中國以及南洋等地的報刊。嘗試通過對近代
報刊辦報模式的了解，還原報人與政治、學術、經濟等各方
面的理想與實踐上的努力。

重構「文人論政」：
新記《大公報》研究之回顧與展望

梁家瑝

一、前言

　　1926年9月1日，吳鼎昌（1884-1950）、胡政之（1889-1949）、張季鸞（1888-1941）三人以新記公司的名義續刊《大公報》，並成功使這家一年前才關閉的報紙起死回生。其不僅在兩年內就奠定了自身於北方的輿論地位，更於1936年在津、滬兩地同時刊行，成爲了一家名副其實的全國性報刊。甚者，其於輿論界的影響力更在1941年受到了國際的認同，獲得了密蘇里新聞學院所頒發的「新聞事業傑出貢獻獎章」，使其無疑成了近代中國影響力最大的報刊之一。[1]

　　其影響力之「最」，可從三個方面看得。首先，只要談及新記時期的《大公報》（以下新記時期的《大公報》皆簡稱爲《大公報》），[2]就必然會談及近代中國史上的重要領袖人物。其中，蔣介石（1887-1975）每天早上要看《大公報》就爲一例子。蔣介石在他的辦公室和起居室，甚至是廁所，都擺有一份《大公報》。[3]爾後又有毛澤

---

[1] 吳廷俊，《新記《大公報》史稿》（武漢：武漢出版社，2002），頁234。

[2] 《大公報》有著百年的歷史，可分成四個時期，主要有：英斂之時期（1902-1916）、王郅隆時期（1916-1925）、新記公司時期（1926-1949）以及「新生時期」（1949-至今）。但本文所謂之《大公報》僅指的的新記公司時期的《大公報》。

[3] 此說最早源自於惲逸群的《蔣黨內幕》一書。雖然該書的面世就是以批判

東（1893-1976）與《大公報》之間的分分合合。從一開始「只有你
們《大公報》拿我們共產黨當人」的感激之詞，到後來被毛斥責說
「當年有人要我們不要另起爐灶」。[4]可見其影響力之「最」。其次，則
是近代史上人才最盛的報紙之一。創業的三巨頭，張季鸞、吳鼎昌、
胡政之自然已是近代新聞界叱吒風雲的人物；後輩人才中，王芸生
（1901-1980）、徐鑄成（1907-1991）、曹谷冰（1895-1977）、孔昭愷
（1911-1990）等人更是名列《中國新聞年鑒》的「中國新聞界名人簡
介」當中。除了這些代表人物之外，該欄目所列出的名人之中，亦有
其他60餘人來自於《大公報》，可見其人才密集之「最」。最後，也
是最重要的，就是俞凡於《新記《大公報》再研究》所稱之「近代史
上與政府關係最爲密切的報刊」。雖然胡政之強調「報刊與政治的密
切……並沒有發生外在的聯繫」，[5]但從「蔣介石檔案」與「國民政府
檔案」當中卻可以發現《大公報》曾深入地涉入國民政府諸多政策的
制定。[6]《大公報》三巨頭，張、吳、胡三人更是與蔣介石有著非常密
切的關係，甚至可見吳鼎昌於1935年12月12日辭去社長一職加入國

<hr>

《大公報》爲意，有著特定的歷史條件，但以現在發現的史料來看，此論
仍然有著可信之處。從翁元口述爾後由王丰記錄的《我在蔣介石父子身邊
的日子》（台北：時報文化，2015）一書可以看出蔣介石確實有著每天看
報紙的習慣，但卻並非只專看一份報紙，而是多份不同的報紙。

4　周雨，《大公報史》（南京：江蘇古籍出版社，1993），頁249。

5　胡政之，〈在重慶對編輯工作人員的講話〉，收入王瑾、胡玫編，《胡政之
　　文集》，下（天津：天津人民出版社，2007），頁1079-1083。本文最早收
　　入《大公報》之「大公園地」，第9期第1版，1943年12月21日。

6　俞凡於其《新記《大公報》再研究》一書當中就指出，從「蔣介石檔
　　案」、「國民政府檔案」以及「日本外務省檔案」來看，新記《大公報》
　　與國民政府有著很深的交往，甚至遠超同時期的所有民營報紙。詳見俞
　　凡，《新記《大公報》再研究》（北京：中國社會科學出版社，2016），頁
　　2。

民政府的內閣。[7]更重要的是，其並非隻身加入國民政府內閣，同時間也將當時《大公報》駐南京辦事處的主任金誠夫（1897-1981）也一併帶去內閣，擔任機要秘書。[8]雙方的聯繫遠超當時同時期的民營報刊，若說其為近代史上報刊與政府關係密切之「最」，並不為過。

　　然而，相較於備受肯定的影響力，新記《大公報》（以下開始簡稱之為《大公報》）的評價與定位卻一直是歷史學家們所爭論不休的議題。褒貶雙方的反差極大，稱道者譽其為「文人論政……自始至終保持民間地位」；[9]譴責一方則斥其為「始終穿著『民間』、『獨立』的外衣」。[10]這一兩極化的現象，源自於該項研究發生的背景。由於《大公報》研究興起之初正值中共掌權之際，而《大公報》又與國民政府一直持續有著親密的關係，所以《大公報》很快就變成了眾矢之的。中國大陸的《大公報》老報人為此開始了以自我討伐為主的研究，反觀台灣的《大公報》老報人則展開了以緬懷與稱道為主的研究。雙方的立場雖截然不同，但卻皆以政治立場為主要的研究方向，導致了《大公報》的評價與定位從一開始就因政治立場的不同而陷入了僵局。

　　隨著時間的推移，這一研究的僵局非但沒有得到緩解，反倒因為政治局勢的改變而陷入了一輪又一輪質疑後再肯定的窘境當中。中國大陸從「左風漸盛」到「文化大革命」再到後來的「撥亂反正」無不影響著《大公報》的研究趨勢；台灣的「白色恐怖」所帶來的「反共文學」亦是同時給《大公報》研究帶來了莫大的影響。也正因為如此，《大公報》研究多偏向政治立場之分析而並未意識到自身的說法

7　吳廷俊，《新記《大公報》史稿》，頁114-118。

8　吳廷俊，《新記《大公報》史稿》，頁118。

9　吳廷俊，《新記《大公報》史稿》，頁14-15。

10〈大公報新生宣言〉，《大公報》（上海），1949年6月17日，第一版。

其實一直深陷於一個隱藏的預設當中，即《大公報》的「文人論政」辦報模式必然是獨立的，且與政治勢力保有距離。當雙方為此展開論戰之時，往往將論述的主軸鎖定在了《大公報》是否有實踐「文人論政」這一議題上，並未就「文人論政」思想是否等同於獨立一說進行反思，造成了公說公有理，婆說婆有理的窘境。到了近年，即使一些研究開始意識到《大公報》研究上的窘境與問題，但依舊無法突破這一個循環的論述。其中，2012年出版的《在統制與自由之間——戰時重慶新聞史研究（1937-1945）》[11]以及2016年出版的《新記《大公報》再研究》就是如此。前者依舊為了《大公報》提出種種報刊為「文人論政」所做的努力，後者則列出了此前研究所未注意到的一手資料來證明《大公報》與國民政府之間的合作關係以反駁此前研究所推崇的「文人論政」之精神。該領域的研究現象就如新記《大公報》老記者唐振常（1922-2002）所云：「雙方各各舉出若干事例為證。這樣的辯論，誰也說服不了誰，將永無結論」。[12]

　　因而，若要突破《大公報》研究上的窘境，重整過去研究的盲點就成了首要的任務，也同時是本文所想要完成的。不過，這並不代表本文所作為開創之舉，因為此前的研究並不乏相關的回顧之文。尤其值得一提的，即剛剛提到的《在統制與自由之間》與《新記《大公報》再研究》二書。兩本著作不僅詳細回顧了《大公報》相關的研究成果，更運用了大量的日記、電報、信函等一手資料為此前的研究成果作更進一步的印證。可問題在於，二書雖意識到「文人論政」與政

11　曹立新，《在統制與自由之間：戰時重慶新聞史研究（1937-1945）》（桂林：廣西師範大學出版社，2012）。

12　唐振常，〈香港《大公報》憶舊〉，《我與大公報》（上海：復旦大學出版社，2002），頁20。

治立場之間的聯繫並非只有簡單的黑白之分，卻並未就兩者之間的關係作出更詳細的推論與詮釋，反倒又再度捲進了循環論述之中。正因如此，本文深受啓發，希望就「文人論政」、政治立場以及《大公報》研究之間的聯繫重整此前的研究成果，以期從中整理這些研究一直以來所陷入的盲區，並由此嘗試尋找全新的研究視角。

為此，本文所回顧的研究成果將會分成大陸史學界與台灣史學界兩個不同的時間線進行，以從中梳理出《大公報》在政治氛圍當中所形成的學術史。換而言之，整體的回顧將會以中文學界的成果爲主。至於西方史學界對《大公報》的研究可說是極爲罕見，所以並未被納入本文的討論範圍內。13

二、中國大陸研究史

1949年1月23日，也就是天津被中共佔領的8天後，中共中央就《大公報》的問題曾對天津市委與總前委有過兩次的指示，認爲「該報過去對蔣一貫小罵大幫忙」所以倘若《大公報》「不改組不能出版」。14迫於政治的壓力，於同年的2月27日《大公報》改名爲《進步日報》，並發表了〈《進步日報》職工同人宣言〉以及〈《大公報》新

---

13 現可見的學術文章應僅爲 L. Sophia Wang 所撰一文而已。該文的作者其實也發現到了西方史學界對《大公報》研究的冷淡，並認爲這主要是因爲「《大公報》並非西方定義中的獨立報刊」（p. 217.），因而才無法引起西方史學界的重視。詳見 L. Sophia Wang, "The Independent Press and Authoritarian Regimes: The Case of the Dagong bao in Republican China," *Pacific Affairs*, Vol.67, no.2 (1994), pp. 216-241.

14 〈中共中央關於對天津《大公報》、《新星報》、《益世報》三報處理辦法復天津市委電〉，1949年1月23日。中國社會科學院新聞研究編，《中國共產黨新聞工作文件彙編》（北京：新華出版社，1980），頁270。

生宣言〉兩篇自我討伐的文章，以期達到與《大公報》「切割」關係
的效果。

　　但事與願違，《進步日報》的自我批判非但沒起到「切割」的作
用，反而為左傾思潮提供了批判《大公報》的環境與基調。隨著中國
政權左風漸盛，以及《大公報》老報人加入批判的行列，使得對《大
公報》的批判脫離了正常的軌道。曾經為《大公報》主力軍的范長江
（1909-1970）、孔昭愷、王芸生、曹谷冰等人就是討伐軍的一份
子。15 四人的討伐文章可謂各有特色，但卻一者比一者更為嚴厲。
1957 年 10 月 7 日，范長江就率先發表了〈要「招」舊大公報之「魂」
麼？〉一文。該文為四人文章當中最為客氣的一篇，因其仍然認為
《大公報》其實有著「進步和中間人士」，之所以會成為「善於投
機、善於偽裝的忠於蔣介石政權的報紙」都是因為「最主要的領導人
的立場是十分反動的」。16 到了 1958 年 1 月，由孔昭愷發表的〈舊大公
報剖視〉一文就已然完全不見緩和之處。此文開篇便將《大公報》由
新記公司承接視為新聞界右派分子的復辟，以達到「右派分子企圖篡

---

15 值得注意的是，討伐軍的成立並非完全出自於自願的心態。其中最值得一
　　提的，就是王芸生。他是在周恩來第三次施壓後並明確指出是毛澤東的指
　　示，才動筆寫下這一篇著名的討伐文。相關回憶一直到了 2004 年由王芸
　　生之子——王芝琛所著的《一代報人王芸生》一書，才正式浮出了水面。
　　王芸生就曾感歎道：「想不到《大公報》還是由我蓋棺定論」。在臨終前
　　已大徹大悟的王芸生，更後悔自己無論有多大壓力，有多麼悲痛，都不該
　　寫那篇「自我討伐」的長文，即〈1926 年至 1949 年的舊《大公報》〉。王
　　芸生認為「《大公報》史將來仍需重新寫過」據王芝琛的理解，他萬分悔
　　恨參與了那場對《大公報》的「圍勤」。參見王芝琛著，《一代報人王芸
　　生》（武漢：長江文藝出版社，2004），頁 218-220。
16 長江，〈要「招」舊大公報之「魂」麼？〉，《人民日報》，1957 年 10 月 7
　　日，第四版。

奪領導權的陰謀」。[17]通篇將《大公報》形容成了國民政府在新聞界的武器，也同時是用於打壓共產黨的利器。更甚者，是1962年原《大公報》主筆的王芸生與曹谷冰所合著的〈1926年至1949年的舊大公報〉一文。該文共二十餘萬字，連續在《新聞戰線》的第7、8、9和10期刊登。[18]於這二十餘萬言的文章當中，王、曹二人對《大公報》做出了比之前更為具體的批評，其中就有「舊大公報與新大公報的政治關係」、「四不原則」、「小罵大幫忙」、「政學系與蔣介石的關係」等議題。不僅如此，其花了極大的部分在處理《大公報》的言論傾向，並逐一對這些言論傾向做出了嚴厲的批評。整體的論述風格以簡單的非黑即白為主，只要不是支持共產黨之言論，皆被視為反共與反動的證據。批判之風，全然失控。

　　雖說整體的批判風氣處於失控的狀態，但仍然有一點值得被注意。即，《大公報》的辦報核心思想──「文人論政」其實在很早期就已然被視為獨立的存在。以1958年1月的〈舊大公報剖視〉一文為例，就可清楚看見其認為《大公報》是在「文人論政」的煙幕之下幫忙國民黨為非作歹。[19]其所謂的「煙幕」，指的就是《大公報》如何將自己偽裝為「中間路線」的獨立報刊。換句話說，有關「文人論政」的辦報模式與思想在《大公報》研究初期就已然進入了老報人的眼簾

---

17 德山（孔昭愷），〈舊大公報剖視〉，《新聞戰線》，第 1 期（北京，1958），頁 32。

18 王芸生、曹谷冰，〈一九二六 ── 一九四九年的舊大公報〉，《新聞戰線》，第 7-10 期（北京，1962），頁 45-49、41-47、39-45、46-49。此文亦收入中國人民政治協商會議全國委員會文史資料研究委員會編，〈1926 至 1949 的舊大公報〉，《文史資料選輯》，第二十五、二十六、二十七、二十八（北京：中華書局，1962），頁 1-61、208-277、201-272、149-218。

19 德山（孔昭愷），〈舊大公報剖視〉，《新聞戰線》，頁 33。

之中，但卻在政治氛圍的影響下並未對其有著更深一步的瞭解，而是直接將「文人論政」與獨立報刊的存在畫上了等號。這一點不僅沒有得到其他老報人的更正，反倒隨著批判之風的失控也同時在范長江、王芸生、曹谷冰等人的討伐文中看得，且越演越烈。

　　可就在左傾思潮失控之時，《大公報》的批判卻隨著「文革」的爆發停了下來。這主要是因爲「文革」的爆發導致了刊登《大公報》批判文章的主要刊物——《新聞戰線》被迫停刊。有關《大公報》的討論得一直到了「文革」結束之後才再度出現。帶動這一討論的，仍然是《大公報》的老報人。相關的討論文章主要刊登在了兩份主要期刊——《新聞研究資料》與《新聞記者》。不過與此前不同的是，由於「文革」的結束而帶動的撥亂反正之工，使得這一時期的《大公報》研究領域不見左傾思潮失控之態。可是，雖說擺脫了以前左傾思潮失控之態，卻仍然遺留著一定的「左風」。在這一時期最早可見的〈國聞通訊與舊大公報〉一文，就仍在使用「舊大公報」一詞，有著明顯的「切割」左派與右派之意。但其比起此前〈1926年至1949年的舊大公報〉一文所持有的論調，卻明顯更公正。如其在談論新記公司承接《大公報》的議題上，就不再有著王、曹二人所謂之「另靠新主」[20]之論，反而是認爲新記公司只是在「搭造重登政治舞台的階梯」。[21]前者之論無疑是直接將《大公報》與國民黨畫上了等同號；後者則是認爲《大公報》是爲了論政治而成立，明顯比前者有著更多可討論的空間。

---

20 王芸生、曹谷冰，〈1926年至1949年的舊大公報〉，《新聞戰線》，第7期（北京，1962），頁47。

21 徐鑄成，〈國聞通訊與舊大公報〉，《新聞研究資料》，第1期（北京，1979），頁61。

　　同樣的情況也出現在了其他的文章當中。不過這些文章除了持著更公正、客觀爲《大公報》平反而著文之意，也同時提供了大量的《大公報》內部史料。其不僅涉及了《大公報》內部的工作分配（王文彬的〈桂林大公報記事〉22、〈上海《大公報》工作瑣記〉23以及金慎夫的〈回憶在文匯報、大公報的工作〉24）、營運模式（曹世瑛（1911-2010）的〈大公報的資金究竟是誰的？〉25、周雨的〈大公報的經營之道——大公報雜憶之三〉26）、人事異動（周雨的〈不拘一格降人才——大公報雜記〉27、馮英子的〈長江爲什麼離開《大公報》？〉28），甚至有著報刊的副刊回憶（蕭乾的〈我與大公報〉29）。同時期除了刊登在《新聞研究資料》與《新聞記者》的文章之外，也有著由《大公報》老報人爲《大公報》平反而出版的著作，其中有徐鑄成的《報海舊聞》（1981）、《舊聞雜憶》（1981）、《報人張季鸞先生傳》（1986）、孔昭愷的《舊大公報坐科記》（1991）以及周雨的

---

22 王文彬，〈桂林大公報記事〉，《新聞研究資料》，第2期（北京，1981），頁156-174。

23 王文彬，〈上海《大公報》工作瑣記〉，《新聞研究資料》，第1期（北京，1983），頁192-197。

24 金慎夫，〈回憶在文匯報、大公報的工作〉，《新聞研究資料》，第1期（北京，1984），頁129-139。

25 曹世瑛，〈大公報的資金究竟是誰的？〉，《新聞研究資料》，第1期（北京，1984），頁233-237。

26 周雨，〈大公報的經營之道——大公報雜憶之三〉，《新聞記者》，第11期（上海，1990），頁42-44。

27 周雨，〈不拘一格降人才——大公報雜記〉，《新聞記者》，第8期（上海，1989），頁46-48。

28 馮英子，〈長江爲什麼離開《大公報》？〉，《新聞記者》，第8期（上海，1992），頁46。

29 蕭乾，〈我與大公報〉，《新聞研究資料》第4期，（1988），頁36-67。

《大公報人憶舊》（1991）等。雖說各式的平反開始崛起，不過「文人論政」在這一時期的討論依舊是延續了此前的風氣，被視爲獨立報刊的存在，也同時是《大公報》所無法做到的部分。所以即使這些《大公報》的老報人提出了與此前不同、更爲公正的回憶，但仍然無法擺脫《大公報》與國民政府關係密切給「文人論政」辦報模式所帶來的矛盾現象。如王文彬於〈桂林大公報記事〉一文從一開始的平反，到後文突然出現了「國民黨需要『大幫忙』的時候，大公報的反共謬論就出現了」[30]一說，就是一例。

　　不過值得強調的是，這些討論文章與著作雖然與「文革」前期之文有著不同的取向，但這兩個時期的討論文章，一般都會被視爲《大公報》的回憶文章以及一手史料。因爲他們都是《大公報》的當事人，曾經親身經歷《大公報》事件的諸多事件當中。即使「文革」前的回憶文章有著明顯的左傾思潮影響之痕跡，但若與「文革」後期的回憶文章進行比對，其實仍然可有著許多可信的記述。所以方漢奇在點評「文革」前的《大公報》回憶文之時，就認爲其「爲研究原《大公報》的歷史提供了比較翔實的素材和清晰的發展脈絡，但分析未必允當」。[31]所以「文革」前後兩個時期對《大公報》的討論，可說是《大公報》研究的史料充實期。也正因爲《大公報》史料愈發充實，就開啓了《大公報》研究於1990年代前後的蓬勃發展時期。

　　在1990年代蓬勃發展時期，《大公報》研究的文章不再如前期一般，只刊登在少量的主要刊物當中，反倒可見於各個不同的期刊。其中就有《新聞大學》、《新聞愛好者》、《新聞與傳播研究》、《新聞

---

30 王文彬，〈桂林大公報記事〉，《新聞研究資料》，第2期（北京，1981），頁161。

31 方漢奇，《《大公報》百年史》（北京：中國人民出版社，2004），頁351。

界》、《新聞記者》等。不僅如此，《大公報》老報人也不再是發表的
主要群體，而是以「外人」爲主。如謝國明、吳廷俊、穆欣、盛沛
林、張頌甲等人，都是該時期《大公報》研究的佼佼者。他們善於運
用前期留下的大量回憶文章與一手史料，並展開了《大公報》研究領
域上最早的「外人」研究視角。可是，「外人」的研究視角並未因此
展開過多的新方向，反而仍局限於前期報刊獨立性與政治關係的討論
當中。謝國民的〈論新記《大公報》的四不主義〉[32]、盛沛林的〈小罵
大幫忙的《大公報》──評析新記《大公報》辦報的政治傾向〉[33]、吳
廷俊的〈評重慶談判期間《大公報》的立場〉[34]、張頌甲的〈爲《大公
報》討還公道〉[35]等文，就是如此。他們所針對的問題仍舊環繞在是
否認眞貫徹過「文人論政」與「四不原則」的問題上。謝國明與吳廷
俊等人就肯定了《大公報》在「文人論政」與「四不原則」上的努
力，可盛沛林與張頌甲等人則認爲《大公報》有爲統治者幫過大忙，
進而還造成了一種各說各話的現象。

　　至於該時期的代表性著作，則主要站在了肯定《大公報》的立場
上，如周雨的《大公報史》與吳廷俊的《新記《大公報》史稿》。前
者的重點在於整理《大公報》的「人物譜」，將除了報刊的重要人物
之外的相關人物皆整理成譜。通過《大公報》報人多樣化的政治背

---

32 謝國民，〈論新記《大公報》的四不主義〉，《新聞研究資料》，第 3 期
　（北京，1986），頁 89-101。

33 盛沛林，〈小罵大幫忙的《大公報》──評析新記《大公報》辦報的政治
　傾向〉，《南京政治學院學報》，第 2 期（南京，1995），頁 81-84。

34 吳廷俊，〈評重慶談判期間《大公報》的立場〉，《華中理工大學學報》，
　第 4 期（武漢，1996），頁 57-63。

35 張頌甲，〈爲《大公報》討還公道〉，《新聞記者》，第 5 期（上海，
　1999），頁 60-63。

景，進一步肯定了《大公報》並未就共產黨或國民黨之間作出區分。
後者則是將重點擺放在了《大公報》的評價傾向，並且細談了五個在
「文革」時期被批判的議題，即「小罵大幫忙」、「國家中心論」、「官
僚資本企業與民間資本企業」、「政學系機關報與民間報紙」以及
「反動報紙與愛國報紙」。通過五項議題的回應，為《大公報》作出
了「既非政治階梯，亦非營利企業，是為文人論政的場所」[36]的定
論。但這一個定論的基點主要是建立在了為《大公報》平反的原則
上，以為許多被「文革」之前批判的議題上行撥亂反正之工。所以其
雖然提出了《大公報》「是為文人論政的場所」，但卻並未對「文人
論政」有著詳細的探討。在其論之中，「文人論政」就成了為《大公
報》平反的「獨立之體現」。也就是說，「文人論政」從「文革」一
開始被陰差陽錯認定為「獨立之體現」之後，不僅沒有通過各式的平
反重新被認識，反倒是被進一步肯定為「獨立之體現」。中其所提出
的定論不僅無助於解決各說各話的局面，反而為肯定《大公報》的研
究之論提供了基調。

　　所以即使到了2000年之後，《大公報》的研究愈加多元，並發展
至四個不同的領域，但肯定與質疑各說各話的現象仍一直持續著。其
所開發出來的四個不同領域，即文學史、文化史、社會史以及新聞
史，有著兩個十分顯著的特點。一者延續了《大公報》的獨立性與政
治性各說各話的局面；另一者則是將《大公報》研究與政治世界隔
開，就其報刊特色進行了討論。前者以文化史與新聞史為主，後者則
是以文學史與社會史為主。

　　以新聞史的著作而言，代表作有方漢奇的《《大公報》百年

---

36 吳廷俊，《新記《大公報》史稿》，頁2。

史》、37曹立新的《在統制與自由之間——戰時重慶新聞史研究（1937-1945）》與俞凡的《新記《大公報》再研究》等；於文化史方面，則有唐小兵的《現代中國的公共輿論——以1930年代《大公報》「星期論文」和《申報》「自由談」爲中心的考察》。38至於學術論文方面，則大部分都被收進了香港大公報社爲慶祝《大公報》一百周年而出版《大公報一百周年慶叢書》的《我與大公報》39一書當中。在這些著作與學術論文當中，不僅梳理了從1950年代開始的各式史料，更從這些史料當中延續了報刊是否獨立的討論。但問題就在於，整體的討論形式只是延續了此前由吳廷俊所建立起來的「『文人論政』即是獨立」的前提上，所以雙方的討論就變成了《大公報》是否有貫徹「文人論政」的獨立報刊之精神這一議題。以曹立新與俞凡兩本著作爲例，前者立爲獨立性的彰顯，後者則爲現實政治之險惡的突出。曹著通過《大公報》戰時新聞統制的言論分析，論證報刊的態度並未因妥協於政治勢力而轉換，反倒是一種「文人論政」之責任心的凸顯。其認爲，從大公報人的言論之中其實仍然可以看到他們對新聞自由的嚮往，只因抗戰愛國之心而同意統一新聞檢查制度。所以並不能因爲《大公報》同意了統一新聞檢查制度，就下定論認爲《大公報》已然倒向政府，只能說其爲了國家著想而不得不暫時妥協。整體的論述，與唐小兵的《現代中國的公共輿論》所談及的「與政治勢力的交涉以

---

37 方漢奇，《《大公報》百年史》（北京：中國人民出版社，2004）。

38 唐小兵的《現代中國的公共輿論——以1930年代《大公報》「星期論文」和《申報》「自由談」爲中心的考察》（北京：社會科學文獻出版社，2012）。

39 其中就可見賈曉慧的〈三十年代的《大公報》副刊〉與〈《大公報》的西北情結〉、曾敏之的〈張季鸞與文人論政〉、林放的〈《大公報》與燕京學子情〉等人的學術論文被收入於該書中。

維持獨立性」極爲相似。與之截然相反的是，俞凡於《新記《大公報》再研究》直指《大公報》雖「有著特殊獨立性」的「文人論政之理想」，但是「在近代中國殘酷的環境下」只能「依附於某一個政治派別」。其以「試探時期」、「合流時期」、「分歧時期」以及「決裂時期」四大時期的言論態度浮動來論證《大公報》如何隨著政權的異動而轉換輿論態度，以至於導致「文人論政」最終的破滅。無論是前者又或後者，皆未曾針對「文人論政」的精神進行分析，而是直接將其定義爲了《大公報》的獨立精神進行探討。對他們而言，《大公報》獨立性之基準，就在於「文人論政」的精神是否有貫徹於當時所發表的輿論當中。

　　這一方面的缺失並未隨著《大公報》研究的多樣化而有著改善。因爲以文學史與社會史領域爲主的《大公報》研究並未觸及獨立性與政治勢力之間的糾葛。以文學史而言，其就是以文學世界爲研究主軸，將《大公報》與政治世界分割開來。這一領域的代表性著作就有劉淑玲的《大公報與中國現代文學》與杜淑娟的《沈從文與《大公報》》。[40] 二者皆以《大公報》的文藝副刊爲主，但前者主要梳理了文藝副刊於近現代中國文學的流變，而後者則是將重心點放在了「京派文學」與文藝副刊之間的關係之中。至於社會史，則以賈曉慧的《《大公報》新論：20世紀30年代《大公報》與中國現代化》、任桐的《徘徊於民本與民主之間：《大公報》政治改良言論評述（1927-1937）》以及岳謙厚與段彪瑞合著的《媒體・社會與國家：《大公報》

---

40 分別見諸於劉淑玲，《大公報與中國現代文學》（石家莊：河北教育出版社，2004）；杜淑娟，《沈從文與《大公報》》（濟南：山東畫報出版社，2006）。

與20世紀初期之中國》為代表。[41] 三本著作都將重心點放在了《大公報》與社會之間的互動，既不從政治態度方面探討，也不與黨派服務扯上關係，以純屬的「以民為本」的角度看待《大公報》。三本著作最為有趣之處在於，他們並未如同文學史一般忽略了《大公報》的現實政治背景，卻也未就該議題有著過深的討論，只是稱《大公報》為一個「泛政治化的民營報紙」。

　　整體而言，《大公報》研究領域固然已脫離「文革」前後時期的新聞史之局限，始而進入文化史、文學史、社會史等更為廣闊的領域，但卻仍未對《大公報》、「文人論政」以及政治之間的複雜關係作出更進一步的討論。也就是說，在吳廷俊提出「文人論政」這一個《大公報》的核心概念之後，《大公報》的研究領域其實並未因此對報刊與政治之間的複雜的關係有著更著深入的探討，反倒直接將《大公報》「文人論政」的辦報方式與獨立的定義畫上了等號。在這樣的研究前提上，褒貶雙方將論述的主軸鎖定在了《大公報》是否有實踐「文人論政」這一議題，來判斷以及論證《大公報》是否為獨立的報刊。無論是各式的期刊論文，又或者是方漢奇《《大公報》百年史》的代表性著作，再到近期曹、俞二人的著作皆是如此。換言之，雖然《大公報》的研究領域早已不見早期「左風漸盛」以及「文革」所帶來的的政治意識，但其所帶來的循環論述卻並未因此停止。

---

41 分別見諸於賈曉慧，《《大公報》新論：20世紀30年《大公報》與中國現代化》（天津：天津人民出版社，2002）；任桐，《徘徊於民本與民主之間：《大公報》政治改良言論評述（1927-1937）》（北京：生活・讀書・新知三聯書店，2004）；岳謙厚、段彪瑞編，《媒體・社會與國家：《大公報》與20世紀初期之中國》（北京：中國社會科學出版社，2008）。

三、台灣研究史

　　若說大陸的研究成果是從質疑到肯定爾後再質疑的循環論述當中，那麼台灣的則是先從肯定之路開始。與大陸一樣，台灣的《大公報》研究從一開始就與政治環境有著密切的關係。1949年，國民政府在遷往台灣之後，仍然以蔣介石爲首並發展出了以「反共文藝體質」的反共政治體制。這種強烈的反共心態以及「光復大陸」的情緒直接影響著台灣早期的《大公報》研究。

　　帶動台灣早期《大公報》討論的，與大陸一致，是《大公報》的老報人。其中最具代表性的老報人，就有陳紀瀅（1908-1997）、于衡（1921-2005）、林墨農等。[42] 他們的文章都主要發表在了《傳記文學》雜誌裡，並有著《大公報》「失身投共」而「痛心疾首」之意，如〈一代論宗哀榮餘墨──敬悼張季鸞先生逝世三十一周年〉[43]、〈瀋陽的繁華夢〉[44]、〈紀（記）大公報（一）〉[45]等文就是如此。更重要的是，

---

42 其中最值得一提的，就是《大公報》的老報人──陳紀瀅。他的身份不僅僅只是《大公報》的老報人，更是「反共文藝體質」的核心人物。其著名的代表著就有《荻村傳》、《赤地》、《華夏八年》等，都皆是宣傳推動反共文藝政策的經典代表。所以當陳紀瀅爲《大公報》提供珍貴的回憶文章之時，其實同時也加入了濃厚的反共意識於其中。

43 該文分成上下篇，分別在《傳記文學》第21卷第3期和第21卷第4期兩期刊登。其分別爲陳紀瀅，〈一代論宗哀榮餘墨──敬悼張季鸞先生逝世三十一周年〉，《傳記文學》，第21卷第3期（台北，1972），頁6-48；以及陳紀瀅，〈一代論宗哀榮餘墨──敬悼張季鸞先生逝世三十一周年（續完）〉，《傳記文學》，第21卷第4期（台北，1972），頁75-84。

44 于衡，〈瀋陽的繁華夢〉，《傳記文學》，第20卷第4期（台北，1972），頁28-34。

45 林墨農，〈紀大公報（一）〉，《傳記文學》，第36卷第1期（台北，1980），頁43-47。

伴隨著《大公報》淪亡於中共政權歎息的，是痛斥王芸生的聲音。他
們一致認為《大公報》「投共」的「罪魁禍首」，就在於王芸生與中
共勾結。文章的怒罵之聲，絲毫不遜於大陸對《大公報》反動之批
判。只不過在台灣，對象從《大公報》三巨頭換成了王芸生，也從
「反動」換成了「投共」。

　　由於王芸生成了眾矢之的，所以當時的討論文章也出現了一個非
常有趣的現象，即專注在對張季鸞的回憶與緬懷。其有趣之處在於，
《大公報》明明有著張、吳、胡三巨頭坐鎮，但在當時卻只選擇了以
張季鸞為緬懷的對象。這主要有三個原因：一、吳鼎昌雖是創辦人之
一，卻很快因為進入國民政府之內閣而離職；二、當時的回憶文章普
遍認為王芸生之「投共」是「冰凍三尺非一日之寒」，其間接原因就
是胡政之的「失神」；三、張季鸞與蔣介石最為親密，但卻並非蔣政
府的內閣成員，被視為是「文人論政」的最佳實踐。與之相關的文章
與著作，除了來自《大公報》老報人，也來自張季鸞的舊友與親
屬。46其中就有王軍余的〈追念同學張季鸞君〉47、吳相湘的〈中國報人
典型：張季鸞先生〉48、王學曾的〈憶報人張季鸞先生〉49以及陳紀瀅的
《一代報人張季鸞》與〈我對張季鸞先生的體認〉50等。在他們看來，

---

46 前三位皆為張季鸞的朋友，只有陳紀瀅一人為《大公報》舊報人。四篇文
　 章皆發表在了《傳記文學》雜誌當中。
47 王軍余，〈追念同學張季鸞君〉，《傳記文學》，第1卷第7期（台北，
　 1962），頁41-42。
48 吳相湘，〈中國報人典型：張季鸞先生〉，《傳記文學》，第5卷第3期（台
　 北，1964），頁26-30。
49 王學曾，〈憶報人張季鸞先生〉，《傳記文學》，第43卷第1期（台北，
　 1983），頁87-88。
50 陳紀瀅，〈我對季鸞先生及《大公報》的體認〉，《傳記文學》，第30卷第
　 6期（台北，1977），頁13-17。

張季鸞對蔣介石政府不遺餘力的支持，並非是因為其與蔣介石的關係，更多是因為其站在了代表國民利益的立場上，認同了符合國民利益且有著合法統治圈的蔣介石政府。整體的論述，充斥著濃厚的「反共」意味。所以縱使台灣很早就開始以「文人論政」的視角切入探討《大公報》，卻有礙於「反共」的歷史背景因素而忽略了張季鸞與蔣介石政府親密關係的細節，與大陸的研究一樣直接將「文人論政」的辦報模式與獨立報刊劃上了等同號。

更嚴重的是，這一個定論隨著蔣氏父子在台灣持續對文化所施行的高壓政治，進一步趨向穩定。穩定的契機在於，當時被政府所壓抑的文人基於對現實環境的不滿，開始呼喚著「文人論政」精神的回歸，讓「文人論政」的獨立精神更為凸顯。為了凸顯這一精神，當時的研究提出了「張季鸞精神」一說，以探討張季鸞如何在維持自身獨立的身份之時仍能夠與國民政府對話。其中最具代表性的當屬賴光臨的〈張季鸞辦報之事功研究〉[51] 與〈中國報壇先驅張季鸞〉。[52] 隨後也可見秦保民的〈張季鸞之死與大公報之亡〉[53]、張若萍的〈名報人張季鸞〉[54] 以及李瞻的〈張季鸞先生傳〉[55] 等文。他們認為，「張季鸞精神」之特點就在於其與50年代中期由美國新文學提出的「社會責任理論」

---

51 賴光臨，〈張季鸞辦報之事功研究〉，《報學》，第4卷第9期（台北，1972），頁101-117。

52 賴光臨，〈中國報壇先驅張季鸞〉，《報學》，第5卷第4期（台北，1975），頁114-119。

53 秦保民，〈張季鸞之死與大公報之亡〉，《報學》，第6卷第5期（台北，1980），頁161-165。

54 張若萍，〈名報人張季鸞〉，《中外雜誌》，第41卷第1期（台北，1987），頁20-22。

55 李瞻，〈張季鸞先生傳〉，《近代中國》，第58期（台北，1987），頁225-236。

（theory of social responsibility）不謀而合。「社會責任理論」強調自由
與其所連帶的責任，而張季鸞正基於對國家的忠誠與責任，自覺地表
現出了一份崇高的國士精神。整體的論述不僅具有西方自由主義思
想，也有含有著中國傳統文化的影子，以帶出與「社會責任理論」暗
合而又超出之處。

　　其雖然運用了西方的自由主義思想，也同時注意到了「文人論
政」與中國傳統文化的聯繫，但若細讀下來，可發現其在思想探討的
工作存有著一個前提。這一個前提就是，以獨立性示人的「張季鸞精
神」來探討「文人論政」。畢竟，「文人論政」的討論剛剛才經歷了
以張季鸞為中心的回憶階段，所以將張季鸞視為獨立精神的體現確實
也符合當時的研究狀況。甚者，當時的文人又處於呼喚「文人論政」
精神回歸的階段，故而在探討「文人論政」與西方以及中國傳統文化
的聯繫之時，是將其定位為獨立性的代表之後才進行深一層的探討。
所以他們才會得出，縱使張季鸞與蔣政府關係之密切，其依舊是以國
士的身份為國家與報業作出貢獻之看法。

　　這不僅影響到了「文人論政」在思想探討上的偏差，也影響到了
台灣在探討《大公報》在中國新聞史上定位之研究。其中不乏有著馮
愛群的《中國新聞史》（1976）、賴光臨的《七十年中國報業史》
（1981）、《中國新聞傳播史》（1983）、《新聞史》（1984）、《中國報
人與報業》（1987）以及李炳炎的《中國新聞史》（1986）。他們都一
致將《大公報》設為近代中國新聞史上的研究中心，甚至是領導全國
輿論之權威。以至於台灣的《大公報》研究雖然並未經歷「文革」的
撥亂反正之風潮，但仍然將《大公報》研究導向了「正面」。

　　這樣的氛圍也延續到了1990年代初期的《大公報》研究。雖然
在1987年，台灣總統蔣經國（1910-1988）正式宣佈「解禁」，結束

了海峽兩岸長期對峙的局面，但「正面」之風依舊勢不可擋。甚者，這樣的風氣即使在蔣經國於1988年的元旦宣佈取消的「報禁」之後，依舊無法減緩當時對「文人論政」精神的過度詮釋與讚揚。在這期間，眾多有關《大公報》研究的出版仍然將《大公報》視爲輿論界的權威，如賴光臨的〈評析中國獨立報業〉、[56]鄭貞銘的〈張季鸞「報恩思想」的時代意義〉[57]、王洪鈞的〈書生辦報——張季鸞的風範〉[58]以及文訊雜誌社出版的《知識分子的良心：連橫、嚴復、張季鸞》（1991）就是如此。這些研究並未眞正解決《大公報》與政府之間親密關係之緣由，反而是一直將「文人論政」與獨立性劃上等同號。

　　眞正意識到這一個問題的研究著作，在台灣得一直到1996年才出現。而這方面成果最顯著的，就莫過於高郁雅在1996年的碩士論文——《北方報紙輿論對北伐之反應：以天津《大公報》、北京《晨報》爲代表的探討》。[59]該書中分析了當時北方地區主要報紙對北伐戰爭的態度，並從中得出當時報紙如何從「心懷芥蒂」到「恐懼排斥」而變成接受與期待。現實政治考量的重視是其論文的特色，也是此前「正面」的《大公報》研究中所忽略的細節。但問題在於，高氏的著作固然提出《大公報》與國民政府的親密關係之證據，但卻也同時將

56　賴光臨，〈評析中國獨立報業〉，《報學》，第8卷第2期（台北，1989），頁10-15。

57　鄭貞銘，〈張季鸞「報恩思想」的時代意義〉，《近代中國》，第79期（台北，1990），頁191-193。，

58　王洪鈞，〈書生辦報——張季鸞的風範〉，《中外雜誌》，第48卷第6期（台北，1990），頁43-48。

59　該論文於1999年3月由台灣學生書局出版成書。高郁雅，《北方報紙輿論對北伐之反應：以天津《大公報》、北京《晨報》爲代表的探討》（台北：台灣學生書局，1999）。

《大公報》的研究置放於拉扯的狀態當中。褒貶雙方又再一次就《大公報》是否獨立的議題展開了各自的論述與論證。

　　肯定與反對之間的拉扯，一直到了2008年以及2015年由李金銓主編的《文人論政：民國知識分子與報刊》與《報人報國：中國新聞史的另一種讀法》的出版，依然是一個未解的矛盾。[60]兩本書雖然致力於探討「文人論政」的歷史脈絡，以多方面考察「文人論政」過去的成就和限制，但仍局限在了以「『文人論政』必然是獨立」的大前提框架當中。李金銓在評論「文人論政」之時，認為其「容易讓人聯想到孟子『富貴不能淫，威武不能屈，貧賤不能移』的最高境界」。[61]問題在於，李金銓同時也認同了「客觀環境」的嚴峻，所以即使「文人論政」的精神境界極高，但卻仍會因為「文人知識界自命清高，單打獨鬥，同人論政而不參政，沒有組織力量或具體辦法實現抽象的理想」，[62]在殘酷的現實政治鬥爭中敗下陣來。這也就產生了討論的過程更多時候只見「文人論政」的高不可攀、一擊即潰之錯覺，無法有著更深一層有關理想的堅持與取捨之間的探討。

　　因而，台灣的研究雖然比大陸的研究更早專注在了「文人論政」

---

60 此處值得注意的是，《文人論政》與《報人報國》二書為2007年與2009年兩屆「中國近現代報刊的自由理念與實踐」學術研討會的成果，爾後由香港城市大學的客座教授李金銓先生編輯而成。第一本《文人論政》集成之後，由台灣的政治大學出版社出版，在新聞傳播學界引起強烈的迴響。但第二本的《報人報國》卻並非在台灣出版，而是由香港的中文大學出版社所出版。此處之所以同時將兩本書放入了台灣的研究史之中，主要是因為《報人報國》是《文人論政》一書的延續。若能將兩者放在一起進行討論，更能凸顯與看出「文人論政」在研究上的承接以及其所面臨的缺陷。

61 李金銓編，《文人論政：知識分子與報刊》（台北：政大出版社，2008），頁27。

62 李金銓編，《文人論政：知識分子與報刊》，頁29。

的討論上，但依舊與大陸一樣陷入了各說各話的局面中。不過有一點值得一提的是，海峽兩岸的研究成果固然同時陷入同樣的框架之中，可是台灣的各說各話卻比起大陸的研究更為專注於辦報思想上的討論。換言之，若將兩岸的研究合而觀之，就可發現《大公報》的研究無論是在新聞史、文化史、文學史、社會史又或者思想史，其實都同時面臨著公說公有理，婆說婆有理的窘境之中。

四、研究方法上的幾點思考

通過中國與台灣兩地對《大公報》研究的再整理，可以清楚看到以往的研究即使發展出了各種不同的領域，其實依然面臨著同樣的問題。那麼值得一問的是，這些研究為何會深陷於其中？若單純從上述所整理的研究歷程來看，國共兩黨的政治立場所帶來的的影響當然首當其衝。但為什麼後期所延伸出來的研究成果依舊環繞於其中呢？

最關鍵的一點，就出現在了「文人論政」這一概念的認知上。在《大公報》的研究領域內，無論是新聞史、文化史、文學史、社會史，又或者思想史，都並未意識到自身深陷於一個隱藏的預設當中，即認定「文人論政」的辦報模式必然是獨立的，且與政治勢力保有距離。若回顧「中國大陸研究史」與「台灣研究史」兩個部分的討論，其實就可以清楚瞭解到這樣的預設之所以會出現完全是因為政治氛圍所影響。雖然大陸與台灣雙方的經歷截然不同，但雙方對「文人論政」給出的定義卻驚人的相同。從大陸老報人一開始的自我批判，「文人論政」就已然被批鬥一方視為「獨立之精神」；爾後再看台灣的老報人，儘管他們並未經歷大陸一般的自我批判，但卻因蔣氏政府所帶來的高壓政治環境而在一開始將「文人論政」視為應追尋與實踐的

「獨立之精神」，整體之含義與大陸無異。更有趣的是，即使1980年代之後的《大公報》研究開始脫離政治氛圍的影響，大陸與台灣該研究領域依舊將此前「文人論政」就等同於「獨立之精神」的定義完完整整的延續了下來並且爲之作出了進一步的論證。質言之，無論是大陸又或者台灣的研究領域界對「文人論政」的認知一直以來都停留在了對「獨立之精神」的論證上，從來沒有重新審視「文人論政」本身是否就等同於「獨立之精神」。

　　不僅如此，這一預設的出現也與「文人論政」這一概念本身的出現有著密切的關聯。「文人論政」的概念一般最早追溯至1874年王韜（1828-1897）所創立的《循環日報》。可值得注意的是，王韜並不曾直接將其所創立的報刊稱之爲「文人論政」。人們之所以將「文人論政」追溯至《循環日報》主要是因爲其所創立的報刊是以「立言」爲目的，首創了一種以政論爲靈魂的報刊模式。[63]隨著這種報刊模式的開啓，其就一直被近代報刊所繼承，從《循環日報》、《時務報》再到《新民叢報》，都強調以「立言」的精神爲核心並通過近代報刊的評論模式爲之政治提供政見。一直到了新記時期的《大公報》，張季鸞才首次將「文人論政」一詞搬上歷史舞台的。在1941年5月15日，新記《大公報》刊登了一則題爲〈本社同人的聲明〉的社評並第一次將辦報的理想稱之爲「文人論政」。在其論述當中，其就明確指出「文人論政」指的就是知識分子對國家興亡的關注，和他們以天下爲己任的襟懷與抱負。[64]

---

63 袁新潔，《近現代報刊「文人論政」傳統研究》（南昌：江西人民出版社，2009），頁1。
64 〈本社同人的聲明　關於密蘇里贈獎及今天的慶祝會〉，《大公報》（重慶），1941年5月15日，第二版。

　　這一說法的背後有一個核心的概念需要被注意，也就是知識分子本身。在張季鸞的論述當中，其雖然並未直接言明「文人論政」就等同於獨立，但其於文中卻曾為「文人論政」定位為「不求權，不求財，也並不求名，而只是盡職責」。這一點看起來確實與獨立之意極為相近，可是並不能就此與獨立的辦報形式劃上等號。要知道，辦報獨立與知識分子盡責是完全不同的兩回事。知識分子可以盡責甚至為國家奉獻、犧牲，不過這並不代表其於報刊的言論上是獨立的。但問題在於，無論是張季鸞又或者是在後期的《大公報》研究之中，尤其是台灣有關「文人論政」的討論之時，知識分子以天下為己任的襟懷與抱負其實悄然的與獨立的概念畫上了等號。在他們的概念中，近代中國知識分子於輿論界的「盡責」之舉其實就等同於西方輿論界的獨立概念。這是《大公報》研究當中極為嚴重的誤區，更是「文人論政」在近代中國報刊研究上一直以來存有的問題。倘若回顧王韜、梁啟超、史量才又或者鄒韜奮等各個報界之代表人物，「文人論政」的形象其實一直以來都與獨立辦報劃上了等號。

　　對西方輿論界而言，獨立的辦報模式的核心概念確實就在於與政府之間的長期抗爭，並因此形成對立的形式。但「文人論政」的辦報模式卻並非以長期抗爭為主，而是以一種具有濃厚儒家思想的諍諫方式為主。若回顧張季鸞所談之「文人論政」，就可窺知一二。其所謂之以天下己任的襟懷與抱負以及對文人地位的強調，無不昭示著此辦報思想與傳統儒家之間的密切關係。「文人論政」於其中所展現的由「文人」轉向「報人」所經歷的地位變動，更是帶出了近代中國知識分子在轉型時思想上的掙扎與轉換。因而，若是一味將「文人論政」簡單地與獨立辦報模式化為一體，那麼傳統儒家思想與西方自由主義之間的交織必然無法有著更為細膩的探討。畢竟，儒家思想談政治與

西方自由主義談政治是完全不同的現象，更別說是兩者交織下所產生的論政模式。

　　因此，若要突破《大公報》研究一直以來的循環論述，又或者是「文人論政」一直以來所面臨的問題，首要的任務就是得重新探討「『文人論政』就必然是獨立的」這一大前提。更具體而言，就是在針對《大公報》一系列的探討當中，不該只停留於證明新記《大公報》是否有在實踐「文人論政」，反而更應著眼於探討「文人論政」的辦報思想與政治勢力之間的聯繫。需要強調的是，這裡所要探討的聯繫跟貶者所持有的「與蔣政權發生著血肉因緣」[65]的論調不同，反倒更應追問的是：政治勢力在「文人論政」當中到底扮演了一個怎麼樣的角色？政治勢力對該報刊體系而言除了如褒者所言之「惡的代表」與貶者所言之「攀附的對象」之外，是否還存有一種潛在的的關係？這些問題不僅能夠使研究的視角脫離《大公報》研究一直以來的循環論述，也同時能夠為該研究提供一個新的切入點。即，探討《大公報》在堅持「文人論政」的報刊理想下，是否有可能同時也存有著相信政治勢力的矛盾現象與思想觀念，從而造成了言論立場與政治勢力之間的曖昧關係。

　　換言之，《大公報》研究必須先從西方獨立報刊的概念抽離開來，將研究的中心先置放於「文人論政」的概念上。無可否認的，有關新記《大公報》宗旨以及報人辦報理念的研究確實汗牛充棟，但如前所述，這些研究都建立在了「『文人論政』是獨立的」這一前提之上，以至於「文人論政」等同於獨立的看法成了一個定案。以2012年曹立新所著的《在統制與自由之間》為例，其所運用的報刊理論居

65〈大公報新生宣言〉，《大公報》（上海），1949年6月17日，第一版。

然仍是1956年所出版的《報刊的四種理論》(*Four Theories of the Press*)[66]一書。該書由費雷德・希伯特(Fred S. Siebert)、西奧多・皮德森(Theodore Peterson)以及威爾伯・施拉姆(Wilbur Schramm)三人所著，並於其中提出了威權主義理論(the authoritarian concept)、自由主義理論(the libertarian concept)、社會責任理論(social responsibility concept)以及蘇聯共產主義理論(soviet communist concept)四種報刊的理論規範。這四種規範理論的分類從出現開始就引發了各式的批評與討論，爾後更有著約翰・梅麗爾(John Merill)、威廉・哈森(William Hachten)、雷蒙德・威廉斯(Raymond Williams)等人的補充。[67]其之所以會引發各式的爭議與後期不間斷的補充說明，主要就是因為其所提供的模式在更多時候只是一個「理想型」(ideal type)，並不能涵蓋實際存在的報刊制度。尤其這些「理想型」分類的中心主要是以西方的媒體主流價值為主，在更多時候反倒會忽略了近代中國報刊媒體的特有價值。正是因為如此，曹立新在該書所運用的威權主義與自由主義兩種理論就使得其在討論近代中國報刊史就不得不從「獨立的精神」這一角度看待輿論界。畢竟，在西方的自由主義媒介規範理論當中，報刊是完全不受政治所干涉且時時刻刻手持監督政府的力量，而《大公報》與國民政

66　Fred S. Siebert, Theodore Peterson, and Wilbur Schramm, *Four Theories of the Press: The Authoritarian, Libertarian, Social Responsibility, and Soviet Communist Concepts of What the Press Should Be and Do* (Urbana: University of Illinois Press, 1984).

67　關於《報刊的四種理論》一書所引發的爭議，可參閱1995年由約翰・倪羅恩(John Nerone)所編的《最後的權利：重議〈報刊的四種理論〉》一書。John C. Nerone, ed., *Last Rights: Revisiting Four Theories of the Press* (Urbana : University of Illinois Press, 1995).

府的親密關係無疑是不合格的。所以當曹氏在看待《大公報》處理新聞統制議題之時所作出的反應之時，他不得不將《大公報》劃入《報刊的四種理論》之中的社會責任理論。也就是說，曹立新之論其實又回到了台灣早期老報人有關社會責任理論之報刊理論之中。

　　當然，如此的解析方式並非完全不可，只是若以這樣的方式理解「文人論政」會忽略了這一辦報思想背後更多的價值觀。「文人論政」中的「文人」真的僅僅只能以社會責任的概念概括嗎？如前所述，倘若回顧「文人論政」一詞，就可以發現其所用到的「文人」與「論政」二詞顯示出該概念的興起絕非一個全新、陌生的想法，而是一個與儒家文化有著極大聯繫的思維模式。那麼其繼承的思想脈絡為何？其與西方報刊當中提倡的獨立思想又有著什麼樣的不同？這些都是非常值得進一步追問的問題。畢竟，「文人論政」興起的時代也只是近代中國報業起步不久之後，所以西方報業的獨立報刊思想是否已全然影響到近代中國的辦報思想是一個非常值得商榷的議題。若「文人論政」模式與西方報業的獨立思維模式不同，那麼其為《大公報》帶來的「文人論政」模式又是如何自我定義與定位的？這一層層的問題都涉及到了「文人論政」辦報理想的再探討，所以不妨稱之為「理想」（goal）的探討。

　　在確立了「文人論政」在「理想」上的探討之後，就得再進一步就「理想」是如何與「現實世界」（given world）產生「緊張性」（tension）的部分作出論證。這是極其重要的一環，也是此前《大公報》研究過度集中的一環。此前的研究之論述不外乎「國民當局對報

刊言論的嚴厲限禁和迫害」[68]又或者「《大公報》與蔣政府的合流」[69]
爾耳。不是敘說其過於理想無法與政治的壓迫產生抗拒，就是認為報
刊違背理念而與政治勢力合流。討論的過程全然不見新記《大公報》
為面對政治壓迫所做出的堅持與取捨，更多時候只見「文人論政」的
高不可攀、一擊即潰之錯覺。所以若要凸顯其與「權力」之間的互動
與衝突，就得還原新記《大公報》是如何在「理想」與「現實世界」
產生衝突之時，形成了一套不放棄「理想」又得以與「權力」有著密
切關係的觀念。其中的堅持與取捨所形成的「困境」（predicament）
就成了此處重點關注的部分。

　　這兩個部分除了會涉及到報刊史之外，同時也需循著思想史的步
伐進行分析。報刊史與思想史的配合極其重要，因為此前的研究雖說
不乏報刊史上的各式論證，但其所下的定論卻過於武斷又或者片面，
以至於無法看到全面的辦報思維模式。倘若能夠通過「理想」與「困
境」兩大部分的結合與討論，就可將原本被簡單化的「文人論政」之
「理想」還原，並由此看待其與現實政治之間的衝突所產生的真正之
「困境」，而非簡單的「獨立」與「非獨立」之間的拉扯。進而，無
論是《大公報》研究，又或者是近代報刊史研究，勢必能夠脫離此前
的循環論證模式，進而看到「文人論政」的全貌並且為之提供更為公
允的歷史評價。

五、展望

　　無論是《大公報》的研究，又或者是「文人論政」的研究，一直

---

68 方漢奇，《《大公報》百年史》，頁17。
69 俞凡，《新記《大公報》再研究》，頁113-120。

以來並不缺乏學者的深入研究，至今也累積了相當豐碩的研究。不
過，近年來有關《大公報》又或者「文人論政」的研究卻逐漸降溫。
由於褒貶雙方總是糾結於同一個論證前提，相互舉例論證、反駁對
方，使得研究很快就陷入了泥潭之中。雙方都過度拘泥於尋找新的史
料反駁對方，以至於研究若無法找到新的史料就無法形成強而有力的
論述。其就如同俞凡於其《新記《大公報》再研究》一書之序中所記
一般，因在就讀碩士期間無法提供新的史料論證《大公報》的不獨立
之處，最終無奈只能更換題目。一直到了2016年，俞凡搜集到了更
多有利的史料之後，方出版了《新記《大公報》研究》。這樣的研究
過程無疑會使得《大公報》研究陷入窘境，無法進一步取得新的突
破。

　　可是，這並不代表《大公報》研究就已然不是一個有意義的研究
課題，其所缺乏只是一個突破性的的研究視角。倘若從本文的回顧之
中窺之一二，其實很快就可以發現到《大公報》與「文人論政」的研
究上存有一個極大的缺陷。褒貶雙方總是站在了對立面上俯視對方，
認為報刊只能有著獨立與不獨立之分。不過也正因為如此，《大公
報》研究視角下的「文人論政」有著高度政治化的特點。若能夠跳脫
獨立與否的論述架構，《大公報》所呈現出來的畫面卻是更為複雜、
有趣，甚至具有可探討性的一個研究課題。

　　高度政治化的「文人論政」之特點不僅可運用於突破《大公報》
研究，更可運用於論證近代中國輿論史上的其他現象。其中最值得一
提的，莫過於1936年5月7日北平燕京大學所舉辦的第五次新聞學術
探討會所探討的「新聞事業與國難」一項。在這一個為期三天的會議
當中，國難與新聞事業的前景成為大會探討的主題。會中，王芸生與
馬星野（1909-1991）強調新聞界自身的責任與努力，羅隆基（1898-

1965）則將視角聚焦於政府的新聞統制與新聞檢查之上。對羅隆基而
言，國難之際並不適合談論言論自由，他更擔憂的是若不依法執行新
聞檢查或會造成輿論窒息，國難無可為的困境。他認為，是否要爭取
言論自由，重點在於政府是否對國難有辦法。倘若政府能夠有效解決
國難的核心問題，那麼其實爭取言論自由並不是最重要的環節。[70] 那
麼有趣的問題就來了，倘若依據《大公報》研究一直以來的方法看待
羅隆基，其是否就等同於一個不獨立且為政府所用的報刊主編？若是
如此，如何看待羅隆基於《益世報》當主編之時極力抨擊當局在「九
一八事變」不抵抗政策之舉？

　　更甚者，《大公報》研究上的突破更能夠為近代中國輿論史的一
大難題提供一個新的切入點。而這一大難題就是，「公共領域」
（public sphere）是否適合用於近代中國輿論的討論。關於這一點，哈
伯瑪斯（Jürgen Habermas）在1990年再版的《公共領域的結構轉型》
所收錄的〈初版序〉就曾提醒道：「『資產階級公共領域』是一個具
有劃時代意義的範疇，不能把它和源自歐洲中世紀的『市民社會』
（bürgerliche Gesellschaft）的獨特發展歷史隔離開來，使之成為一種
理想類型（Idealtyp），隨意應用到具有相似形態的歷史語境當
中」。[71] 即便如此，這一個提醒並未能阻止「公共領域」的概念被引進
中國之後所引發的各式爭論。這些爭論主可以分成三個典型的觀點，
也就是「存在說」、「不存在說」以及「第三領域說」。在這三者之
間，「第三領域說」的說法其實最為適合用於談論近代中國的輿論狀

---

70 詳可參見燕京大學新聞學系第五屆新聞學討論會，《新聞事業與國難》
　（北平：燕京大學，1936），頁9-11。
71 哈貝馬斯著、曹衛東等譯，〈初版序言〉，《公共領域的結構轉型》（台
　北：聯經出版公司，2002），頁xlv。

況。

　　「第三領域說」的提出主要基於兩個原因：其一，哈伯瑪斯的理論架構實際上就是高攀理想以批判現實，有著明顯的「目的論」；其二，單純從國家與社會的簡單二分法是無法領會近代中國的國家與社會之間發展內涵。所以「第三領域說」的建立在於先採取哈伯瑪斯的建議，依照在國家與社會之間存在一個兩方都參與期間的區域的模式進行思考，可是這一思考卻不僅僅停留於兩方之間的對立，而是進一步發展出區別於甚至是超越於國家與社會對立的獨立領域。此領域不僅比起哈伯瑪斯的理論架構有著價值中立的範疇，更有著超出國家與社會的自身特性和自身邏輯的存在。

　　但這卻帶來了另一個研究上的盲點，即黃宗智所談的「第三領域」[72]（「管理型公共領域」）確實存在，但若論更早的「公共領域」形態而言，應為新型士大夫的凝聚。此番說法也同時包含了另一層的意思，即中國的「公共領域」可分成兩種：一種是近代地方性士紳與城市的「管理型公共領域」，另一種則是近代全國型知識分子與都市「批判性公共領域」。[73]正是基於如此的出發點，許紀霖於〈近代中國的公共領域的形態、功能與自我理解〉一文中，就近代中國知識分子的「批判性」上與哈氏的「公共領域」做出了區隔與結合。許氏仍然採用了與黃宗智一樣的立場，即「公共領域」、社會與國家三者對立的觀點，並且認為「公共領域」不僅僅不是政治領域，也不同於私人領域又或者以市場為核心的市民社會。對其而言，「公共領域」是政

---

72 黃宗智，《中國研究的範式問題討論》（北京：社會科學文獻出版社，2003），頁260-283。
73 許紀霖，《啟蒙如何起死回生：現代知識分子的思想困境》（北京：北京大學出版社，2011），頁102。

治合法性的來源所在，但是這一政治合法性的來源卻是由獨立的、具有理性能力的「公眾」從事公共批判所形成的輿論勢力。這也是許氏認爲中國的「公共領域」能與哈氏所言的相互結合之處。不同之處在於，前者的參與者並非一般市民，而是社會精英；甚者阻礙或者帶來轉型的不是金錢的滲透，而是精英體制下所帶來的權力爭鬥所致。

這裡值得注意的是，許紀霖對於近代中國「公共領域」的討論集中點在於理性的運用與獨立性的體現。許先生所重點看待的理性之運用固然沒錯，但若要完全跟著哈伯瑪斯所言之獨立性的體現，那麼就會忽略了近代中國輿論界在運用理性期間與政治勢力之間的對話。這一點也同時體現在了黃宗智的「第三領域說」之中。所以即使「第三領域說」與「批判性公共領域」皆爲近代中國輿論史提供了比此前更合適的研究架構，但依舊有著明顯的缺陷。爲此，若《大公報》與「文人論政」的研究能夠有所突破，或許能夠爲「第三領域說」與「批判性公共領域」提供輿論、理性以及政治三者之間相互對話的討論。

總而言之，從《大公報》研究到「文人論政」研究，甚至是到了近代中國輿論史研究，跳脫西方獨立報刊的視角無疑是現階段最需要做的事。爾後，就是重新瞭解近代中國知識分子如何看待、如何吸收以及如何詮釋輿論這一概念。最後，才能夠回過頭來看待近代中國知識分子於近代中國輿論史上所作出的抉擇，並且爲之作出評價。

徵引書目

《人民日報》，北京，1957。

《大公報》，上海，1949。

《大公報》，重慶，1941。

《大公報一百週年報慶叢書》編委會，《我與大公報》，上海：復旦大學出版
　　社，2002。

于衡，〈瀋陽的繁華夢〉，《傳記文學》，第20卷第4期（台北，1972），頁
　　28-34。

中國社會科學院新聞研究 編，《中國共產黨新聞工作文件彙編》，北京：新
　　華出版社，1980。

方漢奇，《《大公報》百年史》，北京：中國人民出版社，2004。

王文彬，〈桂林大公報記事〉，《新聞研究資料》，第2期（北京，1981），頁
　　156-174。

　　　　，〈上海《大公報》工作瑣記〉，《新聞研究資料》，第1期（北京，
　　1983），頁192-197。

王芝琛，《一代報人王芸生》，武漢：長江文藝出版社，2004。

王芸生、曹谷冰，〈1926 —— 1949年的舊大公報〉，《新聞戰線》，第7-10期
　　（北京，1962），頁45-49、41-47、39-45、46-49。

　　　　，〈1926至1949的舊大公報〉，收入中國人民政治協商會議全國委員
　　會文史資料研究委員會編〉，《文史資料選輯》，第二十五、二十六、二
　　十七、二十八輯（北京：中華書局，1962），頁1-61、208-277、201-
　　272、149-218。

王洪鈞，〈書生辦報 —— 張季鸞的風範〉，《中外雜誌》，第48卷第6期（台
　　北，1990），頁43-48。

王軍余，〈追念同學張季鸞君〉，《傳記文學》，第1卷第7期（台北，
　　1962），頁41-42。

王學曾，〈憶報人張季鸞先生〉，《傳記文學》，第43卷第1期（台北，
　　1983），頁87-88。

任桐，《徘徊於民本與民主之間：《大公報》政治改良言論評述（1927-
　　1937）》，北京：生活・讀書・新知三聯書店，2004。

吳廷俊，〈評重慶談判期間《大公報》的立場〉，《華中理工大學學報》，第4
　　期（1996年），頁57-63。

吳廷俊，《新記《大公報》史稿》，武漢：武漢出版社，2002。

吳相湘，〈中國報人典型：張季鸞先生〉，《傳記文學》，第5卷第3期（台北，1964），頁26-30。

李金銓 編，《文人論政：知識分子與報刊》，台北：政大出版社，2008。

————，《報人報國：中國新聞史的另一種讀法》，香港：香港中文大學出版社，2013。

李瞻，〈張季鸞先生傳〉，《近代中國》，第58期（台北，1987），頁225-236。

杜淑娟，《沈從文與《大公報》》，濟南：山東畫報出版社，2006。

周雨，〈不拘一格降人才——大公報雜記）〉，《新聞記者》，第8期（上海，1989），頁46-48。

————，〈大公報的經營之道——大公報雜憶之三〉，《新聞記者》，第11期（上海，1990），頁42-44。

————，《大公報史》，南京：江蘇古籍出版社，1993。

岳謙厚、段彪瑞編，《媒體‧社會與國家：《大公報》與20世紀初期之中國》，北京：中國社會科學出版社，2008。

林墨農，〈紀大公報（一）〉，《傳記文學》，卷36第1期（台北，1980），頁43-47。

金慎夫，〈回憶在文匯報、大公報的工作〉，《新聞研究資料》，第1期（北京，1984），頁129-139。

俞凡，《新記《大公報》再研究》，北京：中國社會科學出版社，2016。

哈貝馬斯著、曹衛東等譯，〈初版序言〉，《公共領域的結構轉型》（台北：聯經出版公司，2002），頁xlv-xlvii。

胡政之，〈在重慶對編輯工作人員的講話〉，收入王瑾、胡玫編，《胡政之文集》，下，天津：天津人民出版社，2007，頁1079-1083。

唐小兵，《現代中國的公共輿論：以1930年代《大公報》「星期論文」和《申報》「自由談」為中心的考察》，北京：社會科學文獻出版社，2012。

徐鑄成，〈國聞通訊與舊大公報〉，《新聞研究資料》，第1期（北京，1979），頁61-64。

秦保民，〈張季鸞之死與大公報之亡〉，《報學》，第6卷第5期（台北，1980），頁161-165。

翁元口述、王丰 記錄，《我在蔣介石父子身邊的日子》，台北：時報文化，2015。

袁新潔，《近現代報刊「文人論政」傳統研究》，南昌：江西人民出版社，2009。

高郁雅，《北方報紙輿論對北伐之反應：以天津《大公報》、北京《晨報》為代表的探討》，台北：台灣學生書局，1999。

張若萍，〈名報人張季鸞〉，《中外雜誌》，第41卷第1期（台北，1987），頁20-22。

張頌甲，〈爲《大公報》討還公道〉，《新聞記者》，第5期（上海，1999），頁60-63。

曹世瑛，〈大公報的資金究竟是誰的？〉，《新聞研究資料》，第1期（北京，1984），頁233-237。

曹立新，《在統制與自由之間：戰時重慶新聞史研究（1937-1945）》，桂林：廣西師範大學出版社，2012。

盛沛林，〈小罵大幫忙的《大公報》──評析新記《大公報》辦報的政治傾向〉，《南京政治學院學報》，第2期（南京，1995），頁81-84。

許紀霖，《啓蒙如何起死回生：現代知識分子的思想困境》，北京：北京大學出版社，2011。

陳紀瀅，〈一代論宗哀榮餘墨──敬悼張季鸞先生逝世三十一周年〉，《傳記文學》，第21卷第3期（台北，1972），頁6-48。

_____，〈一代論宗哀榮餘墨──敬悼張季鸞先生逝世三十一周年（續完）〉，《傳記文學》，第21卷第4期（台北，1972），頁75-84。

_____，〈我對季鸞先生及《大公報》的體認〉，《傳記文學》，第30卷第6期（台北，1977），頁13-17。

馮英子，〈長江爲什麼離開《大公報》？〉，《新聞記者》，第8期（上海，1992），頁46。

黃宗智，《中國研究的範式問題討論》，北京：社會科學文獻出版社，2003。

賈曉慧，《《大公報》新論：20世紀30年《大公報》與中國現代化》，天津：天津人民出版社，2002。

劉淑玲，《大公報與中國現代文學》，石家莊：河北教育出版社，2004。

德山（孔昭愷），〈舊大公報剖視〉，《新聞戰線》，第1期（北京，1958），頁25-32。

鄭貞銘，〈張季鸞「報恩思想」的時代意義〉，《近代中國》，第79期（台北，1990），頁191-193。

燕京大學新聞學系第五屆新聞學討論會，《新聞事業與國難》，北平：燕京大學，1936。

蕭乾，〈我與大公報〉，《新聞研究資料》，第4期（北京，1988），頁36-67。

賴光臨，〈中國報壇先驅張季鸞〉，《報學》，第5卷第4期（台北，1975），頁114-119。

賴光臨，〈張季鸞辦報之事功研究〉，《報學》，第4卷第9期（台北，1972），頁101-117。

賴光臨，〈評析中國獨立報業〉，《報學》，第8卷第2期（台北，1989），頁

10-15。

謝國民，〈論新記《大公報》的四不主義〉，《新聞研究資料》，第 3 期（北京，1986），頁 89-101。

Nerone, John C. ed., *Last Rights: Revisiting Four Theories of the Press.* Urbana : University of Illinois Press, 1995.

Siebert, Fred S., Theodore Peterson, and Wilbur Schramm. *Four Theories of the Press: The Authoritarian, Libertarian, Social Responsibility, and Soviet Communist Concepts of What the Press Should Be and Do.* Urbana: University of Illinois Press, 1984.

Wang, L. Sophia. "The Independent Press and Authoritarian Regimes: The Case of the Dagong bao in Republican China." *Pacific Affairs*, Vol.67, no.2 (1994), pp. 216-241.

【新書資訊】

政治批評在中國文化影響之下：一些意見（《政治批評、哲學與文化：墨子刻先生中文論文集》序）

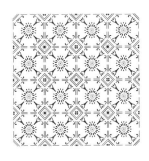

墨子刻（Thomas A. Metzger）

1933年生於德國柏林，哈佛大學博士。曾任加州大學聖地牙哥分校教授、美國史丹佛大學胡佛研究所資深研究員。現已退休，定居台灣。墨子刻爲知名漢學家，著有 *The Internal Organization of Ch'ing Bureaucracy: Legal, Normative, and Communication Aspects*、*Escape from Predicament:Neo-Confucianism and China's Evolving Political Culture*、*A Cloud Across the Pacific: Essays on the Clash between Chinese and Western Political Theories Today*、*The Ivory Tower and the Marble Citadel: Essays on Political Philosophy in Our Modern Era of Interacting Cultures* 等書，對於中國官僚體系、儒家思想與文化、烏托邦主義等議題有深刻的探索。

政治批評在中國文化影響之下：
一些意見*

墨子刻（Thomas A. Metzger）原著、劉紀曜譯

　　本論文集各篇，主要作於1980與1990年代，這些文章帶我回到我人生中非常值得珍惜而具有啓發性的一段時光，在1982-1983與1984-1985兩個學年中，作爲國立台灣師範大學的客座教授，我有機會針對中國歷史的各種問題，與最卓越而著名的權威學者以及許多極具才氣又訓練有素的本科生與研究生進行討論。這些學生之中沒有比黃克武與劉紀曜更優秀者，現在正是這兩位讓我有幸從他們傑出的職業生涯中借取些許時間，以完成論文集的出版事宜，我深深感謝他們。

　　本論文集的內容，主要集中在政治批評的問題上，這種批評活動可以由「台灣奇蹟」正持續開展的那些年中所進行的有關民主與獨裁的爭論作爲明顯的例子。然而，政治批評也可以被視爲東西方政治發展與現代化過程中最重要的結構性面向之一，是一種其重要性能與經濟發展和政治領導這種因果性變項相較，也是韋伯學派社會學家Reinhard Bendix在1978年的著作《國王或人民》（*Kings or People: Power and the Mandate to Rule*）中所分析的「思想動員」。

---

*　本文係《政治批評、哲學與文化：墨子刻先生中文論文集》（台北：華藝數位有限公司學術出版部，2021）一書之序。

　　Bendix 強而有力地論辯，認為促成現代人民主權信念的擴散，由書報與會談所組成的思潮因素，其份量不一定少於社會經濟發展等因素。知識分子批評政府時，常常自視為聰明的旁觀者，看著政客們的無理性行為而無力糾正。這種無力感是誤導性的。的確，在短時間內知識分子對政治可能少有影響。然而，從長期看來，原本在象牙塔中深奧而經常被嘲笑的思想研究，也可以漸漸地轉變成為一個思潮，從而逐漸影響教育界、新聞業、公共輿論、司法審判、政治，最終影響到整體人民基本的文化信念與所謂常識，在歷史上有很多這種例子。Bendix 之外，我們還可以引證某些西方知識分子，尤其是西蒙娜・波娃（Simone de Beauvoir）在 1949 年的著作《第二性》（*Le Deuxième Sexe*）中，努力創造一種信念，認為性別平等的實現，不只需要法律與制度上的改革，如婦女投票權或取得最佳大學的入學許可，還需要一種基本文化取向的轉變，去改造性別不平等的《聖經》前提與偏見。西蒙娜・波娃雖然被許多人當作講蠢話者而加以排斥，但在五十年之內，她男女平等的概念已變成新聞與立法的普通真理與常識。

　　同樣地，在這半個世紀中，一種重要的西方哲學趨勢改變了承繼自約翰彌爾（John Stuart Mill, 1806–1873）《論自由》（*On Liberty*）中對自由與平等的理解，北京大學哲學教授胡軍稱這個趨勢為「認識論轉向」，我則稱其為「現代西方認識論大革命」。卡爾・波普（Karl Popper）1945 年所論述的「開放社會」概念，與海耶克（Friedrich August von Hayek）的自由主義，都還是以彌爾對自由與平等的理解為基礎，將自由與平等作為人性在道德上所必需的目標之一部分，並與促進自然科學、經濟效率、國家安全、國際和平以及海耶克所謂「道德性風俗」與「文明」等絕對需求相整合，而所謂「道德

性風俗」與「文明」，對彌爾學派而言，是指啓蒙運動詮釋下以希臘－猶太－基督教的核心價值取向爲文化基礎。然而，「現代西方認識論大革命」鼓吹一種對人性在道德上必要而普遍的目標作出狹窄得多的定義，將這些目標減少到只剩平等與自由，而將其他所有目標就只當作個人的獨斷意見或偏好。

　　在「現代西方認識論大革命」中扮演主要角色的是邏輯實證論，由艾耶爾（A. J. Ayer）編輯而於1959年出版的《邏輯實證論》（*Logical Positivism*）一書有相當好的討論。艾耶爾贊同維根斯坦（Ludwig Wittgenstein）認爲假如要在哲學上說某一語句「有意義」的話，唯一的方法是重複地講述「自然科學的種種命題」（the propositions of natural science）。[1]的確，這種觀點暗示連彌爾所謂「須要尊敬人這種有思惟能力的存在者」之信念也是無意義的。因此，邏輯實證論不可能有無限的影響。雖然如此，邏輯實證論還是對彌爾學派比較寬廣的自由觀，投下諸多懷疑。

　　如David Held在《民主種種模式》（*Models of Democracy*, 1987）一書中，即將「個人自主原則」轉爲「民主」的核心目標，而羅爾斯（John Rawls）在《政治自由主義》（*Political Liberalism*, 1993）一書中，則將希臘－猶太－基督教關於道德必要性的種種教導，轉爲不過在文化上各種不同的「整合性學說」（comprehensive doctrines）之一，讓自由而平等的個人在其中獨斷地作出偏好或拒絕的選擇。所以到西元2000年，作出以下的預言就相當容易：「大多數美國人並不支持同性婚姻」，可是要求同性婚姻合法化的思想趨勢「很可能會成功」。因爲美國知識分子已經越來越認爲「個人自主與人人在法律上

1　A. J. Ayer, *Logical Positivism* (New York : Free Press, 1959), p. 23.

平等的理想以及物質進步是唯一的絕對價值，而決定所有政治爭論的唯一標準是可量化或完全客觀的證據」，因此對傳統或宗教規範的權威性投以懷疑的眼光。[2]的確，2014年美國最高法院在Obergefell versus Hodges一案中從美國憲法推論：「否認同性伴侶結婚的權利，就是使他（她）們的自由承受重負，而同時限定了平等這種核心原則。」一位史丹福大學法學院教授評論道：「在西元2000年，同性關係還可以被視爲罪行。……本案的判決在憲法歷史上是個非常快的轉變」。[3]的確，這個轉變是個從啓蒙運動的古典自由主義轉變到一種由學院創發的唯自由主義（libertarianism）的過程。雖然與大眾文化不合，卻逐漸被現代社會所依賴的專業技術階層以及大眾媒體所接受。

就是因爲這種經驗性資料不少，所以當我們思考歷史演變之因果關係時，就不能忽略思想動員理論。我認爲台灣在1980與1990年代的民主化、毛澤東激進主義的興起及其後在Ezra Vogel所謂的「鄧小平時代，1978-1989」之沒落，都至少有一部分是由思想動員所引起的。的確，假如我們同意思想動員是中西歷史很重要的因果性變項之一，我們甚至能提出以下的結論：當習近平主席在《習近平談治國理政》一書中說，「堅信」中國的民主化在2049年「一定能實現」，[4]他是指出一種眞實的可能性。以一種與國民黨在台灣獨裁時代相當類似的方式，中國今日的政治結構完全忠於一種現代化計畫，所以完全依賴高度專業化的政治、管理與經濟精英和次級精英，這數百萬人的精

2　見墨子刻，〈胡國亨思想的價值〉，《寧夏黨校學報》，卷2期6（銀川，2000），頁50。

3　Sue Dremann, "Analysis: Supreme Court Ruling Likely to Affect Equal-Rights Laws," *Palo Alto Weekly*, July 3, 2015, p. 8.

4　習近平，《習近平談治國理政》（北京：外文出版社，2014），頁36。

英過著都市生活，又沉浸於一種國際化的經濟與思想交流，並與一種本土思想主流交織在一起，而這思想主流幾乎一致認為當今專制在思想上與道德上都是有缺陷的，不管是從中國自由主義、新左派、現代儒家人文主義或是蕭功秦的新威權主義的觀點來看，都是如此。當中國在未來數十年內，更密切地朝向習近平所謂「小康社會」的目標前進，這些生活在都市圈的精英們的意見潮流，在某種程度上將會改變，而無論這個改變偏向何方，政府決策也不得不受其影響。

的確，假如我們認為實現「小康社會」的經濟發展，將會影響公眾輿論，這就再度展示韋伯社會學所一直強調的，思想動員只是作為多元因果性的歷史過程中的一部分。雖然如此，假如我們同意，思想動員是歷史多元因果發展模式很重要的一部分，如何批判政治批評就必須作為每一個意圖去影響未來思想動員方向的知識分子的主要關懷與道德義務。因此，每一個具有這種義務感的知識分子，為了讓自己的批評盡可能地開明，就不得不深入分析極端複雜而在邏輯上相互關聯的歷史學、社會學、方法學、哲學、內政與外交等科際整合性問題。這些問題到現在仍然爭論不休，我以前的著作，以及即將出版的一本小書，就是嘗試討論這些問題。本序論只能提綱挈領地提出一些建議與問題。

首先，談到科際整合性研究，在一個東西方學術界都對經濟與其他具體事實最感興趣的時代，是很容易忽略哲學的重要性，也就是忽略所有政治批評最基本的觀念，即人性問題，或人類的普遍本質。因為這個本質在感官上無法察覺，所以是形而上的，也就是按照邏輯實證論的觀點視為無意義的題目。雖然如此，就我所知，東西方所有重要的政治評論或學派，都不缺這種形而上的堅強信念。這種信念是對所有人類──不僅只是我的家族或國家──追問何者是客觀上的真實

與道德上的必要，以及如何論辯尚未被回答的問題（即認識論）所表達的一種立場。這種對普遍的客觀真實、道德必要性與認識論的哲學信念或立場，明顯地表現在宗教、政治意識型態、黑格爾（Georg W. F. Hegel）與馬克思（Karl Marx）的哲學，或牟宗三的形而上思想。牟宗三說：「孔子講道理也不是單對著山東人講，乃是對著全人類講的」。[5]然而，拒絕形而上學者亦不例外，如 Richard Rorty 2004 年在上海解釋何謂「哲學的終結」時，他不是說這個終結只發生在上海而沒有發生在紐約。[6]同樣的，當維根斯坦說形而上的言詞是無意義的，其所言並非只適用於紐約或維也納而不適用於上海。其實，維根斯坦所謂形而上的陳述都是無意義的，不但是個非科學的陳述，即一種無法被實驗所證偽的命題，也是一個帶著大量政治與社會意涵的形而上言詞，因為這種陳述將整個人類分成兩部分，像維根斯坦這種作出有意義的陳述之開明人士與說出無意義蠢話的凡夫俗子。

　　然則，針對客觀真實、道德必要性與認識論，作出形而上陳述最有見地的方式為何？在某種程度上，中國與西方之間的文化差異，應被視為在如何回答這個問題上的分歧。本序前已提及哲學性的分歧，即關於道德必要性是要以彌爾學派的寬廣方式來界定，即不只要求平等與自由，也要求經濟效率、國家安全、「道德性風俗」與「文明」，還是要以 David Held 或 John Rawls 比較狹窄的方式來界定，即只集中在個人平等與自由。除了針對道德必要性是要以狹窄或寬廣的概念加以衡量的哲學爭論之外，也還有觸及之前提到的關於現代西方認識論大革命中的悲觀主義認識論與樂觀主義認識論之哲學分歧。如

5　牟宗三，《時代與感受》（台北縣：鵝湖月刊社，1995），頁 329-330。
6　《文匯讀書週報》，2004 年 7 月 27 日（上海），頁 13。

今在中國與美國這兩個主要世界強權之間的對抗，這一種多元因果的
歷程，其中包含這種哲學上的分歧，即綜合悲觀主義認識論與道德必
要性的狹窄定義而成的西方主導趨勢，與綜合樂觀主義認識論與道德
必要性的寬廣概念的中國主導趨勢之間的競爭。

　　固然，這個哲學爭論並不全然限於這種中國與西方主導趨勢間的
不一致，這些哲學爭論中也有像Tomas Kuhn與諾貝爾物理學家
Steven Weinberg，在後者所著《望上看：科學及其文化對手》
（*Facing Up: Science and Its Cultural Adversaries*, 2001）一書中完全理
論性的分歧。然而，當針對的不是物理學的認識論基礎而是
Lebenswelt（人類日常生活，包含歷史、文化、政治、倫理等等）這
種題材時，要如何將現象概念化，在東西方之間就有嚴重的分歧。談
論*Lebenswelt*時，我們就發現前述關於認識論與道德必要性的分歧：
代表綜合現代西方認識論大革命的悲觀主義認識論與狹窄的道德必要
性定義之當代西方哲學主流，就是波普非常重要的「開放社會」之觀
念。雖然有如前所述的曖昧性，波普就跟維根斯坦一樣，將「客觀知
識」化約爲科學命題，而與Daniel Bell「意識型態的終結」之立場相
當一致，因此排除了由擁有「智慧」的「先知先覺」設計的，不只直
接決定社會的工具性關係，也決定社會道德性格的「一套完整的思想
體系」所建立的整體社會組織。相反的，無論是台灣或中國大陸的現
代化歷史，都表現了一種拒絕悲觀主義認識論的強烈傾向，而且建立
了一種更寬廣更傳統性的倫理定義，即一種與彌爾學派傳統古典自由
主義並無太大不同的倫理。

　　東西方這兩種主導性的哲學模式之對比，產生許多問題，在此無
法加以討論。例如，東西文化交流更繁盛之時，這個對比會不會變淡
甚或消失？這種哲學對比是否造成在政治－社會－經濟行爲上的類似

對比模式？比如強調「縱向」上下關係與強調「橫向」平等關係的對比，這不是黑白的對比，而是偏向前者或偏向後者的對比，如西方的政治－經濟行為模式，比較偏向強調在法律上平等的個人自由橫向的互動，而東方的行為模式則比較偏向強調縱向的上下關係。假如這種哲學上的對比，與政治－經濟行為模式之對比之間具有因果關聯性，那麼在當今中國與美國這兩大世界強權的政治－經濟競爭中，這個對比會帶給哪一方優勢？不論何者在這場競爭中享有優勢，這兩大世界強權能否聯合起來共同努力去追求季辛吉（Henry Alfred Kissinger）在《論中國》（*On China*, 2011）一書中所謂的「太平洋社區」之理想，促進國際和平與繁榮？無論中國或美國的政治－經濟－哲學模式能否肯定這樣一種國際合作，我們還是要問，他們的思想與行為模式是否立基於古老文化傳承的界定客觀真實、道德必要性與認識論的前提之上？如若其中的一些前提是以古老經典為基礎，無論儒家思想或西方的啟蒙運動，我們現在是否應該將其視為哲學批判而可能應加以修正的對象？

　　當東西方學者追問這些問題時，大多數人都會同意，盡可能尊重邏輯與經驗性資料，是最開明的政治批評模式。而我一直認為這種最開明的政治批評模式，應該是「調適性」的。因為歷史是「神魔混雜」（牟宗三語），所以進步只能以一點一滴、漸進漸增而在道德上不完美的方式來進行，牟宗三稱這種方式為「曲通」，而應避免牟氏稱之為「直通」的一種「轉化性」或「烏托邦」方式，也就是企圖直接實現完全的「大公無私」與物質福利的方式。換言之，調適性批評以「亞里斯多德學派」自居，權衡時下的「得」與「失」，而不像「柏拉圖學派」，忽視時下的進步而只會不斷強調政府在實現大公無私政治理想與解決所有社會矛盾上的失敗以對政府施壓。因此，本論

文集各篇表達了對「柏拉圖式」政治批評的反對，同時展現一種接近上海政治思想家蕭功秦自1980年代以來所採取的批評方式。

　　然而近十年來，我進一步思考柏拉圖式與亞里斯多德式的政治批評之時，更注意到這個問題跨學科的複雜性。這種複雜性無法在此作簡短的說明，希望在我即將出版的一本小書中再作討論，這是繞著如何理解儒家文化及其對中國現代性的影響這個很有爭論性的問題而作的。

《思想史》稿約

1. 舉凡歷史上有關思想、概念、價值、理念、文化創造及其反思、甚至對制度設計、音樂、藝術作品、工藝器具等之歷史理解與詮釋，都在歡迎之列。

2. 發表園地全面公開，竭誠歡迎海內外學者賜稿。

3. 本學報爲年刊，每年出版，歡迎隨時賜稿。來稿將由本學報編輯委員會初審後，再送交至少二位專家學者評審。評審人寫出審稿意見書後，再由編委會逐一討論是否採用。審查採雙匿名方式，作者與評審人之姓名互不透露。

4. 本學報兼收中（繁或簡體）英文稿，來稿請務必按照本刊〈撰稿格式〉寫作。中文論文以二萬至四萬字爲原則，英文論文以十五頁至四十頁打字稿爲原則，格式請參考 *Modern Intellectual History*。其他各類文稿，中文請勿超過一萬字，英文請勿超過十五頁。特約稿件則不在此限。

5. 請勿一稿兩投。來稿以未曾發表者爲限，會議論文請查明該會議無出版論文集計畫。本學報當儘速通知作者審查結果，然恕不退還來稿。

6. 論文中牽涉版權部分（如圖片及較長之引文），請事先取得原作者或出版者書面同意，本學報不負版權責任。

7. 來稿刊出之後，不付稿酬，一律贈送作者抽印本30本、當期學報2本。

8. 來稿請務必包含中英文篇名、投稿者之中英文姓名。論著稿請附中、英文提要各約五百字、中英文關鍵詞至多五個；中文書評請加附該書作者及書名之英譯。

9. 來稿請用眞實姓名，並附工作單位、職稱、通訊地址、電話、電子郵件信箱地址與傳眞號碼。

10. 投稿及聯絡電子郵件帳號：intellectual.history2013@gmail.com。

《思想史》撰稿格式

（2013/08修訂）

1. 橫式（由左至右）寫作。
2. 請用新式標點符號。「 」用於平常引號，『 』用於引號內之引號；《 》用於書名，〈 〉用於論文及篇名；英文書名用Italic；論文篇名用" "；古籍之書名與篇名連用時，可省略篇名符號，如《史記・刺客列傳》。
3. 獨立引文每行低三格（楷書）；不必加引號。
4. 年代、計數，請使用阿拉伯數字。
5. 圖表照片請注明資料來源，並以阿拉伯數字編號，引用時請注明編號，勿使用"如前圖"、"見右表"等表示方法。
6. 請勿使用："同上"、"同前引書"、"同前書"、"同前揭書"、"同注幾引書"，"ibid.,""Op. cit.,""loc. cit.,""idem"等。
7. 引用專書或論文，請依序注明作者、書名（或篇名）、出版項。
   A. 中日文專書：作者，《書名》（出版地：出版者，年份），頁碼。
      如：余英時，《中國文化史通釋》（香港：牛津大學出版社，2010），頁1-12。
      如：林毓生，〈史華慈思想史學的意義〉，收入許紀霖等編，《史華慈論中國》（北京：新星出版社，2006），頁237-246。
   B. 引用原版或影印版古籍，請注明版本與卷頁。

如：王鳴盛，《十七史商榷》（台北：樂天出版社，1972），卷
12，頁1。

C. 引用叢書古籍：作者，《書名》，收入《叢書名》冊數（出版
地：出版者，年份），卷數，〈篇名〉，頁碼。

如：袁甫，《蒙齋集》，收入《景印文淵閣四庫全書》第1175冊
（台北：臺灣商務印書館，1983），卷5，〈論史宅之奏〉，頁11a。

D. 中日韓文論文：作者，〈篇名〉，《期刊名稱》，卷：期（出版
地，年份），頁碼。

如：王德權，〈「核心集團與核心區」理論的檢討〉，《政治大學
歷史學報》，25（台北，2006），頁147-176，引自頁147-151。

如：桑兵，〈民國學界的老輩〉，《歷史研究》，2005：6（北
京，2005），頁3-24，引自頁3-4。

E. 西文專書：作者—書名—出版地點—出版公司—出版年分。

如：Samuel P. Huntington, *Political Order in Changing Societies*
(New Haven: Yale University Press, 1968), pp. 102-103.

F. 西文論文：作者—篇名—期刊卷期—年月—頁碼。

如：Hoyt Tillman, "A New Direction in Confucian Scholarship:
Approaches to Examining the Differences between Neo-Confucianism
and Tao-hsüeh," *Philosophy East and West*, 42:3 (July 1992), pp.
455-474.

G. 報紙：〈標題〉—《報紙名稱》（出版地）—年月日—版頁。

〈要聞：副總統嚴禁祕密結社之條件〉，《時報》（上海），2922
號，1912年8月4日，3版。

"Auditorium to Present Special Holiday Program," *The China
Press* (Shanghai), 4 Jul. 1930, p. 7.

H. 網路資源：作者—《網頁標題》—《網站發行機構／網站名》
—發行日期／最後更新日期—網址（查詢日期）。

倪孟安等，〈學人專訪：司徒琳教授訪談錄〉，《明清研究通
訊》第5期，發行日期2010/03/15，http://mingching.sinica.edu.
tw/newsletter/005/interview-lynn.htm（檢閱日期：2013/07/30）。

8. 本刊之漢字拼音方式，以尊重作者所使用者爲原則。

9. 本刊爲雙匿名審稿制，故來稿不可有「拙作」一類可使審查者得
知作者身分的敘述。

思想史
思想史 10

2021年10月初版　　　　　　　　　　　　　　　　　　定價：新臺幣600元
有著作權‧翻印必究
Printed in Taiwan.

著　　者	思 想 史 編 委 會
叢 書 主 編	沙　　淑　　芬
內 文 排 版	菩　　薩　　蠻
封 面 完 稿	廖　　婉　　茹
封 面 設 計	沈　　佳　　德

出　版　者	聯經出版事業股份有限公司	副總編輯　陳　逸　華
地　　　址	新北市汐止區大同路一段369號1樓	總 編 輯　涂　豐　恩
叢書主編電話	(0 2) 8 6 9 2 5 5 8 8 轉 5 3 1 0	總 經 理　陳　芝　宇
台北聯經書房	台 北 市 新 生 南 路 三 段 9 4 號	社　　長　羅　國　俊
電　　　話	(0 2) 2 3 6 2 0 3 0 8	發 行 人　林　載　爵
台 中 分 公 司	台 中 市 北 區 崇 德 路 一 段 1 9 8 號	
暨 門 市 電 話	(0 4) 2 2 3 1 2 0 2 3	
台 中 電 子 信 箱	e - m a i l：l i n k i n g 2 @ m s 4 2 . h i n e t . n e t	
郵 政 劃 撥 帳 戶	第 0 1 0 0 5 5 9 - 3 號	
郵 撥 電 話	(0 2) 2 3 6 2 0 3 0 8	
印　刷　者	世 和 印 製 企 業 有 限 公 司	
總　經　銷	聯 合 發 行 股 份 有 限 公 司	
發　行　所	新北市新店區寶橋路235巷6弄6號2樓	
電　　　話	(0 2) 2 9 1 7 8 0 2 2	

行政院新聞局出版事業登記證局版臺業字第0130號

本書如有缺頁，破損，倒裝請寄回台北聯經書房更換。　　ISBN　978-957-08-5955-3 (平裝)
聯經網址：www.linkingbooks.com.tw
電子信箱：linking@udngroup.com

國家圖書館出版品預行編目資料

思想史 10/思想史編委會編著 . 初版 . 新北市 .
聯經 . 2021年10月 . 548面 . 14.8×21公分
（思想史：10）
ISBN　978-957-08-5955-3（平裝）

1.思想史　2.文集

110.7　　　　　　　　　　　　　110012135